D0456637

18,00

TUTTLE'S

CONCISE

INDONESIAN

DICTIONARY

TUTTLE'S
CONCISE
INDONESIAN
DICTIONARY

English–Indonesian
Indonesian–English

A.L.N. KRAMER, Sr.
WILLIE KOEN

CHARLES E. TUTTLE COMPANY
Rutland, Vermont & Tokyo, Japan

Willie Koen would like to acknowledge
the assistance of two coeditors,
A. Widyamartaya and J. Bismoko.

This edition is a major revision of
Van Goor's Concise Indonesian Dictionary,
first published by Tuttle in 1966.

Published by the Charles E. Tuttle Company, Inc.
of Rutland, Vermont & Tokyo, Japan
with editorial offices at
2-6 Suido 1-chome, Bunkyo-ku, Tokyo 112

© 1993 by Charles E. Tuttle Publishing Co., Inc.

All rights reserved

LCC Card No. 92-63347
ISBN 0-8048-1864-9

This edition is first published in 1995

Printed in Indonesia

PUBLISHER'S FOREWORD

In recent years Indonesia has shed its exotic, fairy-tale image and emerged as a modern, enterprising nation. With a population of almost 200,000,000, the country is destined to play an increasingly important role in East Asian affairs. Accordingly, the number of Indonesians studying English and the number of foreigners studying Indonesian is increasing.

Until now, persons using Indonesian-English dictionaries were hindered because almost all dictionaries were compiled before 1970, when the orthography of Indonesian underwent major change. Beginning students in particular found pre-1970 dictionaries cumbersome. Thus, there has long been a need for a compact dictionary of Indonesian written in the modern orthography of that language. To that aim, we have produced *Tuttle's Concise Indonesian Dictionary*.

This volume contains almost 18,000 entries, all written in the modern orthography of Indonesian. To reflect the current state of affairs in Indonesia, compilers have included new entries from politics, economics, sociology, and religion. For their task, compilers were guided by the goals of accuracy, simplicity, and relevance. The result is the most up-to-date and compact Indonesian dictionary available.

NOTE ON PRONUNCIATION

Persons studying Indonesian should rely on a native speaker for pronunciation guidance. However, the following guidelines provide a general introduction to the pronunciation of Indonesian. Of course, stress and accent vary according to location.

Pronunciation of vowels is similar to that of Spanish or Italian, as follows:

a	as in f*a*ther
e	as in *e*gg *and* as in loos*e*n
i	as in t*i*n
o	as in c*o*ld
u	as in m*u*le
ai	as in *ai*sle
au	as in F*au*st

Pronunciation of consonants is similar to that of English, with the following exceptions:

c	like *ch* in *ch*ild
g	as in *g*un
h	often very soft, as in a*h*
kh	hard, like a strong *k*
ng	soft, as in si*ng*er
ngg	hard, as in ra*ng*er
r	rolled, as in Spanish

English–Indonesian

IMPORTED BOOKS
P. O. Box 4414
Dallas, Texas 75208
(214) 941-6497

A

a, a

a, ~ *dog,* seekor anjing; ~ *house,* sebuah rumah; ~ *letter,* sepucuk surat; ~ *man,* seorang lelaki; ~ *month,* sebulan

aback, mundur; *to be taken* ~ , tercengang

abandon, *to* ~ , meninggalkan, membiarkan, menyerahkan; ~ *oneself to,* menyerahkan diri kepada

abase, *to* ~ , merendahkan, menghina

abate, *to* ~ , mengurangkan, menyurutkan, menurunkan

abbess, kepala biarawati

abbey, biara

abbot, kepala biarawan

abbreviate, *to* ~ , memendekkan

abbreviation, kependekan

abdicate, *to* ~ , turun takhta

abdication, turun takhta

abduct, *to* ~ , melarikan, menculik

abduction, penculikan

abductor, penculik

abed, di tempat tidur

abet, *to* ~ , mengajak, menghasut; menjadi kaki tangan

abhor, *to* ~ , merasa ngeri terhadap, membenci

abhorrence, kengerian, kebencian

abide, *to* ~ , ada, tinggal; *to* ~ *by,* menaati, memenuhi

ability, kemampuan, kesanggupan

abject, hina, keji

abjure, *to* ~ , bersumpah meninggalkan

ablaze, menyala, terbakar; terang benderang

able, mampu, sanggup, cakap; *to be* ~ *to,* mampu, dapat, bisa

able-bodied, kuat dan sehat

ably, dengan cakap

abnormal, abnormal; ganjil; luar biasa

aboard, di atas kendaraan; *to go* ~ , naik kapal

abode, tempat tinggal, tempat kediaman

abolish, *to* ~ , menghapus, menghilangkan, mencabut,

meniadakan, membasmi

abolishment, penghapusan, pencabutan, peniadaan, pembasmian

abominable, mengerikan, menjijikkan; buruk

abomination, kengerian

aborigine(s), penduduk asli

abound, *to* ~ , berlimpah, berlimpah ruah

about, keliling; lebih kurang; tentang; dari hal; *all* ~ , di mana-mana; *to be* ~ *to,* hampir, segera akan

above, (di) atas, dari atas; lebih daripada; ~ *all,* terlebih-lebih, terutama, teristimewa

aboveboard, jujur, tulus

above-mentioned, tersebut di atas

abreast, beriring-iring, sederet, sejajar; ~ *of,* tahu akan

abridge, *to* ~ , meringkas

abridgment, ringkasan

abroad, di luar negeri, di negeri orang; *from* ~ , dari luar negeri

abrogate, *to* ~ , meniadakan, mencabut

abrupt, tiba-tiba, sekonyong-konyong

abscess, abses

abscond, *to* ~ , lari, menarik langkah seribu, kabur

absence, ketidakhadiran

absent, tidak hadir

absent-minded, lali, termenung

absolute, mutlak

absolution, absolusi, pengampunan dosa

absolve, *to* ~ , mengampuni

absorb, *to* ~ , menyerap; ~*ed by (in, with),* asyik; *absorbed in thought,* termenung

absorption, penyerapan, serapan, absorpsi

abstain, *to* ~ , menjauhkan diri; bertarak

abstainer, *total* ~ , petarak alkohol

abstemious, tahu menahan diri, tahu pantang

abstention, pertarakan

abstinence, pantang

abstract, mujarat, niskala

absurd, mustahil, bukan-bukan, gila

abundance, keberlimpahan

abundant, berlimpah, berlimpah ruah

abuse, penyalahgunaan, perlakuan salah, makian, cercaan; *to* ~ , menyalahguna-kan, memperlakukan dengan salah, memaki, mencerca

abusive, kasar, kesat; ~ *language*, makian, kata-kata kasar

abut, berbatasan, bersempadan

abyss, ngarai dalam, jurang

academic, akademis

academy, akademi, sekolah tinggi

accede, *to* ~ *to,* memulai memangku (jabatan); naik (raja); membenarkan, meluluskan, mengabulkan

accelerate, *to* ~ *,* menyegerakan, mempercepat

acceleration, percepatan

accelerator (pedal), pedal gas, injakan gas

accent, tekanan, tekanan bunyi, aksen

accentuate, *to* ~ *,* menekankan, memberi tekanan, memberi aksen

accept, *to* ~ *,* menerima, menyambut

acceptable, dapat diterima, masuk akal

acceptance, penerimaan; aksep

acceptation, penerimaan; arti umum

acceptor, penerima (aksep), peserta program keluarga berencana, akseptor

access, *easy of* ~ *,* mudah dihampiri, mudah didatangi, mudah dicapai; serangan mendadak (penyakit)

accessible, dapat dihampiri, dapat didatangi, dapat dicapai

accessory, tambahan; *accessories,* perlengkapan

accident, kecelakaan

accidental, kebetulan, tidak tersangka, tidak disengaja

acclaim, *to* ~ *,* menyoraki, bertempik sorak

acclamation, aklamasi, sambutan meriah

accommodate, *to* ~ *,* menyesuaikan; menampung

accommodating, sabar

accompaniment, pengiring

accompany, *to* ~ *,* mengawani, menemani, mengantarkan, mengiringi

accomplice, kaki tangan

accomplish, *to* ~ *,* melaksanakan, melakukan, memenuhi, menghasilkan, menyempurnakan, menunaikan

accomplished, sempurna, ulung

accomplishment, pelaksanaan, pemenuhan, penyempurnaan, prestasi

accord, persetujuan, permufakatan, perjanjian; *of*

one's own ~ , atas kehendaknya sendiri; *to* ~ , setuju, mengabulkan, memperbolehkan, mengizinkan; *with one* ~ , sepakat, seia sekata

accordance, persetujuan, permufakatan

according, seperti, sebagai, sesuai; ~ *to,* menurut, seturut

accordingly, sesuai dengan itu, oleh sebab itu

accordion, akordion

account, rekening, pertanggungan jawab, laporan; *on* ~ *of,* karena, sebab, lantaran; *on one's own* ~ , atas tanggungannya sendiri; *of no* ~ , tidak berguna; *on no* ~ , *not on any* ~, sekali-kali tidak; *the great (last)* ~ , hari kiamat; *to* ~ *for,* menerangkan, menanggung, sanggup, mengaku

accountable, menanggung, bertanggung jawab

accountant, akuntan

accrue, *to* ~ , bertambah-tambah

accumulate, *to* ~ , bertimbun; menimbun

accumulation, timbunan, akumulasi

accumulator, aki

accuracy, ketelitian, kecermatan, kesaksamaan

accurate, teliti, cermat, saksama

accursed, terkutuk, kena kutuk

accusation, tuduhan, dakwaan

accusative, akusatif

accuse, *the ~d,* terdakwa; *to* ~ , menuduh, mendakwa

accustom, *to* ~ , membiasakan

accustomed, biasa

acetylene, asetilena, gas karbit

ache, sakit

achieve, *to* ~ , mencapai

acid, asam

acidity, keasaman, kadar asam

acknowledge, *to* ~ , mengakui, memberitahukan, menyambut

acknowledgment, pengakuan, pemberitahuan, tanda terima

acquaint, *to* ~ , memperkenalkan, membiasakan

acquaintance, perkenalan, kenalan; *to make one's* ~ , memperkenalkan diri, berkenalan

acquiesce, *to* ~ , menerima, menyetujui tanpa membantah

acquiescence, persetujuan tanpa membantah

acquire, *to* ~ , memperoleh

acquisition, perolehan

acquit, *to ~ ,* membebaskan dari tuduhan, melunasi; *to ~ oneself of,* menyelesaikan tugas

acquittal, pembebasan, pelunasan

acquittance, pelunasan, kuitansi

acrid, tajam, pedas

acrimonius, tajam, pedas, sengit

acrobat, akrobat, penambul

across, melintang, jarak lintas, di seberang

act, perbuatan; babak; undang-undang; *~ing,* pemangku jabatan; *taken in the very ~ ,* tertangkap basah; *to ~ ,* berbuat, bertindak, memerankan; *to be in the ~ of,* justru hendak, sedang

action, aksi, kegiatan, perbuatan; proses; *killed in ~ ,* gugur, tewas; *to take ~ ,* bertindak

active, aktif, giat, rajin, sibuk

activity, kegiatan, kerajinan, kesibukan

actor, aktor, pemeran pria, pemain sandiwara atau film

actress, aktris, pemeran wanita, pemain sandiwara atau film

actual, sebenarnya, sesungguhnya

actuality, keadaan yang sebenarnya

actually, benar-benar, sungguh-sungguh, sebenarnya, sesungguhnya

acute, teruk, akut, perih, tajam (pikirannya), lancip (sudut)

adage, pepatah, bidal, peribahasa

adapt, *to ~ ,* menyesuaikan; menyadur

adaptation, penyesuaian; saduran

add, *to ~ ,* menambah, menjumlah; *to ~ to,* berjumlah

adder, ular biludak

addict, pecandu; *~ed to opium,* ketagihan candu (madat)

addition, tambahan, penambahan, pertambahan, jumlah; *in ~ ,* tambahan pula, lagi pula

additional, tambahan, ekstra, kelebihan

address, alamat; pidato, amanat; *to ~ ,* mengalamatkan; menegur, berpidato, menyapa

addressee, si alamat

adequate, sebanding, layak, patut, memadai

adhere, *to ~ ,* melekat, lengket; menganut

adherent, lekat; penganut

adhesion, adhesi

adieu, selamat tinggal, selamat jalan; perpisahan

adjacent, berdekatan, berdampingan

adjective, kata sifat, kata keadaan

adjoin, to ~ , melampirkan; bergandengan, berdampingan

adjourn, to ~ , menunda, menangguhkan, mengundurkan

adjournment, penundaan, penangguhan, pengunduran

adjudge, to ~ , menghukum, menjatuhkan hukuman

adjudicate, to ~ , memutuskan; to ~ (a bankruptcy), memutuskan bahwa seseorang bangkrut, menyatakan bahwa seseorang bangkrut

adjunct, tambahan, lampiran; keterangan tambahan; ajung, pembantu

adjust, to ~ , menyetel, mencocokkan, mengatur, menyesuaikan; menyesuaikan diri

adjustment, penyetelan, pencocokan, pengaturan, penyesuaian

adjutant, ajudan

administer, to ~ , memerintah, mengelola, mengurus; melaksanakan; memberikan; to ~ an oath, mengambil sumpah; to ~ justice, mengadili, memutuskan hukuman

administration, pemerintahan, pengelolaan, pengurusan; pemerintah, pengelola, pengurus; pelaksanaan; pemberian

administrator, pemerintah, pengelola, pengurus

admirable, ajaib, mengagumkan, patut dikagumi, elok

admiral, laksamana

admiration, kekaguman

admire, to ~ , mengagumi

admirer, pengagum

admissible, dapat diterima

admission, penerimaan, izin masuk, pengakuan

admit, to ~ , menerima, mengizinkan masuk, mengakui

admittance, pemberian izin masuk; masuknya; no ~ , dilarang masuk

admonish, to ~ , menegur, memperingatkan, menasihati

ado, ribut-ribut, kegaduhan

adolescence, masa remaja

adolescent, remaja

adopt, to ~ , mengangkat menjadi anak, memungut anak; mengambil, menerima

adoption, pengangkatan, pengambilan, penerimaan

adoptive, ~ *child,* anak angkat, anak pungut

adorable, pantas disembah; manis sekali, jelita

adoration, penyembahan, pemujaan

adore, *to* ~ , menyembah, memuja; sangat mencintai, gila akan

adorn, *to* ~ , menghiasai, mendandani

adornment, perhiasan, dandanan

adrift, terapung, terkatung-katung

adroit, cekatan, cerdas

adulation, bujukan

adulator, pembujuk, pemuji

adult, orang dewasa

adulterate, *to* ~ , memalsukan, melancungkan

adulteration, pemalsuan

advance, kemajuan; uang muka; kenaikan pangkat; kenaikan, penaikan; *in* ~ , di muka, lebih dahulu, sebelum dan sesudahnya; *to* ~ , memajukan, mempercepat, membayari dahulu; naik (harga); ~ *payment,* uang kepala

advancement, kenaikan pangkat; kemajuan; uang muka

advantage, untung; keuntungan, laba; *to* ~ , menguntungkan, memberi keuntungan kepada

advantageous, menguntungkan, berguna, berfaedah

advent, kedatangan

adventure, *to* ~ , mengadu untung, mengadu nasib

adventurous, sangat berani, candang, dakar; penuh petualangan

adverb, kata keterangan

adversary, lawan, seteru, musuh

adverse, bermusuhan, berlawanan; ~ *wind,* angin sakal

adversity, malang, untung malang

advertise, *to* ~ , mengiklankan, memasang iklan

advertisement, iklan, advertensi, reklame

advice, nasihat, petuah

advisable, ada baiknya, sebaiknya, dianjurkan

advise, *to* ~ , menasihati, berpetuah kepada, memberitahukan

advisedly, setelah dipikir masak-masak

adviser, penasihat

advisory, penasihat; ~ *board,* badan penasihat

advocate, advokat, pengacara, pembela; *to ~* , membela

aerial, antena; *~ bridge,* jembatan udara

aeronautics, aeronautika, ilmu penerbangan

afar, jauh; *from ~* , dari jauh

affability, kelemahlembutan, keramahtamahan

affable, lemah lembut, ramah tamah

affair, perkara, hal

affect, *~ed with,* terkena penyakit, dihinggapi penyakit; *to ~* , mengenai, mempengaruhi, menghinggapi, menjangkiti

affection, rasa kasih sayang

affectionate, menaruh kasih sayang

affiliate, *to ~* , mengafiliasikan, bergabung

affiliation, afiliasi, penggabungan

affinity, daya tarik, daya gabung, hubungan dekat

affirm, *to ~* , mengiakan, menguatkan, membenarkan, menyungguhkan, menegaskan

affirmation, pengiaan, penguatan, pembenaran, penyungguhan, penegasan

affirmative, (yang bersifat) mengiakan

affix, *to ~* , membubuhi, melekatkan, menempelkan

afflict, *to ~* , mendatangkan penderitaan lahir atau batin

affliction, penderitaan, kesengsaraan, duka cita

affluence, kekayaan, kemakmuran

afford, *I can't ~ it,* saya tidak dapat membayarnya, saya tidak sanggup membayarnya; *to ~* , memberi

affray, perkelahian

affront, penghinaan; *to ~* , menghina

aflame, bernyala, terbakar

afloat, hanyut, terapung-apung

afoot, berjalan kaki

aforesaid, tersebut di muka, tersebut, tadi

afresh, sekali lagi

Africa, Afrika

African, ... African

after, kemudian; setelah, sesudah; menurut; *~ all,* meskipun demikian; *to be ~ someone to,* mendesak

afternoon, sore, petang

afterpains, royan

afterward(s), kemudian, kelak

again, sekali lagi; ~ *and* ~ , berulang kali, berkali-kali

against, terhadap; berlawanan, bertentangan

agape, ternganga

agate, akik

age, abad; umur, usia; *he is ten years of* ~ , ia berumur sepuluh tahun; *the Middle Ages,* Abad Pertengahan; *of* ~ , akil balik, dewasa, sampai umur; *under* ~ , belum akil balik, belum dewasa, di bawah umur

aged, tua, tua bangka, lanjut usia, berida

agency, agen, keagenan, perwakilan, instansi

agenda, agenda, acara

agent, agen, wakil; pelaku

agglomeration, penimbunan

aggrandize, *to* ~ , membesarkan, memperbesar

aggrandizement, pembesaran

aggravate, *to* ~ , memberatkan

aggregate, kumpulan, agregat

aggression, penyerangan, serangan, agresi

aggressive, galak, bersifat menyerang, agresif

aggressor, penyerang, agresor

aggrieve, *to* ~ , menyedihkan, merugikan

aghast, tercengang, terperanjat

agile, tangkas, cerdas

agility, ketangkasan, kecerdasan

agitate, *to* ~ , mengaduk, mengacau, mengguncangkan, menghasut

agitation, pengacauan, kekacauan, penghasutan, hasutan

agitator, pengacau, penghasut

ago, lalu, lampau, silam

agony, sakratulmaut; penderitaan batin, azab

agree, ~*d!,* setuju, sepakat!; *to* ~ , setuju, sepakat, mufakat; menyetujui, mengabulkan, memperkenankan

agreeable, sedap, nyaman, enak, senang; *if you are* ~ , kalau tuan suka, jika anda suka

agreement, persetujuan, kesepakatan, permufakatan, perjanjian

agricultural, ~ *produce,* hasil pertanian

aground, kandas, terdampar

ague, demam menggigil

ahead, di depan, di muka

aid, bantuan, pertolongan; *in* ~ *of,* untuk keuntungan; *to* ~ , membantu, menolong

ail, *to* ~ , menyusahkan; *what* ~*s*

you?, apa yang sedang menyusahkan kamu?, ada apa kamu?

ailing, sering sakit, bersakit-sakit

aim, sasaran, maksud, tujuan; *to ~ ,* membidik, mengincar, menuju

aimless, tidak bertujuan, tanpa tujuan

air, udara; angin; lagu, ragam, sikap; *by ~ ,* dengan pesawat terbang; *on the ~ ,* mengudara, di depan corong; *to ~ ,* menganginkan; *to get some ~ ,* makan angin; naik ke udara

aircraft, pesawat terbang, kapal terbang; *~ carrier,* kapal induk

aircraft(s)man, pembuat pesawat terbang

air crew, awak pesawat terbang

airfield, lapangan terbang

air force, angkatan udara

air gunner, juru tembak dalam pesawat terbang

air hostess, pramugari

airing, *to need ~ ,* perlu dijemur, perlu diangin-anginkan

airline, perusahaan penerbangan

airliner, pesawat (terbang) penumpang

airmail, pos udara

airplane, pesawat terbang; *~*

engine, mesin pesawat terbang

airport, bandara, lapangan terbang

air pump, pompa angin

air raid, serangan udara; *~ warning,* tanda bahaya udara

airship, kapal udara

airtight, kedap udara

airway, trayek pesawat terbang; jalan udara

airy, berangin

ajar, terbuka sedikit

akimbo, *with arms ~ ,* bercekak pinggang

akin, bersanak saudara, bersemenda

alabaster, batu pualam, marmer putih

alarm, kegemparan, kegegeran, kegelisahan, haru biru; weker; tanda bahaya; *to ~ ,* menggemparkan, menggegerkan, menggelisahkan

alas, aduh, wahai

album, album

albumen, (zat) putih telur

alcohol, alkohol

alcoholic, beralkohol; *~s,* minuman beralkohol, minuman keras

alderman, pembantu wali kota

ale, bir

alert, siaga, siap siaga, waspada; *on the ~* , berjaga-jaga, bersiap siaga; *to ~* , menyiapsiagakan

algebra, aljabar

algebraic, *~ number,* bilangan aljabar

alibi, alibi

alien, orang asing; asing, luar negeri

alienate, *to ~* , mengasingkan, menjauhkan; memindahtangan-kan

alienation, pengasingan, ketercerabutan; pemindahtanganan

alight, menyala; bercahaya, berseri-seri; *to ~* , hinggap

align, *to ~* , menyejajarkan

alike, sama, serupa, mirip

alive, hidup; *~ to,* insaf akan

all, semua, antero; semuanya, seantero; sekalian, seluruh; *~ but,* hampir-hampir; *~ day,* sepanjang hari, sehari-harian; *~ right!,* baiklah!; *~ of us,* kita semua, kita sekalian; *not at ~* , sekali-kali tidak

all-around, serba bisa, serba mumpuni

allay, *to ~* , memadamkan, meringankan

allegation, pernyataan, ucapan

allege, *to ~* , menyatakan

allegiance, kesetiaan

allegory, ibarat

alleviate, *to ~* , meringankan, melembutkan, mengurangi

alleviation, peringanan, pelembutan, pengurangan

alley, lorong, gang; *blind ~* , gang buntu, jalan buntu

alliance, perserikatan, persekutuan, gabungan

allied, serikat, sekutu, gabungan

alligator, buaya

allocate, *to ~* , mengalokasikan, menyediakan, memperuntuk-kan

allocation, alokasi, penyediaan, peruntukan

allot, *to ~* , memperuntukkan, menjatahkan

allotment, bagian, jatah

allow, *to ~* , mengizinkan, memperbolehkan, memperkenankan, memenuhi

allowance, tunjangan, biaya harian

alloy, logam campuran; *to ~* , mencampur

All Saints' (Day), Hari Raya Orang-orang Kudus

All Souls' (Day), Hari Arwah

allude, *to ~* , menyindir, menyinggung, mengiaskan

allure, *to ~* , memikat

allurement, pikatan, pemikatan

alluring, bersifat memikat

allusion, sindiran, singgungan, kias

ally, sekutu; *to ~* , bersekutu

almanac, almanak, penanggalan, takwim

almighty, mahakuasa

almond, buah badam

almost, hampir

alms, derma, sedekah, zakat

aloft, atas, ke atas

alone, sendiri, seorang diri

along, sepanjang; *~ with*, bersama; *all ~* , selalu; *come ~ !*, marilah, ayo!; *get ~ !*, enyalah!

alongside, di sisi, di tepi

aloof, menjauh, menyendiri

aloud, dengan suara keras, dengan suara nyaring

alphabet, abjad, alfabet, alifbata

already, telah, sudah

also, juga, juga, pula

altar, altar, mazbah

alter, *to ~* , mengubah

alteration, pengubahan, perubahan

altercation, percekcokan,

perbantahan

alternate, *to ~* , menyelang, menyelang-nyeling; berselang-seling

alternating, *~ current*, arus bolak-balik

although, meskipun, walaupun, sungguhpun, biar(pun)

altitude, ketinggian, tinggi

altogether, semuanya, secara keseluruhan, sama sekali

alum, tawas

aluminium, aluminium, aluminum

aluminum, aluminum

always, selalu, senantiasa

a.m., *ante meridiem,* pagi

amalgamate, *to ~* , mencampurkan, melebur

amass, *to ~* , menimbun; mengumpulkan

amateur, penggemar, amatir

amaze, *to ~* , mengherankan, menakjubkan, mengagumkan

amazement, keheranan, ketakjuban, kekaguman

ambassador, duta besar

amber, ambar

ambiguity, kemenduaan, ambiguitas

ambiguous, mendua arti

ambition, ambisi, hasrat, cita-cita

ambulance, ambulans

ambush, serangan mendadak, penyergapan; *to ~ ,* menyerang dengan mendadak, menyergap

ameliorate, *to ~ ,* memperbaiki

amelioration, perbaikan

amen, amin

amenable, penurut, taat, setuju

amend, *to ~ ,* membetulkan

amendment, pembetulan; amandemen

amends, *to make ~ ,* menyilih, mengganti kerugian

amenity, kelembutan; kenyamanan; *amenities,* kenikmatan, fasilitas

America, negara Amerika; *~n lifestyle,* gaya hidup Amerika

amiability, keramahtamahan

amiable, ramah tamah

amicable, ramah tamah

amid(st), di tengah, di antara

amiss, salah, keliru; *to take ~ ,* salah terima

amity, persahabatan

ammonia, amonia

ammunition, amunisi, mesiu

amnesty, amnesti, pengampunan; *to ~ ,* mengampuni

among(st), di tengah, di antara

amorous, birahi

amortization, amortisasi, penghapusan biaya

amortize, *to ~ ,* mengamortisasi, menghapuskan biaya

amount, jumlah, banyaknya; *to ~ to,* berjumlah

ample, banyak; cukup; luas

amplifier, pengeras

amplitude, amplitudo

amputate, *to ~ ,* mengamputasi, mengudung, memotong

amulet, jimat

amuse, *to ~ ,* menggembirakan, menggelikan

amusement, hiburan, kegembiraan

amusing, menggembirakan, menggelikan

an, suatu, satu, sesuatu; per, tiap

analogous, beranalogi dengan, analog

analogy, analogi, kesejajaran

analysis, analisis, uraian

analyze, *to ~ ,* menganalisis, menguraikan

anatomy, anatomi, ilmu urai

ancestor, leluhur, nenek moyang

ancestry, leluhur, nenek moyang

anchor, sauh, jangkar; *to ~ ,* membuang sauh, berlabuh

anchorage, perlabuhan

ancient, dahulu, purbakala

and, dan, serta

anecdote, anekdot, lelucon
anemia, anemi(a), kurang darah
anesthesia, anestesi, pembiusan
anesthetic, obat bius
anesthetize, to ~ , membius
anew, sekali lagi
angel, malaikat
anger, kemarahan, murka; to ~ , membuat marah
angle, kail, pancing; to ~ , memancing
angler, pengail, pemancing
angling rod, joran
Anglo-, Inggris
angry, marah, murka
angular, berpenjuru, bersiku-siku, mirip sudut
aniline, anilin, nila
animal, binatang, hewan; hewani
animate, to ~ , menggembirakan, mengobarkan
animated, bersemangat, hidup
animation, penyemangatan, kegembiraan, animasi
animosity, dendam, dendam kesumat
anise, adas
ankle, mata kaki, buku lali
annals, babad, tawarikh
annex, pavilyun; to ~ , mencaplok, menggabungkan
annexation, pencaplokan,

penggabungan
annihilate, to ~ , membinasakan, membasmi, memusnahkan
annihilation, pembinasaan, pembasmian, pemusnahan
anniversary, ulang tahun, hari ulang tahun, hari jadi
annotate, to ~ , membubuhi catatan
annotation, catatan
announce, to ~ , mengumumkan, memaklumkan, memberitahukan
announcement, pengumuman, maklumat, pemberitaan
announcer, penyiar
annoy, to ~ , mengganggu, mengusik, menjengkelkan
annoyance, gangguan, usikan, kejengkelan
annoying, mengganggu, mengusik, menjengkelkan
annual, tahunan
annuity, tunjangan hari tua
annul, to ~ , membatalkan, mencabut
annulment, pembatalan, pencabutan
anodyne, penawar
anomaly, kelainan, keganjilan, penyimpangan
anonymous, tanpa nama; ~ letter,

surat kaleng

another, satu lagi; yang lain

answer, jawab, jawaban; *to ~ ,* menjawab, membalas (surat)

answerable, bertanggung jawab, dapat dijawab

ant, semut

antagonist, lawan

antarctic, kutub selatan

antecedent, yang mendahului, anteseden

antenna, antena; sungut

anterior, yang mendahului, yang di depan, dahulu

anthem, *the national ~ ,* lagu kebangsaan

anthill, busut

anthology, bunga rampai, warna sari, antologi

antiaircraft artillery, meriam penangkis

antic, tingkah lucu, kelucuan, kejenakaan

anticipate, *to ~ ,* mengantisipasi, menduga, mengharapkan

anticipation, antisipasi, dugaan, harapan; *in ~ ,* lebih dulu, sebelum dan sesudahnya

antidote, penawar

antipathy, antipati, perasaan tidak setuju, perasaan benci

antiquarian, yang berkaitan

dengan barang-barang kuno; ahli barang-barang kuno

antiquary, penjual barang-barang kuno

antique, kuno

antiquity, Zaman Purbakala

antler, tanduk rusa

anvil, landasan, paron

anxiety, kecemasan, kemasygulan; kerinduan

any, sesuatu, sebarang, sembarang

anybody, siapa pun, seseorang

anyhow, bagaimanapun

anyone, seseorang, barang siapa pun

anything, apa saja, apa pun

anywhere, di mana saja, ke mana saja

apace, cepat, lekas, segera

apart, berpisahan, tersendiri, terpisah, terlepas; *~ from,* selain

apartment, apartemen, rumah pangsa, flat

apathetic, apatis, acuh tak acuh, cuai

apathy, apati, sikap acuh tak acuh, kecuaian

ape, kera, siamang, mawas; *to ~ ,* meniru, mengajuk

aperture, bukaan

apiece, masing-masing, sebuah, sebiji

apologize, to ~ , minta maaf

apoplexy, apopleksi, penyakit pitam, ketangkapan

apostasy, kemurtadan, ridat

apostate, murtad

apostle, rasul

appall, to ~ , mendahsyatkan, menyebabkan ngeri, mengejutkan

apparatus, perkakas, aparat

apparent, nyata, kentara

apparition, hantu, khayal, penampakan

appeal, apel, permohonan, permintaan, seruan; rangsangan; to ~ , naik banding; to ~ against, memrotes

appealing, merangsang

appear, to ~ , tampak, muncul, timbul, menghadap, bertindak

appearance, pemunculan, tampang

appease, to ~ , menenangkan, meredakan, menenteramkan, memuaskan

append, to ~ , menambahkan, membubuhkan

appendicitis, radang usus buntu, radang apendiks

appendix, usus buntu, apendiks

appetite, selera, nafsu makan

applaud, to ~ , bertepuk tangan

applause, tepuk tangan

apple, buah apel

appliance, peranti, pesawat

applicable, dapat diterapkan, dapat digunakan, berlaku

applicant, pelamar, pemohon

application, lamaran; penerapan, pemakaian, pemanfaatan; ~ form, formulir lamaran, formulir pendaftaran

apply, to ~ , menerapkan, menggunakan, melamar

appoint, to ~ , menunjuk, menetapkan, mengangkat, membenum

appraisal, taksiran

appraise, to ~, menaksir nilai

appreciable, patut dihargai

appreciate, to ~ , menaksir harga, menghargai, menilai, mengerti

appreciation, taksiran, penghargaan, pengertian

apprehend, to ~ , menangkap, mengerti; takut akan

apprehensible, masuk akal, dapat dipahami

apprehension, penangkapan; pengertian; ketakutan

apprehensive, khawatir; mengkhawatirkan

apprentice, magang, cantrik, murid

approach, pendekatan; *to ~* , mendekati

approachable, dapat didekati

approbation, perkenan, izin

appropriate, patut, layak, pantas, sesuai; *to ~* , mengambil, merampas; memperuntukkan

approval, perkenan, izin, persetujuan

approve, *to ~* , memperkenankan, mengizinkan, menyetujui

approximately, kira-kira, lebih kurang

apricot, abrikos

April, April

apt, layak, patut; cakap; cenderung

aptitude, kelayakan; kecakapan; kecenderungan

Arab, orang Arab

Arabia, Arab

Arabian, ... Arab

Arabic, bahasa Arab

arbitration, pewasitan, arbitrasi

arbitrator, wasit, pendamai

arc, busur

arch, busur; *to ~* , melengkungkan

archer, pemanah

archipelago, nusantara

architect, arsitek, ahli bangunan

architecture, arsitektur, ilmu bangunan

archive(s), arsip

archly, lucu, jenaka

arctic, kutub utara

ardor, semangat, kegairahan, hasrat

area, daerah, area

Argentina, Argentina

argue, *to ~* , berdebat, memperdebatkan, membantah

argument, selisih pendapat, percekcokan; alasan, sanggahan; uraian

arid, gersang, kering

arise, *to ~* , bangkit, bangun, timbul

aristocracy, kaum ningrat

arithmetic, ilmu berhitung

ark, bahtera

arm, lengan; senjata; *to ~,* mempersenjatai

armament, persenjataan

armchair, kursi berlengan

armistice, gencatan senjata

armor, baju baja; *~ed car,* mobil lapis baja

armpit, ketiak

army, tentara, bala tentara

aroma, bau harum, aroma

aromatic, berbau harum

around, sekeliling, sekitar

arrange, to ~ , mengurus, menata, mengatur, menetapkan, mengaransemen

arrangement, urusan, penataan, pengaturan, penetapan, perjanjian, aransemen

array, to ~ , mengurus, mengatur, menghias

arrear(s), tunggakan; in ~ , menunggak

arrest, penahanan, penangkapan; to ~ , menahan, menangkap

arrival, kedatangan

arrive, to ~ , datang, tiba

arrogance, kesombongan

arrogant, sombong, congkak

arrow, anak panah

arsenic, warangan

arson, pembakaran rumah secara sengaja

art, seni, kesenian; muslihat

artery, pembuluh nadi, arteri

article, kata sandang; pasal, bab; barang-barang

articulate, to ~ , mahir mengeluarkan pendapat; bersendi; melafalkan dengan jelas

artifice, muslihat, tipu daya

artificial, buatan

artillery, artileri, pasukan meriam

artist, seniman, seniwati

as, sama, se...; seperti; karena, sebab; ~ for, akan, tentang, bagi; ~ if, seolah-olah

asbestos, asbes

ascend, to ~ , naik, mendaki, memanjat

ascendancy, ascendency, keunggulan, kekuasaan; pengaruh

ascension, kenaikan ke surga, mikraj

ascertain, to ~ , memastikan, mengetahui dengan pasti, menegaskan

ash, abu

ashamed, malu

ashore, to go ~, naik ke darat

ashtray, tempat abu, asbak

Asia, Asia

Asiatic, ... Asia

aside, di sebelah

ask, to ~ , bertanya, minta, memohon

askance, serong

asleep, tertidur

aspect, segi pandangan, sudut pandangan, aspek

asphalt, aspal

aspiration, cita-cita, idam-
idaman, aspirasi

aspire, *to ~* , mengidam-idamkan,
mencita-citakan

ass, keledai

assail, *to ~* , menyerang,
menyerbu

assailant, penyerang, penyerbu

assassinate, *to ~* , membunuh

assassination, pembunuhan

assault, serangan, serbuan; *to ~* ,
menyerang, menyerbu

assaulter, penyerang, penyerbu

assemble, *to ~* , berkumpul,
berhimpun, bersidang; merakit

assembly, perkumpulan,
perhimpunan, sidang

assent, perkenan, izin,
persetujuan; *to ~* ,
memperkenankan,
mengizinkan, menyetujui

assert, *to ~* , menyatakan,
memaksakan

assertion, pernyataan, pemaksaan

assess, *to ~* , menaksir, menilai;
mengenakan pajak

assessment, taksiran, penilaian;
ketetapan pajak

assiduous, rajin

assign, *to ~* , menugasi,
menetapkan, memperuntukkan

assignation, penugasan,

penetapan, peruntukan

assimilate, *to ~* ,
mengasimilasikan

assist, *to ~* , menolong,
membantu; *to ~* , menghadiri

assistance, pertolongan, bantuan

associate, kawan, peserta; sekutu;
pembantu; *to ~* ,
menggabungkan; mengaitkan;
bersekutu, berserikat,
berkongsi

association, gabungan,
persekutuan, serikat,
perserikatan, kongsi

assort, *to ~* , menyortir

assuage, *to ~* , melembutkan,
meredakan

assume, *to ~* , menerima,
menganggap, menjabat

assurance, kepastian; jaminan

assure, *to ~* , memastikan;
menjamin

aster, bunga aster

astern, di buritan

asthma, asma, penyakit bengek,
penyakit sesak dada

asthmatic, berpenyakit asma,
bengek, sesak dada

astonish, *to ~* , mengherankan

astonishment, keheranan

astound, *to ~* , mengejutkan

astraddle, mengangkang

astray, sesat, tersesat

astride, mengangkang

astronomy, astronomi, ilmu falak, ilmu nujum

astute, cerdik, berakal

asunder, terpecah belah, hancur berantakan

asylum, tempat perlindungan; *mental ~ ,* rumah orang gila

at, *~ home,* di rumah; *~ last,* akhirnya; *~ least,* paling sedikit, sekurang-kurangnya; *~ once,* sekarang juga, seketika itu; *~ seven o' clock,* pada pukul tujuh

atheism, ateisme, kefasikan

athlete, atlet

Atlantic, Atlantik

atlas, atlas, peta

atmosphere, hawa, udara, angkasa, atmosfer, suasana

atom, atom

atone, *to ~ ,* menyesali (dosa), menyilih

atonement, penyesalan, memberi silih

atrocious, keji, kejam, bengis

atrocity, kekejian, kekejaman, kebengisan

attach, *to ~ ,* menambat; melekatkan; mengaitkan; melampirkan

attachment, pelekatan, lampiran, kelengketan

attack, serangan; *to ~ ,* menyerang

attempt, percobaan; *to ~ ,* mencoba

attend, *to ~ ,* mengiringi; melayani; merawat; menghadiri; mengunjungi

attendance, hadirat, kehadiran, hadirin; pelayanan; perawatan; kunjungan

attendant, pelayan; juru rawat, perawat; *his ~s,* iringannya

attention, perhatian, minat; *~!,* siap, awas, hati-hati!

attentive, penuh perhatian, penuh minat

attest, *to ~ ,* memberi kesaksian, membuktikan

attestation, pengesahan

attire, pakaian

attitude, sikap, pendirian

attorney, pengacara, pokrol; wakil, pemegang kuasa; *power of ~ ,* surat kuasa

attract, *to ~ ,* menarik (hati), mengambil hati, memikat hati

attraction, daya tarik, daya pikat, atraksi

attractive, menarik hati, mengambil hati, memikat hati

attribute, sifat, ciri, lambang

auction, lelang; *to ~ ,* melelangkan

auctioneer, juru lelang

audacious, berani sekali, candang, dakar

audible, dapat didengarkan, kedengaran

audience, sidang pendengar, sidang pemirsa, hadirin; *to have an ~ ,* menghadap

augment, *to ~ ,* bertambah, menambah; menaikkan; membesarkan

augmentation, pertambahan, penambahan; penaikan

August, Agustus

aunt, bibi

auspice, *under the ~s of,* di bawah pengawasan

Australia, Australia

Australian, orang Australia; ... Australia

Austria, Austria

Austrian, ... Austria

authentic, autentik, asli

authenticate, *to ~ ,* mengesahkan

author, pengarang

authoress, pengarang wanita

authoritative, berkuasa, berwenang, berautoritas

authority, pembesar; autoritas, kekuasaan; yang berwajib, instansi

authorization, penguasaan

authorize, *to ~ ,* menguasakan

automatic, automatis

autonomous, autonom

autonomy, autonomi, swapraja

autopsy, autopsi, bedah mayat

autumn, musim gugur

auxiliary, bantu, penolong

avail, guna, faedah; *to ~ ,* berguna, berfaedah

available, tersedia

avarice, kekikiran

avaricious, kikir, bakhil

avenge, *to ~ ,* membalas dendam

average, rata-rata, pukul rata; *on (the) ~ ,* rata-rata, pukul rata

averse, enggan

aversion, keengganan

avert, *to ~ ,* menangkis

aviation, penerbangan

aviator, juru terbang, penerbang

avoid, *to ~ ,* menghindari, menjauhkan

avow, *to ~ ,* mengaku

avowal, pengakuan

await, *to ~ ,* menantikan

awake, bangun; *to ~,* bangun, bangkit; membangkitkan

award, penghargaan; *to ~ ,* memberi penghargaan

aware, *to be ~ of,* sadar akan, menyadari

away, *go ~ ,* pergilah, nyahlah!

awful, hebat, dahsyat

awkward, kikuk, canggung

awl, penggerek, pusut

ax(e), kapak

axiom, aksioma

axis, poros, sumbu

azure, lazuardi, biru

B

babble, *to ~ ,* berceloteh, mengoceh

babe, anak kecil, bayi

baby, bayi

bachelor, bujang

bacillus, basil

back, punggung; belakang, ke belakang; *at the ~ of,* di belakang; *to ~ ,* menyokong, mundur

backbite, *to ~ ,* memfitnah, mengumpat

backbiter, pemfitnah

backbone, tulang belakang

backdoor, pintu belakang

backing, sokongan

backroom, kamar belakang

backward(s), ke belakang, mundur

bacon, daging babi asap

bacterium, bakteri, kuman

bad, jelek, buruk, kurang baik

badge, lencana, tanda

badness, keburukan

baffle, *to ~ ,* mencengkam, membingungkan

bag, tas, saku, kantung, karung

baggage, bagasi

bail, jaminan (uang)

bait, umpan; *to ~ ,* mengumpani

bake, *to ~ ,* membakar, menggarang

baker, tukang roti

balance, neraca, timbangan, keseimbangan, saldo, sisa lebih; *to ~ ,* menimbang

balance sheet, neraca

balcony, beranda

bald, gundul, botak

bale, bungkus, karung, bal

ball, bola

ballast, tolak bara, pemberat

ballet, balet

balloon, balon, balon layang

ballot, *to* ~ , membuang undi
balustrade, susuran tangga, birai
bamboo, bambu
ban, pengucilan; *to* ~ ,
   mengucilkan
banana, pisang
band, pembalut, kawanan; ben
bandage, kain pembalut; *to* ~ ,
   membalut
bandana, ikat kepala
bandit, bandit, penyamun
bandoleer, selempang
bang, suara keras; *to* ~ ,
   berdentang
banish, *to* ~ , membuang
banishment, pembuangan
banister, susuran tangga, birai
bank, bank; tebing, beting;
   tumpukan
banker, bankir
banknote, uang kertas
bankrupt, bangkrut, jatuh
bankruptcy, kebangkrutan
banner, tunggul, panji-panji,
   spanduk
banquet, perjamuan, santap
banter, *to* ~ , bersenda gurau
baptism, baptis, permandian
baptize, *to* ~ , membaptis,
   mempermandikan
bar, palang pintu, batang, kisi,
   ruji, halangan, rintangan; *to* ~ ,

   memalang, menghalangi,
   merintangi
barb, duri; ~*ed wire,* kawat
   berduri
barbarous, lalim, bengis, barbar
barber, tukang cukur
bare, telanjang; *to* ~ ,
   menelanjangi
barefoot, dengan kaki telanjang
bareheaded, tanpa tutup kepala
barely, hampir tidak
bargain, pembelian, pembelian
   yang murah; *to* ~ , menawar
barge, kapal barang
bark, pepagan, kulit kayu,
   samak; perahu; *to* ~ , menguliti,
   mengupas; menyalak
barn, gudang
barometer, barometer
barracks, asrama, tangsi
barrage, bendungan pengempang
barrel, tong, barel; laras bedil;
   teromol
barren, tandus, kersang
barricade, rintangan; *to* ~ ,
   merintangi
barrier, palang, penghalang,
   rintangan
barrister, advokat, pengacara
barrow, kereta sorong
barter, niaga tukar-menukar
   barang, barter; *to* ~ , tukar-

menukar barang, berbarter, barteran

base, dasar; hina; *to ~ ,* mendasarkan

bashful, malu, tersipu-sipu

basic, asasi, pokok

basin, lembah; mangkuk, waskom

bask, *to ~ ,* berjemur, mandi matahari

basket, keranjang, bakul, basket

bastard, bastar; haram zadah

bat, kelelawar, kampret

bath, mandi

bathe, *to ~ ,* mandi; memandikan

bathroom, kamar mandi

battalion, batalyon

batter, adonan

battery, baterai

battle, pertempuran; *to ~ ,* bertempur

battleground, medan peperangan, ajang pertempuran

battleship, kapal perang, kapal penempur

bawl, *to ~ ,* berteriak

bay, teluk

bayonet, sangkur, bayonet

bazaar, basar, pasar derma

be, *to ~ ,* ada; *how are you?,* apa kabar?

beach, pantai, pesisir

beacon, rambu, suar

bead, manik-manik

beam, balok; sinar; *to ~ ,* bersinar, berseri-seri

bean, buncis, kacang

bear, beruang; *to ~ ,* memikul, menahan; bersalin

beard, janggut

bearded, berjanggut

beardless, tidak berjanggut

bearer, pembawa

bearing, sikap, peri laku; arah, tujuan

beast, binatang

beastly, seperti binatang, cabul

beat, pukulan, paluan; *to ~ ,* memukul, memalu; *~ it!,* nyahlah!; *it ~s me!,* itu tak masuk akal saya!

beaten, terpukul; kalah; licin

beautiful, bagus, elok, cantik, molek, indah

beautify, *to ~ ,* memperindah, mempercantik, menghiasi

beauty, kebagusan, keelokan, kecantikan; wanita cantik

because, sebab, karena; *~ of,* karena, lantaran

beckon, isyarat; *to ~ ,* memberi isyarat

become, *to ~ ,* menjadi

becoming, layak, patut, senonoh

bed, tempat tidur; persemaian

bedroom, tempat tidur

bedspread, seprai

bedstead, tempat tidur

bee, lebah, tawon

beef, daging sapi

beefsteak, bestik

beef tea, kaldu

beehive, sarang lebah, sialang

beer, bir

beeswax, lilin

beetle, kumbang

befit, *to ~ ,* patut, wajib, layak

before, di muka, di hadapan; sebelum

beforehand, lebih dahulu

beg, *to ~ ,* meminta-minta, memohon, mengemis; *I ~ to inform you,* dengan hormat saya mengabarkan kepada Tuan

beggar, peminta-minta, pengemis

beggarly, miskin, papa

begin, *to ~ ,* memulai, mulai

beginning, awal, permulaan

beguile, *to ~ ,* menipu, mengakali, membujuk

behalf, *in ~ of,* demi; *on ~ of,* atas nama

behave, *to ~ ,* berkelakuan; *to ~ oneself,* berkelakuan baik, sopan

behavior, peri laku

behead, *to ~ ,* memenggal, memancung

behind, di belakang, ke belakang

behindhand, lambat; menunggak

being, keadaan, kejadian; pengada

Belgian, ... Belgia

Belgium, Belgia

belief, pendapat, kepercayaan, iman

believe, *to ~ ,* berpendapat, percaya, beriman

believer, orang beriman

belittle, *to ~ ,* mengecilkan, meremehkan

bell, bel, lonceng, genta

belligerent, suka berperang

bellow, *to ~ ,* menguak

bellows, *a pair of ~ ,* embusan, pengembusan

belly, perut

belong, *to ~,* termasuk, termasuk kepunyaan, milik

belongings, harta milik

beloved, terkasih

below, di bawah, ke bawah

belt, sabuk; *seat ~ ,* sabuk pengaman

bemoan, *to ~ ,* menyesali, menyayangkan

bench, bangku

bend, pengkolan, belokan; *to ~ ,*
memengkol, membelok,
melengkung

beneath, di bawah

benediction, berkat

benefit, untung, laba; guna,
faedah; *for the ~ of,* demi

benevolence, kemurahan,
kedermawanan

benevolent, murah hati,
dermawan

benign, lemah lembut

bent, cenderung; *to be ~ on,*
bertujuan, bermaksud

benumb, *to ~ ,* mengebaskan,
melumpuhkan

bequeath, *to ~ ,* mewasiatkan

bequest, wasiat istimewa

beret, pici, baret

berth, kamar, bilik kapal

beseech, *to ~ ,* memohon

beside, di sisi, di dekat; kecuali,
di luar; *he was ~ himself,*
hilang akalnya

besides, lagi pula, tambahan lagi

besiege, *to ~ ,* mengepung

best, paling baik, terbaik

bestial, seperti binatang, bengis

bestir, *to ~ oneself,* tergopoh-
gopoh

bestow, *to ~ ,* menganugerahi

bet, taruhan; *to ~ ,* bertaruh

betray, *to ~ ,* mengkhianati

betrayal, pengkhianatan

betrothal, pertunangan

betrothed, tunangan

better, lebih baik; sembuh; *our
~s,* orang di atas; *to ~ ,*
memperbaiki

betterment, perbaikan

bettor, orang yang bertaruh

between, antara, di antara, di
tengah

beverage, minuman

bevy, kawan, gerombolan

bewail, *to ~ ,* menangisi,
menyesali

beware, *to ~ ,* berawas-awas,
berhati-hati; *~ !,* awas!, hati-
hati!

bewilder, *to ~ ,* membingungkan

bewilderment, kebingungan

bewitch, *to ~ ,* memanterai

beyond, sebelah, di sebelah, lebih
daripada, melampaui, melebihi

bias, kecenderungan, prasangka

bib, oto

Bible, Kitab Injil, Alkitab

bicycle, sepeda, kereta angin; *to
~ ,* naik sepeda, bersepeda

bid, tawaran; *to ~ ,* meminta,
menyuruh, menawar, tawar-
menawar

bidder, penawar, orang yang

menawar

bidding, penawaran

bide, to ~ , menanti, menunggu

bier, usungan mayat

bifurcate, to ~ , bercabang

bifurcation, pencabangan

big, besar, gemuk

bight, teluk, kolong; gelung

bike, sepeda, kereta angin; to ~ ,
naik sepeda, bersepeda

bile, empedu

bill, paruh; rekening, nota; wesel,
daftar; pelekat, surat selebaran;
acara; rancangan undang-
undang; ~ of exchange, (surat)
wesel; ~ of fare, daftar
makanan; ~ of lading, surat
muatan kapal (atau pesawat)

billet, potongan kayu besar;
pekerjaan, jabatan; asrama

billow, ombak, gelombang

bin, peti, tempat; dustbin, tempat
sampah

bind, to ~ , mengikat,
menghubungkan; mewajibkan;
to ~ up, membalut; menjilid

binder, penjilid

bindery, tempat penjilidan

binding, penjilidan; bersifat
mengikat

biography, riwayat hidup

biplane, pesawat capung

bird, burung, unggas

bird's eye, ~ view, pandangan
sepintas lalu

birth, asal, kejadian, kelahiran;
Indonesian by ~ , orang
kelahiran Indonesia, asli orang
Indonesia

birthday, hari lahir, hari jadi,
hari ulang tahun

birthmark, tahi lalat

biscuit, biskuit

bishop, uskup

bit, sedikit, sepotong, sekerat; not
a ~ , sedikit pun tidak, sekali-
kali tidak

bitch, anjing betina

bite, gigitan; to ~ , menggigit

bitter, pahit; rindu dendam

blab, to ~ , berceloteh

black, hitam, gelap; ~-and-blue,
biru lebam; to ~ out,
memadamkan, menggelapkan

blackboard, papan tulis

blacken, to ~ , menghitamkan

blackguard, bangsat, bandit,
bajingan

blacking, semir sepatu hitam

black lead, pinsil, potlot

blackmail, pemerasan; to ~ ,
memeras

black market, pasar gelap

black marketeer, tukang catut

blackout, penggelapan

blacksmith, tukang besi, pandai besi

bladder, kandung kemih

blade, helai; daun (pisau); mata senjata

blamable, pantas disalahkan; tidak patut, tidak layak, tidak senonoh

blame, kesalahan; to ~ , menyalahkan

blameless, tak bercela, sempurna

blanch, to ~ , mengelantang

blank, kosong, hampa; ruang kosong, formulir; blangko; ~ *cartridge,* peluru kosong

blanket, selimut

blaspheme, to ~ , memfitnah, menghujat

blasphemous, dengan fitnah, dengan hujat

blasphemy, hujat akan Allah

blast, angin kencang, letupan, tiupan

blast furnace, tungku tinggi

blaze, nyala, panas; to ~ , menyala, berpijar-pijar

bleach, to ~ , mengelantang

bleat, to ~ , mengembik

bleed, to ~ , berdarah

bleeding, perdarahan

blemish, noda, cacat, cemar; to

~ , menodai, mencemari

blend, campuran; to ~ , mencampur

bless, to ~ , memberkati

blessed, terberkati

blind, kerai; buta; ~ *in one eye,* buta sebelah mata; to ~ , membutakan

blindfold, kain penutup mata; to ~ , menutup mata dengan kain

blindly, membabi buta, membuta

blindness, kebutaan

blink, kejapan mata; to ~ , mengejapkan mata

bliss, kebahagiaan

blister, lepuh; to ~ , melepuhkan

blitz, serangan kilat

bloat, to ~ , membengkak, menggembung; mengasap haring

block, bongkah; to ~ , merintangi, membatasi, mengepung

blockade, pembatasan, pengepungan; to ~ , mengepung

blockhead, orang bodoh, orang bebal

blood, darah; to ~ , memantik darah

blood relation, hubungan darah, sanak saudara

bloodstain, bekas darah

bloodsucker, lintah

bloodthirsty, ganas, haus darah

blood vessel, pembuluh darah

bloody, berdarah

blossom, bunga; *to ~ ,* berbunga

blot, noda tinta; *to ~ ,* menodai,
mencemari; *to ~ out,*
menghapus, mencoret

blotting paper, kertas isap

blouse, blus

blow, pukulan, tamparan; tiupan;
to ~ , bertiup; *to ~ one's nose,*
membuang ingus

blubber, *to ~ ,* menangis

bludgeon, belantan, gada

blue, biru

bluejacket, matros, kelasi

bluff, cakap angin; *to ~ ,*
bercakap angin, menyombong

blunder, kekhilafan, kesalahan

blunt, tumpul, majal

blush, merah muka; *to ~ ,*
menjadi merah muka karena
malu

bluster, kegaduhan,
kesombongan; *to ~ ,* bergaduh,
menyombong

boar, babi jantan

board, papan; makanan; dewan;
karton, kertas tebal; *on ~ ,* di
kapal, di pesawat

boarder, anak semang, orang
yang menumpang, pemondok

boarding house, pondokan

boarding pass, kartu pas

boarding school, asrama sekolah

boast, cakap angin; *to ~ ,*
bercakap angin, menyombong

boat, kapal, perahu

boat race, perlombaaan perahu

boatswain, serang, kepala kelasi

bob, *to ~ ,* turun naik, timbul
tenggelam, teranggul-anggul

bobbin, gelendong, kumparan

bobby, polisi

bodice, kutang, korset

bodkin, penggerek, jarum
pencocok

body, badan, tubuh; organisasi,
himpunan

bodyguard, pengawal

boil, bisul; *to ~ ,* mendidih;
merebus

boiler, ketel, ketel kukus,
dandang

boisterous, ribut, ramai, riuh

bold, berani, gagah berani; tebal;
make ~ to, memberanikan diri

bole, batang kayu, batang pohon

bolt, baut, palang; anak panah;
halilintar, mata petir; *to ~ ,*
memalangkan

bomb, bom; *to ~ ,* membom,

mengebom

bombard, *to ~* , membom, mengebom

bombardment, pemboman, pengeboman

bomber, pesawat pembom, pesawat pengebom

bond, pengikat; ikatan; kewajiban; obligasi

bondage, perbudakan

bone, tulang

bonnet, bonet

bonny, manis, jelita

bonus, bonus

booby, orang bodoh, orang dungu

book, buku, kitab; *to ~* , memesan

bookbinder, tukang jilid buku, penjilid buku

bookbinding, penjilidan buku

bookcase, lemari buku

bookend, sandaran buku

bookkeeper, pemegang buku

bookkeeping, pembukuan; *~ by double entry,* pembukuan rangkap; *~ by single entry,* pembukuan tunggal

booklet, buku kecil, buklet

bookseller, penjual buku

bookshop, toko buku

bookstall, kios buku

book trade, perdagangan buku

boom, tiang (mikrofon); ledakan; *to ~* , laris, meledak

boor, orang biadab; orang bongkak

boorish, biadab, bongkak

boost, *to ~ up,* menaikkan

boot, sepatu tinggi, sepatu bot

booted, bersepatu tinggi, bersepatu bot

bootlace, tali sepatu bot

boot polish, semir sepatu

booty, rampasan

border, tepi, sisi; tapal batas; *to ~* , berbatasan dengan; membatasi; mendekati

bore, orang yang membosankan; *to ~* , menggerek, membor; membosankan, menjemukan

born, dilahirkan, lahir

borrow, *to ~* , meminjam

bosom, dada; susu, tetek

boss, pemimpin, tuan besar, bos

botanist, ahli tetumbuhan, ahli botani

botany, ilmu tetumbuhan, botani

both, kedua, keduanya; *both ... and ...,* baik ... maupun ...

bother, kesusahan; *to ~* , menyusahkan, menjemukan

bottle, botol; *to ~* , membotolkan

bottom, bawah, pantat, alas; *at the ~ of,* di bawahnya, di tempat bawah

bottomless, tak berdasar, tak beralas

bough, dahan, ranting

bounce, *to ~ ,* membingkas, melambung; memantul

bound, *to ~ ,* melompat, memantul; membatasi; *to ~ for,* menuju ke, berlayar ke

boundary, batas, tapal batas

boundless, tanpa batas, tak berhingga, tidak terhingga

bounteous, dermawan, murah

bounty, kedermawanan, kemurahan; anugerah, karunia, premi

bouquet, karangan bunga

bow, sujud; haluan; busur; penggesek; *to ~ ,* menunduk, sujud

bowels, isi perut

bower, punjung

bowl, pinggan, mangkok; bola boling; *to ~ ,* melempar bola boling

bowleg(s), pengkar ke dalam

bow net, bubu

bowsprit, cucur

box, dos, peti, kopor, kotak; lose (komidi); tempeleng, tinju; *to ~ ,* bertinju, meninju; *to ~ one's ears,* menempeleng

boxer, petinju

boxing match, pertandingan tinju

boy, anak lelaki

boycott, boikot; *to ~ ,* memboikot

boyhood, masa kanak-kanak

boyish, kekanak-kanakan

boy scout, pandu, pramuka

brace, pasang; penjepit, catok, bretel

bracelet, gelang

bracken, tumbuhan paku, resam

bracket, *~s,* tanda kurung; *to ~ ,* mengurung, memberi tanda kurung

brackish, payau, masin

brag, *to ~ ,* bercakap angin, menyombong

brain, otak, benak

brake, rem; *to ~ ,* merem, mengerem; *foot ~,* rem kaki

bran, dedak

branch, cabang, dahan; bagian; *to ~ ,* bercabang

branch office, kantor cabang

brand, cap, merek; *to ~ ,* mencap, mengecap

brand-new, sama sekali baru

brandy, brendi

brass, tembaga, kuningan

brassworks, peleburan tembaga

brave, berani, gagah berani

bravery, keberanian,

keperwiraan

brawl, pertikaian, perbantahan, tawur

brawn, urat, otot; kekuatan

brawny, berotot, tegap

bray, to ~ , menumbuk

brazen, terbuat dari tembaga; kurang ajar

Brazil, Brasilia

Brazilian, ... Brasilia

breach, patahan, pecahan; pelanggaran, pemutusan

bread, roti

breadth, lebar(nya)

break, kehancuran; retak, pecah; patah, putus; jeda, istirahat; to ~ , memecahkan; memutuskan; merombak; to ~ down, memecah-mecahkan lebih lanjut; gagal, tidak tahan lagi, roboh

breakdown, perincian; kegagalan, kerusakan, kerobohan

breaker, pemecah, pematah; ~s, ombak besar

breakfast, makan pagi; to ~ , makan pagi

breakwater, tumpuan gelombang

breast, dada, susu

breath, napas

breathe, to ~ , bernapas, menarik napas

breeches, celana pendek, seluar

breed, keturunan, ras; to ~ , mengembangbiakkan, membiakkan, memuliakan, menernakkan; menimbulkan; mendidik, melatih

breeder, peternak, pemulia

breeze, angin sepoi-sepoi

brethren, saudara-saudara

brevet, ijazah

brevity, ringkasnya, keringkasan

brew, to ~ , membuat bir

brewer, tempat pembuatan bir, perusahaan bir

bribable, dapat disuap, dapat disogok

bribe, uang sogok, uang suap; to ~ , menyogok, menyuap

bribery, suapan, sogokan

brick, batu bata

brick kiln, (tempat) pembakaran batu bata

bricklayer, tukang batu

bride, mempelai perempuan, pengantin wanita

bridegroom, mempelai lelaki, pengantin lelaki

bridge, jembatan, titian

bridle, tali kekang, kendali; to ~ , mengekang, mengendalikan; membredel

brief, pendek, ringkas, singkat; *to ~* , memberi brifing, memberi uraian ringkas

briefing, brifing, uraian ringkas

brigade, regu, brigade

bright, terang, gemilang; cerdik, cemerlang, pandai; girang, gembira, cerah

brighten, *to ~* , menerangkan; menggembirakan

brightness, terangnya, kecerahan; kecerlangan; kepandaian

brilliant, seri; kemuliaan

brilliant, gilang-gemilang, berseri, brilyan

brim, tepi, pinggir

brimful, padat, penuh tumpat, penuh sekali

brimstone, belerang

brine, air garam, air masin

bring, *to ~* , membawa; *to ~ on,* menyebabkan, mendatangkan; *to ~ around,* menyadarkan

brink, sisi, tepi

briny, masin, bergaram

brisk, cepat; tajam

Britain, *Great ~* , Inggris

British, ... Inggris; orang Inggris

brittle, rapuh, repas

broach, bros

broad, lebar, luas

broadcast, siaran; *to ~* ; menyiarkan

broaden, *to ~* , melebarkan, meluaskan

broad-minded, berpandangan luas

broil, *to ~* , memanggang

broken, *~-down,* roboh; letih lesu

broker, makelar, cengkau, pialang, dalal

bromine, brom

bronze, perunggu, suasa, gangsa

brooch, bros

brood, seperindukan, anak-anak; *to ~* , mengeram

brook, anak sungai

broom, sapu

bros., *brothers,* bersaudara

broth, kaldu

brother, saudara lelaki

brotherhood, persaudaraan

brother-in-law, ipar lelaki

brow, kening, alis, dahi

brown, coklat, sawo matang

bruise, memar; bengkak

brush, sikat, kuas; perkelahian; semak-semak; *to ~* , menyikat, menggosok

brushwood, semak, semak belukar

brutal, brutal, bengis, kasar, ganas, garang, seperti binatang

brutality, kebrutalan,
  kebengisan, kekasaran,
  keganasan
brute, orang garang; garang;
  ganas
bubble, gelembung; *to ~* ,
  membual; menggelembung
buck, rusa jantan
bucket, ember
buckle, gesper
bud, kuntum; *to ~* , berkuntum,
  bersemi
budge, *to ~* , bergerak sedikit
budget, anggaran (belanja)
buff, kulit penggosok; penggemar
buffalo, kerbau
buffer, penyangga
buffet, bufet
bug, kutu busuk
build, *to ~* , mendirikan,
  membangun, menegakkan
builder, pendiri; anemer
building, rumah, gedung,
  bangunan
bulb, lampu pijar, bola lampu
Bulgaria, Bulgaria
Bulgarian, ... Bulgaria
bulge, *to ~* , mengembung,
  membengkak
bulk, tumpukan, timbunan,
  onggokan
bulky, besar, tebal

bull, lembu jantan
bullet, peluru
bulletin, buletin, selebaran, berita
  kilat
bull's-eye, sasaran
bulwark, benteng, kubu
bump, bengkak; *to ~* ,
  menumbuk, menabrak;
  mencampakkan
bumper, penyangga, bumper
bun, roti bola kismis
bunch, tandan, gugus, jurai
bundle, berkas, bendel
bungle, *to ~* , mengerjakan
  dengan serampangan
bunk, balai-balai
bunny, kelinci
buoy, pelampung
buoyancy, kegembiraan
buoyant, gembira
burden, beban; muatan,
  tanggungan; *to ~* , membebani,
  memberatkan
bureau, kantor, biro; meja tulis
bureaucracy, birokrasi
bureaucrat, birokrat
bureaucratic, birokratis
burglar, gedor
burglary, penggedoran
burgle, *to ~* , menggedor
burgomaster, wali kota
burial, penguburan, pemakaman

burial ground, pekuburan
burn, luka hangus, luka terkena panas; *to ~ ,* membakar; bernyala
burner, pembakar
burnish, *to ~ ,* mengupam, menggilapkan
burrow, liang; *to ~ ,* menggali liang; bersembunyi
burst, letusan, ledakan; semburan; *to ~ ,* meletus; menyembur
bury, *to ~ ,* menanam, mengubur
bus, bus
bush, semak, belukar
busily, dengan sibuk, dengan rajin
business, pekerjaan; perkara; urusan; perdagangan, perniagaan; perusahaan, jabatan
businessman, pedagang, usahawan, pengusaha, saudagar
bustle, kesibukan; *to ~ ,*

bergegas-gegas, buru-buru
busy, sibuk
but, tetapi; melainkan, kecuali
butcher, jagal, tukang potong, tukang daging, pembantai
butchery, penjagalan, pembantaian
butt, puntung; sasaran, obyek
butter, mentega
butter dish, tempat mentega
butterfly, kupu-kupu, rama-rama
button, kancing, buah baju; *to ~ up,* mengancing
buttonhole, lubang kancing
buy, *to ~ ,* membeli
buyer, pembeli
buzz, *to ~ ,* berdengung, menderu
by, oleh, dengan; *~ oneself,* sendirian; *~ and ~ ,* segera; *~ Allah,* demi Allah
bye-bye, selamat jalan; selamat tinggal
bystander, penonton
bystreet, simpang jalan

C

cab, taksi
cabbage, kol, kubis
cabby, kusir, sais

cab driver, kusir, sais
cabin, kamar, kabin
cabinet, kabinet

cable, kabel, telegram, kawat; *to ~* , mengirim telegram, mengawatkan

cacao, coklat

cackle, *to ~* , berkotek

cactus, kaktus

cadence, irama, kadens

cadet, kadet

cadre, kader

cage, sangkar, kurungan; *to ~* , menyangkarkan, mengurung

cajole, *to ~* , membujuk

cake, kue

calamity, bencana

calculate, *to ~* , menghitung-hitung, memperhitungkan

calculation, perhitungan, kalkulasi

calendar, almanak, kalender, takwim, penanggalan

calf, anak sapi, anak lembu; buah betis; *to ~* , beranak (sapi)

caliber, kaliber

calico, belacu

call, panggilan, teriakan, seruan, penyeruan; percakapan telefon; kunjungan, tandang; *to ~* , memanggil, menelefon; berteriak, berseru; berkunjung, bertandang; *to ~ at,* mampir; *to ~ attention to,* memohon perhatian; *to ~ for,* minta; *to ~*

on, bertandang

call box, kamar telefon

caller, tamu, orang yang berkunjung, pengunjung

callosity, kapal di tangan

callous, berkapal

calm, tenang; *to ~* , menenangkan

calumniate, *to ~* , memfitnah, mengumpat

calumniator, pengumpat

calumny, fitnah, umpat

calyx, kelopak

camel, unta

camera, kamera

camouflage, penyamaran; kamuflase; *to ~* , menyamar

camp, perkemahan, kamp; *to ~* , berkemah

camphor, kapur barus

can, kaleng; *to ~* , mengalengkan

can, dapat, bisa

Canada, Kanada

Canadian, ... Kanada

canal, terusan

canary, burung kenari

cancel, *to ~* , membatalkan, mencoret, menghapus, meniadakan

cancellation, pembatalan, pencoretan, penghapusan, pencabutan

cancer, kanker

candid, tulus, iklas
candidacy, pencalonan
candidate, calon, kandidat
candle, lilin
candlestick, tempat lilin, kandil
candor, ketulusan hati
candy, kembang gula
cane, batang; *sugar ~ ,* tebu
cannibal, kanibal; pemakan
    orang
cannon, kanon, meriam
canoe, kano
canopy, langit-langit
canteen, kantin
canto, nyanyian
canvas, kanvas, kain terpal
caoutchouc, karet
cap, kopiah, peci
capability, kecakapan,
    kesanggupan
capable, cakap
capacious, luas, lapang
capacity, kecakapan,
    kesanggupan, daya tampung
cape, tanjung
capital, modal; ibu kota; huruf
    besar; *~ mistake,* salah besar; *~*
    punishment, hukuman mati
capitalist, kapitalis
capitulate, *to ~ ,* menyerah kalah
capitulation, menyerah kalah
capon, ayam kebiri

caprice, sikap angin-anginan,
    tingkah
capricious, bersikap angin-
    anginan, banyak tingkah
capsize, terbalik
captain, kapten, nakhoda
captious, yang suka cari gara-
    gara, bawel, crewet
captivate, *to ~ ,* menawan hati
captive, tawanan, tertawan
captivity, penawanan, tahanan
capture, penangkapan; *to ~ ,*
    mengangkap
car, mobil, oto, pedati, kereta
carat, karat
caravan, kafilah
carbine, karabin
carbon, karbon, zat arang
carbon copy, tembusan
carbonic, *~ acid,* asam arang
carbuncle, manikam, mirah;
    bisul
carburetor, karburator
carcass, bangkai
card, kartu, karcis; *credit ~ ,*
    kartu kredit
cardboard, karton
cardinal, utama, pokok; kardinal
care, pemeliharaan,
    penyelenggaraan, penjagaan; *in*
    ~ of, dengan alamat; *to ~*
    (about), memedulikan,

mengindahkan; *to ~ for*, suka akan, menyukai, menjaga; *to take ~*, ingat diri; *to take ~ of*, memelihara, melenggarakan; *with ~!*, awas, hati-hati!

career, karier

careful, cermat, saksama, hati-hati

careless, alpa, lalai, teledor

caress, belaian; *to ~*, membelai

caretaker, pengemban, pengurus

cargo, muatan kapal

cargo boat, kapal barang

caricature, karikatur

carnage, pembunuhan besar-besaran

carnation, anyelir

carol, nyanyian riang

car park, tempat parkir

carpenter, tukang kayu

carpet, permadani

carriage, kereta, wagon; pengangkutan; sikap

carrier, tempat bagasi; pengangkut, alat pengangkut, perusahaan angkutan; kapal induk

carrion, bangkai

carrot, wortel

carry, *to ~*, mengangkut, membawa; berisi; *to ~ on*, meneruskan; *to ~ out*,

menjalankan, melakukan, melaksanakan

cart, kereta, pedati, gerobak

cartilage, tulang rawan

cartload, muatan pedati

cartoon, kartun

cartridge, pelor, peluru

case, peti, lemari; kasus, hal, perihal; *in ~ of*, jika, kalau, jikalau

cash, uang kontan, uang tunai; *~ down*, kontan, tunai; *in ~*, dengan uang tunai; *to ~*, menguangkan

cashbook, buku kas

cashier, kasir; *to ~*, memecat

cash payment, pembayaran kontan

cash price, harga kontan, harga tunai

cask, tong

cast, lemparan; tuangan; acuan; pembagian peranan; *to ~*, melempar, melontar, menuang

castaway, orang karam

caste, kasta

castigate, *to ~*, menyiksa, menghukum

castigation, siksaan

cast iron, besi tuang

castle, istana; *to build ~s in the air*, menggantang asap

castor oil, minyak jarak, kastroli
casual, kebetulan; santai
casualty, korban kecelakaan
cat, kucing
catalogue, katalog, daftar; *to ~ ,*
mengatalogkan, mendaftar
dalam katalog
cataract, katarak, air terjun
katarak
catastrophe, bencana,
malapetaka
catch, tangkapan; *to ~ ,*
menangkap; terkena, terjangkit;
to ~ one's attention, menarik
perhatian seseorang
catchword, semboyan
catechism, katekismus
categorical, kategoris
category, kategori, golongan,
bagian
caterpillar, ulat
cathedral, katedral
catholic, katolik
cattle, ternak
cattle show, pameran ternak
cauldron, ketel, kawah
cauliflower, kol kembang
caulk, *to ~ ,* memakal,
mendempul
causal, sebab akibat
cause, sebab; *to ~ ,* menyebabkan
caution, sikap hati-hati,

kewaspadaan
cavalry, pasukan kuda
cave, gua
cavern, gua
cavity, rongga, lubang, celah
cayman, buaya
cease, *to ~ ,* menghentikan; *to ~*
fire, gencatan senjata
ceaseless, tiada henti-hentinya,
terus-menerus
cedar, tusam
cede, *to ~ ,* menyerahkan
ceiling, langit-langit, plafon; pagu
celebrate, *to ~ ,* merayakan
celebrated, masyhur, termasyhur
celebration, perayaan
celery, seledri
celibacy, selibat, hidup
membujang, hidup melajang
cell, sel; bilik penjara
cement, semen, perekat; *to ~ ,*
menyemen, merekat,
menyatukan
cemetery, makam, pekuburan
cenotaph, tugu kubur, kijing
censor, sensor; *to ~ ,* menyensor,
menyaring surat, memeriksa
surat
censorship, penyensoran
censurable, patut dicela, pantas
dicacat
censure, celaan, cacat; *to ~ ,*

mencela, mencacat
census, cacah jiwa
center, pusat; *~ of gravity,* titik
berat
centipede, lipan
central, pusat; tengah; pokok
centralize, *to ~ ,* memusatkan
century, abad
cereal, padi-padian
ceremonial, seremonial
ceremony, upacara
certain, tentu, sungguh, pasti
certainty, kepastian
certificate, sertifikat, ijazah, surat
keterangan
certified, berijazah; yang
disahkan
certify, *to ~ ,* memberi
keterangan, memberi
kesaksian, mengesahkan
cessation, penghentian
cession, penyerahan (harta benda)
chafe, *to ~ ,* menggosok;
membuat marah; menyakiti
chaff, sekam; *to ~ ,* memperolok-
olokkan; mengusik
chain, rantai, belenggu
chair, kursi
chairman, ketua
chalk, kapur; kapur tulis
challenge, tantangan; *~ cup,* piala
bergilir; *to ~ ,* menantang

chamber, kamar; *~ of commerce,*
kamar dagang, majelis dagang
chambermaid, babu kamar
chameleon, bunglon
champagne, sampanye
champion, juara
chance, kesempatan; *by ~ ,* secara
kebetulan; *to ~ upon,* kebetulan
bertemu dengan
change, perubahan; uang receh;
to ~ , menukarkan, mengubah;
to ~ (trains), ganti kereta; *to ~*
one's clothes, ganti pakaian; *to*
~ one's mind, ganti pikiran
changeable, dapat diubah, tidak
tetap
channel, terusan, saluran, selat
chaos, kekacauan
chaotic, kaca balau
chapel, kapel
chaplain, pastor tentara, pendeta
tentara
chapter, bab, pasal
character, perangai, watak, budi
pekerti; sifat, corak; huruf
characteristic, khas; kekhasan
characterize, *to ~ ,* menandai,
menggambarkan ciri
charcoal, arang
charge, muatan; ongkos; harga;
serangan; tuduhan; *to be in ~ ,*
bertugas, bekerja; *to be in ~ of,*

memimpin, mengepalai; *to ~* ,
memuati; menyerang; *to ~ for,*
minta pembayaran

charitable, dermawan, murah
hati

charity, kedermawanan

charm, pesona; *to ~* ,
memesonakan

charming, jelita, juita, cantik,
memesonakan

chart, peta; *to ~* , memetakan

charter, piagam; *to ~* , mencarter

chase, pemburuan, pengejaran; *to
~* , memburu, mengejar

chasm, ngarai, tubir

chaste, murni

chastise, *to ~* , menyiksa

chastisement, siksaan

chastity, kemurnian

chat, *to ~* , bercakap-cakap,
omong-omong

chatter, *to ~* , berceloteh,
mengobrol

chatterbox, pembual, pengobrol

cheap, murah

cheapen, *to ~,* menurunkan harga

cheat, tipu, penipuan; penipu; *to
~* , menipu

check, cek

check, pemeriksaan; resi;
pengendalian; tanda; cek; *to ~* ,
memeriksa, mengawasi;

menahan, mengendalikan;
memberi tanda; menyekak

checkmate, sekakmat

cheek, pipi

cheeky, kurang ajar

cheer, kegembiraan, kesukaan,
keramaian; sorak sorai; *to ~* ,
menyoraki, menepuki

cheerful, gembira, senang hati,
suka hati

cheerless, susah hati, duka cita

cheese, keju

cheesemonger, penjual keju

chemist, ahli obat

chemistry, ilmu kimia

cherish, *to ~* , menyayangi,
memelihara

chess, permainan catur

chessboard, papan catur

chessman, buah catur

chest, peti, kopor; dada; *~ of
drawers,* meja laci

chestnut, berangan, kastanye

chew, *to ~* , mengunyah

chicken, anak ayam; ayam

chickenpox, cacar air

chide, mencaci

chief, kepala, pemimpin;
commander in ~ , panglima
tertinggi; *editor in ~* , editor
kepala, pimpinan redaksi

chiefly, terutama, pertama-tama

chieftain, kepala, pemimpin, penghulu

child, anak, kanak-kanak

childhood, masa kanak-kanak

childish, kekanak-kanakan

childless, tidak beranak

children, anak-anak, kanak-kanak

chilly, sejuk, dingin

chimera, khayal

chimney, cerobong asap

chin, dagu

China, Cina

china, porselen

Chinese, ... Cina, Tionghoa; orang Cina, orang Tionghoa

chink, celah

chintz, kain cita

chip, bilah, keping; keripik; cip

chisel, pahat; *to ~* , memahat

chivalrous, bersifat kesatria

chivalry, kekesatriaan

chlorine, klor

chloroform, kloroform, obat bius

chock-full, penuh sesak

chocolate, coklat

choice, pilihan; pemilihan; terpilih, tak ternilai harganya

choke, *to ~* , mencekik, melemaskan

cholera, (penyakit) kolera

choose, *to ~* , memilih

chop, *to ~* , mencencang, menetak, memotong, memarang

chopper, parang, pisau cencang

Christ, Kristus

christen, *to ~* , mempermandikan

Christendom, umat Kristen, umat Nasrani

christening, permandian

Christian, Kristen, Kristiani, Nasrani, Masehi

Christianize, *to ~* , mengristenkan

Christmas, hari Natal

chrome, krom

chromium, krom

chronic, kronis, menahun

chronicle, tarikh, tawarikh

chronology, kronologi

chubby, montok, sintal

chum, sobat, kawan

chunk, gumpal, potong, kerat

church, gereja

churchyard, kuburan

churlish, kasar, tak tahu aturan, tak tahu sopan santun

cider, sari apel

cigar, cerutu

cigar case, tempat cerutu

cigarette, rokok, sigaret

cigar holder, pipa cerutu

cinder, terak, sisa bara api

cinema, bioskop, gedung bioskop
cinnamon, kayu manis
cipher, angka; *to ~ ,* berhitung angka
circle, lingkaran, bulatan; *to ~ ,* melingkari; mengedari
circuit, peredaran; keliling; sirkuit
circuitous, *~ road,* jalan memutar
circular, surat edaran; bulat, bundar; *~ letter,* surat edaran
circulate, *to ~ ,* beredar; mengedarkan
circulation, peredaran
circumcise, *to ~ ,* menyunatkan
circumstance, keadaan
circumstantial, menurut keadaan, tak langsung
circus, sirkus
citadel, benteng
citation, surat penghargaan; panggilan; kutipan
cite, *to ~ ,* mengutip, menyebutkan, memuji
cither, siter
citizen, warga negara
cittern, siter
city, kota besar
civil, sipil, perdata; beradab, tahu adat
civilian, orang sipil
civility, keadaban

civilization, peradaban
civilize, *to ~ ,* memperadabkan
claim, tuntutan; tagihan; *to ~ ,* menuntut; menagih; meminta
claimant, penuntut, penggugat
clamber, *to ~ ,* memanjat
clammy, kemal, lembab, lengas
clamor, keriuhan, keramaian, kegemparan, kegaduhan
clamorous, riuh, ramai, gempar, gaduh
clan, suku bangsa, kaum, marga
clandestine, gelap, diam-diam, sembunyi-sembunyi
clap, tepuk; *to ~ ,* bertepuk
clapper, anak lonceng
clarify, *to ~ ,* menjernihkan; menjelaskan, menerangkan
clarinet, klarinet
clarity, kejernihan, kejelasan
clash, perselisihan, bentrokan
clasp, jepitan, pengancing, pelukan; *to ~ ,* mengancing; memeluk; memegang
clasp knife, pisau lipat
class, klas; pelajaran; pangkat; golongan
classic, klasik
classify, *to ~ ,* menggolongkan
clatter, gemertak, gemerencang
clause, ketentuan, syarat; klausa
claw, cakar, sepit

clay, tanah liat
clean, bersih; *to ~* , membersihkan
cleaning, pembersihan
cleanse, *to ~* , membersihkan, mencuci
clear, terang, jernih, jelas; encer, nyaring, nyata; *to ~* , menjernihkan; menjelaskan; menyatakan; *to ~ the table,* membersihkan meja
clearance, penerangan, penjelasan; izin; *~ sale,* obral
clearing, kliring
clear-sighted, berpenglihatan jernih, berakal, panjang akal, cendekia
cleave, *to ~* , membelah
clemency, kemurahan hati; grasi, pengampunan
clement, murah hati
clench, *to ~* , menggenggam
clergyman, pendeta, pastor
clerk, juru tulis; pramuniaga
clever, pandai, cerdik, pintar
clew, tika-tika, kumparan
cliff, karang batu curam
climate, iklim
climb, *to ~* , memanjat; menaiki
cling, *to ~* , melekat
clinic, klinik
clink, *to ~* , membunyikan

clip, jepitan; *to ~* , menjepit, menggunting
clique, klik, kelompok, golongan
cloak, mantel
cloakroom, tempat gantung jas dan mantel
clock, jam
clod, gumpal, bungkah
clog, bakiak, kelom
cloister, biara
close, dekat, karib, mesra; *to ~* , menutup
closefisted, kikir, bakhil, lokek, pelit
closet, kamar kecil, kloset
closure, penutupan
clot, gumpal; *to ~* , bergumpal
cloth, cita; kain meja, taplak
clothe, *to ~* , membajui; menyalut, melapisi
clothes hook, jepitan (cucian)
clotheshorse, jemuran pakaian
clotty, bergumpal
cloud, awan
cloudy, berawan
clove, cengkih
clown, badut
club, perhimpunan, perkumpulan, klub
clue, tanda, alamat, petunjuk, gelagat
clumsy, kikuk

cluster, gugus, tandan, rangkaian

clutch, kopling; *to* ~ , mencekau

coach, kereta; pelatih; *to* ~ , melatih

coachman, sais, kusir

coagulate, *to* ~ , bergumpal, membeku, membekukan

coagulation, pembekuan

coal, batu bara

coal box, tempat batu bara

coalition, koalisi

coal pit, tambang batu bara

coarse, kasar

coast, pantai

coastal, ... pantai

coat, jas; mantel, baju; lapisan, kulit; ~*ed,* berpakaian jas; (lidah) kotor; ~ *of arms,* lambang (kerajaan, keluarga kesatria, kenegaraan dsb)

coax, *to* ~ , membujuk, meleceh

cobble, batu

cobbler, tukang sepatu

cobweb, sarang laba-laba

cock, ayam jantan

cockatoo, burung kakatua

cockpit, kokpit; gelanggang sabung ayam

cockroach, kacuak, lipas

cocksure, pasti, positif

coco(a), pohon kelapa, pohon nyiur

cocoa, (pohon) coklat

cocoanut, (buah) kelapa, nyiur

cocoon, kepompong

code, kode; undang-undang; peraturan

coerce, *to* ~ , memaksa

coercion, paksaan

coffee, kopi, kahwa

coffer, kopor, peti (uang)

coffin, peti mati, peti jenazah

cog, gigi (jentera)

cognate, sepupu

cogwheel, roda gigi, jentera gigi

coherence, hubungan, kaitan, pertalian, koherensi

coin, koin, mata uang logam; *to* ~ , menempa uang, mencetak uang

coincide, *to* ~ , bertepatan dengan

coincidence, koinsidensi, peristiwa berkebetulan

coke, kokas

cold, dingin, kedinginan; selesma

colic, mulas

collaborate, *to* ~ , bekerja sama

collaboration, kerja sama

collaborator, teman kerja sama; kaki tangan

collapse, *to* ~ , roboh, ambruk; gagal

collar, kerah, leher baju

collarbone, tulang selangka

colleague, rekan, kolega

collect, *to ~* , memungut, mengumpulkan

collection, pungutan; kumpulan, koleksi

collective, bersama, kolektif

collector, pemungut, pengumpul, penagih, penerima

college, kolese, perguruan tinggi, universitas; fakultas

collide, *to ~* , menabrak, menubruk

collier, pekerja tambang; kapal batu bara

colliery, tambang batu bara

collision, tabrakan, tubrukan

colloquial, ... sehari-hari; *~ language,* bahasa sehari-hari, bahasa percakapan

colloquy, percakapan

colon, titik dua

colonel, kolonel

colonial, kolonial, penjajahan

colonist, penduduk baru

colonize, *to ~* , menjajah

color, warna; *~s,* bendera; *to ~* , mewarnai

colorful, berwarna-warni

colt, anak kuda

column, tiang; barisan; kolom

comb, sisir; *to ~* , menyisir

combat, peperangan, pertempuran; *to ~* , memerangi

combination, gabungan, kombinasi

combine, *to ~* , menggabungkan, mengombinasikan

come, *to ~* , datang, tiba, sampai

comedian, pemain komedi; pelawak

comet, komet, bintang berekor

comfort, kenikmatan; *to ~* , menghibur, meringankan, mengenakkan

comfortable, nikmat, enak, menyenangkan

comforter, kempongan

comic(al), lucu

coming, kedatangan; mendatang

comma, koma

command, perintah, komando; *to ~* , memerintahkan, memimpin

commander, komandan, pemimpin, panglima

commemorate, *to ~* , memperingati, merayakan

commemoration, peringatan, perayaan

commence, *to ~* , mulai, memulai

commencement, awal, permulaan

commend, *to ~* , memuji, mempercayakan

commendable, patut dipuji

commendation, pujian

comment, keterangan, tafsir, komentar; *to ~ on,* menafsirkan, memberi komentar

commentary, tafsir, penafsiran

commentator, juru tafsir; komentator

commerce, perdagangan, perniagaan

commercial, ... dagang, ... niaga

commission, pesan, perintah; pengangkatan; panitia, komisi; *to ~ ,* memesan, memerintahkan, mengangkat

commissioner, komisaris

commit, *to ~ ,* melakukan

committee, komite, panitia

commodity, barang dagangan, komoditi

common, biasa, umum, bersama; *in ~ ,* bersama; *to have something in ~ ,* memiliki persamaan

commoner, orang kebanyakan

commonly, biasanya

commotion, kegemparan, kegaduhan, keonaran, huru-hara

communicate, *to ~ ,* memberitahukan, mengomunikasikan, mempermaklumkan; berhubungan dengan

communication, pemberitahuan, komunikasi; perhubungan

communion, persekutuan; persatuan; komuni

communiqué, komunike

communist, komunis

community, masyarakat, umat, jemaat

commute, *to ~ ,* mengubah, mengganti, meringankan (hukuman); pergi berulang alik, wira-wiri

companion, kawan, sahabat, teman

companionable, ramah tamah

company, rombongan; perusahaan, maskapai; kongsi

compare, *to ~ ,* membandingkan

comparison, perbandingan

compartment, bagian (kereta)

compass, pedoman, kompas

compasses, *pair of ~ ,* jangka

compassion, rasa kasihan, rasa belas kasihan

compassionate, *to ~ ,* mengasihani, berbelas kasihan

compatriot, orang senegeri, orang setanah air

compel, *to ~ ,* memaksa

compendious, singkat, ringkas

compensate, to ~ , mengganti rugi, mengganti kerugian

compensation, ganti rugi, kompensasi

compete, to ~ , bersaing, bertanding

competence, hak, kekuasaan; kecakapan, kompetensi

competent, berhak, berkuasa, cakap

competition, persaingan; pertandingan

competitive, bersaing

competitor, saingan, pesaing

compile, to ~ , mengumpulkan, menyusun

complacent, puas dengan dirinya sendiri

complain, to ~ , mengaduh, mengeluh, mengesah

complaint, keluhan, keluh kesah

complement, tambahan, pelengkap; awak kapal lengkap

complementary, pelengkap

complete, lengkap; to ~ , melengkapi; menyelesaikan; mengisi; menggenapi

completely, sama sekali

completion, kesudahan; penyelesaian

complex, gabungan, himpunan; kompleks

complexion, air muka, raut muka

compliance, izin, pengabulan; in ~ with, selaras, sesuai dengan

complicate, to ~ , menyulitkan; ~ed, rumit, berbelit-belit

complication, kerumitan, komplikasi; penyakit

complicity, keterlibatan

compliment, hormat, pujian, salam; to ~ , mengucapkan selamat

comply, to ~ , bertawakal, menerima; to ~ with a request, mengabulkan permintaan, meluluskan permohonan

component, unsur, komponen

comportment, kelakuan, sikap

compose, to ~ , menyusun, membentuk, mengarang, menggubah

composer, penyusun, pembentuk, pengarang, penggubah

composite, majemuk, bersusun

composition, susunan; gubahan; karangan

compositor, tukang susun huruf, penyusun huruf, tukang huruf cetak

composure, ketenangan

compound, susunan; campuran; gabungan; senyawa; to ~ , menyusunkan; mencampurkan

comprehend, *to ~* , mengerti, paham akan, memahami

comprehensible, masuk akal, dapat dipahami

comprehension, pengertian, pemahaman

compress, jaram, penjaram, kompres; *to ~* , memampatkan

comprise, *to ~* , meliputi, mencakup, memuat

compromise, kompromi, perjanjian, perdamaian; *to ~* , berjanji, berdamai, berkompromi

compulsion, paksaan

compulsory, paksa, wajib; *~ service,* wajib dinas militer

compunction, sesal, penyesalan

computation, perhitungan; komputasi

compute, *to ~* , menghitung, mengadakan komputasi

comrade, kawan, teman, sobat

concave, cekung

conceal, *to ~* , menyembunyikan

concealment, penyembunyian, persembunyian

concede, *to ~* , mengizinkan, mengaku

conceit, kesombongan

conceited, sombong

conceive, *to ~* , mengerti, menangkap; menganggap; membayangkan; mengandung

concentrate, *to ~* , memusatkan, mengumpulkan

concentration, pemusatan, pengumpulan, konsentrasi

conception, pengertian, anggapan, konsepsi; rancangan; penghamilan; kehamilan

concern, perkara, hal; perusahaan; perhatian; kemasygulan, keprihatinan

concerned, masygul; bersangkut paut; *to be ~ about,* menaruh minat; *to be ~ in,* bersangkut paut

concerning, tentang, mengenai, akan hal ...

concert, konser

concession, izin, permisi, konsesi, kelonggaran

conciliate, *to ~* , mendamaikan, memperdamaikan

conciliation, pendamaian

concise, pendek ringkas, bernas

conclude, *to ~* , menyimpulkan; memutuskan; menutup

conclusion, kesimpulan; keputusan; akhir

concord, mufakat, persesuaian, persetujuan

concordant, sesuai, setuju

concourse, gerombolan, kumpulan orang

concrete, nyata, tegas, konkret; semen

concur, *to ~ ,* setuju, cocok; bekerja sama

concurrence, persetujuan, kecocokan; kerja sama

concussion, gegar; *brain ~ ,* gegar otak

condemn, *to ~ ,* menghukum; mencela, menyalahkan

condemnable, patut dicela, makruh

condemnation, hukuman

condensation, pengembunan; kondensasi

condense, *to ~ ,* mengembun; menyingkat

condescend, *to ~ ,* merendahkan diri

condition, keadaan; syarat, janji, pangkat, tingkat, kondisi; *to ~ ,* menuntut; memelihara, mempersiapkan; mempersyarati

conditional, dengan syarat, bersyarat, kondisional

condole, *to ~ ,* turut berduka cita

condolence, belasungkawa

condone, *to ~ ,* mengampuni, memaafkan

conduct, kelakuan, cara memimpin; *to ~ ,* memimpin

conductor, dirigen, pemimpin; kondektur; penghantar

cone, kerucut

confection, pencampuran, manisan, manis-manisan, gula-gula; konfeksi

confectioner, pembuat gula-gula

confederate, sekutu; bersekutu

confederation, persekutuan

confer, *to ~ ,* menganugerahi; bermusyawarah

conference, permusyawaratan, konferensi, muktamar

confess, *to ~ ,* mengaku; mengikrarkan; menganut

confession, pengakuan; ikrar, anutan, pengakuan dosa

confessor, penganut, pengaku iman; imam/pastor pengakuan dosa

confidant(e), orang kepercayaan

confide, *to ~ ,* percaya akan, mempercayai, mempercayakan

confidence, kepercayaan

confidential, rahasia; di bawah empat mata; atas percaya

confine, *to ~ ,* membatasi; memenjarakan; mengurung

confinement, pembatasan;

pengurungan

confirm, *to* ~ , menegaskan, menetapkan, menguatkan

confirmation, penegasan, penetapan, penguatan

confiscate, *to* ~ , merampas

confiscation, perampasan, penyitaan, pembeslahan

conflict, perselisihan, pertikaian, percekcokan, konflik; ~*ing,* bertentangan, berlainan; *to* ~ , bertikai, bercekcok, berselisih

confluence, tempuran

conform, *to* ~ , menurut, sesuai dengan, bersesuaian dengan

conformity, persesuaian

confound, *to* ~ , mengherankan; mencampuradukkan; memalukan

confounded, tercengang, bengong, malu

confront, *to* ~ , menghadapi; menentang, melawan; menghadapkan

confrontation, konfrontasi

confuse, *to* ~ , mengacaukan, mengusutkan

congeal, *to* ~ , membekukan

congelation, pembekuan

congenital, asli, bawaan

congestion, kesesakan, kemacetan

conglomeration, kumpulan, himpunan, konglomerasi

congratulate, *to* ~ , mengucapkan selamat

congratulation, ucapan selamat

congregate, *to* ~ , bersidang, berkumpul

congregation, persidangan, kumpulan, kongregasi

congress, kongres, muktamar

conic(al), mengerucut

conjecture, *to* ~ , menyangka

conjecture, sangkaan

conjunction, kata hubung; *in* ~ *with,* bersama

conjurer, tukang sulap, penyulap

connect, *to* ~ , menghubungkan, menyambung

connection, hubungan, sambungan; koneksi

connive, *to* ~ , membiarkan

connoisseur, ahli, pakar

conquer, *to* ~ , mengalahkan, menaklukkan, merebut

conquest, penaklukan, kemenangan, perebutan

conscience, hati nurani

conscientious, teliti, saksama

conscious, sadar

consciousness, kesadaran

conscript, wajib militer

conscription, kewajiban masuk

dinas militer

consecrate, *to ~* , menahbiskan, menguduskan, menyucikan

consecration, tahbisan, penyucian, konsekrasi

consecutive, berturut-turut, konsekutif

consensus, mufakat, pemufakatan

consent, persetujuan, izin, pengabulan; *to ~* , menyetujui, mengizinkan; mengabulkan

consequence, akibat, konsekuensi; *in ~* , oleh sebab itu

consequent, konsekuen

consequently, oleh karena itu

conservation, pemeliharaan, pengawetan, konservasi

conservative, kolot, konservatif

conservatory, sekolah musik, konservatori

conserve, awetan; *to ~* , mengawetkan

consider, *to ~* , menganggap; menimbang, mengindahkan; berpendirian

considerable, banyak

consideration, pertimbangan, konsiderasi; *the cost is no ~* , ongkosnya bukan merupakan pertimbangan, tidak peduli berapa harganya

considering, mengingat

consign, *to ~* , menitipkan; menyerahkan; mengirimkan

consignee, penerima (barang)

consignment, titipan, kiriman, konsinyasi

consignor, pengirim (barang)

consist, *to ~ of,* terdiri atas

consistent, panggah, taat asas, konsisten

consolation, hiburan, penghiburan

console, *to ~* , menghibur

consolidate, *to ~* , meneguhkan, mengonsolidasikan

consonant, huruf mati

consort, kawan, teman; suami; ratu

conspicuous, kentara, terang

conspiracy, komplotan, persekongkolan

conspirator, sekongkol, komplot

conspire, *to ~* , bersekongkol, berkomplot

constable, polisi

constancy, ketetapan, keteguhan

constant, teguh, tetap; selalu

constellation, konstelasi

consternation, kebingunan, keterkejutan

constitution, undang-undang dasar, konstitusi; resam tubuh, keadaan tubuh

constitutional, menurut undang-
undang dasar, menurut
konstitusi

constrain, to ~ , memaksa,
mendesak

constraint, kendala, hambatan

construct, to ~ , membangun,
mendirikan; membuat,
membentuk

construction, bangunan,
pembangunan gedung,
konstruksi; susunan

constructor, pembangun, pendiri

consul, konsul, wakil

consulate, konsulat

consult, to ~ , menanyakan,
mencari nasihat dari, mencari
keterangan dari, berkonsultasi

consultation, konsultasi

consultative, pemberi nasihat

consulting room, kamar bicara

consume, to ~ , memakai,
menghabiskan, memakan

consumer, pemakai, konsumen

consumption, pemakaian;
makanan dan minuman (di
restoran); penyakit batuk
kering

consumptive, konsumtif;
penderita penyakit batuk kering

contact, kontak

contagious, menular, menjangkit

contain, to ~ , berisi, memuat,
mengandung

contaminate, to ~ , menulari,
menjangkiti, mencemari

contamination, penularan,
penjangkitan, kontaminasi

contemplate, to ~ , merenungkan

contemplation, renungan,
permenungan, kontemplasi

contemplative, merenung-
renung, kontemplatif

contemporary, sezaman,
kontemporer

contempt, penghinaan

contemptible, hina

contend, to ~ , berbantah

content, kepuasan; to one's
heart's ~ , sesuka hati; to ~ ,
memuaskan

contented, puas, senang

contention, perkelahian,
perbantahan, pertengkaran

contentious, suka bertengkar

contents, isi, muatan

contest, perselisihan,
perbantahan; pertandingan,
kontes; to ~ , berselisih,
berbantah; bertanding

contestable, dapat dibantah

context, hubungan, kaitan;
konteks

contiguous, berdekatan, menempel, bersinggungan

continence, pertarakan, pantang

continent, benua; daratan; bertarak, berpantang

continental, ... benua

contingency, hal yang tidak disangka-sangka; kemungkinan, kejadian, peristiwa

contingent, kontingen, jatah daerah; kebetulan, tidak pasti; bergantung pada

continual, selalu, tiada berkeputusan, menetap

continue, *to ~* , terus; meneruskan; *to be ~d,* bersambung, disambung

continuous, terus-menerus, tak berkeputusan, selalu, senantiasa

contort, *to ~* , memulas, memiuh, memutar, memutarbalikkan

contour, bayangan, keliling, kontur

contraband, barang selundupan

contract, kontrak, surat perjanjian; *to ~* , mengerut; memborong; mengontrak

contraction, pengerutan, kontraksi

contractor, kontraktor, pemborong, pengontrak

contractual, menurut kontrak, dengan kontrak

contradict, *to ~* , melawan, menyanggah

contradiction, perlawanan, sanggahan; pertentangan, kontradiksi

contradictory, bertentangan, berlawanan

contrary, berlawanan, berlawanan; kebalikan; *on the ~* , sebaliknya

contrast, perbedaan, kontras; *to ~* , memperlawankan

contravention, pelanggaran; *in ~ with,* melanggar, bertentangan dengan

contribute, *to ~* , menyumbang, menyokong, membantu

contribution, sumbangan, sokongan, kontribusi

contrition, sesal, penyesalan

contrivance, penemuan; daya upaya; alat

contrive, *to ~* , mengikhtiarkan; menyusun; membuat

control, kendali, pengendalian; pengawasan; penguasaan; kontrol; *to be in ~ of,* memimpin, mengendalikan; menguasai; *to ~* , mengendalikan; menguasai, mengawasi

controller, pengawas

control tower, menara pengawas

controversy, pertentangan, kontroversi

contumely, penghinaan, cela

contusion, memar

convalescence, kesembuhan, kepulihan

convene, *to ~* , memanggil untuk rapat; berapat, bersidang

convenience, kecocokan; *at your ~* , sesempat Anda

convenient, enak, cocok, tepat

convention, sidang, rapat; permufakatan, perjanjian

conventional, lazim, menurut permufakatan

conversant, pandai, cakap, berpengalaman

conversation, percakapan, pembicaraan

converse, *to ~* , bercakap-cakap

conversely, sebaliknya

conversion, perubahan; tobat, pertobatan; pertukaran, konversi

convert, orang yang baru masuk agama; *to ~* , membalikkan; mengubah; mempertobatkan

convertible, dapat diubah, dapat ditukarkan

convex, cembung, melengkung

convey, *to ~* , membawa, mengangkut, menyampaikan

conveyance, pembawaan, pengangkutan; kendaraan

convict, orang hukuman, pesakitan, narapidana; *to ~* , menyalahkan; menghukum

conviction, hukuman; keyakinan

convince, *to ~* , meyakinkan

convocation, panggilan, kerahan, panggilan rapat

convoke, *to ~* , memanggil rapat; menghimpun

convoy, iring-iringan, konvoi

convulse, *to ~* , mengocok perut

convulsion, sawan; ledakan tawa

convulsive, kejang(-kejang)

coo, *to ~* , memeram

cook, koki, juru masak; *to ~* , memasak

cookery, masakan

cookshop, dapur umum

cool, sejuk, dingin; *to ~* , menyejukkan, mendinginkan

cooler, pendingin

coolie, kuli

cooperate, *to ~* , bekerja sama

cooperation, kerja sama

cooperative, koperasi; *~ store,* toko koperasi

cooperator, orang yang bekerja sama

cop, polisi

cope, *to ~ with,* menghadapi

copious, banyak sekali, berlimpah

copper, tembaga

coppersmith, tukang tembaga, pandai tembaga

coppice, belukar

copy, salinan, petikan, turunan, kopi; *to ~ ,* menyalin, memetik; meniru

copybook, buku tulis

copyist, penyalin

copyright, hak cipta

coral, karang

cord, tali

cordage, tali-temali

cordial, peramah, hangat, ramah tamah

core, teras, inti, hati

cork, gabus; sumbat

corkscrew, pembuka botol, kotrek

corn, gandum; jagung; katimumul

corned, *~ beef,* daging kaleng, kornet

corner, sudut, penjuru

cornet, tampin; trompet

coronation, pelantikan, penobatan, pemahkotaan

coroner, pemeriksa mayat

corporal, kopral; jasmani

corporation, perkumpulan, persekutuan

corps, korps; pasukan; golongan

corpse, mayat, bangkai

corpulent, tambun, gemuk

correct, benar, betul; *to ~ ,* membetulkan, memperbaiki

correction, pembetulan, perbaikan

correspond, *to ~ ,* berkirim-kiriman surat, surat-menyurat; sesuai dengan

correspondence, surat-menyurat, korespondensi; persesuaian

correspondent, koresponden; bersesuaian

corroborate, *to ~ ,* menguatkan, menegaskan, mengesahkan

corroboration, penguatan, penegasan, pengesahan

corrode, *to ~ ,* merusak; berkarat

corrosive, keras; merusak

corrugate, *~d iron,* besi berombak, besi bergelugur

corrupt, busuk, rusak; korup, dapat disuap; *to ~ ,* merusak; menyuap

corruptible, dapat disuap

corruption, korupsi, kecurangan,

kebusukan, suap

corsair, perompak, bajak laut

corset, korset

cortege, iringan, pengiringan

cost, harga, ongkos, belanja;
  to ~ , harganya, berharga;
  minta korban; ongkosnya

costly, mahal

costume, pakaian, kostum

cosy, menyenangkan, enak,
  mengasyikkan

cottage, pondok

cotton, kapas, katun

cotton mill, pabrik kain (kapas)

cotton wool, kapas

cough, batuk; *to ~ ,* batuk

coulter, nayam, mata bajak

council, dewan

councilor, anggota dewan

counsel, nasihat;
  permusyawaratan; pengacara,
  penasihat; *to ~ ,* menasihatkan;
  to take ~ , minta musyawarah

counselor, penasihat

count, *to ~ ,* menghitung,
  membilang

countenance, muka, durja, wajah

counter, pembilang; meja
  penjualan; berlawanan; *to ~ ,*
  merintangi; menangkis

counterfeit, tiruan, palsu,
  lancung

countermand, *to ~ ,* mencabut;
  meniadakan, menghapuskan

counterpane, seprai

counterpart, rekan imbangan

counterplea, balasan jawab

countersign, *to ~ ,*
  membubuhkan tanda tandan
  lagi; ikut bertanda tangan

countless, tak terbilang, tak
  terhitung

country, negeri, tanah air, tanah
  tumpah darah; desa, dusun

countryman, orang desa, orang
  dusun

couple, kelamin, jodoh, pasang;
  to ~ , menghubungkan;
  menjodohkan; memasang

couplet, ayat, bait

coupon, kupon

courage, keberanian

courageous, berani

courier, utusan, pesuruh

course, jalan, arah, perlombaan;
  lapangan perlombaan; kursus;
  sajian; kelakuan; *in due ~ ,* jika
  waktu mengizinkan, pada
  saatnya; *in the ~ of,* selama,
  sementara; *of ~ ,* tentu saja,
  memang, pasti

courser, kuda pacuan

court, pengadilan tinggi,
  mahkamah; istana; taman;

pekarangan, lapangan main (tenis); *to ~* , berpacaran dengan; berkasih-kasihan; mencari

courteous, berbudi bahasa, beradab, sopan

courtesy, budi bahasa, adab, keadaban

courtier, anggota istana

courtly, lemah lembut

court-martial, pengadilan tentara, majelis hukum perang, mahkamah militer

courtship, cumbuan, cumbu-cumbuan

cousin, saudara sepupu

covenant, perjanjian, piagam

cover, tutup, penutup; sampul, sarung; ban luar; perlindungan; *to ~* , menutup; menyampuli; meliputi; menempuh jarak

coverlet, seprai

covert, gelap, samar, tersembunyi

covet, *to ~* , menginginkan

covetous, ingin; loba

covey, kawan, gerombolan

cow, lembu, sapi; *to ~* , menakutkan

coward, penakut, pengecut

cowardice, ketakutan

cowardly, cabar, cabar hati

cow barn, kandang sapi

cower, *to ~* , berjongkok, tunduk

coxcomb, pesolek

coxswain, juru mudi

coy, sopan, malu, kesipuan

crab, kepiting

crabbed, merengus

crack, retak; bunyi; jempol(an); *~ed,* gila, sinting; *to ~* , retak, meretak, pecah dengan bunyi gemeretak

cracker, petasan; biskuit

cradle, buaian, ayunan

craft, kerajinan tangan, pertukangan; tipu daya

craftsman, perajin, tukang

crafty, cerdik

cram, *to ~* , menjejal; *~ed full,* penuh sesak

cramp, royan, mulas, kejang

cranium, tengkorak, batok kepala

crank, putaran mobil

crash, tabrakan, kejatuhan; dentaman; *to ~* , bertabrakan, jatuh; *to ~ against,* menubruk

crate, keranjang, pembungkus (dari kayu atau bambu)

crater, kawah, kepundan

cravat, dasi

crave, *to ~* , merindukan

craving, keinginan, ketagihan

crawl, *to ~* , merangkak, merayap

crayon, krayon

crazy, gila

creak, *to ~ ,* berkeriut

cream, kepala susu; kusuma bangsa; putih susu, krem

crease, kisut, lipatan

create, *to ~ ,* menciptakan, mengadakan, menyebabkan, menjadikan

creation, ciptaan, kejadian

creator, pencipta

creature, makhluk

credential(s), surat kepercayaan; surat pengesahan

credible, dapat dipercayai

credit, kepercayaan; keharuman; pengaruh; kredit; *to ~ ,* mempercayai; mengreditkan

creditable, sopan, mulia

creditor, penagih utang; kreditur

credulous, mudah percaya

creed, syahadat, kepercayaan, iman, agama

creek, teluk, suak

creep, *it made my flesh ~ ,* menegakkan bulu roma; *to ~ ,* merangkak, merayap, menjalar

creepy, mengerikan

cremation, pembakaran mayat

crescent, bulan sabit

crest, jambul

cretaceous, ... kapur

crevice, celah

crew, awak kapal; regu; kawanan

cricket, jangkrik, belalang

crier, penyiar

crime, kejahatan

criminal, penjahat; jahat

crimson, merah tua

cringe, *to ~ ,* merasa ngeri

cripple, timpang, pincang

crisis, krisis, kegentingan

crisp, garing

critic, pengritik, pengecam

critical, kritis, genting

criticism, kritik, kecaman

criticize, *to ~ ,* mengritik; membahas; mengecam

critique, kritik, bahas, kecaman

croak, *to ~ ,* menguak

crochet, rajutan; *to ~ ,* merajut

crockery, tembikar

crocodile, buaya

crony, sobat keras

crook, kait, keluk; penipu; *to ~,* berkeluk, membengkokkan, memperdayakan, menipu

crooked, bengkok, lengkung; sinting

croon, *to ~ ,* bersenandung

crop, panenan, tuaian; *to ~ ,* menuai, mengetam

cross, salib; persimpangan, persilangan; lintang; *to ~ ,* melintasi, menyeberangi

crossing, persimpangan; pelintasan; penyeberangan

crossroad, jalan simpang dua, jalan simpang empat

crossword puzzle, teka-teki silang

crouch, *to ~ ,* tunduk, mengendap

crow, gagak; *to ~ ,* berkokok

crowbar, linggis

crowd, himpunan orang, gerombolan orang, kerumunan orang; *to ~ ,* berkerumun, berduyun-duyun; *~ed,* penuh sesak

crown, mahkota; ubun-ubun; mata uang; *to ~ ,* memahkotai, mengenakan mahkota

crucial, pelik; genting

crucible, kui

crucify, *to ~ ,* menyalibkan

crude, kasar, mentah; primitif

cruel, bengis, kejam

cruelty, kebengisan, kekejaman

cruise, pelayaran simpang siur; *to ~ ,* berlayar simpang siur; menjelajah

cruiser, kapal jelajah, penjelajah

crumb, remah; *to ~ ,* meremah-remah

crumble, *to ~ ,* merepih, ambruk, merapuh, rapuh

crumbly, repih

crumple, *to ~ ,* mengisut, mengumalkan

crunch, *to ~ ,* mengerkah

crupper, emban ekor, buntut kuda

crush, *to ~ ,* meremuk, menghancurkan; menekan; memeras

crust, kerak, kulit

crustacean, kerang-kerangan

crutch, tongkat ketiak

cry, teriak(an), pekik(an); tangis; *to ~ ,* berteriak, memekik; menangis

crystal, hablur, kristal

crystallize, *to ~ ,* menghablur, mengristal

cube, dadu; kubus

cubic(al), kubik

cucumber, ketimun, mentimun

cudgel, gada, pentung, belantan

cue, petunjuk, isyarat

cuff, manset; tampar, tempeleng

cuirass, baju zirah, baju besi

culminate, *to ~ ,* memuncak

culpable, salah, bersalah

culprit, orang yang salah, penjahat

cult, ibadat

cultivate, *to ~ ,* mengolah; memelihara, menanam

cultivation, pengolahan,

pemeliharaan, penanaman

culture, kebudayaan, pembudidayaan

cunning, cerdik

cup, mangkuk, cawan, piala

cupboard, lemari, almari

cupola, kubah

cup-tie, pertandingan memperebutkan piala

curator, wali, kurator

curb, rantai kekang; *to ~* , mengendalikan, menahan

curbstone, batu pinggir jalan

curdle, *to ~,* bergumpal, membeku

cure, pengobatan; *to ~* , mengobati

curfew, jam malam

curiosity, keinginan tahu; keganjilan, keajaiban

curious, ingin tahu; ajaib, ganjil

curl, ikal; lingkar; *to ~* , mengikal, melingkar

curly, mengikal, keriting

currant, kismis

currency, mata uang; peredaran

current, arus; laku; beredar; hangat

curry, kari

curse, kutuk; *to ~* , mengutuk

cursive, miring

cursory, sepintas lalu, segera

curtail, *to ~* , memendekkan, memotong

curtain, tirai, tabir

curts(e)y, *to ~* , menunduk

curve, keluk, lengkung; belok; *to ~* , berkeluk, membelok

cushion, bantal

custody, tahanan, hukuman, kurungan

custom, adat, kebiasaan; langganan; *~s,* pabean

customary, biasa, lazim

customer, langganan, nasabah

custom house, kantor pabean; *~ officer,* pengawas bea

cut, potongan, tetak; *short~* , jalan pintas; *to ~* , memotong, menggunting, menetak, meretas

cuticle, kulit ari

cutlet, sayatan, irisan (daging atau ikan)

cutout, guntingan (surat kabar)

cutthroat, pembunuh

cycle, sepeda, kereta angin; daur; peredaran; *to ~* , naik sepeda, bersepeda

cyclist, pengendara sepeda

cyclone, pusaran angin, topan

cylinder, silinder

cylindrical, lonjong, bulat torak

cypress, eru

D

dab, *to ~* , menjaram, mengoles

dad, pak, bapak

dagger, keris, sekin

dahlia, bunga dahlia

daily, tiap hari, setiap hari, sehari-hari; harian

dairy, tempat perah susu

dale, lembah

dally, sikap bermalas-malasan; *to ~ away,* memboroskan

dam, bendungan; *to ~ up,* membendung

damage, rugi, kerugian; kerusakan; *~s,* kerugian, ganti rugi; *to ~* , merugikan, merusak

damn, kutuk, laknat; *to ~* , mengutuk, menyumpahi, melaknatkan

damnable, patut kena kutuk, amat buruk

damp, kabut, uap, gas, kelembaban; lembab; *to ~* , melembabkan

dance, tari, dansa; *to ~* , menari, berdansa

dancer, penari, pedansa

dancing, tari-tarian, seni tari

dandruff, ketombe, sindap, kelemumur

dandy, pesolek

danger, bahaya

dangerous, berbahaya

dangle, *to ~* , berjuntai

dank, lembab, basah

Danube, sungai Donau

dare, *to ~* , berani; *I ~ say,* berani saya katakan

daredevil, orang berani mati

daring, keberanian

dark, gelap

darken, *to ~* , menjadi gelap; membuat gelap, menggelapkan

darkness, kegelapan

darling, jantung hati, tangkai hati

darn, *to ~* , menjerumat

dash, ketuk; teguk; tanda perangkai; *to ~* , berlari; *to ~ away,* membanting

dashboard, desbor, papan recik; panel peralatan

dastard, penakut, pengecut, cabar

data, data

date, tanggal, tarikh, hari bulan; janji; kurma; *out of ~* , kolot, kuno; *up to ~* , modern, mutakhir; *to ~* , menanggali, menarikhkan; *to ~ from,* sudah ada sejak

daub, lumuran; *to ~* , melumurkan, memulaskan

daughter, anak perempuan

daughter-in-law, menantu perempuan

dauntless, tidak takut, berani

dawn, dini hari, fajar; *at ~* , waktu fajar menyingsing

day, hari; *one ~* , sekali peristiwa

daybreak, dini hari, fajar

day laborer, pekerja harian, buruh (dengan upah) harian

daze, *to ~* , menyilaukan; memesonakan

dead, mati; sunyi senyap; *~ certainty,* kepastian mutlak; *in ~ earnest,* sungguh-sungguh, dengan sungguh mati

deaden, *to ~* , mematikan

deadlock, jalan buntu; *to be at a ~* , menemukan jalan buntu

deadly, mematikan, maut

deaf, tuli; *~ and dumb,* bisu tuli

deafen, *to ~* , menulikan

deafness, ketulian

deal, banyaknya; *great (good) ~* , banyak sekali; *it is a ~* , mufakat!, akur!; *to ~* , membagi, berniaga, berjual(an); *to ~ with,* berniaga dengan; memperlakukan; menghadapi; membicarakan

dealer, pembagi; pedagang, saudagar

dealing, perlakuan, perbuatan; *have no ~s with,* tak mempunyai sangkut paut dengan

dear, kekasih, yang terkasih, mahal; *~ sir,* Tuan yang terhormat

dearness, mahalnya

dearth, kekurangan

death, kematian

deathbed, tempat tidur orang mati

death rate, angka kematian

debar, *to ~* , menegah, menolak, menghalangi

debase, *to ~* , menghinakan; memalsukan

debate, debat, perdebatan; *to ~* , berdebat; memperdebatkan

debility, kelemahan

debit, debit; *to ~* , mendebitkan, membebankan

debt, utang

debtor, orang berutang; si
berutang

debut, pertunjukan pertama,
pemunculan pertama

decadence, kemunduran

decanter, karaf

decapitate, *to ~ ,* memenggal
kepala

decay, sisa pelapukan, lapukan,
bangkai; *to ~ ,* melapuk,
membusuk

decease, *to ~ ,* meninggal,
mangkat, wafat

deceit, tipu, penipuan

deceitful, penuh tipu daya

deceive, *to ~ ,* menipu; *~ed,*
tertipu

deceiver, penipu

December, Desember

decency, kesopanan

decent, sopan, patut, layak, tahu
adat

decentralization, desentralisasi

deception, penipuan

decide, *to ~ ,* memutuskan,
menentukan, menetapkan

decimal, persepuluhan, desimal

decision, keputusan

deck, geladak, dek

deck chair, kursi dek

declaration, keterangan;
maklumat, deklarasi

declare, *to ~ ,* menerangkan;
memaklumkan

declination, deklinasi, simpang
datar, penolakan

decline, kemunduran; *to ~ ,*
mundur; miring; menolak

declivity, lereng

decompose, *to ~ ,* membusuk,
mengurai

decomposition, pembusukan,
penguraian

decorate, *to ~ ,* menghiasi

decoration, hiasan, perhiasan;
tanda kehormatan

decorous, sopan, sopan santun

decorum, kesopanan; hiasan

decoy, pikatan; *to ~ ,* memikat

decrease, pengurangan,
penurunan; *to ~ ,* mengurang;
mengurangkan

decree, keputusan, penetapan;
firman; *to ~ ,* memutuskan,
menetapkan

decry, *to ~ ,* menyalahkan,
mencela

dedicate, *to ~ ,* menyerahkan,
mempersembahkan,
membaktikan

dedication, penyerahan diri

deduce, *to ~ ,* menurunkan,
menarik kesimpulan

deduct, *to ~ ,* memotong,

mengurangi

deduction, potongan, pengurangan; deduksi

deed, perbuatan; kenyataan

deem, to ~ , menyangka

deep, dalam

deepness, kedalaman

deep-rooted, berurat berakar

deer, rusa, menjangan

deface, to ~ , merusak; mengotori; menghapuskan

defamation, fitnah, umpatan

default, kegagalan, kelalaian; by ~ , dengan tak hadir; to ~ , mengalpakan, melalaikan

defeat, kekalahan; to ~ , mengalahkan; menggagalkan

defecate, to ~ , buang air besar, berak

defect, cacat, salah, cela, kerusakan

defection, durhaka, murtad

defend, to ~ , mempertahankan; melindungi; membela

defendant, tergugat, terdakwa

defender, pembela

defense, pertahanan, pembelaan, perlawanan

defenseless, tidak dapat melawan, tak berdaya

defer, to ~ , menunda, mengundurkan

deference, hormat, kehormatan

defiance, tantangan

defiant, menantang

deficiency, kekurangan

deficient, berkekurangan

deficit, kekurangan (uang), defisit

defile, jurang, ngarai sempit curam; to ~ , mencemarkan; memperkosa

defilement, kecemaran, perkosaan

define, to ~ , menentukan, menetapkan, membatasi, mendefinisikan

definite, tertentu, pasti

definition, batasan, ketetapan, ketentuan, definisi

deflect, to ~ , membias

deformed, salah bentuk

deformity, cacat rupa

defraud, to ~ , menipu

defray, to ~ , membelanjai, membiayai

defrayment, pembelanjaan

degenerate, to ~ , memburuk, merosot, mundur

degeneration, kemerosotan, kemunduran, degenerasi

degradation, kemerosotan, kemunduran, degradasi, penurunan pangkat

degree, pangkat, derajat,

martabat; *by ~s* , lama-
kelamaan

deign, *to ~* , sudi, berkenan

deity, ketuhanan, keallahan;
dewata

dejected, murung

delay, penundaan, penangguhan,
kelambatan; *to ~* , menunda,
menangguhkan, mengundurkan

delegate, wakil, utusan, juru
kuasa; *to ~* , mewakilkan,
mengutus, menguasakan

delegation, delegasi, perwakilan,
pengutusan

deliberate, dengan sengaja;
dengan ditimbang-timbang; *to
~* , menimbang-nimbang;
berembuk, berunding

deliberation, pertimbangan,
perembukan, perundingan

delicacy, (sedap-)sedapan,
penganan

delicate, sedap, lezat; sopan;
pelik

delicious, nyaman, enak, nikmat

delight, kesukaan, kenikmatan

delightful, sedap, enak, lezat

delinquent, pelanggar, penjahat

delirious, mengigau, meracau;
gila, majenun

deliver, *to ~* , melepaskan,
memerdekakan, membebaskan,

menghantarkan, menyerahkan,
melahirkan; *to ~ a speech,*
berpidato, mengucapkan pidato

deliverance, pelepasan,
kebebasan, kemerdekaan

delivery, penyerahan; persalinan

delta, delta

delude, *to ~* , menipu

deluge, air bah

delusion, khayal, angan-angan
palsu, delusi

demagogue, penggerak rakyat,
demagog

demand, tuntutan, permintaan,
permohonan; *in ~* , laku; *supply
and ~* , penawaran dan
permintaan; *to ~* , menuntut,
minta

demarcation, batas, batas
pemisah, perbatasan

demean, *to ~ oneself,*
merendahkan diri

demeanor, sikap, kelakuan

demented, sakit otak, sakit jiwa,
gila

demerit, kekurangan, cela

demesne, tanah negeri; daerah

democracy, demokrasi,
kerakyatan

democrat, demokrat

democratic, demokratis

demolish, *to ~* , merobohkan,

meruntuhkan, membongkar, memusnahkan

demolition, peruntuhan, pembongkaran, pemusnahan

demon, jin, iblis, setan

demonstrate, *to ~ ,* menunjukkan, menerangkan, membuktikan, mendemonstrasikan

demonstration, pertunjukan, keterangan, bukti, demonstrasi

demoralize, *to ~ ,* merusak semangat, merusak moral

demur, *to ~ ,* ragu-ragu; berkeberatan, memrotes, menyanggah

demure, sopan, susila

den, sarang, gua

denial, pengingkaran, penyangkalan

Denmark, Denmark

denominate, *to ~ ,* menamai, menjuluki, menggelari; *~d,* bernama

denomination, nama, gelar(an), denominasi

denominational, *~ education,* pendidikan di bawah kaum agamawan

denominator, penyebut (dalam pecahan)

denote, *to ~ ,* menunjuk, menandakan

denounce, *to ~ ,* memberitahukan, memaklumkan; memutuskan, memberhentikan; mencela; mengadukan

dense, rapat, lebat; bebal

dent, dekuk, lekuk, kepuk; *to ~ ,* mendekukkan, melekukkan, mengepukkan

dental, *~ surgery,* bedah gigi

dentist, dokter gigi; tukang gigi

dentistry, ilmu kedokteran gigi

denunciation, pemberitahuan, maklumat, pengaduan, pencelaan; penghentian

deny, *to ~ ,* mengingkari, menyangkal, memungkiri, menolak

depart, *to ~ ,* berangkat, pergi, bertolak; *to ~ from this life,* meninggal dunia

department, departemen; bagian; daerah, jabatan; *~ store,* toko serba ada

departure, keberangkatan

depend, *to ~ on,* bergantung pada

dependency, daerah jajahan

dependent, tergantung pada; tanggungan

deplorable, patut disayangkan, patut disesali

deplore, to ~ , menyayangkan, menyesali

deport, to ~ , membuang

deportation, pembuangan

deportee, (orang) buangan

deportment, sikap, kelakuan, tindakan

deposit, endapan; simpanan, deposito; to ~ , menaruh, menyimpan, mendepositokan

depositor, penyimpan

depot, depot, gudang

depravation, kerusakan, kejahatan

deprave, to ~ , merusak moral; ~d , jahat, cabul

depravity, kejahatan

deprecate, to ~ , membantah, mencela

depreciate, to ~ , menurunkan nilai uang; menghapus nilai kekayaan; mendepresiasikan; turun nilai

depreciation, penghapusan nilai kekayaan, depresiasi

depress, to ~ , menekan, menyusahkan hati

deprivation, pengambilan, pencabutan, pemecatan, perampasan; kemiskinan

deprive, to ~ , mengambil, merampas; memecat

depth, kedalaman

deputation, utusan, suruhan, wakil

depute, to ~ , mengutus, mewakilkan

deputize, to ~ for, mengganti

deputy, utusan, juru kuasa, wakil

derail, to be ~ed, keluar dari rel

derange, to ~ , mengacaukan

derangement, kekacauan

derelict, tertinggal; tidak terpelihara

dereliction, ~ of duty, kelalaian menjalankan kewajiban

deride, to ~ , mengolok-olok, memperolokkan, menyindir

derision, olok-olok, sindiran

derivation, turunan

derive, to ~ , menurunkan

derogate, to ~ from, merugikan

derrick, kerekan, derek, cagak; menara pemboran minyak tanah

descend, to ~ , turun, berasal

descendant, turunan, keturunan, anak cucu

descent, keturunan

describe, to ~ , melukiskan, memerikan, mendeskripsikan, menggambarkan

description, lukisan, pemerian, deskripsi, penggambaran

desecrate, *to ~* , menajiskan, menodai, mencemari

desert, gurun; sunyi, sunyi senyap; *to ~* , meninggalkan, membelot

deserter, pembelot, pelarian

desertion, pelarian, pembelotan

deserve, *to ~* , patut menerima, patut di ...

deservedly, sudah sepantasnya

deserving, berjasa

design, gambar, peta, lukisan; rancangan, contoh; maksud, desain; *by ~* , dengan sengaja; *to ~* , merancang; memaksudkan

designate, *to ~* , menandai, menamai, memperuntukkan

designation, tanda nama

designedly, dengan sengaja

designer, perancang, juru gambar, pelukis

desire, keinginan, kerinduan, hasrat; *to ~* , ingin, mengingini, mengingimkan, mendambakan, menghasratkan

desirous, rindu, ingin

desist, *to ~* , meninggalkan; berhenti

desk, meja, meja tulis; bagian; kas

desolate, sunyi senyap; *to ~* ,

membinasakan

desolation, kesunyian, kesepian; pembinasaan

despair, putus asa, keputusasaan

desperate, berputus asa

despicable, hina

despise, *to ~* , menghina

despite, meskipun, kendati

despondent, tawar hati

despot, orang lalim, penganiaya

dessert, tambul

destination, tempat tujuan

destine, *to ~* , menakdirkan; *~d hour,* ajal

destiny, nasib, takdir

destitute, papa, miskin, perlu ditolong

destitution, kepapaan, kemiskinan

destroy, *to ~* , merusak, merobohkan, menghancurkan, memusnahkan, membinasakan

destroyer, perusak; kapal perusak

destruction, perusakan, perobohan, penghancuran, pemusnahan, pembinasaan

destructive, destruktif, bersifat merusak, memusnahkan, membinasakan

detach, *to ~* , melepaskan, menceraikan; mengasingkan;

menugaskan

detachment, penceraian,
pengasingan; detasemen

detail, ~s, hal-ihwal; seluk-beluk

detain, to ~ , menahan,
menghambat

detainee, tahanan

detect, to ~ , menjebaki,
menjumpai, menemui,
mendapatkan, mendeteksi

detection, penjebakan, deteksi

detective, polisi rahasia, detektif

deter, to ~ , menjerakan

deteriorate, to ~ , memburuk,
merosot, membusuk

deterioration, keburukan,
kemerosotan, kebusukan

determination, penetapan,
ketetapan, tekat bulat

determine, to ~ , menetapkan,
memutuskan, menentukan

determined, tetap, bulat hati,
keras hati

detest, to ~ , merasa jijik
terhadap, membenci

detestable, menjijikkan

dethrone, to ~ , memakzulkan

detract, ~ , memperkecil;
mengumpat; to ~ from,
mengurangi, menurunkan nilai,
mengecilkan nilai

detraction, pengurangan,

pengecilan (nilai); penghinaan,
umpatan

detractor, pengumpat

detriment, rugi, kerugian

detrimental, merugikan

deuce, go to the ~ !, pergi,
persetan!

deuced, persetan

devastate, to ~ , membinasakan

devastation, pembinasaan

develop, to ~ , mengembangkan,
menguraikan, mengupas,
memperluaskan; mencuci
(film); membina

development, pengembangan;
pengembangan; perluasan;
pembinaan

deviate, to ~ , menyimpang,
membias, berbeda

deviation, penyimpangan,
perbedaan

device, muslihat, daya;
semboyan; left to one's own ~s,
terlantar

devil, setan, iblis

devilish, seperti setan

devious, berbelit-belit

devise, to ~ , memikirkan,
merencanakan

devolve, to ~ , menyerahkan; ~
upon, beralih ke

devote, to ~ , membaktikan;

mewakafkan; menyerahkan
devoted, berbakti
devotee, orang berbakti
devotion, pembaktian, kebaktian,
    devosi
devour, to ~ , melalap,
    mengganyang, melahap
devout, saleh, beriman
dew, embun; to ~ , mengembun
dexterity, ketangkasan
dexterous, tangkas
diabetes, penyakit gula, penyakit
    kencing manis
diabetic, penderita penyakit gula,
    penderita kencing manis
diabolic, seperti setan
diagnosis, diagnosis
diagonal, garis sudut-menyudut,
    diagonal
diagram, diagram
dialect, dialek
dialogue, percakapan, dialog
diameter, garis tengah, diameter
diamond, intan
diaphragm, sekat rongga perut;
    diafragma
diary, buku harian
dice, dadu; to ~ , main dadu
dictate, to ~ , mendikte,
    mengimlakan
dictation, dikte, imla
dictator, diktator

dictatorship, kediktatoran
diction, pilihan kata, diksi
dictionary, kamus
die, dadu; cap, tera; to ~ , mati,
    meninggal, mangkat, wafat
diet, makanan pantang, diet
differ, to ~ , berbeda, berlainan
difficult, sukar, susah, sulit
difficulty, kesukaran, kesusahan
diffident, curiga
diffuse, terpencar, menyebar;
    to ~ , menyebarkan
diffusion, penyebaran, difusi
dig, to ~ , menggali
digest, ikhtisar; to ~ , mencerna
digestion, pencernaan
digger, penggali
dignified, mulia
dignitary, pembesar
dignity, kemuliaan, martabat
digression, penyimpangan,
    kesesatan
dike, bendung, pematang
dilapidated, telantar, bobrok,
    buruk
dilate, to ~ , mengembang,
    membesar, memuai; to ~ upon,
    melanjutkan perkataan; ~d
    eyes, mata terbeliak
dilemma, pilihan mendua, dilema
diligence, kerajinan
diligent, rajin

dilute, to ~ , mengencerkan
dilution, pengenceran
dim, redup, kelam; to ~ , meredupkan, mengelamkan, mengedim
dime, sepersepuluh dolar
dimension, matra, dimensi
diminish, to ~ , mengurangi
diminution, pengurangan
diminutive, kata pengecil
dimness, keredupan, kekelaman
dimple, cawak pipi, lesung pipi
din, gempar, gaduh, riuh
dine, to ~ , makan malam
dingy, kotor, buruk
dining car, kereta makan
dining room, kamar makan
dinner, makan malam
dinner party, jamuan makan malam
dinnerplate, piring ceper
dinnertime, waktu makan malam
dip, to ~ , mencelupkan
diphthong, bunyi rangkap, diftong
diploma, ijazah, diploma
diplomacy, diplomasi
diplomat, diplomat
diplomatic, diplomatik
diplomatist, ahli diplomasi
dire, ngeri, mendahsyatkan

direct, langsung; serta merta; terus terang; ~ current, arus searah; to ~ , memimpin, mengarahkan, memerintahkan, mengalamatkan, menunjukkan
direction, direksi, pimpinan, pemerintahan; arah, petunjuk
directive, petunjuk, pedoman, pengarahan
directly, secara langsung, serta merta, pada saat itu juga
director, direktur, pemimpin, pengurus, pengemudi, sutradara
directory, buku alamat, buku penuntun
dirge, ratapan, lagu penguburan
dirigible, dapat diarahkan, dapat dikemudikan
dirt, kotoran, cemaran
dirt-cheap, murah sekali
dirty, kotor, cemar
disable, to ~ , melemahkan, merusak; ~d, cacat
disadvantage, rugi, kerugian
diadvantageous, merugikan
disaffected, rongseng, kurang senang; durhaka
disagree, to ~ , tidak setuju, tidak sepakat; tidak sesuai
disagreeable, tidak sedap, tidak enak; tidak berkenan akan

disagreement, perbedaan, perselisihan, percekcokan

disappear, to ~ , hilang, lenyap

disappearance, hilangnya, lenyapnya

disappoint, to ~ , mengecewakan

disappointment, kekecewaan

disapprobation, penolakan, pengafkiran, pembatalan

disapprove, to ~ , menyalahkan, mencela, menolak, mengafkir, membatalkan, tidak menyetujui

disarm, to ~ , melucuti senjata

disarmament, perlucutan senjata

disaster, malapetaka, kemalangan

disastrous, malang, celaka

disavow, to ~ , menyangkal, memungkiri

disavowal, penyangkalan, sangkalan, mungkiran

disband, to ~ , membubarkan

disbelieve, to ~ , tidak percaya, tidak mempercayai

disburse, to ~ , membayarkan, mengeluarkan

discard, to ~ , membuang

discharge, pemecatan, pembebasan; tembakan; to ~ , memecat; melepaskan; membebaskan; melepaskan tembakan

disciple, murid

discipline, disiplin, tata tertib, ketertiban

disclose, to ~ , membuka, menyatakan; mewahyukan

disclosure, pembukaan, pernyataan, wahyu

discolor, to ~ , luntur, turun warna, berubah warna

discomfort, kesusahan, ketidakenakan

disconcert, to ~ , menggagalkan; membingungkan, mengacaukan

disconnect, to ~ , membuka; menguraikan; melepaskan; memutus

disconsolate, tidak terhibur

discontented, rongseng, kurang senang

discontinue, to ~ , memberhentikan

discord, perselisihan, bunyi sumbang

discordant, tak selaras, tak sepadan, janggal

discount, potongan, diskonto; to ~ , memotong harga

discourage, to ~ , mencabarkan hati, menawarkan hati, tidak menganjurkan

discourse, risalah, pidato, wacana; to ~ , membicarakan

discover, *to ~* , menemukan;
membuka rahasia

discoverer, penemu

discovery, penemuan

discredit, kehilangan gengsi; *to ~* , kehilangan gengsi; tidak percaya akan, menjelekkan nama, tidak mempercayai, mendiskreditkan

discreditable, keji

discreet, bijaksana, berbudi

discrepancy, ketidaksesuaian, pertentangan

discrepant, tidak sesuai, tidak setuju dengan, bertentangan

discretion, kebijaksanaan, akal, kemampuan membeda-bedakan, diskresi

discriminate, *to ~* , membeda-bedakan, mendiskriminasikan

discrimination, pembeda-bedaan, diskriminasi

discus, cakram, cakra

discuss, *to ~* , membicarakan, merembuk

discussion, pembicaraan, perembukan

disdain, *to ~* , menghina

disdainful, penuh penghinaan

disease, penyakit

diseased, sakit

disembark, *to ~* , mendarat, turun dari kapal

disembarkation, pendaratan

disengage, *to ~* , melepaskan, membebaskan

disentangle, *to ~* , menguraikan

disfavor, tidak disenangi

disgrace, aib; *in ~* , kena aib; *to ~* , mengaibkan, mencoreng muka

disgraceful, keji

disguise, samaran; *in ~* , menyamar; *without ~* , dengan terus terang, tanpa tedeng aling-aling; *to ~* , menyamar, menyembunyikan

disgust, kemuakan, kemualan; keseganan; *to ~* , menjemukan, memuakkan, memualkan

disgusting, memuakkan

dish, pinggan; sajian, hidangan; *to ~ up*, mengangkat makanan

dishcloth, lap piring

dishearten, *to ~* , mengecilkan hati, mencabarkan hati

dishevel, *to ~* , mengusut

dishonest, tak jujur, tak tulus

dishonesty, ketidaktulusan, ketidakjujuran

dishonor, aib; *to ~* , mengaibkan; memalukan, mencabuli, merogol

disillusion, kekecewaan; *to ~* ,

mengecewakan

disinclined, ~ *to*, enggan, segan

disinfect, *to* ~ , mengawahamakan

disinfection, pengawahamaan

disinherit, *to* ~ , menolak warisan, mencabut hak warisan

disinter, *to* ~ , menggali

disinterested, tanpa pamrih, tanpa mencari untung

disinterment, penggalian

disjoin, *to* ~ , memisahkan, membuka

disk, cakram, cakra

dislike, ketidaksukaan; *to* ~ , tidak suka akan

dislocated, terkehel, tergeliat

dislocation, pergeseran, dislokasi

dislodge, *to* ~ , memindahkan; menghalau

disloyal, tidak setia

disloyalty, ketidaksetiaan

dismantle, *to* ~ , membongkar, merombak

dismay, kecemasan; *to* ~ , mencemaskan

dismiss, *to* ~ , membubarkan, memecat

dismissal, pembubaran, pemecatan

dismount, *to* ~ , turun; membongkar

disobedience, ketidaktaatan, ketidakpatuhan

disobedient, tidak taat, tidak patuh

disobey, *to* ~ , tidak taat, tidak patuh, tidak menurut perintah

disorder, kekacauan; penyakit; *to* ~ , mengacau

disown, *to* ~ , tidak mengaku, menyangkal

disparage, *to* ~ , menghina

disparagement, penghinaan

disparity, ketidaksamaan

dispassionate, tidak memihak sebelah

dispatch, pengiriman dengan segera; berita kilat, kawat; kartu alamat pospaket; *to* ~ , mengirimkan dengan segera, menyelesaikan dengan segera

dispel, *to* ~ , mengusir, menghalau

dispensary, rumah obat

dispensation, pembagian; pembebasan, kelonggaran, dispensasi

dispense, *to* ~ , membagi, membebaskan, memaafkan

disperse, *to* ~ , menceraiberaikan; mengusir, menghalau; menghambur

dispirit, *to* ~ , mengecilkan hati,

mencabarkan hati, mematahkan semangat

displace, to ~ , memindahkan; mengganti

display, pertunjukan, demonstrasi, pameran; to ~ , mempertunjukkan, memamerkan

displeased, tidak senang, sakit hati

displeasure, ketidaksenangan, murka, marah

disposal, to have at one's ~ , dapat menggunakan; for ~ , akan dijual

dispose, to ~ , mengatur; memperuntukkan; to ~ of, menguasai; menyelesaikan, memberikan; membuang; menjual; ~d, cenderung

disposition, aturan, peraturan; putusan, disposisi, kecenderungan

dispossess, to ~ , merampas

disproportion, ketidaksebandingan, ketidakseimbangan, ketimpangan

disprove, to ~ , membantah

dispute, perselisihan, perbantahan; to ~ , berselisih, berbantah

disqualify, to ~ , mencabut hak (kuasa); mengecualikan, membatalkan; menyatakan; tak mampu, tak berhak, mendiskualifikasi

disquiet, kegelisahan; to ~ , menggelisahkan

disregard, pelalaian, pengabaian; to ~ , melalaikan, mengabaikan, tidak mengindahkan, tidak memedulikan

disreputable, mempunyai nama jelek

disrespectful, kurang hormat

dissatisfaction, kekecewaan

dissatisfy, to ~ , mengecewakan

dissect, to ~ , membedah, menguraikan

dissection, pembedahan, pemotongan, penguraian

dissemble, to ~ , menyamarkan; berpura-pura

disseminate, to ~ , menaburkan

dissension, pertikaian

dissimilar, tidak sama, berbeda

dissimulate, to ~ , menyamarkan, menyembunyikan; berpura-pura

dissipate, to ~ , menghalau, mengusir; membuang; memboroskan dissociate, *to ~* , menceraikan

dissolute, risau, jangak

dissolve, *to ~* , larut; melarutkan; meleburkan; menguraikan

dissonance, bunyi janggal

dissuade, *to ~* , menegahkan, menganjurkan agar jangan

distance, jarak, jauhnya

distant, jauh, terpencil

distaste, muak, keengganan

distasteful, memuakkan, tidak sedap, tidak nyaman

distill, *to ~* , menyuling

distillation, sulingan, penyulingan

distinct, jelas dan tegas, pilah-pilah; *as ~ from,* berbeda jelas dari

distinction, perbedaan, pembedaan; pangkat; keunggulan

distinguish, *to ~* , memperbedakan

distinguished, terhormat, unggul

distort, *~ed,* erang-erot, piuh, piuh pilin, diputarbalikkan

distract, *to ~* , mengacaukan, membingungkan; mengalihkan perhatian; menyesatkan

distraction, selingan; gangguan; kekacauan; kebingungan; kesesatan; *to love to ~* , gila

berahi

distress, kesukaran, kesusahan; *to ~* , menyusahkan, menyedihkan

distribute, *to ~* , menyebarluaskan, menyiarkan, membagikan, menyalurkan, mendistribusikan

distribution, penyebarluasan, penyiaran; pembagian; penyaluran, distribusi

district, distrik; daerah; kewedanan

distrust, syak wasangka

distrustful, menaruh syak

disturb, *to ~* , mengganggu; mengacaukan, menggaduhkan

disturbance, gangguan, kekacauan, kegaduhan

disunite, *to ~* , menceraikan

ditch, selokan, parit

ditto, dito

ditty, ragam, nyanyian

divan, dipan

dive, *to ~* , menyelam, menyelundup, menukik, terjun

dive bomber, pesawat pembom penyelundup

diver, juru selam

diverge, *to ~* , menyimpang, memencar

divergence, penyimpangan, simpangan, perbedaan

divergent, menyimpang, berbeda, memencar

diverse, berbagai macam, aneka, pelbagai

diversion, hiburan; sesuatu yang mengalihkan (perhatian dsb)

divert, *to ~ ,* menangkis, memalingkan; menghibur, mengalihkan perhatian

diverting, menghibur, menyukakan hati, lucu

divide, *to ~ ,* membagi

dividend, bilangan yang dibagi; dividen, untung sero

divine, ilahi; *to ~ ,* meramalkan

divinity, keilahian, keallahan

divisible, dapat dibagi, habis dibagi

division, pembagian; bagian; divisi

divisor, pembagi

divorce, perceraian, talak; *to ~ ,* bercerai; menceraikan

divulge, *to ~ ,* memaklumkan, mengumumkan, membuka rahasia

dizzy, pusing kepala, pening, bingung

do, *to ~ ,* membuat, membikin, mengerjakan; *how do you ~ ?,* apa kabar?; *that will ~ !,* bolehlah, jadilah, cukup!;

don't!, jangan!

docile, mudah diajar, dapat diajar

dock, galangan, dok

dockyard, galangan

doctor, doktor; dokter

doctrine, ajaran, doktrin

document, dokumen

dodge, *to ~ ,* mengelakkan; menyelundupkan

doe, rusa betina

dog, anjing; *lucky ~ ,* pemujur

dogged, berkeras kepala, tabah

dogma, dogma, kepercayaan agama

doing, perbuatan; *one's ~s ,* tingkah lakunya, peri lakunya

dole, derma

doleful, murung, duka cita

doll, boneka, anak-anakan

dolphin, lumba-lumba

domain, tanah, daerah, wilayah

domestic, dalam negeri, domestik; *~ servant,* jongos, babu, pembantu rumah tangga

domicile, tempat tinggal, tempat kediaman, domisili

dominate, *to ~ ,* menguasai, menjajah, memerintah, mendominasi

domination, pemerintahan, penjajahan, dominasi

dominion, jajahan Inggris yang

memiliki pemerintah sendiri
domino, domino
donation, pemberian, anugerah, hadiah
donkey, keledai
donor, pemberi
do not, don't, jangan
doom, malapetaka, hukumam, keputusan, nasib; *to ~* , menghukum
door, pintu
doorkeeper, penjaga pintu
doorstep, ambang, bendul pintu
doorway, tempat masuk; pintu
dope, pernis, minyak rengas; obat bius; kabar, keterangan; *to ~* , mengobati
dormitory, ruang tidur
dose, takar, dosis
dot, titik, noktah, percik
dote, *to ~* , berlaku kekanak-kanakan; sangat menggemari
double, ganda, berganda; *to ~* , mempergandakan, melipatgandakan
double-dealing, bermuka dua
doubt, ragu-ragu; *to ~* , sangsi, ragu-ragu
doubtful, sangsi, ragu-ragu
doubtless, tidak ragu-ragu, pasti
dough, adonan
dove, merpati

dowdy, kotor, buruk
down, bulu halus, bulu dada burung; tanah berbukit-bukit; di bawah, ke bawah
downcast, murung, susah, sedih
downfall, kerobohan
downhearted, kecil hati, cabar hati, tawar hati
downpour, hujan lebat
downright, semata-mata, terus terang
downstairs, ke bawah tangga
downward(s), ke bawah
downy, berbulu halus
dowry, mas kawin, uang peminangan
doze, *to ~* , mengantuk, tidur ayam
dozen, losin
draft, rancangan; wesel; angin; teguk; detasemen; *to ~* , merancang; *~s,* dam-daman
draft horse, kuda hela
draftsman, juru gambar, pelukis; perancang; buah dam
drafty, berangin
drag, *to ~* , menyeret, menarik
dragnet, pukat
dragon, naga
drain, aliran, saluran; *to ~* , mengalirkan, mengeringkan
drainage, pengaliran,

pengeringan tanah, drainase

drake, itik jantan, bebek jantan

drama, drama

dramatic, dramatis; hebat

draper, penjual kain pakaian

drapery, kain pakaian; langsai, tirai

drastic, drastis

draw, *to ~ ,* menarik, meregangkan; membuat (laporan); menggambar, melukis

drawback, keberatan; akibat yang tak menyenangkan, kemunduran

drawee, yang ditarik wesel

drawer, penarik; pelukis; laci; *~s,* celana dalam; lemari laci

drawing, lukisan, gambar

drawing pin, paku jamur

drawing room, kamar tamu

dread, ketakutan; *to ~ ,* takut akan

dreadful, menakutkan

dreadnought, kapal tempur

dream, mimpi, impian; *to ~ ,* bermimpi

dreamer, pemimpi, orang yang bermimpi

dreary, suram, muram

dredge, pukat; sauh terbang; mesin gali lumpur; *to ~ ,*

memukat; menggali lumpur

dredging machine, mesin gali lumpur

dregs, tahi (minyak, kopi)

drenched, basah kuyup

dress, pakaian; *to ~ ,* berpakaian, mengenakan pakaian; membuat, membikin; menghiasi

dressing, pakaian; pembuatan, pembikinan

dressmaker, tukang jahit pakaian wanita

driftwood, kayu pelampung

drill, gurdi; latihan; kain linen; *to ~ ,* menggurdi; melatih

drink, minuman; *to ~ ,* minum

drinkable, dapat diminum

drinker, peminum

drip, *to ~ ,* menitik, menetes

drive, *to ~ ,* menghalau, menjalankan (mobil), mengemudikan (mobil)

drivel, air liur; *to ~ ,* berliur

driver, kusir, sais, sopir, pengemudi, masinis, penghalau

drizzle, *to ~ ,* hujan rintik-rintik

droll, lucu

drollery, kelucuan

drone, *to ~ ,* berdengung

droop, *to ~ ,* merana

drop, titik, tetes; anting-anting;

turun harga; *to ~* , jatuh;
menjatuhkan, menurunkan; *to
~ a hint*, memberi isyarat,
mengingatkan; *to ~ a line*,
berkirim surat; *to ~ in*, mampir

drought, musim panas, musim
kemarau

drove, kawan, kelompok,
gerombolan

drover, gembala

drown, *to ~* , menenggelamkan;
he was ~ed, ia mati lemas, ia
mati tenggelam

drowsy, mengantuk

drub, *to ~* , melabrak

drudge, *to ~* , berlelah-lelah,
membanting tulang

drug, obat-obatan, jamu; obat
bius; *to ~* , membius

druggist, penjual obat-obatan,
penjual bahan jamu

drum, gendang, tambur

drummer, pemukul tambur

drunk, mabuk

drunkard, peminum, pemabuk

drunken, mabuk

dry, kering, membosankan, haus;
to ~ , menjemur, mengeringkan

dub, *to ~* , menamakan

dubious, ragu-ragu, meragukan

duck, itik, bebek; *to ~* ,
mencelupkan; menyelamkan

duckling, anak itik

due, perlu, wajib; patut, layak; *in
~ time*, pada waktunya; *the
train is ~* , kereta api akan
masuk (datang)

dues, bea, cukai

dugout, tempat berlindung saat
pemboman

dull, tumpul, bodoh, dungu;
boyak; pekak

duly, patut, layak, dengan
sebenarnya; sudah selayaknya

dumb, bisu

dumbbell, halter

dumbfound, *to ~* , membuat
(orang) tercengang

dummy, tiruan; orang-orangan

dump, tempat pembuangan
sampah; *~ truck*, truk sampah

dun, penagih utang; penagihan;
kelabu; *to ~* , menagih

dunce, si bodoh

dune, bukit pasir

dung, tahi, pupuk; *to ~* , menaruh
tahi, memupuk

dunghill, timbunan tahi

dupe, yang tertipu; *to ~* , menipu

duplicate, rangkap kedua,
salinan, duplikat; kembar(an);
to ~ , mempergandakan,
membuat rangkap dua

durability, keawetan

durable, awet
duration, lamanya
during, selama, sementara
dusk, senjakala, petang
dusky, sambur limbur
dust, abu, debu; *to ~ ,*
  menghilangkan debu
dustbin, tempat sampah
duster, lap debu; penyapu
dusty, berdebu
Dutch, Belanda
Dutchman, orang Belanda
dutiful, patuh, mengikuti
  perintah

duty, kewajiban; pekerjaan;
  tugas, bea
dwarf, katai, orang katik, cebol
dwell, *to ~ ,* diam, tinggal
dwelling, tempat tinggal
dwindle, *to ~ ,* berkurang, surut,
  susut
dye, *to ~ ,* mencelupkan
dynamic, dinamis
dynamite, dinamit
dynamo, dinamo
dynamometer, dinamometer
dynasty, keluarga raja, dinasti
dysentery, mejan, disentri

E

each, masing-masing; tiap-tiap,
  saban; *~ other,* seorang
  terhadap yang lain, satu sama
  lain, saling
eager, ingin sekali
eagle, burung rajawali
ear, telinga, kuping
eardrum, gendang telinga
early, pagi-pagi, dini; lekas; *~*
  next month, pada awal bulan
  depan
earn, *to ~ ,* memperoleh,

  mendapat
earnest, kesungguhan
earnings, pendapatan, upah
earring, anting-anting
earth, bumi, tanah, pertiwi
earthenware, tembikar
earthquake, gempa bumi
ease, kesenangan, kenikmatan,
  ketenangan, rasa santai; *to ~ ,*
  menyenangkan hati;
  mempermudah, meringankan
easiness, kemudahan

east, timur
Easter, Paskah
eastern, timur, di sebelah timur
easy, mudah, gampang, senang;
  in ~ circumstances, berada,
  hartawan
easy chair, kursi malas
eat, *to ~ ,* makan
eatable, dapat dimakan
eavesdropper, penguping, orang
  yang suka pasang kuping
ebb, air surut, pasang surut
ebony, eboni
eccentric, eksentrik, aneh,
  sendeng
echo, gema, gaung, kemandang
eclipse, gerhana
economic, *~s,* ilmu ekonomi,
  ekonomi
economical, hemat; ekonomi(s)
economist, ahli ekonomi
economize, *to ~ ,* menghemat
economy, ekonomi; hemat,
  kehematan; dunia usaha
ecstasy, ekstase, kegembiraan,
  kegairahan, kenikmatan
eddy, pusaran air, olakan air;
  pusaran angin
edge, mata (pisau); pinggir, sisi,
  tepi; *to ~ ,* menajamkan;
  memberi berpelisir
edible, dapat dimakan; *~s,*

makanan
edification, pembangunan,
  pembinaan
edifice, bangunan, gedung
edify, *to ~ ,* membangun,
  membina
edit, *to ~ ,* mengedit, menyunting
edition, terbitan, penerbitan,
  keluaran
editor, editor, penyunting,
  redaktur
editorial, tajuk rencana
educate, *to ~ ,* mendidik
education, pendidikan
eel, belut
efface, *to ~ ,* menghapus
effect, akibat, hasil, kejadian;
  andil, saham; daya guna; *~s,*
  barang-barang, harta milik; *to
  ~ ,* mengerjakan,
  menyebabkan, mengadakan,
  menjadikan
effective, berhasil guna, tepat,
  efektif
effeminate, seperti perempuan
efficacious, mustajab, mujarab
efficiency, daya guna, efisiensi
efficient, berdaya guna, bertepat
  guna
effigy, gambar, patung, orang-
  orangan
effort, usaha, ikhtiar

e.g., *exempli gratia, for example,* misalnya

egg, telur

eggcup, tempat telur

eggplant, terong

eggshell, kulit telur, cangkang telur

egoism, egoisme, akuisme

egoist, egois

egoistic, egoistis, suka mementingkan diri sendiri

Egypt, Mesir

Egyptian, orang Mesir; ... Mesir

eight, delapan

eighteen, delapan belas

eighteenth, kedelapan belas; perdelapan belas

eighth, kedelapan; perdelapan

eightieth, kedelapan puluh; perdelapan puluh

eighty, delapan puluh

either, salah seorang, salah satu; ~ ... or ..., atau ... atau ...

eject, to ~ , mengeluarkan, menyemburkan

elaborate, rumit, panjang lebar, teliti; to ~ , menguraikan secara panjang lebar

elapse, to ~ , lewat, lampau, silam, lalu

elastic, elastik, kenyal; karet

elation, kegembiraan, kegirangan

hati

elbow, sikut

elder, lebih tua; ~ brother, kakak

elderly, agak tua

eldest, tertua

elect, terpilih; to ~ , memilih

election, pemilihan

elector, pemilih

electric, listrik, elektrik

electricity, listrik, elektrik

electric motor, motor listrik

electrode, elektrode

electrolysis, elektrolisis

electron, elektron

electroscope, elektroskop

elegant, elok, apas

elegy, nyanyian ratapan

element, unsur, bagian, bahan, elemen

elementary, dasar; ~ school, sekolah dasar

elephant, gajah

elevate, to ~ , mengangkat; menaikkan

elevation, pengangkatan, tempat tinggi; sudut atas

elevator, lift

eleven, sebelas

eleventh, kesebelas; persebelas

elf, peri

eligible, dapat dipilih

eliminate, to ~ , menyingkirkan,

menyisihkan

elimination, penyingkiran, penyisihan

ell, elo, a unit of length in the Netherlands equal to about one meter

ellipse, bulat panjang, elips

eloquence, kefasihan, petah lidah

eloquent, fasih

else, lain; jika tidak; *what ~ ?,* apa lagi?; *somebody ~ ?,* siapa lagi?

elsewhere, di lain tempat

elucidate, *to ~ ,* menjelaskan, menerangkan

elucidation, penjelasan, keterangan

elude, *to ~ ,* menghindar dari; mengelak; mengelakkan, menangkis

emaciate, *to ~ ,* menjadi kurus

emaciation, kekurusan

emanate, *to ~ from,* mengalir dari, berasal dari, keluar dari

emancipate, *to ~ ,* memerdekakan, melepaskan, membebaskan, memajukan

emancipation, kemerdekaan, emansipasi, kelepasan, pembebasan

embalm, *to ~ ,* membalsam

embankment, pangkalan

embargo, embargo, pembatasan niaga

embark, *to ~ ,* naik kapal, naik pesawat

embarkation, naiknya ke kapal, naiknya ke pesawat, embarkasi

embarrass, *to ~ ,* memalukan; menyusahkan

embarrassment, keadaan yang membuat malu; kesusahan, kebingungan

embassy, kedutaan

embellish, *to ~ ,* menghiasi

embellishment, perhiasan

ember(s), bara api

embezzle, *to ~ ,* pencurian, penggelapan

embitter, *to ~ ,* memahitkan

embitterment, kepahitan

emblem, alamat, tanda, lambang

embody, *to ~ ,* mengandung, meliputi, mewujudkan

embrace, *to ~ ,* memeluk

embrocation, minyak gosok, minyak param

embroider, *to ~ ,* menyulam, menyuji, membordir

embroidery, sulaman, sujian, bordiran

emerald, zamrud

emerge, *to ~ ,* timbul, muncul

emergency, keadaan darurat; ~

door, pintu darurat; ~ *meeting,* rapat kilat

emery board, kertas gosok, amril

emigrant, emigran

emigrate, *to ~ ,* beremigrasi

emigration, emigrasi

eminent, mulia, masyhur; tinggi

emissary, wakil, duta, utusan

emission, keluaran, pengeluaran, emisi

emit, *to ~ ,* mengeluarkan

emolument, pendapatan lain-lain, penghasilan tambahan

emotion, emosi, keibaan hati

emperor, kaisar

emphasis, tekanan

emphasize, *to ~ ,* menekankan

emphatic, sungguh-sungguh, kuat

empire, kekaisaran

employ, *to ~ ,* mempekerjakan

employee, pegawai, buruh, pekerja

employer, majikan

employment, pekerjaan

empower, *to ~ ,* memberi kuasa, mewakilkan

empress, kaisar wanita, permaisuri kaisar

emptiness, kekosongan

empty, kosong, hampa; *to ~ ,* mengosongkan

emulate, *to ~ ,* menyaingi

emulation, persaingan

enable, *to ~ ,* memungkinkan

enamel, email

encamp, *to ~ ,* berkemah

enchant, *to ~ ,* memesonakan, memikat

enchantment, pesona, daya pikat

encircle, *to ~ ,* mengepung, mengelilingi

enclose, *to ~ ,* melampirkan, menyertakan; memagari

enclosure, lampiran; pagar

encounter, perjumpaan; *to ~ ,* bertemu, berjumpa dengan

encourage, *to ~ ,* mengajak, membesarkan hati, mendorong semangat

encouragement, dorongan

encumber, *to ~ ,* merintangi; membebandi

encumbrance, rintangan; beban

end, akhir, ujung, kesudahan, penghabisan; *in the ~ ,* akhirnya; *to ~ ,* mengakhiri, menyudahi, menghabiskan; berakhir; *to no ~ ,* percuma, sia-sia; *to what ~ ?,* untuk apa?

endanger, *to ~ ,* membahayakan

endearing, manis, cantik, menawan hati, juwita

endeavor, percobaan, ikhtiar,

usaha; *to* ~ , mencoba,
mengikhtiarkan

endive, andewi

endless, tidak ada akhirnya, tidak
berkesudahan, tidak
berkeputusan, tidak berhingga

endow, *to* ~ , menganugerahi,
mengaruniai

endowment, anugerah, karunia,
sumbangan

endurance, ketahanan, daya
tahan

endure, *to* ~ , menahan,
menderita

enemy, musuh, seteru

energetic, penuh tenaga, keras
hati, energik

energy, tenaga, usaha

enervate, *to* ~ , melemahkan,
melumpuhkan

enfeeble, *to* ~ , melemahkan

enforce, *to* ~ , memaksa,
mengerasi, mengendalikan,
melaksanakan

enforcement, paksa, paksaan,
kekerasan, pengendalian

engage, *to* ~ , berjanji;
bertunangan; menyewa;
memasang

engagement, janji; pertunangan;
without ~ , tak terikat

engaging, menarik hati

engender, *to* ~ , menjadikan,
menyebabkan, melahirkan

engine, mesin, pesawat

engineer, insinyur; masinis

engineering, ilmu teknik mesin;
~ *works,* pabrik mesin

England, Inggris

English, ... Inggris

Englishman, orang lelaki Inggris

Englishwoman, wanita Inggris

engrave, *to* ~ , mengukir,
melukis

engraver, pengukir, pelukis

engraving, ukiran, lukisan

enhance, *to* ~ , menaikkan,
membesarkan

enjoin, *to* ~ , memerintahkan

enjoy, *to* ~ , menikmati; *to* ~
oneself, bersenang-senang

enjoyable, nikmat, sedap

enjoyment, kesukaan,
kenikmatan, kesedapan

enlarge, *to* ~ , membesarkan,
memperluas

enlargement, pembesaran,
pelebaran

enlighten, *to* ~ , menerangi

enlist, *to* ~ , mengerahkan, masuk
dinas tentara

enlistment, pengerahan,
pendaftaran, pemasukan dinas
tentara

enliven, *to ~* , menghidupkan, menggembirakan

enmity, permusuhan, perseteruan

enormous, amat besar, amat banyak

enough, cukup

enrage, *to ~* , menimbulkan kemarahan

enrich, *to ~* , memperkaya

enroll, *to ~* , mendaftarkan; mengikuti, memasuki dinas militer

ensign, panji, bendera; letnan muda

enslave, *to ~* , memperbudak

ensnare, *to ~* , menjerat

ensue, *to ~* , mengakibatkan

ensure, *to ~* , memastikan, menjamin

entanglement, kekusutan, kekacauan; kawat berduri

enter, *to ~* , masuk, memasuki, memasukkan

enterprise, pengusahaan, semangat berusaha, keberanian berusaha; ikhtiar, inisiatif

entertain, *to ~* , menjamu

entertainer, penjamu

entertainment, perjamuan; hiburan; permainan

enthrone, *to ~* , mengangkat menjadi raja/penguasa

enthusiasm, kegembiraan, gelora semangat, antusiasme

enthusiastic, gembira, bergairah, antusias

entice, *to ~* , membujuk

entire, seluruh, seantero

entitle, *to ~* , menggelari, menamai, menjuduli

entrails, isi perut

entrance, jalan masuk, pintu

entreat, *to ~* , memohonkan

entreaty, permohonan

entrench, *to ~* , membentengi

entrust, *to ~* , mempercayakan

entry, jalan masuk, pintu; pendaftaran; pembukuan; masukan, kata kepala, lema

enumerate, *to ~* , membilang, menghitung, menyebut

enumeration, bilangan, hitungan, jumlah

enunciate, *to ~* , mempermaklumkan, menyatakan, mengucapkan, melafalkan

envelop, *to ~* , menyalut, menyelubungi, menyampuli, mengamplopi

envelope, salut, salut surat, sampul surat, amplop, selubung

envious, cemburu, iri, dengki

environs, sekitar, keliling

envoy, utusan, pesuruh

envy, kedengkian; *to* ~ , dengki akan

epidemic, wabah

epilepsy, penyakit ayan, sawan

epilogue, pidato penutup

epistle, surat

epithet, nama, nama sindiran

epoch, masa, zaman, waktu

equal, sama, tara; *to* ~ , menyamai, menyamakan

equality, kesamaan

equalization, penyamaan

equalize, *to* ~ , menyamakan

equanimity, ketetapan hati

equation, persamaan

equator, khatulistiwa

equilateral, sama sisi

equilibrist, akrobat tambang

equilibrium, keseimbangan

equip, *to* ~ , melengkapi

equipment, perlengkapan

equitable, patut, adil

equity, keadilan

equivalent, sama harganya, sama nilainya

equivocal, mendua arti

era, tarikh, perhitungan tahun, masa, zaman, era

eradicate, *to* ~ , membantun, membasmi

eradication, pembantunan, pembasmian

erase, *to* ~ , menghapus

erasure, penghapusan

erect, *to* ~ , mendirikan, membangun

erection, pendirian, pembangunan

erode, *to* ~ , mengikis

erosion, kikisan, erosi

err, *to* ~ , sesat; khilaf, salah

errand, pesan, pesanan

error, kekhilafan, salah, kesalahan

erupt, *to* ~ , meletus

eruption, letusan

erysipelas, api luka

escape, *to* ~ , melarikan diri, menghindar, terlepas

escort, iringan; *to* ~ , mengiringi

especial, istimewa, spesial, khusus

especially, pada khususnya, khususnya

espionage, pelulukan, spionase

Esq., esquire, *Abdullah Esq.,* Yang Terhormat Tuan Abdullah

essay, percobaan; karangan; *to* ~ , mencoba

essence, hakikat, inti, sari, esensi

essential, hakiki, esensial

establish, *to* ~ , mendirikan,

mengadakan; menentukan,
menetapkan

establishment, pendirian,
penentuan, penetapan; para
pegawai, formasi

estate, pangkat, derajat, martabat;
kebun, perkebunan

esteem, hormat, kehormatan,
penghargaan; *to ~ ,*
menghormati, menghargai

estimate, taksiran, nilaian,
anggaran, penghargaan; *to ~ ,*
menaksir, menilai,
menganggarkan

estimation, taksiran, nilaian,
penghargaan; pendapat

estuary, muara, kuala

eternal, abadi, kekal

eternity, keabadian, kekekalan

ethical, etis

ethics, etika

etiquette, budi bahasa, tata cara

etui, sarung

eulogize, *to ~ ,* memuji

Europe, Eropa

European, ... Eropa, orang Eropa

evacuate, *to ~ ,* mengungsi;
mengungsikan

evacuation, pengungsian,
evakuasi

evacuee, pengungsi

evade, *to ~ ,* mengelakkan;

melarikan

evaluate, *to ~ ,* menilai

evaporate, *to ~ ,* menguap;
menguapkan

evasion, pengelakan

evasive, mengelak

eve, malam, pohon petang; *on the
~ of,* menjelang

even, rata, genap; bahkan; *~ now,*
baru saja

evening, petang, sore

evening dress, pakaian malam

event, peristiwa, kejadian,
perkara, hal

eventual, akhirnya terjadi

eventually, akhirnya

ever, pernah; selalu, senantiasa;
thank you ~ so much!, banyak
terima kasih!

everlasting, kekal, abadi

evermore, (untuk) selamanya

every, tiap-tiap, saban; *~ other
day,* selang sehari

everybody, tiap orang, semua
orang, masing-masing

everyday, tiap-tiap hari, sehari-
hari

everyone, tiap orang, semua
orang

everything, semua, semuanya

everywhere, di mana-mana

evidence, bukti; *to give ~ ,* naik

saksi; *to ~* , membuktikan, mempersaksikan

evident, nyata, terang

evil, jahat, kejahatan

evolution, evolusi

evolve, *to ~* , berkembang, ber-evolusi; memperkembangkan

ewe, domba betina

ewer, tempat air cuci muka

exact, tepat, betul, cermat, saksama, persis; *to ~* , menuntut, minta dengan keras, memeras

exaction, tuntutan; pemerasan

exactitude, exactness, ketepatan, kesaksamaan, ketelitian

exaggerate, *to ~* , melebih-lebihkan

exalt, *to ~* , mengagungkan, memuliakan, memuji

exaltation, pemuliaan

exalted, mulia, tinggi

examination, ujian, pemeriksaan

examine, *to ~* , menguji, memeriksa

examinee, yang diuji

examiner, penguji, pemeriksa

example, contoh, teladan; *for ~* , sebagai contoh, misalnya

exasperate, *to ~* , menjengkelkan, mengesalkan

exasperation, kejengkelan,

kekesalan

excavation, penggalian, legokan, ekskavasi

excavator, mesin gali

exceed, *to ~* , melebihi, melampaui

exceeding(ly), terlalu, terlampau

excel, *to ~* , mengalahkan, melebihi, mengungguli

excellency, *your ~* , yang mulia

excellent, bagus sekali, hebat

except, kecuali; *to ~* , mengecualikan; *~ing,* terkecuali

exception, kekecualian, pengecualian, eksepsi

exceptional, bukan main, luar biasa, istimewa, terkecuali

excerpt, kutipan, petikan ikhtisar; *to ~* , mengutip, memetik, mengikhtisarkan

excess, kelebihan; ekstra, ekses

excessive, mewah, luar biasa, berlebihan, lewat batas

exchange, pertukaran, penukaran, imbangan, kurs; alat pembayaran luar negeri; kantor telepon; *to ~* , menukarkan

exchequer, baitulmal, khazanah

excise, cukai

excite, *to ~* , merangsang, membangkitkan, menghasut

excitement, kegembiraan, keramaian, hasutan, perangsangan

exclaim, to ~ , berteriak, berseru

exclamation, teriak(an), seruan, penyeruan

exclude, to ~ , mengecualikan

exclusion, pengecualian

exclusive, eksklusif; hanya, melulu; ~ of, kecuali, tidak termasuk

excommunication, pengucilan, pembuangan

excursion, darmawisata, tamasya

excuse, maaf, permintaan maaf, ampun; dalih; to ~ , memaafkan, mengampuni

execute, to ~ , melakukan, melangsungkan, mengerjakan, melakukan hukuman, menjalankan keputusan

execution, pelaksanaan, pelaksanaan hukuman

executioner, algojo, pelebaya

executive, kekuasaan melakukan undang-undang; pemimpin (harian), eksekutif

exemplary, patut dicontoh

exempt, ~ from, bebas dari; to ~ , membebaskan

exemption, pembebasan

exercise, latihan, pelajaran; to ~ , melatih, melakukan

exercise book, buku tulis

exert, to ~ oneself, memeras diri, membanting tulang, bertekun

exertion, usaha membanting tulang, kesibukan, ketekunan

exhalation, napas yang keluar

exhale, to ~ , mengeluarkan napas

exhaust, to ~ , menyedot; menyelesaikan sampai tuntas; menguras tenaga, membuat orang kepayahan

exhaustion, kepayahan

exhibit, to ~ , mempertunjukkan, memperlihatkan

exhibition, pertunjukan, pameran

exhilarate, to ~ , menyenangkan hati

exhilaration, kesukaan

exhort, to ~ , membesar-besarkan hati, menasihati; menyemangati

exhortation, nasihat, semangat

exigency, kemendesakan, kebutuhan, kesusahan

exile, buangan; pembuangan; to ~ , membuang

exist, to ~ , ada

existence, adanya, eksistensi

exit, jalan keluar, tempat keluar; kepergian

exodus, kepergian, eksodus

exonerate, *to ~* , melepaskan beban dari, membebaskan

exorbitant, melampaui batas, kelewatan

exorcise, *to ~* , menyumpahserapahi

exotic, dari negeri asing, garib, eksotik

expand, *to ~* , memperluas; memuai, menghampar

expanse, bentangan; *the ~ of heaven,* angkasa

expansible, dapat memuai, dapat diperluas

expansion, peluasan, perluasan, pemuaian

expatiate, *to ~* , berkata/menulis dengan panjang lebar

expect, *to ~* , mengharapkan, menantikan

expectancy, pengharapan

expectant, menunggu, penuh pengharapan; hamil

expectation, harapan, pengharapan

expedient, jalan keluar; layak, patut, berguna, bermanfaat

expedite, *to ~* , mempercepat, menyegerakan, menyelesaikan dengan segera

expedition, ekspedisi

expeditious, segera, cepat; tepat guna

expel, *to ~* , membuang; menghalau; mengenyahkan

expend, *to ~* , mengeluarkan uang, membelanjakan, memakai

expense, belanja, biaya, ongkos

expensive, mahal

experience, pengalaman; *to ~* , mengalami; *~ed,* berpengalaman

experiment, eksperimen, percobaan; *to ~* , mengadakan percobaan

experimental, bersifat percobaan

experimentation, percobaan

expert, ahli, pakar; cakap, pandai

expiration, embusan napas; ajal; kedaluwarsa; waktu jatuh tempo

explain, *to ~* , menerangkan, menyatakan, menjelaskan

explainable, dapat diterangkan, dapat dinyatakan, dapat dijelaskan

explanation, keterangan, penjelasan

explanatory, bersifat menerangkan, menjelaskan

explicit, tegas, eksplisit

explode, *to ~* , meletus, meledak,

meletup

exploit, *to* ~ , pekerjaan; perbuatan kepahlawanan; *to* ~ , mengeksploitasi

exploitation, pengusahaan, pemanfaatan, eksploitasi

exploration, penjelajahan, penyelidikan, pemeriksaan, eksplorasi

explore, *to* ~ , menjelajah, menyelidiki, memeriksa

explorer, penjelajah, penyelidik, pemeriksa

explosion, letusan, ledakan, letupan; peletusan, peledakan

explosive, bahan peledak; dapat meledak; lekas marah

export, ekspor; *to* ~ , mengekspor

exportation, pengeksporan

exporter, eksportir, pengekspor

expose, *to* ~ , mempertunjukkan, memamerkan; mencahayai

exposure, pertunjukan; pencahayaan

expound, *to* ~ , menerangkan

express, cepat, kilat, ekspres; tegas; *to* ~ , mengucapkan, mengungkapkan, menyatakan, mengutarakan

expression, ucapan; raut muka; peribahasa; pengungkapan

expropriate, *to* ~ , mengambil, merampas

expropriation, pengambilan, perampasan

exquisite, pilihan, sempurna, indah sekali

extant, masih ada

extend, *to* ~ , merentangkan, membentangkan; memperluas; memperpanjang

extension, bentangan, perluasan, perpanjangan

extensive, terentang, terbentang, luas, ekstensif, panjang lebar

extensively, secara besar-besaran, secara panjang lebar

extent, luas cakupan, derajat, tingkat; *to the* ~ *of*, sampai, seluas, sederajat, setingkat

extenuate, *to* ~ , melembutkan, meringankan

exterior, luar, luarnya

exterminate, *to* ~ , membasmi, memusnahkan

extermination, pembasmian, pemusnahan

external, luar, di luar

extinct, padam; hilang, punah

extinction, pemadaman; kepunahan

extinguish, *to* ~ , memadamkan

extinguisher, pemadam api

extol, *to* ~ , memuji

extort, *to ~ ,* merampas, memeras

extortion, pemerasan

extra, ekstra

extract, ekstrak, petikan, ringkasan; *to ~ ,* mencabut; meringkas; menyadap

extraction, pencabutan; peringkasan; penyadapan

extradite, *to ~ ,* menyerahkan kembali

extradition, penyerahan kembali, ekstradiksi

extraordinary, luar biasa, istimewa

extravagant, boros

extreme, kelewat batas, ekstrem

extremely, terlalu, sangat, teramat, ... sekali

extremity, ujung, pucuk; *extremities,* anggota badan

extricate, *to ~ ,* melepaskan, membebaskan, menguraikan

exuberance, kelimpahan; kesuburan; keriangan

exuberant, berlimpah ruah; subur; riang gembira

exult, *to ~ ,* bergembira, bersorak-sorak

exultant, bersorak-sorak, bergembira

exultation, sorak sorai

eye, mata

eyeball, bola mata

eyebrow, kening, alis

eyelash, bulu mata

eyelid, pelupuk mata, kelopak mata

eyesight, penglihatan

eyewitness, saksi mata

F

fable, fabel, kisah margasatwa

fabric, susunan, struktur; kain tenunan

fabricate, *to ~ ,* membuat, membikin

fabrication, pembuatan, pembikinan

fabricator, pembuat, pembikin

fabulous, hebat, menakjubkan, luar biasa sifatnya

facade, façade, muka rumah

face, muka, paras, wajah, durja; ~ *to ~ ,* tatap muka; *to ~ ,* menghadapi

face value, harga nominal, harga tetapan

facilitate, *to ~ ,* mempermudah, meringankan

facility, kemudahan, keringanan, kelonggaran

fact, fakta, kenyataan; *in ~ ,* sesungguhnya

factitious, buatan, tiruan

factor, faktor

factory, pabrik

faculty, daya, kemampuan; fakultas

fad, mode, iseng

fade, *to ~ ,* layu, luntur

fail, *to ~ ,* gagal; tidak jadi; jatuh; tidak lulus; *without ~ ,* pasti

failure, kegagalan

faint, pingsan; lemah; suram; kecil hati; *to ~ ,* pingsan, jatuh pingsan

fainthearted, cabar hati

fair, cantik, elok; adil; jujur; pekan raya, pasar malam, pasar gambir; *~ trade,* pekan raya tahunan

fairly, agak; dengan adil

fair-spoken, manis mulut, dengan tegur sapa

fairy, peri

fairy tale, cerita peri

faith, iman; kepercayaan; *(in) ~ ,* sungguh mati; *in good ~ ,* dengan itikat baik, dengan hati jujur

faithful, beriman, setia

faithfully, *yours ~ ,* hormat kami

faithless, tak setia; tak beriman, kafir

fake, tipu daya; tipuan, penipuan, tiruan; *to ~ ,* menirukan, memalsukan

falcon, burung elang

fall, kejatuhan, keruntuhan, keguguran; jeram, air terjun; musim gugur, musim rontok; *to ~ ,* jatuh, runtuh, gugur; *to ~ ill,* jatuh sakit

fallacious, keliru, sesat, menyesatkan

fallible, dapat bersalah

fallow, tandus, kosong

false, palsu, lancung; bohong; durhaka

falsehood, kepalsuan, dusta

falsification, pemalsuan

falsify, *to ~ ,* memalsukan

falter, *to ~ ,* terhuyung-huyung, tersaruk-saruk; menggagap

fame, nama harum; ketenaran; kemegahan

famed, tenar, kenamaan, termasyhur, ternama, tersohor, harum namanya

fan, kipas; penggemar; *to ~,* mengipasi, mengembusi; membesarkan semangat

fanatic, fanatik

fanaticism, kefanatikan

fancier, penggemar; pemelihara satwa

fancy, fantasi; khayal; bayangan, angan-angan; *to ~ ,* menyangka, mengkhayalkan, membayangkan, mengangan-angankan

fancy fair, pasar derma, pasar amal

fancy price, harga yang amat mahal

fang, taring

fantastic, fantastis, ajaib, tak masuk akal

far, jauh; *as ~ as,* sejauh, sepanjang; *so ~ ,* sejauh ini, hingga kini

farce, lelucon

farcical, lucu

fare, tarif; uang tambangan; makanan

farewell, selamat tinggal; perpisahan

farm, tanah pertanian

farmer, petani; peladang

farming, pertanian

farrier, dokter kuda; tukang ladam

farsighted, berpandangan jauh

farther, lebih jauh

farthermost, jauh sekali, terjauh

farthest, terjauh; *at the ~ ,* paling jauh

farthing, seperempat *penny* (mata uang Inggris)

fascinate, *to ~ ,* memesonakan, menarik hati; *~ed,* terpesona

fascination, pesona

fascist, fasis

fashion, mode, cara, laku, ragam; potongan; adat

fast, puasa; cepat, laju; kukuh; *~ friends,* sobat kental; *~ train,* kereta api cepat

fast, *to ~ ,* berpuasa

fasten, *to ~ ,* mengikatkan, menambatkan

fastidious, membosankan, menjemukan, rewel

fat, gemuk, tambun; lemak

fatal, fatal, mematikan

fatality, malapetaka

fate, nasib

father, bapa(k), ayah

father-in-law, mertua lelaki

fatherly, kebapaan

fathom, depa; *to ~ ,* menduga

fathomless, tak terduga

fatigue, kelelahan, kepayahan,

kecapekan; *to ~ ,* melelahkan, memayahkan, mencapekkan

fatten, *to ~ ,* menggemukkan, membuat gemuk, menambunkan

fatty, gemuk, lemak; si gendut

fatuity, kegilaan, kedunguan, kebebalan

fatuous, gila, dungu, bebal

fault, kesalahan, kekhilafan; cacat cela

faultless, tanpa kesalahan, tanpa cacat cela, sempurna

faulty, bersalah, bercacat

favor, karunia, anugerah; ampun; *in ~ of,* untuk keuntungan; *to be in ~ of,* berkenan kepada; *to ~ ,* mengaruniakan, menganugerahi, mendahulukan

favorable, baik, menguntungkan

favorite, kesukaan, kegemaran, favorit; kekasih

fear, ketakutan; *to ~ ,* takut akan

fearful, menakutkan, dahsyat; *~ of,* takut akan

fearless, tidak takut, tanpa takut, berani

feast, pesta, perjamuan, keramaian; *to ~ ,* berpesta

feat, prestasi; perbuatan besar; kesanggupan

feather, bulu; *~ed,* berbulu

feature, wajah, raut muka, paras; film utama; *to ~ ,* mempertunjukkan, memperlihatkan

February, Februari

fed, *~ up,* bosan

federal, federal, berserikat

federalism, federalisme, serba serikat

federation, federasi, perserikatan

fee, upah, gaji, pembayaran; uang karcis

feeble, lemah

feed, *to ~ ,* memberi makan, menyuapi; *to ~ on,* makan, hidup dengan

feel, *to ~ ,* berasa, merasa; meraba

feeler, sungut; peraba; penjajak

feeling, perasaan

feet, kaki

feign, *to ~ ,* pura-pura, berpura-pura

feint, perbuatan pura-pura

felicity, kebahagiaan

fell, *to ~ ,* menebang

fellow, sahabat, sobat, kawan, jodoh; anggota; *~ worker,* teman sekerja

fellowship, persahabatan, persaudaraan, pergaulan, keanggotaan; beasiswa

felly, pelek

felon, orang jahat, penjahat; jahat

felony, kejahatan, kesalahan besar

felt, bulu kempa

female, perempuan, wanita; betina

feminine, feminin; kewanita-wanitaan; yang berkaitan dengan kewanitaan

fen, paya, rawa

fence, pagar; *to ~* , memagari, bermain anggar; pemain anggar

fencer, pendekar, pemain anggar

fend, *to ~* , mempertahankan

fennel, adas

ferment, peram; *to ~* , memeram

fermentation, fermentasi, pemeraman

fern, paku, paku resam

ferocious, ganas, buas

ferocity, keganasan, kebuasan

ferry, tambangan, feri; *to ~* , menambangkan, menyeberangkan

ferryboat, perahu tambang

ferryman, penambang

fertile, subur, peridi

fertility, kesuburan, keperidian

fervent, bersemangat, bernafsu, bergairah

fervor, semangat, nafsu, gairah, kegairahan

fester, *to ~* , bernanah

festival, pesta, perayaan, hari raya, festival

festivity, pesta, perayaan, keramaian

fetch, *to ~* , menjemput, mengambilkan, menghasilkan (uang)

fetid, berbau, busuk

fetter, belenggu; *to ~* , membelenggu

feud, permusuhan, perseteruan

feudal, feodal

fever, demam

feverish, (merasa) demam

few, *a ~* , sedikit, beberapa

fiancé, tunangan

fiber, serabut

fibrous, berserabut

fiction, fiksi, angan-angan

fictitious, dibuat-buat, pura-pura, fiktif

fiddle, biola

fiddler, pemain biola

fiddlestick, penggesek biola; *~s!,* omong kosong

fidelity, kesetiaan

fidget, kegelisahan; *to ~* , menjadi gelisah

fidgety, gelisah

field, padang, medan, daerah, bidang

field marshal, panglima besar, panglima tertinggi

fiend, hantu jahat, setan, iblis

fiendish, seperti setan

fierce, buas, galak, ganas

fiery, berapi-api

fifteen, lima belas

fifteenth, kelima belas; perlima belas

fifth, kelima; perlima

fiftieth, kelima puluh; perlima puluh

fifty, lima puluh

fig, buah ara; *I don't care a ~!,* saya tak peduli sedikit pun

fight, perkelahian, pertempuran, perjuangan; sabung; *to ~ ,* berkelahi, bertempur, berperang; menyabung

fighter, pejuang; pesawat terbang pemburu

figurative, kiasan

figure, rupa; lukisan; angka; harga; *to ~ ,* menghitung; membayangkan; *to ~ out,* memperhitungkan, memahami

filch, *to ~ ,* mencuri sedikit demi sedikit

file, kikir; baris, saf; *~s,* arsip; *to ~ ,* mengikir; menusuk, mengguntai, menyimpan; *to ~ for bankruptcy,* mohon agar seseorang dinyatakan pailit

filial, kekanak-kanakan

filings, kikiran, serbuk besi

fill, *to ~ ,* mengisi, mengisikan, menempati, memenuhi; *~ed with,* penuh dengan, berisi

filly, anak kuda betina

film, selaput; film; gambar hidup

filmy, berselaput

filter, saringan, penapis, filter; *to ~ ,* menyaring, menapis

filter paper, kertas saring, kertas tapis

filthy, kotor, carut

filtrate, (air) saringan, (air) tapisan

fin, sirip

final, final, penghabisan, terakhir

finally, akhirnya

finance, keuangan; *to ~ ,* membiayai, mengongkosi, memodali

financial, ... keuangan

financier, pemodal

find, *to ~ ,* menemukan, menjumpai, mencari

fine, denda; bagus, elok, baik; halus; *to ~ ,* mendenda

finery, hiasan, perhiasan

finger, jari; *index ~ ,* telunjuk; *little ~ ,* kelingking; *middle ~ ,* jari tengah; *ring ~ ,* jari manis

finger bowl, tempat cuci tangan, kobokan

fingerprint, bekas jari

finish, penghabisan, akhir; penyelesaian; *to ~* , mengakhiri, menyelesaikan, menghabiskan; menghentikan; berhenti

Finland, Finlandia

fire, api; kebakaran; *on ~* , kebakaran; *to ~* , melepaskan tembakan; menyemangati; *to set ~ to,* membakar, menunukan.

firearm, senjata api

fire bomb, bom pembakar

fire brigade, pasukan pemadam kebakaran

fire department, pasukan pemadam kebakaran

fire engine, pompa pemadam kebakaran

fire extinguisher, alat pemadam kebakaran

firefly, kunang-kunang

fire insurance, asuransi kebakaran

fireman, pemadam kebakaran

fireproof, tahan api

fireworks, petasan, mercon, bunga api

firm, firma, perseroan niaga, kongsi; tetap, pasti, tabah hati

firmament, angkasa, langit

first, pertama; *at ~* , mula-mula, semula; *from ~ to last,* dari awal sampai akhir

firstborn, sulung

firstly, pertama

first-rate, terbaik, nomor satu

firth, muara

fish, ikan; *to ~* , menangkap ikan

fishbone, tulang ikan

fisherman, penangkap ikan

fishery, perikanan

fishing boat, perahu nelayan

fishing rod, joran, juaran

fishmonger, penjual ikan, tukang ikan

fishy, banyak ikannya; anyir, amis; mencurigakan

fissure, celah

fist, tinju; kepalan tangan

fit, layak, patut; segar; *to ~* , mengenakan, bersesuaian

fitful, tidak beraturan, tidak tetap, tidak tentu

fitter, montir, tukang pas

five, lima

fix, *to ~* , menetapkan, menambatkan, memasang; *to ~ up,* menguruskan

fixation, penetapan, pemasangan; fiksasi

fixed, tetap, tertentu; ~ *price*, harga pas, harga mati

fizzle, *to* ~ , berdesar, mendesar

flabby, lembik

flag, bendera

flagstaff, tiang bendera

flagstone, ubin

flake, serpih, lapis, keping

flame, nyala api; *to* ~ , bernyala, menyala

flank, sisi, rusuk

flannel, kain panas, flanel

flap, tutup, penutup

flapper, gadis, perawan

flare, lidah api, nyala api; *to* ~ , bernyala, menyala; *to ~ up*, bangkit marahnya; menjulang

flash, cahaya, kilau, kilap; *a ~ of lightning*, halilintar, mata petir; *in a ~* , dalam sekejap mata; *to ~* , berkilat-kilat

flashlight, senter

flask, botol, labu

flat, rata, datar; ~ *tire*, ban kempis

flatiron, setrika

flatten, *to* ~ , meratakan, mendatarkan

flatter, *to* ~ , membujuk, merayu, meleceh

flatterer, pembujuk, perayu, peleceh

flattery, bujukan, rayuan, lecehan

flavor, rasa; *chicken* ~ , rasa ayam

flaw, cacat, cela, kekurangan, ketidaksempurnaan

flax, rami

flaxen, terbuat dari rami; perang

flay, *to* ~ , menguliti; mengecam dengan pedas

flea, kutu (anjing, kucing dsb)

flee, *to* ~ , lari melepaskan diri

fleece, kulit domba

fleet, angkatan laut, armada; cepat, laju, tangkas

fleeting, sepintas lalu; fana

flesh, daging

fleshy, berdaging, gemuk, tambun

flexible, lentuk, lembut; menurut; fleksibel

flick, jentikan; *to* ~ , menjentik

flicker, *to* ~ , berkilau-kilau

flight, terbang(nya), penerbangan; kawanan, kelompok; larinya; ~ *of stairs*, tangga

flight deck, geladak pesawat terbang

flighty, gila, banyak tingkah; kepala angin

flimsy, halus; tidak teguh

flinch, *to* ~ , bimbang, beragu-ragu, mundur

fling, *to ~* , melemparkan, mencampakkan

flint, batu api

flippant, bocor mulut, sembrono

flirt, main mata; *to ~* , bercumbu-cumbuan

flit, *to ~* , melayang, terbang

float, rakit, pelampung; *to ~* , mengapung-apung, terapung-apung, melampung

flock, kawanan, gerombolan, kumpulan; *to ~ together* , berkumpul, berhimpun

flog, *to ~* , memukuli, melabrak

flood, air pasang, air bah

floodgate, pintu air bah

floor, lantai; tingkat

floor plan, peta dasar

floor tile, ubin, jubin, tegel

flop, lebak, lepak, lebap; *to ~* , gagal

floral, ... bunga

florid, berbunga-bunga

florist, penjual bunga

flounder, *to ~* , menggelepar; menggeragau

flour, tepung, tepung terigu

flourish, *to ~* , mekar, tumbuh subur; melambai-lambaikan

flow, aliran; *to ~* , mengalir

flower, bunga, kembang; *~ed,* berbunga

flowerpot, pot bunga

flowery, berbunga-bunga

flu, demam pilek, flu

fluctuate, *to ~* , naik turun, bergelombang

fluctuation, naik turunnya, gejolak, fluktuasi

flue, pipa api, corong asap

fluency, kelancaran, kefasihan

fluent, lancar, fasih

fluff, bulu, bulu kain

fluid, zat cair; leleh, cair

fluke, untung

flurry, *to ~* , membuat orang ragu-ragu, membingungkan

flush, *to ~* , berpancar; berseri muka; memerah

flute, suling; pelipatan, gelugur

flutter, *to ~* , mengirap; berkibar-kibar; gelepar

fly, lalat

fly, *to ~* , terbang, lari; berkibar-kibar; mengibarkan; *to ~ into a rage,* naik darah; *to ~ a kite,* menaikkan layang-layang

flyer, pelari, pengungsi; selebaran

flying boat, kapal terbang air

flywheel, roda gila

foal, anak kuda

foam, buih, busa; *to ~* , berbuih, berbusa

focus, titik api, pusat, fokus; *to* ~ , memfokuskan, memusatkan

fodder, makanan ternak

foe, musuh, seteru

fog, kabut

foggy, berkabut; kelam kabut

foil, *to* ~ , menggagalkan, menghalangi

fold, lipatan; *to* ~ , melipat

folding chair, kursi lipat

folk, orang

follow, *to* ~ , mengikuti, menuruti

follower, pengikut, pengekor

folly, kebodohan, ketololan, perbuatan bodoh

fond, suka, berahi, berkasih-kasihan; ~ *of,* suka akan, berahi akan, gila akan

fondle, *to* ~ , membelai, mengusap-usap

fondness, kasih sayang, keberahian

food, makanan, santapan

foodstuff, bahan makanan

fool, orang gila, orang bodoh; *to make a* ~ *of,* memperolok-olokkan

foolery, kebodohan

foolhardy, berani, dakar

foolish, gila, bodoh

foot, kaki; pasukan jalan

football, bola sepak, sepak bola

footballer, pemain sepak bola

foot brake, rem kaki

foothold, tempat tumpuan

footing, *on equal* ~ , sederajat

footman, pelayan istana

footpath, jalan kecil

footprint, bekas kaki

footstool, tumpuan kaki, ganjal kaki

footwear, sepatu, kasut

fop, pesolek, orang antun

foppish, solek, antun, berantun

for, bagi, untuk; karena, sebab; selama; akan; ~ *all I know,* setahuku; ~ *hours,* berjam-jam

forage, makanan ternak

forbear, *to* ~ , menahan diri dari; bersabar

forbearance, kesabaran

forbearing, sabar

forbid, *to* ~ , melarang

forbidden, terlarang, pantang, pemali

force, kekuatan; *by* ~ , dengan kekerasan, dengan paksa; *to* ~ , memaksa, mengerasi; *armed* ~*s,* pasukan, tentara, angkatan bersenjata

forcedly, terpaksa

forcible, dengan paksa

ford, arung-arungan; *to* ~ ,

mengarungi

fore, hadapan, muka

forebear, leluhur, nenek moyang

foreboding, alamat, pertanda

forecast, ramalan; *weather ~ ,* ramalan cuaca; *to ~ ,* meramalkan, menujumkan

forefather, nenek moyang, leluhur

forefinger, telunjuk

forefront, muka rumah, haluan

foregoing, yang ada di depan

foregone, tertentu, dapat dilihat sejak awal

forehead, dahi

foreign, asing, luar negeri

foreigner, orang asing

foreman, mandor, tandil

foremost, terutama

forenoon, pagi hari

forest, hutan

forestall, *to ~ ,* mendahului

forester, ahli kehutanan

forestry, kehutanan

foretell, *to ~ ,* meramalkan, menenung

forge, *to ~ ,* menempa; meniru, memalsu

forger, penempa; pemalsu

forgery, pemalsuan, tiruan

forget, *to ~ ,* lupa, melupakan

forgetful, pelupa, lupa-lupaan

forgive, *to ~ ,* mengampuni, memaafkan

forgiveness, ampun, pengampunan

forgiving, pengampun

fork, garpu; cabang; *to ~ ,* bercabang

forlorn, putus asa; ketinggalan

form, bentuk, rupa, bangun; formulir, daftar isian; bangku; kelas; pangkat; *to ~ ,* merupakan, membentuk, menyusun

formal, formal, formil; beradat; resmi

formality, syarat, aturan; formalitas

formation, pembentukan, penyusunan; formasi

former, dahulu, bekas, lama

formerly, dahulu kala

formidable, hebat, dahsyat

formula, rumus, formula

formulate, *to ~ ,* merumuskan

forsake, *to ~ ,* meninggalkan

forswear, *to ~ oneself,* makan sumpah, bersumpah bohong

fort, benteng

forth, *and so ~ ,* dan seterusnya

forthcoming, yang akan datang, mendatang

forthright, terus terang, blak-

blakan, bertalaran
forthwith, serta merta, pada saat itu juga
fortieth, keempat puluh; perempat puluh
fortification, benteng, kubu
fortify, *to ~ ,* membentengi, memperkuat
fortitude, ketabahan, kekuatan
fortnight, dua minggu
fortnightly, tiap dua minggu
fortress, benteng; *flying ~ ,* benteng udara
fortuitous, kebetulan
fortunate, beruntung
fortune, untung, nasib
fortuneteller, tukang tenung, penenung, peramal
forty, empat puluh
forward, ke muka, ke hadapan, ke depan, maju; cergas; *from this day ~ ,* mulai hari ini; *to ~ ,* memajukan; mengirimkan
forwarding, kemajuan; pengiriman, ekspedisi; *~ agent,* agen pengiriman barang, ekspeditur
fossil, fosil
foster, *to ~ ,* memeliharakan, mendidik; memajukan
foster brother, saudara angkat
foster child, anak angkat
foster father, bapa(k) angkat
foster mother, ibu angkat
foul, kotor, najis, busuk, berselekeh; jahat; *to ~ ,* mengotori, menyelekeh
found, *to ~ ,* mendirikan; mendasari
foundation, pendirian, alas; yayasan; harta persediaan dana
founder, pendiri; *to ~ ,* tenggelam, karam; gagal
foundling, anak pungut
fountain, pancaran air, air mancur
fountain pen, vulpen
four, empat
fourteen, empat belas
fourteenth, keempat belas; perempat belas
fourth, keempat; perempat
fowl, unggas, ayam
fox, rubah
fraction, pecahan; bahagian
fracture, keretakan, patah; *to ~ ,* mematahkan, meretakkan
fragile, mudah pecah; mubut; lemah
fragment, potong, kerat, keping
fragrant, harum, wangi
frail, lemah, daif, rapuh
frailness, kelemahan, kerapuhan
frame, rangka, kerangka;

pembidangan; bingkai; tubuh, badan; to ~ , membentuk, menyusun, membingkai

France, Perancis

franchise, hak kelola; pembebasan; hak memilih

frank, tulus, mustakim

frantic, gila

fraternity, persaudaraan

fraud, tipu, penipuan, penipu

fraudulent, tak dapat dipercaya

fray, perkelahian, perbantahan; ~ed, compang-camping

freak, tingkah

freakish, bertingkah

freckle, bercah-bercah, bintic-bintic

free, bebas, terlepas, merdeka, sukarela; cuma-cuma, gratis; to ~ , membebaskan, melepaskan; memerdekakan

freebooter, perompak

freedom, kemerdekaan, kebebasan

freehanded, murah, murah tangan, royal

free-spoken, terus terang, tidak takut

free trade, perdagangan bebas

freeze, to ~ , membeku; membekukan

freight, muatan; to ~ , memuati,

memuatkan

freighter, kapal muatan

French, ... Perancis

Frenchman, orang Perancis

frenzied, gila

frenzy, kegilaan

frequent, berulang kali; to ~ , kerap kali mengunjungi

frequently, kerap kali

fresh, baru; segar; sejuk; bersih

freshly, baru; baru-baru, baru tadi

freshwater, air tawar

fret, rewel, mengusik; to ~ , merangsang

fretfulness, kerewelan

friar, rahib, biarawan

friction, gesekan; perselisihan

Friday, Jumat

fried, goreng

friend, kawan, sahabat, sobat

friendly, ramah, manis, bersahabat

friendship, persahabatan

fright, ketakutan

frighten, to ~ , menakut-nakuti, menakutkan

frightful, hebat, menakutkan

frigid, dingin

frisk, to ~ , melompat-lompat

frivolous, sembrono

friz, to ~ , mengeriting

frock, pakaian rahib; pakaian

perempuan

frog, kodok

frolic, bersenda gurau

from, dari

front, muka; bagian muka; hadapan; *in ~ of,* di depan, di muka

frontage, hadap; muka rumah, hadap rumah

front door, pintu depan

frontier, tapal batas

frostbitten, beku, luka kedinginan

froth, busa, buih; *to ~ ,* berbusa, berbuih

frown, *to ~ ,* mengernyit, bersut

frugal, bersahaja

fruit, buah, buah-buahan

fruiterer, penjual buah

fruitful, berbuah, menghasilkan buah

fruitless, tak berbuah, percuma, sia-sia

fruit tree, pohon buah

frustrate, *to ~ ,* menggagalkan; mengecewakan, menimbulkan frustrasi

frustration, kekecewaan, frustrasi

fry, *to ~ ,* menggoreng

frying pan, penggorengan; *out of the ~ into the fire,* lepas dari

mulut harimau, jatuh ke mulut buaya; sudah jatuh ketimpa tangga

fuel, bahan bakar

fugitive, pelarian

fulfill, *to ~ ,* memenuhi

full, penuh; lengkap, purnama

full-blooded, totok

full-grown, akil balik, dewasa

fulminate, *to ~ ,* meletus, meledak; galak

fumble, *to ~ ,* meraba-raba, salah tangkap

fume, asap, uap; *to ~ ,* berasap, beruap; mengasapi, menguapi

fun, lelucon, senda gurau; *to make ~ of,* memperolok-olokkan

function, jabatan, tugas, fungsi; *to ~ ,* berfungsi, berjalan, bekerja

functionary, pejabat, pekerja, pegawai

fund, persediaan uang, dana; *~s,* modal

fundamental, dasar, asasi, fundamental; *~s,* dasar-dasar

funeral, penguburan, pemakaman

fungus, jamur, cendawan

funk, penakut, pengecut

funnel, corong, teropong

funny, lucu, jenaka

furbish, to ~ , mengupam, menggosok

furious, marah sekali, geram

furl, to ~ , menggulung, melipat

furlough, perlop, cuti, liburan

furnace, dapur, tempat peleburan

furnish, to ~ , mengadakan; melengkapi; memperalati

furniture, perabot rumah, perkakas rumah, mebel

furrow, alur

further, lebih jauh; lebih lanjut

furthermore, tambahan lagi

furthermost, jauh lagi

furtive, mencuri-curi, diam-diam

fury, kemarahan, berang, mata gelap

fuse, sumbu, sekering; to ~ , melebur, membaur, menyatu

fusion, peleburan, fusi, gabungan

fuss, kegaduhan, keonaran, kekacauan; to ~ , membuat gaduh, membuat onar, rewel

fusty, apak, apek

futile, sia-sia, percuma, tak berguna

futility, kesia-siaan, kepercumaan

future, yang akan datang, mendatang, bakal; in the ~ , di masa mendatang

G

gab, repetan, leteran; to ~ , merepet, meleter

gad, to ~ about, melancong

gadget, daya, tipu daya, akal; alat kecil

gag, sumbat mulut; dusta, tipu; to ~ , menyumbat mulut; memperdayakan, mengakali

gage, petaruh, jaminan

gaiety, kegirangan, keramaian

gain, keuntungan; to ~ , memperoleh, mendapat, mencapai

gain, laba, untung

gainsay, to ~ , menyangkal

gait, gaya jalan

gale, angin ribut

gall, empedu; luka lecet

gallant, berani, gagah, perkasa

gallantry, keberanian, kegagahan, keperkasaan

gallery, serambi; galeri

galley, dapur; jenis kapal kuno

gallon, galon, 4.54 liter

gallop, *to ~ ,* mencongklang, lari congklang

gallows, tiang gantung

galore, kelimpahan, kemewahan

gamble, judi; *to ~ ,* main judi

gambler, penjudi

game, permainan; satwa buruan; *to have a ~ of,* main ...

gamecock, ayam sabung, ayam jalak

gamester, penjudi

gaming house, rumah judi

gander, angsa jantan

gang, kawanan, ketumbukan, pasukan, geng

gangster, pengacau, penjahat, perampok, garong

gangway, leper-leper

gaol, penjara

gaoler, penjaga penjara

gap, lubang, celah, jurang pemisah

gape, *to ~ ,* menganga; *to ~ at,* memandang dengan mulut terbuka

garage, garasi

garb, pakaian

garden, kebun, taman

gardener, tukang kebun, pekebun

gargle, *to ~ ,* berkumur

garland, karangan bunga

garlic, bawang putih

garment, pakaian

garnish, *to~ ,* menghiasi

garnishment, perhiasan

garrison, garnisun; *to ~ ,* mengasramakan, menduduki

garrulous, panjang lidah, banyak mulut, gelatak

garter, pengikat kaus

gas, gas, bensin; *~ bill,* rekening gas; *~ burner,* kompor gas; *~ cooker,* kompor gas; *~ fitter,* tukang gas; *~ mask,* kedok gas; *~ meter,* meter gas

gash, kerat, penggal

gasoline, minyak gas, bensin

gasp, embusan napas; *to be at the last ~ ,* hampir-hampir mati

gasper, sigaret

gasworks, pabrik gas

gate, pintu, pintu gerbang

gather, *to ~ ,* mengumpulkan; memetik; berkumpul, berhimpun, berkampung

gaudy, terlalu mencolok

gauge, ukuran, kadar; lebar; *to ~ ,* mengukur, menduga

gaunt, kurus

gauze, kasa

gay, suka hati, suka cita, ramai, meriah, berwarna-warni

gaze, *to ~ ,* menatap

gazette, surat berita negara, lembaran berita negara

gear, perkakas, perabot, persneling

gee!, tobat!

geese, angsa

gelatin, agar-agar, gel

gem, permata, manikam

gender, jenis kelamin

general, umum; jenderal; *in ~*, pada umumnya

generalization, generalisasi, penyamarataan

generalize, *to ~*, menggeneralisasikan, menyamaratakan

generally, biasanya, kerap kali

generate, *to ~*, menghasilkan, membangkitkan; *generating station*, pusat tenaga listrik

generation, generasi, angkatan; pembangkitan; keturunan

generosity, kemurahan hati, kedermawanan

generous, murah hati, dermawan

genial, ramah tamah

genitive, genitif

genius, jenius, kecerdasan; orang jenius; bakat

gentle, lembut, sepoi-sepoi, lemah lembut, berbudi bahasa

gentlefolk(s), orang baik-baik

gentleman, tuan, orang berbudi

gentlemanly, berbudi bahasa

gently, perlahan-lahan, lemah lembut

gentry, orang-orang mulia

genuine, sejati, tulen

genus, jenis kelamin

geographer, ahli geografi, ahli ilmu bumi

geographic(al), geografis

geography, geografi, ilmu bumi

geologist, ahli kebumian

geometry, geometri

germ, kecambah

German, orang Jerman; ... German

Germany, Jerman

germinate, *to ~*, berkecambah

gesture, isyarat, gerak-gerik tangan

get, *~ out!*, keluar!; *to ~ away*, pergi, lari, menarik langkah seribu; *to ~*, mendapat, memperoleh; mengerti; *to ~ around*, pulih, sembuh; *to ~ ill*, jatuh sakit; *to ~ on*, maju; *to ~ out*, ketahuan, nyata; keluar, turun; *to ~ up*, bangun

ghastly, pucat lesi; ngeri

gherkin, mentimun katai

ghost, hantu

GI, *government issue*, serdadu

Amerika

giant, raksasa

gibe, *to ~ ,* menyindir, mencerca

giddy, pusing kepala, pening

gift, pemberian, hadiah, derma

gigantic, besar sekali

giggle, kikikan; *to ~ ,* tertawa terkikik-kikik

gild, *to ~ ,* menyadur mas; menghiasi

gill, insang

gillyflower, anyelir

gilt, sepuh

gin, sopi

ginger, jahe

gipsy, orang jipsi

giraffe, zarafah

gird, *to ~ ,* menyandang, mengikat; mengelilingi, mengepung

girdle, ikat pinggang

girl, anak perempuan, gadis, anak perawan

girlhood, masa gadis, masa perawan

girlish, kegadis-gadisan

gist, sari pati

give, *to ~ ,* memberi, mengasih; *to ~ away,* membuka rahasia; *to ~ birth,* beranak, bersalin; *to ~ over,* menyerahkan; *to ~ up,* menyerah

glacier, gletser

glad, gembira, senang, riang, suka hati, suka cita

gladden, *to ~ ,* menggembirakan, menyenangkan

gladly, dengan suka hati

gladness, kegirangan, suka cita

glamour, pesona

glance, kejap; *at a ~ ,* dalam sekejap mata; *to ~ ,* memandang sekejap mata

gland, kelenjar

glare, cahaya yang menyilaukan; *to ~ ,* bersinar menyilaukan; *to ~ at,* menatap

glass, kaca, gelas; cermin; teropong; *~es,* kaca mata

gleam, sinar, cahaya, kilap; *to ~ ,* bersinar, bercahaya, berseri-seri, berkilap

glen, lembah

glib, licin, becek; fasih

glide, *to ~ ,* meluncur

glider, pesawat peluncur, pesawat terbang layang

glimmer, cahaya redup; *to ~ ,* berkedip-kedip

glimpse, sinar cahaya, kelibat

globe, globe, bola bumi, bola peta bumi

globetrotter, penjelajah dunia

globular, bulat

gloom, kesuraman

gloomy, suram

glorification, pemuliaan

glorify, to ~ , memuliakan

glorious, megah

glory, kemegahan; to ~ , memegahkan

gloss, kilau, kilap; tafsir, komentar

glossary, daftar kata dengan keterangannya, glosarium

glossy, to ~ , berkilap

glove, sarung tangan

glow, pijar; to ~ , berpijar

glowworm, ulat kelip-kelip

gloze, to ~ , menutupi

glue, lem, perekat; to ~ , merekat, melekapkan; to ~ to the spot, terpancang

glutton, pelahap, orang gelojoh, orang rakus

gluttonous, lahap, gelojoh, rakus

gnarl, bonggol; ~ed, monggol, berbonggol

gnash, to ~ one's teeth, mengertakkan gigi

gnat, agas

gnaw, to ~ , mengunggis, mengungkang

go, pergi, berjalan; hilang; ~ it, hantamlah!, gasaklah!; ... is still going strong, ... masih

kuat, ... masih tegar!; how ~es the world?, apa kabar?; it's a ~, setuju!; it is no ~, tidak bisa!; to ~ asleep, tertidur; to ~ back, mundur, kembali, pulang; to ~ between, mengantarai; to ~ blind, menjadi buta; to ~ by, berlalu; to ~ by steamer, naik kapal, menumpang kapal; to ~ down, turun, terbenam, tenggelam; to ~ down on one's knees, bertekuk lutut; to ~ in, masuk; to ~ off, pergi, berangkat, bertolak; to ~ on, meneruskan; to ~ out, keluar; to ~ over, membelot, menyeberang; to be ~ing to, bermaksud, berniat

go-ahead, cergas; izin

goal, gawang, gol; sasaran, tujuan; to score a ~ , menggolkan

goalkeeper, penjaga gawang

goat, kambing; he-~, kambing jantan

go-between, perantara

goblet, piala

God, Allah, Tuhan

god, dewa

goddess, dewi

godliness, kesalehan

godly, saleh

godown, gudang

Godspeed, to bid ~ ,
  mengucapkan selamat semoga
  sukses

goings-on, peri laku, tingkah laku

gold, emas, mas

gold dust, serbuk emas, emas
  urai

golden, terbuat dari emas

goldfish, ikan emas

gold leaf, emas perada, emas
  kerajang

gold mine, tambang emas

goldsmith, tukang emas, pandai
  emas

gone, hilang; habis; mati

good, baik; manis; it is for your
  own ~ , itu demi kebaikanmu; it
  is no ~ , tidak ada gunanya;
  what's the ~ of it?, apa
  gunanya?

good breeding, keadaban, budi
  bahasa

good-bye, selamat tinggal

good-natured, baik hati

goodness, kebaikan, kebajikan;
  thank ~ !, syukur!

goods, barang-barang

goodwill, kerelaan, kesudian

goody, jajan

goose, angsa

gorge, tenggorok, kerongkongan;
  jurang, lurah; to ~ , menelan,
  melahap

gorgeous, tampan, indah

gospel, injil

gossip, gunjingan, buah bibir,
  gosip; tukang gunjing; to ~ ,
  bergosip

gout, sengal, encok, pirai

govern, to ~ , memerintah

governance, pemerintahan

government, pemerintah;
  pemerintahan; ilmu
  pemerintahan

governor, gubernur

gown, gaun; jubah

grab, rampasan, jambretan,
  serobotan, tangkapan; to ~ ,
  merampas, menjambret,
  menyerobot, menangkap

grace, keanggunan; rahmat,
  anugerah, karunia; masa
  tenggang, kelonggaran; to ~ ,
  menyemarakkan

graceful, anggun, lemah gemulai

gracious, rahman, pengampun,
  ramah sekali; good ~ !, astaga!,
  Ya Tuhan!

grade, tingkat, pangkat, martabat,
  derajat; to ~ , memberi angka;
  memeriksa, menyortir,
  menggolong-golongkan

gradually, lama-kelamaan,

berangsur-angsur

graduation, tamat sekolah, wisuda

graft, to ~ , mengenten

grain, butir biji-bijian, biji-bijian; urat kayu

gram, gram

grammar, tata bahasa, paramasastra, gramatika

grammatical, menurut tata bahasa, gramatikal

gramme, gram

grand, besar, agung; bagus, jempol; piano besar

grandam, nenek

grandchild, cucu

granddad, kakek

granddaughter, cucu perempuan

grandfather, kakek

grandiloquence, omong besar

grandmother, nenek

grandson, cucu lelaki

granite, granit

granny, nenek

grant, pemberian, anugerah, karunia; sumbangan, sokongan, subsidi; to ~ , memberi, menganugerahkan, mengabulkan, mengizinkan

granular, berupa butiran

grape, buah anggur

grapeshot, penabur

graphic, grafik

grapnel, sauh

grapple, to ~ , mengait, menangkap

grasp, genggaman; pegangan; penangkapan; to ~ , memegang, menangkap, mengerti

grasping, tamak, loba

grass, rumput

grasshopper, belalang

grate, kisi-kisi; to ~ , memarut; menggaruk(-garuk); berkeriut

grateful, tahu berterima kasih

grater, parut

gratification, kepuasan, kegembiraan, sumber kepuasan; gratifikasi

gratify, to ~ , memuaskan, menggembirakan, menghadiahi

gratis, cuma-cuma, gratis

gratitude, terima kasih, rasa syukur

gratuity, pemberian, uang persen, uang rokok; ganjaran

grave, kubur, makam; santun, genting, gawat

grave digger, penggali kubur

gravel, batu kerikil

graveyard, pekuburan

gravitation, gaya berat, gravitasi

gravity, berat; kesantunan,

kegawatan, kegentingan; *specific ~* , berat jenis, perbandingan berat

gravy, kuah daging

gray, kelabu; uban

graybeard, orang ubanan

graze, *to ~* , makan rumput

grease, lemak, semir, minyak; *to ~* , meminyaki, menyemir

greasy, berlemak, berminyak

great, besar, agung, mulia; nyaman

great-grandfather, moyang

great-grandson, cicit lelaki

greatness, kebesaran, keagungan, kemuliaan

Greece, Yunani

greed, kelobaan, ketamakan

greedy, loba, tamak, gelojoh, rakus

Greek, orang Yunani; ... Yunani

green, hijau; mentah; baru; *~s,* sayuran

greengrocer, tukang sayur, pedagang sayur

greenhorn, orang yang masih hijau

greet, *to ~* , memberi salam, menyalami, menyambut

greeting, salam, ucapan selamat

grenade, granat tangan

greyhound, anjing pacu

grief, kesusahan, kesedihan, dukacita

grieve, *to ~* , menyusahkan, meratapkan

grievous, berat; menyakitkan, memilukan

grill, pemanggangan; daging panggang; *to ~* , memanggang

grim, garang, seram, teguh, keras hati

grime, kotoran; jelaga; daki

grimy, kotor

grin, seringai, senyum raja; *to ~* , menyeringai

grind, *to ~* , menggerinda, menggiling, mengasah; *to ~ one's teeth,* mengertakkan gigi

grinder, gerinda; geraham

grindstone, batu gerinda, batu pengasah, canai

grip, pegangan, genggaman; *to ~,* memegang; menarik hati; *to come to ~s with,* berkelahi

grisly, ngeri

gristle, rawan, tulang muda

grit, kersik, pasir

gritty, berpasir

grizzled, beruban, ubanan

groan, keluh, erang; *to ~* , berkeluh, mengeluh; mengerang

groin, ari-ari, lipat paha

groom, mempelai lelaki, pengantin lelaki

groove, alur

grope, *to ~ ,* meraba-raba

gross, gros, 12 lusin, 144; kotor; gendut

grotto, gua

ground, tanah, bumi; *~s,* ampas kopi; taman; *on the ~ of,* berdasarkan; *to ~,* mendasari, mendasarkan, mengalaskan; kandas; *well ~ed,* beralasan

ground glass, kaca baur

group, kelompok; *to ~ ,* mengelompokkan

grow, tumbuh; bertambah, menjadi; menanam, membiakkan

grower, penanam

growl, *to ~ ,* menggeram, bertengking

grown-up, akil balik, dewasa, oukup umur

growth, pertumbuhan; pertambahan

grub, tempayak; makanan

grudge, dendam, dengki; *to bear one a ~ ,* menaruh dendam

grudgingly, dengan segan, dengan enggan, dengan mengomel

gruesome, ngeri, dahsyat

gruff, kasar, bersut

grumble, *to ~ ,* bersungut-sungut, merajuk

grunt, *to ~ ,* menggeram

guarantee, jaminan, tanggungan; *to ~ ,* menjamin, menanggung

guard, jaga, pengawal, kondektur; *to ~ ,* menjaga, mengawal

guardian, wali; penjaga, pengawal

guardianship, perwalian; penjagaan

guess, terkaan, tebakan, sangkaan; *to ~ ,* menerka, menebak, menyangka

guest, tamu, tetamu

guest room, kamar tamu

guidance, pimpinan, bimbingan; iringan

guide, pembimbing, pemandu; *to ~ ,* membimbing, memandu, mengiringi

guidebook, buku petunjuk, buku panduan

guidepost, penunjuk jalan

guilder, gulden

guile, semu, tipu, penipuan; *~less,* terus terang

guillotine, kapak tendas; *to ~ ,* menendas

guilt, kesalahan, kejahatan; *~less,*

tak bersalah; ~y, bersalah

guinea, 21 *shillings*

guinea pig, marmot, binatang percobaan

guise, samaran, kedok; *in the ~ of,* dengan menyamar sebagai

guitar, guitar

gulf, teluk

gull, burung camar; *to ~ ,* memperdayakan

gullet, kerongkongan, lekum

gullible, lekas percaya, mudah tertipu

gully, jurang

gulp, teguk; *to ~ ,* meneguk, menelan

gum, getah; *~s,* gusi

gun, bedil, senapan; meriam, revolver

gunboat, kapal meriam

gunner, serdadu meriam

gunpowder, mesiu, obat bedil

gush, *to ~ ,* memancar

gust, bayu, puput bayu

gusto, cita rasa, kesukaan

gut, usus, tali perut; *~s,* perut

gutter, parit, selokan

guy, orang, lelaki

gymnasium, tempat senam, gimnasium

gymnastic, *~s,* senam, gimnastik

gypsy, orang jipsi

H

habit, kebiasaan, adat

habitation, tempat tinggal, tempat kediaman

habitual, biasa

habitually, biasanya

habituate, *to ~ ,* membiasakan

habitude, kebiasaan; kecenderungan

hackney coach, kereta sewa

haft, hulu, pemegang

haggard, kurus, ceking

haggle, *to ~ ,* berbantah-bantah, bertengkar; menawar

Hague, *(The) ~ ,* Den Haag

hail, daulat!, salam!; *to ~ ,* hujan es; memberi salam, mengelu-elukan

hair, rambut, bulu

hairdresser, penata rambut, perias rambut

hair oil, minyak rambut

hairpin, tusuk konde, kundai

hairy, berbulu

hale, segar, sehat, kuat

half, setengah, seperdua, separuh

half-caste, peranakan

half pay, gaji buta, uang tunggu

halfway, pertengahan jalan

hall, ruangan, aula, balai

hallmark, cap

hallow, *to ~* , menguduskan, menyucikan

hall porter, penjaga pintu

hallucination, khayal, halusinasi

halt, tempat perhentian, pemberhentian; *~!,* berhenti!; *to ~* , berhenti; menghentikan, memberhentikan

halve, *to ~* , membagi dua

ham, ham

hamlet, pelosok, dusun kecil

hammer, palu, tukul; *to ~* , memalu, menukul

hammock, ayunan

hamper, bakul, keranjang

hand, tangan; jarum (jam); *~s off!,* jangan campur tangan!; *~s up!,* angkat tangan!; *he is a new ~* , ia pekerja yang masih hijau; *he is an old ~* , ia sudah lama bekerja; *on the other ~* , di lain pihak; *to be on ~* , hadir, sedia; *to ~* , menyampaikan, mengunjukkan, memberikan;

to ~ in , membawa masuk, menyerahkan

handbag, tas tangan

handbill, selebaran, surat edaran

handcuff, belenggu tangan; *to ~* , membelenggu

handicap, rintangan; *to ~* , merintangi

handicraft, pertukangan, pekerjaan tangan, kerajinan tangan

handkerchief, sapu tangan

handle, pegangan, hulu, tombol (pintu); putaran; *to ~* , menangani, memegang, memakai, mempergunakan; menjabat

handlebar, setang

handmade, buatan tangan

handsome, bagus, elok, tampan

handwriting, tulisan tangan

handy, cekatan, praktis

hang, *to ~* , menggantung; *~ it!,* astaga, tobat!

hangar, hanggar, bangsal

hangman, algojo, pelebaya

hanker, *to ~* , rindu akan

happen, *to ~* , terjadi; *I ~ed to ...,* Kebetulan saya ...

happiness, kebahagiaan

happy, bahagia, berbahagia

harangue, perkataan, pidato; *to*

~ , menegur

harass, *to* ~ , menyusahkan, mengusik

harbor, pelabuhan

hard, keras, susah; keras hati; tebal hati; ~ *cash,* uang tunai; ~ *labor,* kerja paksa; ~ *of hearing,* pekak labang, agak tuli; ~*hearted,* tebal; hati, bengis

harden, *to* ~ , mengeraskan, menguatkan

hardened, tegar

hardihood, keberanian

hardly, hampir tidak; ~ ... *when,* baru ... lalu

hardship, kesukaran, kesusahan, kekurangan, penderitaan

hardware, perangkat keras

hardy, berani, berani candang, tabah

harebrained, kurang pikir, kepala angin

harelip, bibir sumbing

haricot, buncis gepeng

hark, *to* ~ , mendengarkan

harlequin, badut

harm, kerugian, kerusakan, kejahatan; *to* ~ , merugikan, merusak, menjahati

harmful, merugikan, merusak, menjahati

harmless, tidak merugikan, tidak merusak, tidak menjahati

harmonic, merdu

harmonious, selaras, serasi, sepadan, harmonis

harmony, keselarasan, keserasian, kesepadanan, keharmonisan

harness, baju besi, baju zirah; pakaian kuda

harpoon, seruit

harrow, sikat, garu; *to* ~ , menyikat, menggaru

harry, *to* ~ , menggodai

harsh, kasar, keras hati

harvest, panen(an), penuaian, tuaian

harvester, pemanen, penuai

hash, *to* ~ , mencincang

haste, langkah tergesa-gesa; *more* ~ *less speed,* terlalu cepat jadi lambat

hasten, *to* ~ , menyegerakan, mempercepat

hasty, tergesa-gesa, tergopoh-gopoh

hat, topi

hatch, pengeraman, garis sejajar; *to* ~ , mengeram; menetas; membuat garis sejajar

hatchet, kapak, kampak

hate, kebencian; *to* ~ , membenci

hateful, benci, penuh kebencian

hatrack, sampiran topi, rak topi

hatred, kebencian

haughty, takabur, sombong

haul, *to ~ ,* menarik, menunda, menghela

haunch, paha

haunt, *to ~ ,* mengunjungi, selalu mengejar-ngejar; *~ed house,* rumah hantu

have, *~ at you!,* awas!; *to ~ ,* mempunyai, memiliki, ada, mendapat; menyuruh; *to ~ a tooth out,* mencabutkan gigi; *to ~ lunch,* makan siang

haven, pelabuhan; tempat perlindungan

havoc, pembinasaan; *to ~ ,* membinasakan

hawk, burung elang; *to ~ ,* berjaja, berjualan; menyiarkan

hawker, penjaja

hay, rumput kering, jerami

hazard, aral; risiko; bahaya, untung

hazardous, berbahaya

haze, kabut, embun

hazy, berkabut, berembun

he, ia, dia (lelaki)

head, kepala; pemimpin, direktur; puncak; *~ over heels,* tunggang langgang; *three rupiahs a ~ ,* tiga rupiah seorang; *to have a good ~ ,* berpembawaan; *to ~ ,* mengepalai; *to lose one's ~ ,* menjadi bingung

headache, sakit kepala

headdress, dandanan kepala

headgear, topi

heading, kepala karangan, kepala surat, rubrik

headkerchief, ikat kepala

headlight, lampu depan (mobil)

headline, *~s,* berita penting

headlong, tunggang langgang, merambang, membabi buta

headmaster, kepala sekolah, direktur sekolah

headmost, terdepan

headquarters, markas besar

headstone, nisan

headstrong, keras kepala

headway, laju

head wind, angin haluan

heady, besar kepala; berani buta; memabukkan

heal, *to ~ ,* menyembuhkan, menyehatkan

health, kesehatan; *in good ~ ,* sehat wal afiat

healthful, sehat

healthiness, kesehatan

healthy, sehat

heap, timbunan, longgok,

susunan; *to* ~ , menimbun

hear, ~ , ~ *!*, baik, baik!; *to* ~ , mendengar; mendengarkan, memeriksa

hearer, pendengar

hearing, pendengaran; pemeriksaan

hearsay, ~ *evidence,* omong kosong, desas-desus, kabar angin; *by (from)* ~ , dari kata orang

hearse, kereta mayat

heart, jantung; teras, inti; *at* ~ , dalam hatinya; *learn by* ~ , hafal; *to lose* ~ , putus asa; *to take* ~ , memberanikan diri; *take it to* ~ , camkan hal itu

heartache, sakit hati

heartbreaking, yang mengiris hati

heart disease, penyakit jantung

hearten, *to* ~ , membesarkan hati

heart failure, layuh jantung, kebas jantung

heartily, dengan sungguh hati

heartiness, kesungguhan hati

heart-rending, yang mengiris hati

hearty, sungguh hati, sungguh-sungguh

heat, panas, kepanasan, hangat; *to* ~ , memanaskan,

menghangatkan

heathen, kafir, penyembah berhala

heave, *to* ~ , mengangkat; membongkar sauh; *to* ~ *a sigh,* berkeluh

heaven, langit; surga; ~*s!*, ya Allah; *for* ~*'s sake*, demi Allah

heavy, berat; murung; lebat; ~ *industry,* industri berat; ~ *type*, huruf tebal

Hebrew, Hibrani; orang Hibrani

hedge, pagar; *to* ~ , memagari

hedgehog, landak

heed, perhatian; *to pay* ~ *to,* memperhatikan, mengindahkan; *to take* ~ , beringat-ingat, berjaga

heedful, dengan ingat-ingat; *be* ~ *of,* mencamkan, memperhatikan

heedless, alpa, lalai; ~ *of,* mengalpakan, tidak mengindahkan

heel, tumit

he-goat, kambing jantan

height, ketinggian; puncak

heighten, *to* ~ , meninggikan

heir, waris

heiress, waris perempuan

heirless, tidak mempunyai waris

heirloom, harta pusaka

hell, neraka, jahanam

helm, kemudi

helmet, topi helm

helmsman, juru mudi

help, pertolongan, bantuan; *it can't be ~ed,* apa boleh buat; *to ~ ,* menolong, membantu

helpful, suka menolong; berguna

helpless, tidak berdaya

helter-skelter, lintang pukang

hem, jajar jahit, kelim; *to ~ ,* mengelim

hemisphere, belahan bumi

hemp, rami, ganja

hempen, dari rami

hen, ayam betina

hence, dari sini; maka dari itu

henceforth, mulai dari sekarang ini

henhouse, kandang ayam

henpeck, dikuasai isteri; seperti kerbau dicocok hidung

her, -nya (perempuan)

herald, bentara, pelopor; *to ~ ,* memberi tahu, memaklumkan

heraldry, ilmu lambang

herb, rumput, rempah, terna

herd, kawanan; *to ~ ,* hidup berkawanan; menggembala

herdsman, gembala

here, sini, di sini; *~ and now,* di sini dan kini; *~ and there,* sana-sini, di sana-sini; *~ you are!,* ini dia!

hereabout(s), akan hal itu

hereafter, kemudian daripada ini; *the ~ ,* negeri akhirat

hereby, dengan ini, bersama ini

hereditary, turun-temurun, baka

heredity, *by ~ ,* karena keturunan

herein, dalam hal ini

hereof, daripada ini, tentang hal ini

heresy, bidaah

heretic, orang bidaah

hereto, akan hal itu

herewith, dengan ini, bersama ini

heritage, warisan, pewarisan, harta pusaka

heritor, waris

hermaphrodite, banci, wandu

hermit, petapa

hernia, burut

hero, pahlawan

heroic, seperti pahlawan, heroik

heroine, pahlawati

heroism, kepahlawanan

heron, bangau

hers, miliknya (perempuan)

herself, ia (dia) sendiri; *by ~ ,* sendiri, sendirian

hesitate, *to ~ ,* bimbang, ragu-ragu, bimbang, termangu-mangu

heterogeneous, beraneka ragam, serba rupa; berlainan jenis, heterogen

hew, to ~ , menarah

heyday, musim bunga

hiatus, rumpang

hiccup, hiccough, sedu, sedak; to ~ , bersedu, tersedak

hide, kulit

hide, to ~ , menyembunyikan; berlindung

hide-and-seek, main sembunyi-sembunyian

hidebound, picik, buntu

hideous, mengerikan

hiding, persembunyian; to be in ~ , bersembunyi; to go into ~ , menyelundup

hiding place, tempat sembunyi, tempat berlindung

higgledy-piggledy, kocar-kacir

high, tinggi; mulia; ~ and low, di mana-mana; ~ school, sekolah menengah atas; the ~ road, jalan raya; the ~ seas, laut lepas

high-handed, atas kuasa sendiri, angkuh, autoriter

highland, tanah tinggi, tanah hulu

high life, (cara hidup) kaum ningrat

highly, tinggi; terlampau, sangat

high-minded, murah hati

highness, ketinggian; His ~ , Sri Paduka, Yang Mulia

high-spirited, berapi-api, besar hati

highway, jalan raya, jalan besar

highwayman, penyamun

hike, perjalanan kaki; kenaikan (harga, gaji); to ~ , berjalan kaki

hiker, pejalan kaki

hilarious, senang hati, gembira, riang

hilarity, kesukaan, kegembiraan, keriangan

hill, bukit; busut

hillside, lereng bukit

hilly, berbukit-bukit

hilt, hulu (keris)

him, dia

himself, dia sendiri; by ~ , sendiri, sendirian

hind, rusa betina; belakang

hinder, to ~ , mengusik; merintangi; menyusahkan; mencegah

hindrance, rintangan; pencegahan; gangguan

Hindu, orang Hindu

hinge, engsel; sendi

hint, isyarat, tanda; sindiran; to ~ , mengisyaratkan;

membayangkan; *to* ~ *at,* menyindirkan

hip, pangkal paha, pinggul

hire, sewa, upah; *to* ~ , menyewa; *to* ~ *out,* menyewakan

hireling, orang upahan, orang sewaan

hire purchase, sewa beli

hirer, penyewa

his ..., -nya; *he and* ~ , ia dan anak bininya

hiss, *to* ~ , berdesis, mendesis, berdesir, bersuit-suit

historian, ahli sejarah

historic(al), bersejarah; historis

history, sejarah; hikayat, kisah

hit, pukulan, paluan; *to* ~ , memukul, memalu, mengenai; *to* ~ *(up)on,* kebetulan bertemu dengan

hitch, *to* ~ , menambatkan, mengaitkan

hitchhike, *to* ~ , menumpang mobil orang

hitchhiker, penumpang mobil orang

hither, ke mari, ke sini; ~ *and thither,* kian ke mari, bolak-balik

hitherto, sampai sekarang, hingga kini

hive, sarang lebah, sialang

hoard, *to* ~ , mengumpulkan, menimbun

hoarse, serak, parau

hoary, beruban, putih

hoax, olok-olok; lelucon; seloroh; *to* ~ , memperolok-olokkan; menipu dengan berseloroh

hobble, *to* ~ , tersaruk-saruk, menimpang

hobby, hobi, kesukaan

hobbyhorse, kuda-kudaan, kuda ungkang-ungkit

hocky, hoki

hodgepodge, campur aduk, campur baur

hoe, tajak; *to* ~ , menajak

hog, babi

hoist, *to* ~ , menaikkan, membongkar, mengangkat

hold, pegangan, genggaman; ruang kapal; *to* ~ , memegang; menggenggam; bermuatan; berpendapat; menjabat; merayakan; mengadakan; berlaku; menahan; *to* ~ *forth,* menyatakan

hole, lubang, liang

holiday, hari raya, hari libur, vakansi

holiness, kesucian; *His Holiness,* Yang Mulia Sri Paus

Holland, Belanda

hollow, rongga, ruang; hampa, kosong, berongga; *to ~* , membuat korok, mengorok, membuat rongga

holster, sarung (senjata)

holy, kudus, suci

holy water, air suci

homage, hormat, taklim, takzim, sembah; *to do (pay) ~ to,* menghormati, menyembah

home, rumah, di rumah; tanah air; *at ~* , di rumah; di tanah air; *~ department (home office),* Kementerian Dalam Negeri; *~ is ~ be it ever so homely,* hujan emas di negeri orang, hujan batu di negeri sendiri, baik juga di negeri sendiri; *~ secretary,* Menteri Dalam Negeri; *to bring ~ to,* menginsafkan; *to see ~* , mengantar ke rumah

homely, sederhana, bersahaja; buruk

homemade, buatan sendiri

homesick, terkenang akan negeri sendiri, rindu akan kampung halaman; *~ness,* kerinduan akan negeri sendiri, kerinduan akan kampung halaman

homestead, rumah dan pekarangan; peternakan

homeward, pulang, ke rumah; *~ bound,* dalam perjalanan (pelayaran) pulang

homicide, pembunuhan terhadap manusia

homogeneous, serba sama, homogen

hone, batu pengasah

honest, jujur, tulus, setiawan

honesty, kejujuran, ketulusan hati

honey, madu; *(my) ~* , jantung hati(ku)

honeycomb, sarang madu, sarang lebah

honeymoon, bulan madu; *to ~* , berbulan madu

honk, *to ~* , membunyikan klakson

honor, hormat, kehormatan; *in ~ of,* untuk menghormati, untuk kehormatan; *upon my ~* , sungguh mati; *to ~* , menghormati; memuliakan

honorable, terhormat, mulia; terkemuka

honorably, dengan hormat

honorary, ... kehormatan

hoodwink, *to ~* , menutup mata dengan kain; memperdayakan

hoof, kuku (binatang)

hook, kait, kail, kokot; *to ~* , mengait, terkait

hoop, simpai

hoot, *to ~* , memekis; membunyikan klakson

hooter, klakson

hop, *to ~* , melompat-lompat, melonjak-lonjak

hope, harapan, pengharapan; *to ~* , berharap

hopeful, penuh harapan

hopeless, putus asa, tidak berdaya lagi

horde, kelompok, kawanan

horizon, cakrawala, kaki langit, horison; gigi air

horizontal, arah datar, mendatar, horisontal

horn, tanduk

horned, bertanduk

hornet, tabuhan; pikat

horrible, mengerikan, mendahsyatkan

horrify, *to ~* , mengerikan, mendahsyatkan; *~ing,* bersifat mengerikan, mendahsyatkan

horror, kengerian, ketakutan, horor

horse, kuda; pasukan kuda; kuda-kuda

horseback, *on ~* , berkuda, dengan menunggang kuda

horsefly, lalat kuda

horseman, penunggang kuda, orang berkuda

horsepower, daya kuda

horseshoe, ladam kuda, sepatu kuda

horsewhip, cemeti, cambuk

horsewoman, penunggang kuda wanita

horticultural, ... perkebunan

horticulture, perkebunan

hose, selang, ularan

hospital, rumah sakit

hospitality, keramahtamahan

host, tuan rumah; tentara

hostage, sandera, tawanan

hostess, nyonya rumah

hostile, musuh

hostility, permusuhan

hot, panas, hangat; pedas

hotchpot(ch), campuran, campur aduk

hotel, hotel

hothead, pemarah

hound, anjing pemburu

hour, jam

hourglass, jam pasir

hour hand, jarum pendek

house, rumah; rumah tangga; dewan, majelis

household, anak bini, batih; rumah tangga

housekeeping, pengelolaan rumah tangga

housemaid, babu, pembantu rumah

housewife, ibu rumah tangga, bini, isteri

hovel, pondok, teratak

how, bagaimana; ~ *do you do?*, apa kabar?; ~ *much/many*, berapa banyak; ~ *much?*, berapa harganya?

however, biarpun begitu, akan tetapi

howl, *to* ~ , meraung, melolong

HP, *horsepower*, daya kuda

hubbub, kegemparan, kegaduhan, keributan, gaduh-gaduh, ribut-ribut

huckster, penjaja

huddle, *to* ~ , berhimpitan, merapatkan diri

hue, warna, corak

hued, berwarna

hug, pelukan; *to* ~ , memeluk

huge, besar sekali

hull, kulit; badan (perahu); *to* ~ , mengupas

hum, deham; berdengung; menderu; bersenandung

human, ... orang, ... manusia

humane, murah hati, manusiawi

humanity, perikemanusiaan; umat manusia

humble, rendah hati, hina; *to* ~ , merendahkan

humbug, cakap angin

humid, basah, berair, lengas, lembab

humidity, kelengasan, kelembaban

humiliate, *to* ~ , menghina, merendahkan

humiliation, penghinaan

humility, kehinaan; kerendahan hati

humor, ragam, tingkah; lelucon; *out of* ~ , marah

humoristic, jenaka, penuh humor, menggelikan

humorous, lucu, jenaka, menggelikan

humpbacked, bungkuk

hunch, bungkuk; gumpal, potong

hunchback, si bungkuk

hundred, seratus

hundredth, keseratus; perseratus

hundredweight, 112 pon Inggris (sekitar 50 kilogram)

Hungary, Hongaria

hunger, rasa lapar; *to* ~ *(after, for)*, rindu akan, merindukan, mengidam-idamkan

hungry, lapar; *to be* ~ , lapar

hunt, perburuan; *to* ~ , memburu; berburu

hunter, pemburu

hunting, pemburuan, perburuan, secara berburu

huntress, wanita pemburu

hurdle, gawang, palang

hurl, *to ~ ,* melempar, melemparkan

hurrah!, hore!

hurricane, taufan, topan

hurried, terburu-buru, tergopoh-gopoh, segera

hurry, ketergopoh-gopohan; *to be in a ~ ,* tergesa-gesa; *to ~ ,* menyegerakan, menggegaskan; *to ~ up,* bergegas

hurt, cedera, luka; *to ~ ,* melukai, menyakiti, mencederai, merusak

hurtful, merugikan, merusak

husband, suami

hush, *to ~ ,* diam, berdiam diri; mendiamkan; *to ~ up,* menutup

husk, sekam, kulit, cemuk; *to ~ ,* menguliti

husky, serak, parau

hut, gubug; pondok

hydraulic, hidraulik

hydrochloric, *~ acid,* asam garam

hydrogen, hidrogen, zat air

hydrophobia, takut akan air

hydroplane, pesawat terbang air

hyena, dubuk

hygiene, higiene

hygienic, higienis

hyphen, tanda hubung

hypnotism, hipnotisme

hypnotist, ahli hipnosis

hypnotize, *to ~ ,* menghipnosis

hypocrite, orang munafik

hypothesis, hipotesis

I

I, aku, saya

ice, es; *~ water,* air es; *to ~ ,* membekukan, mendinginkan

ice bag, kirbat es, kantung es

icebound, terkurung es

icebox, peti es

icechest, peti es

ice cream, es krim, es putar

icy, dingin sekali

idea, buah pikiran, ide; cita-cita

ideal, cita-cita, idam-idaman, angan-angan, khayalan

identical, identik, sama, serupa

identification, persamaan;

pengenalan, identifikasi
identify, *to ~ ,* mengidentifikasi
identity, identitas; *~ card,* kartu
  pengenal
idiocy, kedunguan
idiom, idiom
idiot, orang dungu; orang idiot
idiotic, dungu, idiot
idle, *to ~ ,* menganggur,
  bermalas-malas
idleness, pengangguran
idler, penganggur, pemalas
idol, berhala, dewa
idolatry, penyembahan berhala
idolization, pendewaan
idolize, *to ~ ,* mendewakan
i.e., *id est, that is (to say),* yaitu,
  yakni
if, jika, jikalau, kalau
ignoble, keji, hina
ignominy, kehinaan, kekejian
ignorance, kebodohan,
  ketidaktahuan, kejahiliahan
ignorant, tidak tahu; *~ of,* tidak
  tahu-menahu tentang
ignore, *to ~ ,* tidak
  mengindahkan, tidak
  memedulikan
ill, sakit; jahat; *don't take it ~ ,*
  jangan kecil hati, jangan ambil
  marah; *~ at ease,* tidak senang
ill-advised, keliru

ill-bred, tidak tahu adat, kurang
  ajar, tidak sopan
illegal, melawan hukum,
  melanggar hukum, tak sah,
  ilegal
illegality, pelanggaran hukum,
  ketidaksahan
illegible, tidak dapat dibaca
illegitimate, melawan hukum,
  tidak boleh, haram
ill-fated, sial, bernasib sial,
  celaka
illicit, gelap, cara gelap; tidak sah
illimitable, tak berhingga, tidak
  terbatas
illiterate, buta huruf
ill-mannered, tidak tahu adat,
  kurang ajar, tidak sopan
illness, penyakit
illogical, tidak logis
ill-tempered, lekas marah
ill-treat, *to ~ ,* menganiaya
illuminate, *to ~ ,* menerangi,
  mencahayai
illumination, penerangan,
  pencahayaan
illusion, ilusi, silap (mata);
  khayal
illusive, ilusif
illustrate, *to ~ ,* menerangkan,
  menyatakan; menggambarkan
illustration, gambar, ilustrasi

illustrious, mulia, termasyhur

image, patung, arca, gambar

imaginary, khayal, imaginer

imagination, imaginasi, khayal, fantasi

imagine, *to ~ ,* membayangkan, mengangankan

imbecile, lemah pikiran

imbecility, kelemahan pikiran

imbibe, *to ~ ,* menyerap, menyedot

imitate, *to ~ ,* meniru

imitation, tiruan, imitasi

imitator, peniru

immeasurable, tidak dapat diukur; tidak berhingga

immediate, langsung

immediately, serta merta

immemorial, *from time ~ ,* dari zaman dahulu

immense, sangat besar; tidak berkesudahan

immerse, *~d in,* tepekur; *to ~ ,* mencelupkan

immigrant, imigran

immigrate, *to ~ ,* berimigrasi

immigration, imigrasi

imminent, sudah dekat sekali, yang segera datang

immobile, tidak bergerak

immoderate, tidak tahu ukuran, kelewat batas, terlampau

immodest, tidak sopan

immoral, tuna susila, cabul

immortal, kekal, abadi, baka

immortality, kekekalan

immortalize, *to ~ ,* mengekalkan, mengabadikan

immovable, tidak bergerak; tidak berubah-ubah, tetap

immune, kebal

immunity, kekebalan

impair, *to ~ ,* merugikan, melemahkan

impartial, tidak memihak, adil

impassable, tidak terjalani, tidak dapat dilalui

impassive, tidak terharu, tenang dingin

impatient, kurang sabar

impeach, *to ~ ,* menuduh, mendakwa

impeachment, dakwaan, tuduhan

impecunious, miskin, tidak mampu

impede, *to ~ ,* menghalangi, merintangi

impediment, halangan, rintangan

impend, *to ~ ,* akan, mendatang

impenetrable, tidak terterobos, tidak terduga

imperative, tidak dapat tidak, wajib, harus; imperatif

imperceptible, tidak tercerap,

tidak kelihatan

imperfect, tidak sempurna

imperial, kaisar

imperil, *to ~* , membahayakan

imperishable, tidak dapat dibinasakan, kekal

impersonate, *to ~* , memribadikan

impertinent, kurang ajar, tidak tahu adat

imperturbable, tenang hati

impetuous, garang, hebat, panas hati

impetus, gerak hati, hasrat, dorongan hati

impious, tidak saleh, kurang hormat, durhaka

impish, seperti setan, nakal

implacable, tidak terdamaikan, keras kepala

implement, perkakas, perabot, alat; *~s,* perlengkapan

implicit, termaktub, tersirat, implisit

implore, *to ~* , memohon dengan sangat

imply, *to ~* , mengandung, berarti

impolite, tidak sopan, kurang ajar, kurang hormat

import, impor, pemasukan; *to ~* , mengimpor, memasukkan ke dalam negeri

importance, pentingnya

important, penting

importer, importir

importunate, bersifat mengusik, mendesak

importune, *to ~* , mengganggu, mengusik; mendesak

impose, *to ~ (up)on,* memperdayakan, menipu

imposing, hebat, dahsyat, mengesankan

imposition, pembebanan, perdayaan, penipuan

impossible, tak mungkin, mustahil

impostor, penipu, penyamar

imposture, penipuan

impotency, ketidakberdayaan, impotensi

impotent, tidak berkuasa; lemah syahwat, mati pucuk; tidak mampu

impoverish, *to ~* , memiskinkan

impracticable, tidak dapat dilakukan; tidak dapat digunakan

imprecation, laknat, sumpah, kutuk

impregnate, *to ~* , meresapi, menghamili, membuntingi, menyuburkan

impress, bekas, cap, tera,

meterai; *to ~* , mencap, menera, memberi kesan, mengesankan

impression, kesan; cetakan

impressionable, rentan hati, mudah terpengaruh

impressive, mengesankan, hebat, dahsyat

imprint, bekas (kaki); cap; terbitan; *to ~* , mencap, mencetak

imprison, *to ~* , memenjarakan

imprisonment, hukuman penjara; *~ by debt,* penyanderaan

improbable, lengkara, mustahil, tidak mungkin

improper, tidak layak, tidak senonoh; salah

improve, *to ~* , memperbaiki; meningkatkan, mempertinggi; menyempurnakan; menjadi sembuh, membaik

improvement, perbaikan, peningkatan, penyempurnaan, pemulihan, kemajuan

imprudent, kurang hati-hati, kurang bijak, kurang jaga diri

impudent, tidak tahu malu, biadab, selamba

impulse, gerak hati, dorongan hati, impuls

impulsive, terburu nafsu, impulsif

impunity, *with ~,* keadaan bebas dari atau tidak terkena hukuman

impure, kotor, cemar, najis, tidak murni, tidak suci

imputation, penuduhan, tuduhan

impute, *to ~* , menuduh

in, di, di dalam, dalam, pada, dengan, di rumah; *~ itself,* pada dirinya sendiri

inability, ketidakmampuan

inaccessible, tidak terhampiri, tidak tercapai

inaccurate, tidak saksama, tidak teliti

inaction, pengangguran, kelembaman

inactive, menganggur, tidak aktif, tidak giat

inadequate, tidak sesuai, tidak cukup

inadmissible, tidak dapat diterima, tidak dapat dibiarkan

inadvertence, kelalaian, kealpaan

inappropriate, kurang patut, kurang layak, tidak seharusnya

inapt, tidak cakap

inarticulate, kurang jelas, kurang terang

inasmuch, *~ as,* oleh sebab, oleh karena

inaudible, tidak kedengaran,

tidak terdengar

inaugural, ~ *address,* pidato pengukuhan

inaugurate, *to* ~ , melantik; membuka; memulai

inauguration, pelantikan; pembukaan; permulaan

inborn, asli, bawaan

incalculable, tidak terkira-kira, tidak tepermanai

incapable, tidak cakap; tidak berkuasa, tidak berhak; ~ *of,* tidak dapat, tidak sanggup

incarnate, *to* ~ , menjelma

incarnation, penjelmaan

incendiary, pembakar (rumah), penunu; penghasut; bom pembakar

incense, dupa, kemenyan, setanggi

incessant(ly), tidak putus-putusnya, selalu, senantiasa

inch, inci, dim, 2.54 cm

incident, perkara, peristiwa, insiden

incidental, kebetulan, tidak disangka; sekali-sekali; ~ *business,* perkara tambahan

incise, *to* ~ , menoreh, menakik

incision, toreh, takik, kerat

incisive, tajam

incisor, gigi seri

incite, *to* ~ , mengajak, menghasut, merangsang

incitement, ajakan, hasutan, rangsangan

inclination, kecondongan, kecenderungan; inklinasi

incline, *to* ~ , cenderung kepada, condong kepada

include, *to* ~ , mengandung; meliputi

including, termasuk, tergolong

inclusive, terhitung, termasuk

incognito, dengan menyamar

income, pemasukan, pendapatan, penghasilan, gaji

incommode, *to* ~ , menyusahkan

incomparable, tidak ada tandingannya, tidak ada bandingnya

incompatible, sangat berbeda, tidak sesuai

incompetent, tidak cakap, kurang pandai; tidak berhak, tidak berkuasa

incomplete, tidak lengkap, tidak komplet

incomprehensible, tidak masuk akal, tidak masuk di otak, tidak dapat dimengerti

inconceivable, tidak dapat dibayangkan, tidak dapat digambarkan, tidak dapat dimengerti

incongruous, tidak layak, tidak pantas, tidak patut, tidak sesuai

inconsiderate, lalai, kurang pikir

inconsolable, tidak dapat dihibur

inconstant, tidak tetap

incontestable, tidak dapat dibantah

inconvenience, kesusahan, kerepotan

inconvenient, susah, merepotkan

incorporate, to ~ , memasukkan; menyatukan, merangkum

incorporated, perseroan terbatas

incorporation, persatuan; penyatuan, perangkuman

incorrect, tidak benar, tidak tepat, salah

incorrigible, tidak dapat dibetulkan, tidak dapat diperbaiki

increase, pertambahan, kenaikan; to ~ , menambah, menaikkan

incredible, tidak dapat dipercaya, mustahil; hebat

incredulous, kurang percaya, kafir

incriminate, to ~ , menuduh

incumbent, it is ~ upon you, itulah tugas kewajibanmu

incur, to ~ , mendatangkan bagi dirinya

incurable, tidak dapat diobati, tidak dapat disembuhkan

incursion, penyerangan, penyerbuan

indebted, berhutang, wajib; to be ~ to, patut berterima kasih kepada, berhutang budi kepada

indecent, tidak senonoh, tidak sopan, tidak tahu adat

indecisive, tidak tegas, ragu-ragu, bimbang

indeed, sungguh-sungguh, sesungguhnya, betul, sebetulnya

indefinite, tidak tentu, tidak tetap

indelicate, ceroboh, kasar

indemnification, ganti rugi, pengganti kerugian

indemnify, to ~ , mengganti rugi, mengganti kerugian

indent, takuk, takik, biku, toreh; menjorok ke dalam; to ~ , menakik, membiku, menoreh, menjorokkan ke dalam

indenture, kontrak

independence, kemerdekaan, kebebasan

independent, tidak tergantung, mandiri, merdeka, bebas

indescribable, tidak terperikan, tidak terkatakan

indestructible, tidak dapat

dibinasakan, tidak dapat
dimusnahkan

indeterminate, tidak nyata, tidak
tentu

index, penunjuk, indeks;
telunjuk; daftar

India, India

india rubber, karet, setip

indicate, *to ~ ,* menunjukkan,
menyatakan

indication, penunjukan,
pernyataan; tanda, petunjuk,
alamat

indict, *to ~ ,* mendakwa

indictment, dakwaan,
pendakwaan

indifference, sikap acuh tak
acuh, kealpaan, kelalaian,
keteledoran

indifferent, acuh tak acuh, alpa,
lalai, teledor, tidak penting

indigence, kemiskinan, kepapaan

indigene, bumiputera, anak
negeri, orang asli

indigenous, asli, penduduk asli

indigestible, tidak dapat dicerna

indigestion, salah cerna

indignant, marah, berang

indignity, malu, cela

indigo, nila, tarum

indirect, tidak langsung

indisciplinable, tidak dapat

ditertibkan

indiscreet, kurang pikir, kurang
hati-hati; bocor mulut

indiscriminate, tidak
memandang bulu

indispensable, tidak dapat tidak,
mutlak, perlu, wajib

indisposed, segan; kurang enak
badan

indisposition, keseganan; kurang
enak badan

indisputable, tidak dapat
dibantah

indistinct, kurang terang, kurang
pilah-pilah

individual, pribadi;
perseorangan, seorang-seorang,
secara perseorangan

individuality, kepribadian

indivisible, tidak dapat dibagi

indolence, kelembaman,
kemalasan, keculasan

indolent, lembam, malas, culas

Indonesia, Indonesia

Indonesian, ... Indonesia; orang
Indonesia; bahasa Indonesia

indoors, di rumah, di dalam
rumah

indubitable, tidak syak lagi,
sudah pasti

induce, *~d current,* arus induksi;
to ~ , membujuk;

menyebabkan, mendatangkan;
menginduksi

inducement, bujukan,
rangsangan

induct, *to ~* , melantik

induction, pelantikan;
kesimpulan, induksi

indulge, *to ~* , membiarkan;
memanjakan; *to ~ with,*
meluluskan

indulgent, sabar, pemboros

industrial, ... industri, ...
perindustrian

industrious, rajin

industry, industri, perindustrian;
kerajinan

inebriate, mabuk; *to ~* ,
memabukkan

inedible, tidak dapat dimakan

inefficient, tidak efisien, tidak
berhasil guna

inept, tidak patut, janggal

inequality, ketidaksamaan,
ketimpangan

inequity, ketidakadilan

inert, lembam

inertia, kelembaman

inevitable, tidak dapat dielakkan,
tidak dapat tidak

inexact, tidak saksama, tidak
tepat

inexcusable, tidak dapat

dimaafkan, tidak dapat
diampuni

inexhaustible, tidak dapat
dihabiskan, tidak habis-
habisnya

inexpensive, tidak mahal, murah

inexperienced, tidak
berpengalaman

inexplicable, tidak dapat
diterangkan

inexpressible, tidak dapat
diungkapkan, tidak terkatakan

inextinguishable, tidak dapat
dipadamkan, tidak dapat
dipuaskan

infallible, tidak boleh salah

infamous, keji; busuk nama

infamy, kekejian; perbuatan keji

infant, bayi, kanak-kanak

infantile, seperti bayi, infantil

infantry, pasukan darat, infantri

infant school, sekolah kanak-
kanak, taman kanak-kanak

infatuate, *~d with,* tergila-gila
dengan, berahi akan

infect, *to ~* , menjangkiti,
menulari

infection, kejangkitan, ketularan,
terkena hama, infeksi

infectious, menular

inference, kesimpulan

inferior, bawahan; kurang baik,

bermutu rendah
infernal, ... neraka
infertile, tidak subur; mandul
infidel, kafir, tidak beriman
infiltrate, *to ~ ,* meniriskan, merembeskan; menyusup, menyelundup, melintas perbatasan, menginfiltrasi
infiltration, perembesan; penyusupan, penyelundupan, infiltrasi
infinite, tak berhingga, kekal, abadi
infirmary, rumah sakit; ruang orang sakit
inflame, *to ~ ,* menyalakan, meradangkan
inflammable, dapat menyala
inflation, inflasi
inflator, pompa sepeda
inflexible, kejur, tegar
inflict, *to ~ ,* mengenakan (hukuman)
infliction, pengenaan (hukuman); hukuman, siksaan
influence, pengaruh; *to ~ ,* mempengaruhi
influential, berpengaruh
influenza, demam pilek, demam selesma, influensa
inform, *to ~ ,* memberi tahu, mengabarkan, memaklumkan,

memberi keterangan, memberi informasi
informal, informal, informil; ramah tamah, santai, tidak resmi
informant, informan, pemberi informasi
information, pemberitahuan, kabar, penerangan, keterangan, informasi
informed, berpengetahuan
infrequent, jarang
infringe, *to ~ ,* melanggar, mengganggu
infringement, pelanggaran
infuriate, *to ~ ,* menimbulkan kemarahan
ingenious, banyak akal, cendekia
ingot, batang
ingratitude, rasa kurang terima kasih, peri kurang terima kasih
ingredient, bahan, ramuan, unsur
inhabit, *to ~ ,* mendiami
inhabitant, penduduk
inhalation, isapan
inhale, *to ~ ,* menarik napas, mengisap
inhaler, isapan, sedotan
inherent, tidak terceraikan, melekat
inherit, *to ~ from,* mewarisi
inheritance, warisan; *by ~ ,*

karena keturunan
inheritor, waris
inhuman, tidak manusiawi, tidak menaruh kasihan, bengis
inimitable, tidak dapat ditiru
iniquitous, tidak adil, jahat
iniquity, ketidakadilan, kejahatan
initial, huruf pertama; paraf; pertama, permulaan; *to ~ ,* memaraf
initiative, prakarsa, ikhtiar, usaha, inisiatif
inject, *to ~ ,* menyuntik
injection, suntik(an), penyuntikan, injeksi
injunction, amanat, perintah
injure, *to ~ ,* merugikan, melukai, menyakiti hati
injurious, merugikan, berbahaya
injury, kerugian; hinaan; luka-luka
injustice, ketidakadilan
ink, tinta, dawat
inkfish, cumi-cumi
inkstand, tempat tinta
inkwell, tempat tinta
inky, penuh tinta
inlaid, bertatah(kan)
inland, pedalaman; dalam negeri
inlet, tempat masuk, jalan masuk; teluk, ceruk
inmate, orang serumah, teman serumah
inn, penginapan
innate, bawaan
inner, di dalam, batin
innocent, tidak bersalah, suci
innumerable, tidak terbilang, tidak tepermanai
inopportune, tidak menguntungkan, tidak tepat waktunya
inordinate, tidak beraturan, tidak teratur; terlampau, luar biasa
inquest, pemeriksaan, penyelidikan; *coroner's ~ ,* periksa mayat; *the last ~ ,* kiamat
inquire, *to ~ ,* menanyakan, menyelidiki, memeriksa
inquiry, pertanyaan, penyelidikan, pemeriksaan; *to make inquiries,* minta (mohon) keterangan
inquiry office, kantor penerangan
inquisitive, suka memeriksa, melit
inroad(s), serbuan, serangan, pelanggaran
insane, gila, sakit ingatan, sakit jiwa
insatiable, tidak dapat dipuaskan
inscribe, *to ~ ,* menuliskan prasasti pada

inscription, tulisan, suratan, inskripsi, prasasti

inscrutable, tidak dapat diduga, tidak dapat dipahami

insect, serangga

insecure, gelisah, tidak aman, berbahaya

insensible, tidak sadarkan diri, pingsan; tidak dapat merasa

inseparable, tidak terceraikan, tidak terpisahkan

insert, *to ~ ,* menyisipkan, menyelipkan

insertion, sisipan, selipan

inside, dalam, di dalam

insider, orang dalam

insight, wawasan, pemahaman

insignificant, tidak berarti

insinuate, *to ~ ,* menyindirkan

insinuation, sindiran

insipid, tawar, boyak

insist, *to ~ ,* tetap bertahan; *to ~ on,* mendesak, menuntut

insistence, desakan

insolent, tidak mengenal malu, tambung, kurang ajar

insoluble, tidak dapat larut, tidak dapat dipecahkan

insolvent, bangkrut, palit, tidak sanggup membayar

insomnia, suhad, (keadaan) tidak dapat tidur

inspect, *to ~ ,* memeriksa, menginspeksi

inspection, pemeriksaan, inspeksi

inspector, inspektur, pemeriksa

inspiration, ilham, inspirasi

inspire, *to ~ ,* mengilhami, memberi inspirasi

inst., *instant,* bulan ini

install, *to ~ ,* melantik

installation, pelantikan

installment, angsuran; *on the ~ plan,* membayar dengan angsuran; *in ~s ,* dengan mengangsur, dengan angsuran, dengan mencicil

instance, *for ~ ,* misalnya

instant, saat; *the tenth ~ ,* tanggal sepuluh bulan ini

instantly, sekarang juga, serta merta

instead, *~ of,* alih-alih

instep, kura-kura kaki

instigate, *to ~ ,* menghasut, mengajak, mendesak

instigation, penghasutan, ajakan, desakan

institute, lembaga, institut; *to ~ ,* menentukan, mendirikan, melantik, mengangkat

institution, adat, adat istiadat, hukum; pengangkatan, pelantikan; lembaga, institusi

instruct, *to ~ ,* mengajar; memerintahkan, menginstruksikan

instruction, pengajaran; perintah, instruksi

instructor, pengajar, guru, instruktor

instrument, alat, perkakas, pesawat, instrumen

insubordination, pembangkangan, pendurhakaan

insufferable, tidak tertahan

insufficient, kurang, tidak cukup

insular, ... pulau, insuler

insulate, *to ~ ,* mengisolasikan; menyalut; *~d wire,* kabel bersalut

insulation, isolasi

insulator, isolator

insult, *to ~ ,* mencerca, menghina, mencemoohkan

insupportable, tidak terderita, tidak tertahankan, tidak dapat didukung

insurance, asuransi, pertanggungan

insure, *to ~ ,* memastikan, mengasuransikan

insurer, penanggung kerugian

insurgent, durhaka

insurrection, pembrontakan, durhaka

intact, utuh

integral, integral; bulat, utuh, lengkap, genap

integrity, ketulusan hati, kejujuran

intellect, intelek, akal budi

intellectual, intelektual, cerdik pandai; cendekiawan

intelligence, akal budi, kecerdasan

intelligent, cerdas, cerdik pandai

intelligible, terang, nyata, dapat dipahami

intemperance, (keadaan) berlebih-lebihan; (keadaan) tidak dapat mengendalikan diri

intemperate, berlebihan; tidak dapat mengendalikan diri

intend, *to ~ ,* berniat, bermaksud; memperuntukkan

intended, calon; *his ~ ,* tunangannya

intense, sangat, hebat, mendalam, kuat

intensify, *to ~ ,* mengeraskan, menguatkan

intensity, kehebatan, kekuatan, intensitas

intensive, intensif

intention, maksud, pamrih, niat, hajat, kehendak, tujuan, intensi

intentional, sengaja

inter, *to ~* , menguburkan
intercalate, *to ~* , menyisipkan
intercalation, sisipan
intercept, *to ~* , mencegat
intercession, perantaraan
intercessor, perantara
intercourse, pergaulan, perhubungan (niaga); persetubuhan
interdict, *to ~* , melarang
interdiction, larangan
interest, minat; kepentingan; perhatian; bunga (uang); *of ~* , menarik perhatian; *to ~* , menarik perhatian, menarik minat
interested, tertarik, berminat
interesting, menarik perhatian
interfere, *to ~* , campur tangan, mencampuri, mengganggu
interference, campur tangan, gangguan
interim, interim, sementara
interior, dalam, bagian dalam, pedalaman; *minister of the interior*, Menteri Dalam Negeri
interject, *to ~* , berseru; menyisipkan, menyelipkan
interjection, kata seru
interlude, jeda, waktu istirahat; selingan
intermediary, pengantara, dalal; perantaraan

intermediate, antara
interment, penguburan
interminable, tidak berkeputusan
intermission, jeda, waktu istirahat; selingan
intermittent, *~ fever*, demam selang seling
intern, *to ~* , mengasingkan, menawan, menginternir
internal, dalam, bagian dalam, dalam negeri; batin
international, internasional, antar bangsa
internee, tawanan
internment, pengasingan, penawanan, penginterniran
internment camp, tempat pengasingan, tempat tawanan, tempat penginterniran
interpellation, interpelasi, permintaan keterangan
interpolation, penyisipan, penambahan, interpolasi
interpret, *to ~* , menafsirkan
interpretation, penafsiran, penafsiran
interpreter, juru tafsir, juru bahasa
interrogate, *to ~* , menanyai, memeriksa, menginterogasi
interrogation, pemeriksaan,

interogasi

interrogator, pemeriksa, penanya, interogator

interrupt, *to ~* , menyela, memotong pembicaraan

interruption, penyelaan, interupsi

intersect, *to ~* , mengerat, memotong, menyilang; silang-menyilang

intersection, titik potong, persilangan

interspace, selang

interstice, sela; celah

interval, antara, selang, jeda

intervene, *to ~* , menghalangi, campur tangan

intervention, halangan, campur tangan, intervensi

interview, wawancara, interviu, tanya jawab; *to ~* , mewawancarai, menginterviu, bertanya jawab

intestine(s), isi perut, usus

intimate, karib, intim; ramah tamah, mesra

intimidate, *to ~* , menakut-nakuti

into, ke dalam

intolerable, tidak terderita, tidak tertahankan, tidak dapat dibiarkan

intolerant, kurang sabar, kurang tenggang rasa, tidak mempunyai rasa tenggang-menenggang, tidak bertoleransi

intoxicant, obat bius; minuman keras

intoxicate, *to ~* , memabukkan

intoxication, pemabukan, kemabukan

intrepid, berani, pemberani, perwira

intrepidity, keberanian, kepemberanian, keperwiraan

intricacy, kekusutan, keruwetan

intricate, kusut, ruwet

intrigue, helat, sekongkol; *to ~* , menghelat, bersekongkol

intriguer, penghelat

intrinsic, batin, intrinsik

introduce, *to ~* , memperkenalkan, mengintroduksi; memasukkan

introduction, perkenalan, pengenalan; kata pengantar; pengantar, introduksi

introductory, sebagai pengantar

intrude, *to ~* , mengganggu, memaksakan

intuition, intuisi

inundate, *to ~* , merendam, membanjiri, menggenangi

inundation, banjir, bah

inure, *to ~* , membiasakan

invade, to ~ , menyerang,
  menyerbu

invader, penyerang, penyerbu

invalid, orang sakit, ilat; tidak
  berlaku, tidak sah

invalidate, to ~ , melemahkan,
  mematahkan, membatalkan

invalidity, kelemahan,
  ketidaksahan

invaluable, tidak ternilai, tiada
  tepermanai

invariable, tidak berubah, tetap
  saja

invasion, serangan, serbuan

invective, makian

inveigh, to ~ , memaki, memaki-
  maki, mencuci maki

invent, to ~ , merekacipta

invention, rekacipta

inventor, perekacipta

inventory, inventaris

inverse, terbalik; kebalikan

inversion, pembalikan, inversi

invert, to ~ , membalikkan

invest, to ~ , menanamkan,
  menginvestasikan; melantik

investigate, to ~ , menyelidiki

investigation, penyelidikan

investigator, penyelidik

investment, penanaman modal,
  investasi

inveterate, berurat berakar,
  mendarah daging

invincible, tidak terkalahkan

inviolate, belum terjamah,
  perawan

invisible, tidak dapat dilihat, tak
  terlihat

invitation, undangan, ajakan,
  ulem-ulem, invitasi

invite, to ~, mengundang,
  mempersilakan, menjemput,
  mengajak

invocation, permohonan, doa

invoice, faktur

invoke, to ~ , memohon,
  mendoakan

involuntary, tidak sengaja, tidak
  dikehendaki, di luar kehendak

involve, to ~ , melibatkan; *the
  person ~ed,* orang yang
  bersangkutan

invulnerable, kebal

iodine, yodium

IOU, *I owe you,* surat hutang

Iran, Iran

Iraq, Irak

irascible, lekas marah,
  pemberang, bengkeng

irate, marah sekali, geram

Ireland, Irlandia

iris, bunga iris, selaput pelangi

Irish, ... Irlandia; *the ~ ,* rakyat
  Irlandia

Irishman, orang Irlandia
irksome, menjemukan, menyusahkan
iron, besi; setrika; *to ~ out,* menyelesaikan
ironclad, kapal baja; keras hati
ironer, tukang setrika
ironing board, papan setrika
ironmonger, pedagang besi
ironworks, pabrik besi
irony, ironi
irradiate, *to ~ ,* menyinari
irrational, tidak masuk akal, irasional
irreconcilable, tidak dapat didamaikan
irredeemable, tidak dapat ditebus, tidak dapat diselamatkan, tidak dapat ditukar lagi
irregular, tidak beraturan
irrelevant, tidak relevan
irreparable, tidak dapat diperbaiki
irrepressible, tidak dapat ditahan
irresistible, tidak dapat dilawan
irresolute, pembimbang, tidak tegas
irresolution, kebimbangan, ketidaktegasan
irresponsible, tidak bertanggung jawab

irreverent, kurang hormat
irrevocable, tidak dapat diubah lagi, tidak dapat dibatalkan, tidak dapat ditarik lagi
irrigate, *to ~ ,* mengairi
irrigation, pengairan, irigasi
irritable, lekas marah, pemberang, bengkeng
irritate, *to ~ ,* merangsang, menimbulkan rasa pedih, memedaskan hati
irritation, rangsang, rasa pedih, iritasi
Islam, Islam
Islamize, *to ~ ,* mengislamkan
island, pulau
isle, pulau
isobar, isobar
isolate, *to ~ ,* mengisolasi; mengasingkan
isolation, isolasi; pengasingan
isotherm, isoterm
Israel, Israel
Israelite, orang Israel
issue, masalah; terbitan; nomor terbitan; emisi; hasil; keturunan; *to ~ ,* menerbitkan; mengeluarkan; memancarkan; membagikan
isthmus, genting tanah
it, ia, dia
Italian, orang Italia; ... Italia

italic, miring
Italy, Italia
itch, kudis, gatal; *to ~ ,* gatal
item, karangan; pasal, pokok; pembukuan; nomor; warta berita
itinerary, rencana perjalanan
its, ...-nya
itself, sendiri
ivory, gading

J

jab, tusukan, tikaman; pukulan jeb
jabber, repetan; *to ~ ,* merepet
jack, dongkrak, tuil; kuda-kuda; jantan; *to ~ ,* mendongkrak, menuil
jackal, serigala
jackass, keledai jantan
jacket, jaket; sampul buku
jagged, bergerigi
jail, penjara, bui
jailer, sipir penjara, penjaga penjara
jam, selai; kemacetan; *to be ~med ,* macet
jamb, jenang pintu, kosen pintu
January, Januari
Japan, Jepang
Japanese, ... Jepang; orang Jepang
jar, kendi, buli-buli, stoples; *to ~ ,* menggaris, menggores, menggesel; menggelegar; *to ~ with,* tidak berpadanan
jasmine, bunga melur
jaundice, sakit kuning
jaunty, riang; bergaya
Java, Jawa
Javanese, ... Jawa, orang Jawa
javelin, lembing
jaw, rahang; omong kosong; *to ~ ,* omong kosong
jealous, cemburu
jealousy, kecemburuan, rasa cemburu
jeep, jip
jeer, olok-olok, cercaan; *to ~ ,* mengolok-olok, mencerca, menyindir
jelly, agar-agar
jeopardize, *to ~ ,* membahayakan
jeopardy, bahaya
jerk, sentakan, runtasan, renggutan; *to ~ ,* menyentak,

meruntas, merenggut; *~ed
meat,* dendeng

jest, lelucon, penggeli hati, senda
gurau; *to ~ ,* bersenda gurau

Jesus, Yesus

jet, semburan air, pancar gas, jet;
to ~ , memancar

jet-black, hitam legam

jet fighter, pesawat pemburu jet

jetty, jambatan

Jew, Yahudi; *~ish,* ... Yahudi

jewel, permata, jauhar

jeweler, jauhari

jiffy, *in a ~ ,* dalam sekejap mata

jingle, *to ~ ,* bergemerincing,
menggemerincingkan

job, pekerjaan, tugas

jockey, joki

jocose, lucu, jenaka

jocular, lucu, jenaka

jocund, riang, gembira

jog, jalan-jalan, lari-lari perlahan-
lahan; sikuan; sentakan; *to ~ ,*
berjalan-jalan, berlari-lari
perlahan-lahan; menyiku;
menyentakkan

joggle, *to ~ ,* bergoyang;
mengguncangkan

jog trot, lari anak; rutin

join, *to ~ ,* bergabung, ikut serta;
menggabung; menghubungkan;
to ~ the army, masuk tentara; to

~ battle, turut bertempur

joiner, tukang kayu

joint, sendi, ruas; hubungan;
bersama

joint stock, modal bersama

joke, senda gurau, lelucon,
lawak; *to ~ ,* bersenda gurau,
berkelakar, melawak

joker, tukang lawak, pelawak

jolly, riang, gembira

jolt, *to ~ ,* bergoyang

jostle, *to ~ ,* berdesak-desakan

journal, jurnal, harian, majalah

journalism, jurnalisme,
kewartawanan

journalist, wartawan, jurnalis

journey, perjalanan; *to go on a
~ ,* pergi mengadakan
perjalanan

Jove, Jupiter; *by ~!,* tobat-tobat,
astaga!

jovial, riang, gembira

joy, keriangan, kegembiraan

joyful, *joyous,* riang, gembira

jubilant, bersorak gembira

jubilation, sorak kegembiraan

jubilee, peringatan, hari ulang
tahun

judge, hakim, anggota juri; *to ~ ,*
mempertimbangkan,
menghakimi, menilai

judgment, pertimbangan,

penghakiman, keputusan; *to give a ~ ,* memberi keputusan, memberi penilaian, memberi penghakiman

judicial, ... hakim, kehakiman

judiciary, pengadilan, kehakiman

judicious, bijaksana

jug, kan, teko; *milk ~ ,* kan susu; *water ~ ,* kendi

juggle, *to ~ ,* bermain sulap

juggler, tukang sulap

jugglery, sulapan

juice, air, sari; getah

juicy, berair banyak

July, Juli

jumble, campuran; *to ~ ,* mencampuradukkan

jump, lompat; *to ~ ,* melompat; melompati

junction, persimpangan jalan; ikatan

juncture, kampuh, lis; *at this ~ ,* pada saat genting ini

June, Juni

jungle, hutan, rimba, rimba raya

junior, muda, yunior

jurisdiction, yurisdiksi, wilayah kekuasaan

jurisprudence, ilmu hukum, yurisprudensi

jurist, sarjana hukum, ahli hukum, yuris

jury, juri

just, adil; tepat, persis; benar-benar; hanya, saja; *~ now,* baru saja; *~ so,* betul; *it's ~ possible,* boleh jadi

justice, keadilan; yustisi

justify, *to ~ ,* membenarkan, mengesahkan

jute, guni

juvenile, muda, teruna, muda belia

K

kapok, kapuk

keel, lunas

keen, tajam; *~ on,* sangat menyukai

keen-sighted, berpenglihatan tajam

keen-witted, panjang akal

keep, menaruh, memegang, memelihara, menyimpan, menjaga, mempertahankan; *to*

~ *a promise*, menepati janji; *to
~ a thing a secret*,
merahasiakan sesuatu; *to ~ at
it*, meneruskan; *to ~ down*,
menahan; *to ~ on ... ing*, terus
saja melakukan; *to ~ off*, tidak
mengganggu; *to ~ out*, tidak
bercampur tangan

keeper, pemegang, penjaga,
pengawas

keeping, pemeliharaan;
perawatan; *in ~ with*, sesuai
dengan, selaras dengan

keepsake, tanda mata

kennel, kandang anjing

kerchief, kain leher, ikat kepala

kernel, biji, teras, inti

kettle, ketel

key, kunci, anak kunci

keyhole, lubang kunci

key money, uang kunci

keynote, nada utama

key ring, gelang kunci

kick, tendangan, sepakan; *to ~ ,*
menendang, menyepak

kid, anak kambing; kulit
kambing; *to ~ ,* main gila

kidnap, *to ~ ,* menculik

kidnapper, penculik

kidney, buah pinggang, ginjal

kill, *to ~ ,* membunuh; *to be ~ed
in action*, tewas, gugur; *~ time,*
waktu santai, pengisi waktu

killing, pembunuhan; hebat;
mematikan

kiln, tanur

kilogram, kilo, kilogram

kilometer, kilometer

kin, kerabat, kaum, keluarga; *~
to* , bersemenda

kindhearted, baik hati

kindle, *to ~ ,* menyalakan,
memasang

kindly, *~ tell me ... ,* sudilah
memberitahukan saya

kindness, kebaikan hati

kindred, semenda, pertalian
keluarga

king, raja

kingdom, kerajaan

kinship, kerabat

kinsman, kaum sedarah

kiss, ciuman, kecupan; *to ~ ,*
mencium, mengecup

kit, peralatan, alat kelengkapan

kitchen, dapur

kitchen garden, kebun sayur

kite, burung elang; layang-
layang, layangan

kith, *~ and kin*, kenalan dan
keluarga; *to have neither ~ nor
kin*, sebatang kara

kitten, anak kucing

knack, keterampilan,

ketangkasan
knapsack, ransel, buntil, bokca, uncang
knave, penjahat, bajingan
knavery, perbuatan orang jahat
knead, *to ~ ,* menguli, meremas, mengadon
knee, lutut
kneecap, tempurung lutut
kneel, *to ~ ,* berlutut
knickknack, hiasan kecil-kecil
knife, pisau
knight, kesatria
knighthood, kekesatriaan
knit, *to ~ ,* merajut, menyirat; mengerutkan; *to ~ one's brow,* mengernyitkan alis
knitting needle, jarum rajut
knob, tombol, pegangan
knobby, membendol

knobstick, gada
knock, pukulan, ketuk; *a ~ at the door,* ketukan di pintu; *to ~ ,* memukul, mengetuk; *to ~ about,* menggelandang; *to ~ out,* merobohkan lawan tinju
knocker, pengetuk
knock-knee(s), pengkar keluar
knot, simpul; buku, mata kayu; mil laut; *to ~ ,* menyimpulkan
knotty, monggol, banyak matanya
know, *there is no ~ing,* tak ada yang tahu ...; *to ~ ,* tahu, mengetahui, mengenal
knowing, pandai, paham, cerdik
knowledge, pengetahuan; *to my ~ ,* setahu saya
knuckle, buku jari

L

label, label, etiket, surat, lajur
labial, ... bibir, labial
labor, pekerjaan; *to ~ ,* bekerja, berusaha
laboratory, laboratorium
laborer, pekerja, buruh, upahan
laborious, berat; rajin, giat, kerja

keras
lac, embalau, lak
lace, tali; renda
lacerate, *to ~ ,* merobek
lack, kekurangan, kebutuhan; *to ~ ,* tidak memiliki, tidak mempunyai; *to be ~ing,*

kurang, tidak cukup

lackey, pelayan istana, pejabat istana

laconic, ringkas, dengan menggunakan sepatah kata saja

lacquer, lak, pernis, sampang

lacuna, rumpang

lad, anak lelaki, budak

ladder, tangga

lade, *to ~ ,* memuatkan

lading, muatan

lady, nyonya, wanita; *~ friend,* sahabat wanita

ladylike, seperti wanita terhormat

lag, ketertinggalan, kelambatan; *to ~ ,* tertinggal

laggard, pencorot

lagoon, laguna

lair, sarang binatang buas, pembaringan binatang buas, jerumun

lake, danau, tasik, telaga

lamb, anak domba, anak biri-biri

lame, lumpuh

lament, ratapan; *to ~ ,* meratapi

lamentation, ratapan, tangisan

lamp, lampu, pelita, lentera

lamp chimney, semprong lampu

lamplighter, tukang lampu

lamppost, tiang lentera, tiang lampu

lance, tombak, lembing

lancer, pasukan tombak

lancet, pisau runcing bermata dua, lanset

land, negeri, tanah, bumi, darat; *by ~ ,* jalan darat, lewat darat; *to ~ ,* mendarat

landholder, tuan tanah

landing, pendaratan

landing craft, sekoci pendarat

landing stage, pangkalan

landlady, nyonya rumah; induk semang

landlord, tuan rumah, induk semang

landmark, sempadan, tonggak pengenal

landowner, tuan tanah

landslide, tanah longsor

land tax, pajak tanah

lane, lorong

language, bahasa; *bad ~ ,* memaki-maki

languid, lemah, letih, lelah

languish, *to ~ ,* merana

languor, kelemahan badan, keletihan, kelelahan

lantern, lentera; *Chinese ~ ,* tanglung

lap, ribaan, pangkuan

lapse, jatuh; kekhilafan; penyelewengan; selang, jeda

larceny, pencurian

lard, lemak babi

larder, sepen, tempat menyimpan makanan

large, luas, besar; *at ~* , dengan panjang lebar; bebas

largeness, luasnya, besarnya

largess, anugerah, sumbangan; kemurahan

larva, jentik-jentik, tempayak, larva

larynx, pangkal tenggorok

lass, anak perempuan

lasso, jerat

last, kelebut; penghabisan; terakhir; *~ month,* bulan lalu; *~ night,* semalam; *at ~* , akhirnya; *to ~* , berlangsung, bertahan, tahan; *it will ~ a year,* setahun lamanya

lasting, kekal, awet

latch, selak pintu, palang pindu, kancing, kunci

latchkey, kunci pintu

late, lambat, terlambat, kasep, lewat waktu, almarhum(ah); *~ of,* baru-baru ini

lately, belum lama, tempo hari

latent, tersembunyi, terpendam

later, kemudian

latest, terakhir; *at the ~* , paling lambat, selambat-lambatnya

lathe, bindu, mesin bubut

lather, air sabun; buih, busa; *to ~* , menyabun

lather brush, kuas cukur

Latin, Latin

latitude, *at ~ 20° North,* pada 20° lintang utara

latter, yang kemudian, yang tersebut kemudian

lattice, kisi-kisi, ruji-ruji

laugh, tertawa, ketawa; *to ~* , tertawa, ketawa; *to ~ at,* menertawakan, mengetawai

laughable, menggelikan, menyebabkan ketawa

laughter, ketawa, tawa

launch, kapal barkas; *to ~* , melambungkan, meluncurkan

laundress, penatu perempuan

laundry, cucian; rumah penatu

lava, lava, lahar

lavatory, kamar kecil, kakus

lavish, *to ~* , memboroskan

law, hukum, undang-undang, yustisi; *to be at ~* , berperkara, berdakwa

law-abiding, taat kepada hukum, tunduk kepada undang-undang

lawbreaker, pelanggar hukum, pelanggar undang-undang

lawful, sesuai dengan hukum, sah

lawn, lapangan rumput

lawn mower, mesin potong

rumput

lawn tennis, tenis

lawsuit, perkara, sengketa, dakwaan

lawyer, pengacara, advokat

laxative, obat peluntur, pencahar

lay, letak, kedudukan; *to ~ ,* meletakkan; *to ~ down,* menghantarkan; menetapkan, menentukan; *to ~ eggs,* bertelur; *to ~ it on,* melebih-lebihkan; *to be laid up,* sakit

layer, lapis; ayam petelur

layout, tata letak; pemasangan, pasangan, rencana, rancangan

laziness, kemalasan

lazy, malas

lazybones, pemalas

lb., *libra,* pon (Inggris), pound

lead, timah hitam

lead, *to ~ ,* memimpin, menuntun; *to ~ the way,* memelopori, berjalan mendahului; *to take the ~ ,* mengambil pimpinan

leaden, terbuat dari timah hitam; kebam, putih kebiru-biruan

leader, pemimpin, pemuka

leadership, kepemimpinan

leading, memimpin, penting, utama

lead pencil, pinsil, potlot

leaf, daun

leaflet, daun kecil; selebaran

league, persekutuan, perserikatan, liga

leak, bocor, tiris

leakage, bocoran, tirisan

lean, kurus; *to ~ ,* bersandar

leaning, kecenderungan

leap, lompatan; *to ~ ,* melompat

leap year, tahun kabisat

learn, *to ~ ,* belajar; mendengar berita

learned, terpelajar, cendekia(wan)

learning, pelajaran, ilmu, pengetahuan

lease, sewa; *long ~ ,* sewa turun-temurun; *to ~ ,* mempersewakan

leasehold, uang sewa

leaseholder, penyewa

least, terkecil, terkurang; *at ~ ,* sekurang-kurangnya; *not in the ~ ,* tidak sama sekali, tidak sekali-sekali

leather, kulit

leave, izin, perlop, cuti; *on ~ ,* sedang cuti; *to ~ ,* bertolak, berangkat, pergi; biarkan; menyerahkan; *to take a ~ ,* minta diri, mohon diri

leaven, ragi

leavings, sisa, kelebihan

lecture, ceramah, pidato, kuliah; *to ~ ,* memberi kuliah

lecturer, dosen, lektor

lee, bawah angin

leech, lintah

leek, pre, kucai, bawang perai

leer, *to ~ ,* mengintip

lees, tahi

leeward, di bawah angin

left, kiri, sebelah kiri; tertinggal

left-handed, kidal

leftovers, sisa

leg, kaki, tungkai; *to give one a ~ (up),* membantu seseorang; *to pull one's ~ ,* memperolok-olokkan seseorang

legacy, wasiat istimewa

legal, legal, sah, menurut undang-undang

legalization, pengesahan, legalisasi

legalize, *to ~ ,* mengesahkan, melegalisasi

legatee, waris, penerima warisan

legation, kedutaan, legasi

legend, legenda

legible, dapat dibaca

legion, bala tentara; banyak sekali

legislation, perundang-undangan

legislator, pembuat undang-undang

legislature, kekuasaan menetapkan undang-undang

legitimate, sah; logis; *to ~ ,* mengesahkan

legitimation, keterangan yang membenarkan, legitimasi

leisure, waktu luang, waktu senggang; *at ~ ,* dengan senangnya; *to be at ~ ,* bersantai

leisured, banyak waktu luang

lemon, limau

lemonade, limun

lend, *to ~ ,* meminjamkan; *to ~ a (helping) hand,* menolong

lender, pemberi pinjaman

length, panjang(nya); jarak(nya), lama(nya); *at ~ ,* panjang lebar; akhirnya

lengthen, *to ~ ,* memperpanjang

lengthy, panjang lebar; panjang, lama

lenient, lembut, murah hati

lens, lensa

Lent, (masa) Puasa, puasa (Kristen)

leopard, harimau kumbang

leper, orang kusta

less, kurang, lebih kecil daripada

lessen, *to ~ ,* mengurangi, mengecilkan

lesser, lebih kecil; *the Lesser*

Sunda Isles, kepulauan Sunda Kecil

lesson, pelajaran

lest, agar jangan, supaya tidak

let, *to ~ ,* membiarkan; menyewakan; *to ~ ,* akan disewakan; *to ~ alone,* tidak memedulikan, tidak campur tangan; *to ~ down,* menurunkan; *to ~ go,* melepaskan

lethargy, penyakit lena, lesu

letter, surat; huruf, aksara; *man of ~s,* sarjana; *by ~ ,* dengan surat

letterbox, kotak surat

letter carrier, tukang pos

level, tingkat; permukaan; datar, rata

lever, tuas, tuil, pengumpil

levy, *to ~ ,* memungut (pajak), mengenakan; *to ~ war,* mulai berperang, berperang

lewd, cabul, gatal

liability, (per)tanggungan

liable, tanggung; tanggung (menanggung) jawab; *~ to service,* berkewajiban milisi

liar, pendusta, pembohong

liberal, murah hati; liberal

liberality, kemurahan hati

liberate, *to ~ ,* memerdekakan, membebaskan, melepaskan

liberation, pembebasan, pelepasan

liberator, pembebas

liberty, kemerdekaan, kebebasan

librarian, pustakawan

library, perpustakaan

license, izin, ijazah, surat izin mengemudi; *to ~ ,* mengizinkan, membiarkan, memperkenankan

lick, tampar, tempeleng; *to ~ ,* menjilat; melabrak

licking, labrakan

lid, tutup, penutup

lie, dusta, bohong; *to ~ ,* berdusta, berbohong, membohong; berbaring, terletak, berada

lieu, *in ~ of,* alih-alih

lieutenant, letnan

life, hidup, kehidupan

lifeboat, sekoci penyelamat

lifebuoy, pelampung

lifeguard, (barisan) pengawal

life insurance, asuransi jiwa

lifeless, tidak hidup lagi, mati, nirnyawa

lifelong, seumur hidup, selama hidup

life-size, dengan ukuran yang sebenarnya

lifetime, umur hidup

lift, to ~ , mengangkat; mengangkat (tangan); menumpang

light, cahaya, sinar; terang; korek api; mudah; gampang; ringan, enteng; muda; to ~ , menyalakan, memasang (lampu)

lighten, to ~ , meringankan, menerangkan; berkilat

lighter, geretan, penyulut

lighthouse, mercu suar, menara api, lentera laut

lightning, kilat, geledek

lightning rod, penangkal petir

like, sama, padan, tara, timbalan; seperti, sama dengan, serupa; to ~ , suka, menyukai

likely, agaknya, boleh jadi, barangkali

liken, to ~ , menyamakan, membandingkan

likeness, kesamaan, ibarat, tamsil; potret

likewise, begitu juga, demikian pula

liking, kesukaan

lily, bakung, teratai, tunjung

limb, lembik, lemah, pincang, timpang

limb(s), anggota badan

lime, getah; kapur; limau

limekiln, pekapuran, pembakaran kapur

limewater, air kapur

limit, batas, limit; *that's the ~ !,* itu keterlaluan!; to ~ , membatasi

limitation, pembatasan

limited, terbatas; ~ *liability company,* perseroan terbatas

limpid, bening, hening, jernih

limping, menimpang

line, garis, gores; tali; baris; deret

lineage, bangsa, keturunan

lineament, raut muka

linen, kain lenan

liner, kapal api

linger, to ~ , lengah; merana; tak mau pergi-pergi

linguist, ahli bahasa

liniment, minyak gosok, minyak param

lining, lapis

link, cincin rantai, mata rantai, hubungan; ~s, lapangan golf; to ~ , menghubungkan

lion, singa

lioness, singa betina

lip, bibir

liqueur, sopi manis

liquid, zat cair; cair; cairan

liquidate, to ~ , menghentikan, membubarkan, membasmi;

melikuidasi

liquidation, likuidasi, penghentian, pembubaran, pembasmian

liquor, minuman keras

lisp, *to ~* , berkata dengan pelat, berkata dengan telor

list, daftar; *to ~* , mendaftar, menyebutkan

listen, *to ~* , mendengarkan

listener, pendengar

listless, lemah, letih

liter, liter

literate, melek huruf; terpelajar

literary, ... sastra, literer

literature, kesusastraan, kepustakaan

litre, liter

litter, usungan, tandu

little, kecil; sedikit; *~ by ~* , lambat laun, perlahan-lahan; *for a ~* , sebentar, sejurus

liturgy, liturgi

live, *to ~* , hidup, berkediaman, tinggal

livelihood, mata pencaharian, kehidupan, rezeki, nafkah

livelong, *the ~ day,* sepanjang hari

liver, hati

livestock, ternak

livid, pucat manai, pudar

living, mata pencaharian, kehidupan

living room, kamar duduk

lizard, kadal, cicak

load, muatan, beban; *to ~* , memuatkan, mengisikan

loading, pemuatan

loaf, roti

loafer, pemalas, pengangur

loam, tanah liat, tanah pekat

loan, pinjaman; *to ~* , meminjamkan

loath, segan, jemu

loathe, *to ~* , enggan, jemu akan

loathsome, memuakkan

lobby, lobi, ruang muka hotel

lobe, cuping

lobster, udang karang

local, setempat, lokal

locality, tempat, kawasan

localize, *to ~* , melokalisasi, membatasi

locate, *to ~* , menentukan (tempat)

location, penempatan, penentuan tempat, lokasi

loch, danau

lock, ikal, jonjot; kunci; pintu air; *to ~* , mengunci, mengepung

locker, kotak, peti

locket, medali, medalion

lock keeper, penjaga pintu air

locksmith, tukang kunci
locomotive, lokomotif
locust, belalang
lodge, pondok; rumah kecil; loji; *to ~ ,* meletakkan; menumpang
lodger, penumpang, penyewa
lodging, perumahan, pemondokan
loft, loteng
lofty, tinggi, mulia
log, batang kayu, kayu glondong
logarithm, logaritma
logbook, topdal, buku harian pada kapal
logic, logika
logical, logis
loin, pinggang
loiter, *to ~ ,* mondar-mandir, berkeliaran
lone, sunyi, sepi
loneliness, kesepian
lonely, sunyi, sepi
long, panjang; *before ~ ,* kelak, tidak berapa lama lagi; *don't be ~!,* jangan lama-lama!, lekas pulang!; *~ jump,* lompat jauh; *so ~ ,* sampai jumpa, sampai ketemu; *to ~ for,* rindu akan, menginginkan, kepengin, mengidamkan
longest, *at the ~ ,* paling lama
longing, hasrat, niat, hawa nafsu, berhasrat
longitude, bujur
long-range, jarak jauh (meriam, penerbangan)
longsighted, berpenglihatan jauh
long-winded, bertele-tele; panjang napas
look, rupa, paras, muka, wajah; *~ before you leap,* pikir dahulu pendapatan, sesal kemudian tak berguna; *to ~ ,* melihat; *to ~ after,* menjaga; *to ~ at,* melihat; *to ~ back,* menoleh; *to ~ for,* mencari; *to ~ forward to,* menunggu; *to ~ on,* menonton; *~ out!,* awas; *to have a ~ at,* memandang
looker-on, penonton
looking glass, cermin
lookout, tempat pengintai, pengintai
loom, perkakas tenun, abah-abah tenun; *to ~ ahead,* timbul, melampung
loop, sosok; gelung; putaran
loophole, tingkap, jalan keluar
loose, lepas; luas, longgar; kendur, terurai
loosen, *to ~ ,* melepaskan, menguraikan, melonggarkan, mengendurkan
loot, rampasan; *to ~ ,* merampas

lop, *to ~* , memenggal, memarang, menutuh

loquacious, gelatak, suka bercakap-cakap

Lord, tuan, Tuhan; *~ mayor,* wali kota (Inggris)

lorgnette, lornyet

lorry, lori

lose, *to ~* , hilang, kehilangan; menghilangkan; mendapat rugi; kalah; *to ~ one's way,* tersesat

loser, yang kalah

loss, rugi, kerugian, kehilangan

lost, hilang; tersesat, kesasar; tewas

lot, undi; *a ~ of,* banyak

lottery, undian, lotere

loud, riuh, gempar

loudspeaker, pengeras suara

louse, kutu

love, kasih, cinta, asmara; kekasih, tangkai hati; *(give) my ~ to all!,* (berikan) salam saya kepada semuanya!; *in ~* , berahi; *to fall in ~* , jatuh cinta; *to make ~ to,* berkasih-kasihan; *to ~* , mencintai, mengasihi, menyukai

lovely, manis, cantik, permai, elok

lover, kekasih; penggemar

low, rendah, hina; murah

lower, lebih rendah; *to ~* , menurunkan; melembutkan suara

lowest, terendah; *at the ~* , paling rendah

lowland, tanah rendah

lowly, rendah hati

low-spirited, murung, bersedih hati, masygul, benguk

loyal, tulus ikhlas, setia

loyalty, kesetiaan

lubricate, *to ~* , meminyaki, melumasi; *lubricating oil,* minyak pelumas

lucid, terang

luck, untung; *bad ~ !,* celaka!; *good ~ !,* semoga beruntung!; *to be down on one's ~* , mendapat celaka

lucky, beruntung; *~ bird,* pemujur

lucrative, menguntungkan

lucre, untung, laba

luff, atas angin

luggage, bagasi, barang-barang

luggage cart, kereta bagasi

luggage ticket, karcis bagasi, resi bagasi

lugubrious, murung, bersedih hati, masygul, benguk

lukewarm, redang, suam

lullaby, lagu pengulit, kidung

ninabobok
lumbago, sakit pinggang
luminous, terang, berpendar-
pendar
lump, keping; gumpal
lunacy, sakit ingatan, sakit gila
lunatic, sakit ingatan; gila; orang
gila
lunch, makan tengah hari
lunch(eon), makan siang
lung, paru-paru
lurch, sentak; *to leave in the ~ ,*
meninggalkan dalam kesukaran

lurid, mengerikan; berwarna
kemerah-merahan, seperti
mambang
lurk, *to ~ ,* mengintai
lush, tumbuh subur, lebat
lust, hawa nafsu, berahi
luster, seri, kegemilangan,
kemasyhuran
lustrous, berseri, mulia
lusty, kuat
luxurious, mewah
luxury, kemewahan
lymph, getah bening

M

mace, bunga pala, bunga lawang
machinate, *to ~ ,* menggunakan
tipu muslihat, memperdayakan,
berhelat
machination, tipu muslihat, tipu
daya, helat, akal licik
machine, mesin, pesawat
machine gun, mitraliur, senapan
mesin
machine gunner, penembak
mitraliur
machine-made, buatan mesin,
buatan pabrik
machinery, mesin-mesin,

mekanik, alat-alat
machinist, ahli ilmu pesawat,
ahli teknik mesin
mackerel, tongkol
mackintosh, jas hujan
mad, gila, mata gelap, tergila-
gila; *as ~ as a hatter,* gila betul
madam, nyonya
madhouse, rumah (orang) gila
madman, orang gila
magazine, gudang; majalah
maggot, tempayak, belatung
magic, ilmu sihir, ilmu hikmat
magician, orang sihir

magistrate, hakim
magnanimous, besar hati
magnesium, magnesium
magnet, magnet, besi berani
magnetic, magnetik, bermagnet
magneto, magnet
magnificence, kemuliaan
magnificent, mulia, amat indah
magnify, to ~ , memperbesar
magnifying glass, suryakanta,
  kaca pembesar, lup
magnitude, besar(nya);
  kebesaran
magpie, burung murai
maid, babu
maiden, perawan, gadis
maidservant, babu, pembantu
  rumah tangga
mail, baju zirah, baju rantai; pos;
  to ~ , mengeposkan,
  mengirimkan lewat pos
mailbox, kotak surat
mailman, tukang pos
mail order, pesanan dengan pos
maim, to ~ , mengudung
main, utama; in the ~ , pada
  pokoknya
mainland, daratan
mainly, terutama
maintain, to ~ ,
  mempertahankan,
  mengendalikan, memelihara

maintenance, pengelolaan,
  pengendalian, pemeliharaan
maize, jagung
majesty, baginda; keagungan;
  seri
major, mayor; utama, terbesar
major general, mayor jenderal
majority, kebanyakan, mayoritas
make, buatan, bikinan; jenis,
  macam; to ~ , membuat,
  membikin, mengadakan; to ~
  up one's mind, memutuskan,
  mengambil keputusan
maker, pembuat, pembikin,
  pencipta
makeshift, pengganti sementara,
  penambal sulam sementara
malady, penyakit
malaria, malaria, demam kura
Malay, Melayu
Malayan, Melayu
male, lelaki; jantan
malediction, sumpah, kutuk
malefactor, penjahat
malicious, jahat; dengan sengaja
malignant, jahat, ganas
mallard, itik jantan, bebek jantan
mallet, palu dari kayu, ganden,
  gandin
mam(m)a, ibu
mammal, mamalia, binatang
  menyusui

man, orang, manusia; suami,
orang laki-laki; ~ *in the street,*
orang kebanyakan; *to a* ~ ,
tanpa kecuali

manage, *to* ~ , mengelola,
memerintah, mengurus,
memimpin

manageable, dapat ditangani,
dapat diurus

management, pimpinan, direksi,
pengurus; pengelolaan,
pemerintahan, pengurusan,
administrasi, manajemen

manager, pemimpin, direktur,
pengurus, administratur

managing, ~ *director,* direktur
pelaksana

mandate, surat perintah, surat
perintah pembayaran, mandat

mandatory, merupakan perintah,
merupakan keharusan

mandolin, mandolin

mane, surai

maneuver, latihan perang-
perangan; tipu daya; manuver

manful, berani, perwira

manganese, mangan

mange, kudis

manger, palung

mangy, kudisan

manhood, kedewasaan;
kejantanan, keberanian

mania, kegilaan

maniacal, kegila-gilaan

manifest, manifes; nyata; *to* ~ ,
menyatakan, menunjukkan

manifestation, manifestasi,
perwujudan

manifold, banyak, pelbagai,
berlipat ganda

manikin, orang-orangan

manipulation, manipulasi

mankind, umat manusia,
kemanusiaan

manly, jantan, berani, perkasa

manner, cara, jalan, ragam;
macam; ~*s,* adab, adat sopan
santun; *in that* ~ , begitu

mannered, beradab, beradat

man-of-war, kapal perang

manservant, pelayan, jongos

mansion, rumah besar

manslaughter, pembantaian

mantrap, ranjau, pengapit

manual, penuntun, pedoman; ~
labor, pekerjaan tangan

manufactory, pabrik

manufacture, pembuatan,
pembikinan; buatan, bikinan; *to*
~ , membuat, membikin

manufacturer, pengusaha pabrik

manure, pupuk, rabuk; *to* ~ ,
memupuk, merabuk

manuscript, naskah; tulisan

many, banyak; *a great ~* , banyak sekali; *~ a one,* beberapa orang; *~ a time,* beberapa kali; *the ~* , orang kebanyakan

many-colored, warna-warni, beraneka warna

map, peta; *to ~* , memetakan

maraud, *to ~* , merampas, merampok

marble, marmer, pualam; kelereng

March, bulan Maret

march, jalan kaki, barisan, perjalanan (militer); *to ~* , berbaris

mare, kuda betina

margarine, mentega

margin, tepi, keuntungan

mariner, kelasi, matros, anak kapal

mark, tanda, alamat; cap; sasaran; bekas; bukti; angka; *man of ~* , orang terkemuka; *~ me!,* camkan perkataan saya; *to ~* , menandai, mencap; mencatat; memperhatikan

market, pasar, pasaran, pekan; *black ~* , pasar gelap

marketable, laku, dapat dipasarkan

market day, hari pasar

marketplace, pasar

market price, harga pasar

market value, nilai pasar

marksman, penembak jitu

marmalade, marmalade

maroon, *to ~* , menganggur; mengasingkan

marriage, perkawinan, pernikahan; *related by ~* , semenda, periparan, bersemenda; *to ask in ~* , meminang

marriageable, remaja, akil balik

marriage bond, ikatan perkawinan

marriage certificate, surat kawin, akte pernikahan

marriage service, pemberkatan nikah, upacara perkawinan

marriage settlement, syarat kawin

marriage tie, ikatan perkawinan

married, kawin, nikah; beristri, bersuami

marrow, sumsum, sunsum, sungsum, benak tulang, lemak tulang

marry, *to ~* , kawin, nikah; mengawinkan, menikahkan

marsh, paya, rawa

marshal, marsekal

marshy, berpaya, berawa

martyr, martir, sahid

martyrdom, kemartiran, kesahidan

marvel, keajaiban

marvelous, ajaib, mengagumkan

masculine, laki-laki, lelaki; jantan; maskulin

mash, to ~ , memipis, menghancurkan

mask, topeng, kedok, samaran; to ~ , menyamarkan; ~ed, bertopeng, berkedok

mason, tukang batu

masquerade, to ~ , menyamar

mass, misa; the great ~ of..., kebanyakan; the ~es and the classes, orang banyak dan kaum ningrat; ~ attack, serangan massa

massacre, pembunuhan besar-besaran, pembantaian besar-besaran

massage, to ~ , memijat, mengurut

masseur, tukang pijat

massive, masif, pejal

mass meeting, rapat raksasa, rapat akbar

mast, tiang

master, tuan; tuan rumah; pemilik; kepala, sep; guru; to ~ , menguasai, merampas, mengalahkan, merebut

master key, kunci induk

masterly, utama, ulung; pandai

masterpiece, karya besar

mastery, penguasaan; keahlian, kemenangan

masticate, to ~ , mengunyah, memamah, melumatkan

mat, tikar

match, korek api; tara, jodoh; pertandingan; to be a ~ for, seimbang dengan, sebanding dengan; to be a good ~ for, sepadan dengan; to ~ , menyamai, menyamakan; menandingi, menjodohkan; menyesuaikan

matchbox, tempat korek api

matchless, tidak ada taranya

mate, kawan, sahabat

material, bahan, perkakas, alat; bekal; wadak, jasmani; pokok penting, utama

materialism, materialisme

materialistic, materialistis

materialize, to ~ , mewujudkan, menjelmakan

maternal, ... seorang ibu, keibuan; dari pihak ibu

maternity, keibuan; ~ clothes, pakaian hamil

mathematician, ahli matematika

mathematics, matematika

matrimony, perkawinan, pernikahan

matter, perkara, hal, peri hal; sebab; nanah; ~ *of fact,* perkara sungguh-sungguh, kenyataan; *in the ~ of,* perihal, tentang; *it does not ~ ,* tidak apa-apa, tidak mengapa; *it is a ~ of course,* tentu saja, sudah barang tentu; *no ~ how,* bagaimana pun juga, tidak peduli bagaimana; *what is the ~ ?,* ada apa?

mattress, tilam, kasur, bolsak

mature, masak, tua, matang

Maundy Thursday, hari Kamis Putih

mausoleum, mausoleum, jirat, batu kubur, nisan

maximal, maksimal, sebanyak-banyaknya, setinggi-tingginya

maximum, tingkat maksimum, sebanyak-banyaknya, setinggi-tingginya

May, Mei

may, boleh, dapat

maybe, barangkali, boleh jadi, mungkin

mayor, wali kota

me, saya, aku, daku

meadow, padang rumput, tempat penggembalaan

meager, kurus

meal, tepung; makanan, santapan

mean, sedang, rata-rata, pukul rata; kurang, hina; *to ~ ,* menghendaki, memaksudkan, berarti

meaning, arti, maksud

means, *man of ~ ,* orang kaya, orang berada; *by all ~ ,* tentu, pasti; *by ~ of,* dengan, lantaran, dengan jalan; *by no ~ ,* sekali-kali tidak

meantime, *in the ~ ,* dalam pada itu, sementara itu

meanwhile, dalam pada itu, sementara itu

measles, penyakit campak

measurable, dapat diukur

measure, ukuran; besarnya; tindakan; *in a ~ ,* sekadarnya; *to ~ ,* mengukur

measureless, tidak dapat diukur, tak terhingga

measurement, ukuran

measurer, pengukur

meat, daging

mechanic, ahli ilmu pesawat, ahli teknik mesin

mechanical, mekanis, kepesawatan, permesinan

mechanics, ilmu gaya, ilmu pesawat, ilmu mekanik

medal, medali

meddle, *to ~ ,* campur tangan

meddler, orang yang campur tangan, orang yang mencampuri

mediate, *to ~ ,* menjadi pengantara, menengahi, melantarkan

mediation, pengantaraan, perantaraan, penengahan, pelantaran

mediator, pengantara

medical, medis, kedokteran; *~ man,* dokter

medicate, mengobati

medicine, obat; ilmu kedokteran

medieval, ... Abad Pertengahan

mediocre, sedang

meditate, *to ~ ,* merenung, bermeditasi

meditation, perenungan, renungan, meditasi

Mediterranean, *~ Sea,* Laut Tengah

medium, sedang; cenayang, pawang; perantaraan

medley, campuran

meet, *to ~ ,* bertemu, berjumpa; mengetemukan, menyambut, mengunjungi; berkenalan dengan; berkumpul; *to ~ at (the station),* menjemput

meeting, pertemuan, rapat; pertandingan, perlombaan

melancholy, murung, sendu

mellow, masak, lembut

melodious, merdu

melody, lagu, ragam

melon, semangka, mendikai

melt, *to ~ ,* leleh, lebur; melelehkan, meleburkan

melting pot, kui, kuali pelebur emas

member, anggota, sekutu

membership, keanggotaan, persekutuan

membrane, selaput

membranous, berselaput

memento, kenangan, peringatan

memoir, buku kenangan

memorandum, memorandum, surat peringatan, nota

memorial, tanda peringatan

memorize, *to ~ ,* menghafalkan

memory, ingatan, memori

menace, ancaman; *to ~ ,* mengancam

mend, *to be on the ~ ,* hampir pulih, hampir sembuh; *to ~ ,* memperbaiki, membetulkan; menisik

mendicant, *~ friar,* rahib peminta-minta

menial, kasar; *~ work,* pekerjaan

kasar

mental, jiwa; *~ arithmetic,* hitung mencongak

mentality, kemampuan jiwa, mentalitas; cara berpikir

mention, *don't ~ it!,* (terima kasih) kembali!; *~ed,* tersebut, tercantum; *to ~ ,* menyebutkan

menu, daftar makanan, menu

mercantile, ... saudagar, ... niaga, ... dagang

merchandise, (barang) dagangan

merchant, pedagang, saudagar

merchantman, kapal niaga

merciful, rahman, penuh belas kasihan

merciless, tidak menaruh belas kasihan

mercury, air raksa

mercy, rahmat, kasihan

mere, hanya, saja; belaka, melulu

merge, *to ~ ,* menyatu, melebur, meleburkan

meridian, garis bujur

merit, jasa

meritorious, berjasa, pantas dipuji, patut dihargai

merriment, keramaian, keriaan

merry, ria; *to make ~ ,* beria-ria

merry-go-round, komedi putar

mesh, mata jala

mess, sajian, hidangan, makanan; *to be in a fine ~ , to get oneself into a ~ ,* mendatangkan kesusahan atas dirinya; *to make a ~ of it,* menyelongkar, membongkar, mengaduk-aduk, mengacaukan

message, amanat, pesan

messenger, pesuruh, suruhan, kurir

mess hall, ruang makan

Messrs, Tuan-tuan

metal, logam

metamorphose, *to ~ ,* bermetamorfosis

metamorphosis, metamorfosis

metaphor, kiasan, ibarat, perumpamaan

metaphorical, dengan kiasan, dengan perumpamaan, dengan ibarat

meteor, meteor, cirit bintang, bintang beralih

meteorology, ilmu cuaca, meteorologi

meter, meter, meteran

method, metode, cara, jalan

methodical, metodis

metre, meter

metropolis, metropolis, kota yang amat besar

mettle, keberanian

mew, *to ~ ,* mengeong

microphone, mikrofon, corong radio

microscope, mikroskop

midday, tengah hari

middle, tengah, pertengahan, menengah

middle-aged, setengah tua

middle-class, golongan menengah

middleman, perantara, pengantara, tengkulak

middlemost, yang paling tengah

middling, sedang, cukupan, sederhana

midge, agas

midget, katai, cebol, kecil

midnight, tengah malam

midriff, sekat rongga badan

mid-sized, sedang-sedang besarnya

midst, tengah; *in the ~ of*, di tengah

midway, di pertengahan jalan, di tengah jalan

midwife, bidan

midwifery, kebidanan, ilmu kebidanan

might, kuasa

mighty, berkuasa; besar; sangat

migrant, orang pindahan, orang boyongan, orang yang pindah ke negeri lain, migran

migrate, *to ~* , berboyong, berpindah, bermigrasi

migration, boyongan, pindahan, migrasi

mild, lembut; ringan, enteng

mile, mil

militant, militan, berhaluan keras

military, militer, ketentaraan

militate, *to ~* , berjuang, bertempur

militia, milisi

milk, (air) susu; *to ~* , memerah susu

milk cow, sapi perah

milker, pemerah; sampi perah

milkmaid, wanita pemerah

milkman, tukang susu

milk pail, ember susu

milk tooth, gigi sulung

mill, penggilingan, kilang(an); pabrik

miller, penggiling, pengusaha penggilingan

millimeter, milimeter

million, juta

millipede, senggulung, tenggulung

millwright, pengusaha pabrik

milt, anak limpa, kura

mimic, pemain mimik; *to ~* , meniru

mimicry, mimikri, peniruan,

penyamaran

mince, *to ~ ,* mencincang, mengiris

mind, akal, budi, akal budi, pikiran; jiwa; pendapat, sangka, perasaan; kecenderungan; *~ your own business!,* jangan campuri urusan orang lain!; *never ~ !,* tidak apa-apa, tidak mengapa!; *to be of one ~ ,* setuju dengan, sepakat dengan, sepaham; *to keep in ~ ,* ingat akan; *to ~ ,* ingat akan; memperhatikan, mengindahkan, menjagai; *to my ~ ,* menurut pendapat saya, pada hemat saya; *would you ~ telling me?,* sudikah mengatakan kepada saya?, maukah mengatakan kepada saya?

mindful, cermat, saksama, waspada

mindless, lalai, alpa

mine, milikku; tambang, lombong; ranjau, periuk api

miner, buruh tambang

mineral, barang tambang, barang galian, pelikan, mineral

mingle, *to ~ ,* campur, bergaul

minimum, minimum, sedikit-sedikitnya, terendah

mining, pertambangan

minister, menteri; pendeta, paderi; *~ of agriculture,* Menteri Pertanian; *foreign ~ ,* Menteri Luar Negeri; *~ of the interior,* Menteri Dalam Negeri; *prime ~ ,* Perdana Menteri

ministry, kementerian; kependetaan

minor, kecil; di bawah umur, belum dewasa; *C ~ ,* nada C minor

minority, golongan kecil, minoritas

minstrel, biduan

mint, mata uang; *to ~ ,* menempa uang

minuend, bilangan yang dikurangi

minus, kurang; tanpa, minus

minute, menit; *the ~s,* catatan, notulen; *this ~ ,* saat ini

minute book, buku catatan, buku notulen

minute hand, jarum panjang (pada jam)

miracle, keajaiban, mukjizat

miraculous, ajaib

mirage, fatamorgana

mire, lumpur

mirror, cermin, kaca

miry, becek

misadventure, kemalangan, nasib buruk

misapprehension, salah paham, salah tangkap, salah terima

misbehavior, kelakuan buruk, perbuatan tak senonoh

miscalculation, salah hitung

miscarriage, kegagalan; kegnguran; kekhilafan

miscellaneous, campur baur

mischance, kemalangan

mischief, kejahatan, kenalan

mischief maker, penjahat, penghasut

mischievous, jahat, nakal

misconception, salah paham, salah pengertian

misconduct, kelakuan buruk, salah perintah

misdeed, perbuatan jahat, perbuatan bengis

misdoing, salah, kejahatan, perbuatan jahat

miser, orang kikir, orang bakhil

miserable, menyedihkan, sengsara; susah hati, murung

miserly, kikir, bakhil

misery, kesengsaraan, penderitaan, kesusahan, kemelaratan

misfortune, kecelakaan,

kemalangan; *~s never come singly,* berturut-turut tertimpa berbagai musibah; antan patah, lesung hilang

misgovernment, salah perintah

mishmash, campuran

misinterpret, *to ~ ,* salah tafsir

misjudge, *to ~ ,* salah sangka, salah menilai, salah menimbang; salah mengadili

mislead, *to ~ ,* menipu, menyesatkan

misprint, salah cetak

miss, nona; *~ing,* tidak hadir; hilang, kurang; *to ~ ,* salah tembak, luncas

misshapen, tidak serasi bentuknya, salah bentuk, kerekot, keretot

mission, misi; perutusan

missionary, misionaris, utusan; paderi

missive, surat, warkat

mist, kabut, halimun

mistake, kesalahan, kekhilafan; *by ~ ,* dengan tidak disengaja

mistaken, keliru, salah mengerti; *to be ~ ,* salah kira, keliru

mister, tuan

mistress, nyonya (rumah); guru wanita; kekasih, gundik

mistrust, syak wasangka, kurang

percaya

misty, berkabut

misunderstand, *to ~ ,* salah mengerti, salah paham, salah tangkap

misunderstanding, kesalahpahaman

misuse, salah adat, penyalahgunaan; *to ~ ,* menyalahgunakan

mitigate, *to ~ ,* melembutkan, melunakkan, mengurangi

mix, *to ~ ,* mencampurkan; *to ~ up,* mencampuradukkan, mencampurbaurkan

mixture, campuran

moan, *to ~ ,* mengerang, mengaduh, mengeluh

mob, orang banyak, kumpulan orang banyak

mobile, dapat bergerak; dapat dipindah-pindahkan, mobil

mobilization, mobilisasi, pengerahan

mock, palsu; pura-pura; tiruan; ejekan; *to ~ ,* mengejek

mocker, pengejek

mockery, ejekan

mode, mode, cara; jalan; ragam

model, contoh, macam, model

moderate, sedang, sederhana, cukupan, moderat

modern, mutakhir, modern, baru

modernize, *to ~ ,* memperbarui, memodernkan

modest, sederhana; sopan, susila; rendah hati

modesty, kesopanan, kesusilaan

modification, perubahan, modifikasi

modify, *to ~ ,* mengubah, meringankan

Mohammedan, orang Islam

moist, basah, lembab

moisten, *to ~ ,* membasahi

moisture, lengas, kelengasan

mold, acuan; cetakan; *to ~ ,* membentuk, mencetak

moldy, bulukan; apak

mole, empang, pangkalan; tahi lalat

molecule, molekul

molest, *to ~ ,* mengganggu, mengusik

molt, *to ~ ,* melungsung, berganti kulit

Moluccas, Maluku

moment, saat, momen; sebentar; *this ~ ,* saat ini juga, sekarang juga; *wait a ~ ,* tunggu sebentar!

momentary, sepintas lalu

monarch, raja

monarchy, kerajaan

monastery, biara (untuk biarawan)
Monday, Senin
monetary, keuangan, moneter
money, uang
moneybox, tabungan, celengan
money changer, penukar uang
money lender, ceti, lintah darat
money market, pasar uang
money order, poswesel
mongrel, bastar, peranakan, kacukan, anjing geladak
monk, rahib
monkey, monyet
monkey wrench, kunci Inggris
monoplane, pesawat terbang sayap satu
monopoly, monopoli
monotheism, monoteisme
monotonous, senada, monoton
monsoon, monsun, angin musim, muson
monstrous, amat besar, mengerikan
month, bulan
monthly, bulanan; majalah bulanan
monument, tanda peringatan, tugu peringatan
moo, *to ~ ,* menguak, melenguh
mood, perasaan hati, kecenderungan hati

moody, muram, murung
moon, bulan
moonlight, terang bulan, cahaya bulan
moonshine, terang bulan
moonstruck, menderita penyakit (gila) bulanan
Moor, orang Habsyi
moor, *to ~ ,* menambatkan, mengepilkan
mope, murung
moral, kesusilaan, etika; moral; *~s,* akhlak
morale, morale, semangat juang
morality, kesusilaan
morass, rawa, paya
morbid, (ber)penyakitan, tidak sehat, mengerikan
morbidity, keadaan berpenyakit; tingkat penyakit
mordant, tajam, menggigit
more, lebih, lagi; *~ or less,* kurang lebih; *one ~ glass,* satu gelas lagi; *the ~ , the ...,* makin ..., semakin ...
moreover, lagi pula, tambahan pula
morning, pagi, pagi hari
morning paper, surat kabar pagi
morose, murung, muram, menarik diri
morsel, suap, cuil, potong

mortality, kematian; ~ *rate,* tingkat kematian

mortar, lumpang; mortir

mortgage, hipotek

mortify, *to* ~ , membuat malu, menghina, menyakiti; menahan (hawa nafsu)

mortuary, rumah mayat

Moses, Nabi Musa

Moslem, Muslim, orang Islam

mosque, masjid

mosquito, nyamuk

mosquito net, kelambu

moss, lumut

mossy, berlumut

most, kebanyakan; maha, paling; istimewa; *at (the)* ~ , sebanyak-banyaknya, paling-paling

mostly, kebanyakan kali

mote, partikel, bintik

moth, gegat

mother, ibu; induk

motherhood, keibuan

mother-in-law, ibu mertua

motherless, tidak beribu

mother-of-pearl, kulit mutiara, gewang

motion, gerak; mosi, usul

motionless, tidak bergerak, diam

motion picture, bioskop, gambar hidup

motive, alasan, sebab, motif

motor, motor; mesin

motorboat, perahu motor

motor bus, bus

motorcar, mobil

motorcycle, sepeda motor

motorcyclist, pengendara sepeda motor

motorman, pengemudi (trem)

motortruck, truk

mottled, burik, kurik, belang-belang

motto, semboyan

mount, *to* ~ , mendaki, naik, menaiki; memasang

mountain, gunung

mountaineer, pendaki gunung

mountainous, bergunung-gunung

mourn, *to* ~ , meratapi, menangisi, berkabung

mourner, pekabung, orang yang berkabung

mournful, duka cita

mourning, perkabungan

mouse, tikus

mousetrap, perangkap tikus

moustache, kumis, misai

mouth, mulut

mouthful, sesuap

movable, dapat digerakkan; ~ *properties,* barang-barang bergerak

move, perpindahan, gerakan;

to ~ , bergerak, berpindah; menggerakkan, mengusulkan

movement, gerak, gerakan, pergerakan

mover, penggerak, pengusul

movie, bioskop

MP, *Member of Parliament,* Anggota Parlemen (Inggris)

Mr., *mister,* Tuan

Mrs., *mistress,* nyonya

much, banyak; *how* ~ *?,* berapa banyak?, berapa harganya? *so* ~ , sekian

mucky, kotor

mucus, lendir, dahak

mud, lumpur

muddle, kekacauan, kekusutan

muddleheaded, orang sasar

muddy, berlumpur

mudguard, sepatbor

muffle, *to* ~ , membalut

mufti, mufti; *in* ~ , berpakaian preman

mule, bagal; cenela

mulish, keras kepala, keras hati

multicolored, warna-warni, beraneka warna

multifarious, berjenis-jenis

multilateral, banyak sisi, banyak pihak, multilateral

multiple, kelipatan, berlipat ganda

multiplicand, bilangan yang dikalikan

multiplication, perkalian

multiplier, pengali

multiply, *to* ~ , mengalikan, berkembang biak

multitude, sejumlah, (se)kumpulan; orang banyak, rakyat jelata

mum, nyonya; diam; ~*'s the word!,* jangan dikatakan!

mumble, *to* ~ , mengangut, komat-kamit

mummy, mumi; ibu, bu

munch, *to* ~ , mengerumit, mengunggis

municipality, kota, kota praja

munificent, murah hati, dermawan, royal

munition, mesiu, munisi

murder, pembunuhan; *to* ~ , membunuh

murderer, pembunuh

murderess, wanita pembunuh

murmur, *to* ~ , berbisik; bersungut, merongseng

muscle, urat, otot; kuat urat

muscular, berurat, berotot

muse, *to* ~ , bermenung-menung, melamun

museum, museum

mushroom, cendawan

music, musik, bunyi-bunyian

musical, ... musik, berbakat musik

musician, tukang musik, ahli musik

musing, perenungan, pelamunan

musk, kesturi

musket, setinggar, istinggar

Muslim, orang Muslim, orang Islam

muslin, kain muslin

mussel, remis, kepah

must, harus, mesti, tidak boleh tidak

mustard, mostar

musty, lapuk

mutation, mutasi, perubahan

mute, bisu

mutilate, *to ~ ,* mengudung

mutineer, orang durhaka, pendurhaka, pemberontak

mutinous, durhaka, berontak

mutiny, pendurhakaan, pemberontakan; *to ~ ,* mendurhaka, memberontak

mutter, *to ~ ,* merengut, berkomat-kamit

mutton, daging biri-biri, daging domba

mutual, dari kedua pihak, timbal balik, saling

muzzle, moncong, mulut

my, ... saya, ...-ku

myopic, cadok, rabun dekat

myriad, beribu-ribu, tidak terbilang, tidak tepermanai

myrtle, kemunting

myself, saya sendiri, sendirian

mysterious, gaib, tersembunyi, rahasia, misterius

mystery, kegaiban, rahasia, misteri

mystic, tasawuf, mistik

myth, cerita, dongeng, mite

N

nag, *to ~ ,* mencari-cari kesalahan, merepet; mengomeli

nail, paku; kuku; *to ~ ,* memaku

nailbrush, sikat kuku

nail file, kikir kuku

nail scissors, gunting kuku

naked, telanjang, bertelanjang, tanpa busana

name, nama; ~d, bernama; *in the ~ of,* atas nama, demi nama; *to*

~ , menamai, menamakan

nameless, tidak bernama; tidak terkatakan, tidak terperikan

namely, yakni, yaitu

nameplate, papan nama

namesake, senama

nap, *to take a ~ ,* tidur sekejap

nape, tengkuk, kuduk

napkin, serbet

narcotic, (obat) bius

narrate, *to ~ ,* menceritakan

narrative, cerita; bergaya cerita

narrator, pencerita, pembawa cerita

narrow, sempit, sesak; saksama, teliti; *~ escape,* nyaris tertimpa bahaya; *to ~ ,* menyempitkan

narrow-minded, picik, seperti katak di bawah tempurung

nasal, sengau; huruf hidung, huruf nasal

nasty, kotor, najis; keji, carut

natal, ... kelahiran, ... kejadian

nation, bangsa

national, nasional, kebangsaan; *~ language,* bahasa nasional, bahasa kebangsaan

nationalism, nasionalisme, kebangsaan

nationalist, nasionalis

nationality, kebangsaan

nationalize, *to ~ ,*

menasionalisasi

native, anak negeri, bumiputra

naturalize, *to ~ ,* menaturalisasi

naturally, tentu, memang, sudah barang tentu

nature, alam; tabiat, perangai; sifat, kodrat, hakikat

naught, nol

naughty, nakal, jahat

nausea, mual, muak, rasa mual, rasa muak, kemualan, kemuakan

nauseous, memualkan, memuakkan

nautical, ... pelayaran, ... laut

naval, ... kapal, ... angkatan laut

navel, pusat, pusar

navigate, *to ~ ,* melayari, mengemudikan

navigation, pelayaran, navigasi, perkapalan

navigator, mualim, juru mudi

navy, angkatan laut

near, dekat; *it was a ~ thing,* hampir-hampir saja

nearly, hampir

nearsighted, rabun dekat, berpenglihatan dekat

neat, apik, neces; neto, bersih; pantas

necessary, perlu, wajib

necessitate, *to ~ ,* memaksa,

mengharuskan

necessity, kebutuhan, keperluan; *necessities of life,* kebutuhan hidup, keperluan hidup

neck, leher

neckerchief, kain leher

necklace, kalung

necktie, dasi

necrology, berita kematian; daftar orang yang meninggal, nekrologi

need, kebutuhan, keperluan; keharusan; *if ~ be,* jika perlu; *there is no ~ to,* tidak usah; *to ~ , to have ~ of,* membutuhkan, memerlukan

needful, perlu

needle, jarum

needlecase, tempat jarum

needlepoint, tuntung jarum, mata jarum

needless, tidak usah, tidak perlu

needy, kaum yang memerlukan

ne'er-do-well, orang yang tidak pernah berhasil dalam segala hal

negate, *to ~ ,* menyangkal, mengingkari

negation, penyangkalan, pengingkaran

negative, negatif, menyangkal

neglect, *~d,* telantar; *to ~,*

mengabaikan, melalaikan, mengalpakan, meneledorkan; *to the ~ of,* tanpa mengindahkan

neglectful, lalai, alpa

negligence, kelalaian, kealpaan, keteledoran

negligent, lalai, alpa

negligible, dapat diabaikan, tidak usah diindahkan

negotiable, dapat ditawar, dapat dirundingkan, dapat dimusyawarahkan

negotiate, *to ~ ,* bermusyawarah, bermufakat, merundingkan

negotiation, permusyawaratan, permufakatan, perundingan

negotiator, juru runding

neigh, *to ~ ,* meringkik

neighbor, tetangga, orang sebelah

neighborhood, *in the ~ ,* di dekat sini; *in the ~ of,* kira-kira; di sekitar

neighboring, bertetangga, berdekatan, berdampingan

neither, *~ ... nor ... ,* bukan ... dan bukan ...

nephew, kemenakan lelaki

nerve, saraf

nervous, tergugup-gugup, senewen

nest, sarang; *to ~ ,* bersarang

nest egg, telur umpan; simpanan, tabungan, persediaan, cadangan

nestle, *to ~ ,* bersarang; *to ~ down,* membaringkan diri

net, jala, jaring, pukat; *~ salary,* gaji bersih

Netherlands, Belanda

nettle, jelatang

network, jaringan

neurasthenia, lemah saraf

neurologist, ahli saraf

neurology, ilmu neurologi, ilmu penyakit saraf

neurotic, berpenyakit saraf, neurotik

neutral, netral, tidak memihak, berdiri di tengah

neutrality, kenetralan

neutralize, *to ~ ,* menetralkan, menawarkan

never, tidak pernah; *~ !,* jangan pernah!; *well, I ~ ,* astaga!

nevermore, tidak pernah lagi

nevertheless, biarpun begitu, akan tetapi

new, baru

newborn, orok, baru saja lahir

newcomer, pendatang baru

new-fashioned, model baru, modern, mutakhir

newly, baru saja, baru-baru ini,

belum lama

news, kabar, berita, warta, warta berita

newspaper, surat kabar, koran, harian

newsprint, kertas koran

New Year, tahun baru; *~'s Eve,* malam tahun baru

next, *he lives ~-door,* ia tinggal di sebelah; *~ month,* bulan depan, bulan berikutnya; *~ , please!,* ayo, berikutnya!; *~ to you,* di sebelahmu; *~ time,* lain kali

nib, mata pena, pena

nibble, *to ~ ,* mengunggis

nice, enak, sedap; manis, cantik, apik; cermat

nick, takik; *in the ~ of time,* tepat pada waktunya

nickel, nikel

nickname, nama ejekan, nama sindiran

nid-nod, *to ~ ,* mengantuk

niece, kemenakan perempuan

niggle, *to ~ ,* mencangkul, mengorek

night, malam; *at ~ ,* pada waktu malam; *in the dead of ~ ,* pada malam buta; *good ~ !,* selamat tidur!; *~ and day,* siang malam; *last ~ ,* semalam; *to~ ,* nanti malam

nightdress, pakaian tidur malam

nightingale, bulbul

nightly, waktu malam; tiap malam

nightmare, mimpi buruk

night school, sekolah malam

night watch, jaga malam

nimble, cekatan, tangkas, cerdas

nine, sembilan

nineteen, sembilan belas

nineteenth, kesembilan belas; persembilan belas

ninetieth, kesembilan puluh; persembilan puluh

ninety, sembilan puluh

ninth, kesembilan; persembilan

nip, *to ~ ,* mencubit; mengapit

nitrogen, nitrogen

no, tidak, bukan

nobility, kaum bangsawan, kaum ningrat

noble, bangsawan, ningrat; *~ art of self-defense,* seni bela diri

nobleman, orang bangsawan, orang ningrat

nobody, tidak seorang pun

nod, *to ~ ,* mengangguk, terangguk-angguk

node, buku, bonggol

noise, bunyi gaduh, bunyi ribut, bunyi geger

noiseless, tidak bersuara, tidak berbunyi

noisy, gaduh, ribut, geger, riuh, gempar

nomad, pengembara

nomenclature, tata nama

nominal, nominal, tetapan

nominate, *to ~ ,* mengangkat; mencalonkan

nomination, pengangkatan; pencalonan, nominasi

noncommissioned, *~ officer,* opsir bawahan

none, seorang pun tidak, sesuatu pun tidak

nonparty, tidak berpartai

nonsense, omong kosong

nonstop, tanpa berhenti, nonstop

nook, sudut

noon, tengah hari; *at ~ ,* jam dua belas siang

noose, jerat, simpul, sosok, lubang jerat

nor, *neither ... ~ ... ,* bukan ... dan bukan ...

normal, biasa, lazim, normal; *~ school,* sekolah normal

normalization, normalisasi

normalize, *to ~ ,* menormalisasi

normally, biasanya, pada lazimnya

north, utara; *to the ~ of,* di sebelah utara

northeast, timur laut

northern, utara

North Star, bintang utara

northwest, barat laut

Norway, Norwegia

Norwegian, orang Norwegia; bahasa Norwegia; ... Norwegia

nose, hidung; *to look down one's ~ at,* kecele; *to ~ ,* membau, menghidu; *to speak through the ~ ,* berbicaranya sengau

nosegay, karangan bunga, buket bunga

nostril, lubang hidung

nosy, ingin tahu, ingin mengetahui

not, tidak, tiada, tak

notable, istimewa, terkemuka

notary, notaris

notch, takik; *to ~ ,* menakik

note, tanda, catatan; peringatan; not; nota; *to ~ ,* mencatat, menulis; *to take ~ of,* memperhatikan

notebook, buku catatan, buku notes, buku agenda

notecase, portepel

noted, masyhur, tersohor, kenamaan

notepaper, kertas tulis

noteworthy, pantas dicatat, pantas diperhatikan

nothing, tidak ada sesuatu pun, sesuatu pun tidak; *to come to ~ ,* gagal

notice, perhatian; pemberitahuan, maklumat; *at a moment's ~ ,* serta merta, langsung; *to ~ ,* melihat; memperhatikan; menyebutkan; mengindahkan *to take ~ of,* menaruh perhatian terhadap

noticeable, nyata, tampak, kelihatan, patut disebut

notification, pemberitahuan, surat panggilan

notify, *to ~ ,* memberitahukan, memaklumkan

notion, pengertian, nosi, pendapat, pikiran

notorious, dikenal busuk namanya

notwithstanding, meskipun, walaupun

nougat, nugat

nought, nol

noun, kata benda

nourish, *to ~ ,* memberikan banyak zat makanan, mengharai; memelihara, memupuk, menyuburkan

nourishing, bergizi

nourishment, gizi

novel, buku roman, novel; baru

novelist, pengarang roman, pengarang novel

novelty, hal baru

November, November

now, sekarang, kini; *every ~ and then, every ~ and again,* tiap kali, saban-saban; *just ~ ,* baru tadi, baru saja; *~ and then, ~ and again,* kadang kala

nowadays, sekarang, masa sekarang ini

nowhere, di mana-mana pun tidak

nucleus, inti

nude, telanjang, bugil

nuisance, gangguan; orang rewel

nullification, pembatalan

nullify, *to ~ ,* membatalkan

numb, mati rasa, kaku, lali; *to ~ ,* melali

number, nomor; bilangan, angka; banyaknya; *to come in ~s,* berduyun-duyun; *to ~ ,* menomori; berjumlah; menghitung; *to the ~ of,* banyaknya ...

numeral, kata bilangan; *Roman*

~s, angka Romawi

numeration, perhitungan

numerator, pembilang; mesin angka, numerator

numerous, banyak sekali

nun, biarawati, suster, wanita petapa

nuptial, ... nikah, ... perkawinan; *~ benediction,* pemberkatan nikah

nurse, juru rawat, perawat; *to ~ ,* merawat

nursery, kamar anak; persemaian; *~ rhyme,* syair anak-anak

nursing home, rumah rawat

nursling, anak susuan

nut, kacang

nutmeg, pala

nutrition, gizi

nutritious, bergizi

nutshell, tempurung kelapa; *in a ~ ,* dengan sepatah kata, pendeknya, ringkasnya, intinya

nylon, nilon

nymph, bidadari, peri

O

oak, ek

oaken, terbuat dari kayu ek

oar, dayung

oarsman, pendayung

oasis, wahah, oasis

oath, sumpah; *by ~* , atas sumpah, dengan sumpah; *~ of office,* sumpah jabatan; *to take an ~* , bersumpah, mengangkat sumpah

obedience, ketaatan, kepatuhan

obedient, taat, patuh

obediently, *yours ~* , yang diperhamba

obelisk, obelisk, tugu peringatan

obese, tambun, gemuk

obey, *to ~* , taat, patuh

obituary, berita kematian; daftar orang yang meninggal

object, benda, obyek; *to ~* , berkeberatan

objection, keberatan

objective, obyektif

objurgate, *to ~* , menghardik, mencerca, memaki

objurgation, hardikan, cercaan, makian

obligation, kewajiban

obligatory, wajib; *~ education,* wajib belajar

oblige, *to be ~d to,* terpaksa, harus, mau tak mau; *to ~* , mewajibkan, mengharuskan, memaksa

obliging, peramah, bersedia menolong

oblique, serong

obliterate, *to ~* , melenyapkan, menghapuskan

obliteration, pelenyapan, penghapusan

oblivious, lupa, tidak ingat, pelupa

oblong, bulat panjang, memanjang

obscene, carut, cabul

obscure, gelap; *to ~* , menggelapkan, mengaburkan

obscurity, kegelapan, kekaburan

observation, pengamatan, peninjauan

observatory, observatorium

observe, *to ~* , mengamati, meninjau, memeriksa;

mengindahkan, memperhatikan; mematuhi, menghormati

observer, pengamat, peninjau

obsession, obsesi

obsolete, lusuh, usang

obstacle, rintangan

obstinacy, ketegaran hati, kebandelan, sifat keras kepala

obstinate, tegar hati, bandel, keras kepala

obstipation, sembelit

obstruction, rintangan, halangan

obtain, *to* ~ , mendapat, memperoleh

obtrude, *to* ~ , mengonyok-onyokkan, mendesak-desakkan

obtuse, tumpul

obviate, *to* ~ , mengelakkan, menghindarkan

obvious, jelas, terang, nyata

occasion, kesempatan, peluang; peristiwa; masa; *on* ~ , pada kesempatan, pada waktu, berhubung dengan; *to* ~ , menyebabkan, menimbulkan; *to take the* ~ *to* , menggunakan kesempatan, memanfaatkan kesempatan

occasionally, kadang kala

Occident, negara Barat

occidental, ... Barat

occiput, kepala bagian belakang

occult, gaib

occupant, penghuni; ~ *of a post,* pemangku jabatan

occupation, pekerjaan, jabatan; kesibukan; penghunian, pendudukan

occupy, *to* ~ , menempati, menduduki, menghuni, memangku jabatan

occur, *to* ~ , terjadi

occurrence, kejadian, peristiwa

ocean, samudera, lautan

o'clock, *it is seven* ~ *now,* pukul tujuh sekarang

October, Oktober

odd, ganjil, ajaib

odds, ketidaksamaan, perbedaan, selisih; perselisihan; kemungkinan

odious, menjijikkan, membangkitkan kebencian

odor, bau

odoriferous, harum, wangi

of, milik dari, dari, daripada, akan

off, jauh; ~ *with you!,* enyahlah!; *to be* ~ , mati; tidak bekerja; pergi; tidur; pingsan; bertolak; *to have a day* ~ , berlibur sehari

off day, libur

offend, *to* ~ , menghina; melanggar; *to* ~ *against,*

berdosa terhadap

offender, penghina; pelanggar, yang bersalah

offense, penghinaan; pelanggaran hukum, kesalahan

offensive, serangan; menghina, tak sopan

offer, persembahan, penawaran, peminangan; to ~ , mempersembahkan; menghaturkan, mengunjukkan; menawari

offhand, serta merta, langsung, tak banyak pikir, begitu saja

office, kantor; jabatan; tugas

officer, pegawai, petugas; opsir, perwira; polisi

official, resmi; pegawai, pejabat; ~ duties, pekerjaan dinas

offset, cetakan ofset; ganti rugi; perimbangan; to ~ , mengganti rugi; mengimbangkan

offshoot, cabang

offspring, anak cucu, keturunan

often, kerap kali, sering kali, acap kali

ogle, to ~ , main mata

oil, minyak; minyak tanah; to ~ , meminyaki

oil color, cat minyak

oil field, kawasan minyak, ladang minyak

oil lamp, lampu minyak (tanah)

oil paint, cat minyak

oil palm, kelapa sawit

oil tanker, tanker minyak, kapal minyak

oil well, sumur minyak

oily, berminyak

ointment, param, salep; pengurapan

O.K., baik!

old, tua; kolot; of ~ , sejak sediakala

olden, tua

old-fashioned, kuno, kolot

omelet, telur dadar

omen, tanda, pertanda, alamat, padah

ominous, memperlihatkan tanda yang tidak baik

omission, penghilangan, pelangkauan, kelewatan, kelupaan

omit, to ~ , menghilangkan, melangkaukan, melewatkan, melupakan

omnibus, bus

omnipotence, kemahakuasaan

omnipotent, mahakuasa

omniscient, mahatahu

omnivorous, pemakan segala, omnivora

on, di, di atas, pada; from that

day ~ , mulai hari itu; *what is ~?*, ada apa?, apa yang terjadi?

once, sekali; *all at ~* , sekonyong-konyong, tiba-tiba; *at ~* , pada saat itu juga, serentak; *~ and again,* kadang kala; *~ upon a time,* sekali peristiwa; *this ~* , sekali ini

one, satu, suatu; *A for ~* , si A umpamanya, seandainya si A; *I for ~* , pada pendapat saya; *it is all ~* , sama saja; *~ another,* saling; *~ by ~* , satu per satu; *~ day,* pada suatu hari

one-eyed, bermata satu, bermata tunggal

onerous, berat, susah, menyusahkan

oneself, diri sendiri

one-sided, satu sisi, sepihak, berat sebelah

onion, bawang

onlooker, penonton

only, saja, hanya, cuma; tunggal

onslaught, serangan, serbuan

onward, ke depan, seterusnya

ooze, lumpur, lanar; *to ~* , mengalir, meleleh; mengeluarkan (darah)

oozy, berlumpur

open, terbuka; *in the ~* , di bawah kolong langit; *it is ~ to you to ...,* terserah jika engkau akan ...; *to ~* , membuka

openhanded, murah hati, dermawan, royal

openhearted, terus terang, bulat hati

opening, pembukaan; lubang; lowongan

openly, secara terbuka, dengan terus terang

opera, opera

operate, *to ~* , membedah, mengoperasi; menjalankan (mesin), mengoperasikan, mengusahakan

operation, pembedahan, operasi, cara menjalankan

operator, ahli bedah; pengusaha; penjaga mesin, penjaga telefon

ophthalmologist, dokter mata

opinion, pendapat; *in my ~* , pada pendapat saya, pada hemat saya

opium, candu

opponent, lawan

opportunity, kesempatan, peluang

oppose, *to ~* , menentang, melawan

opposite, berlawanan, bertentangan, lawan; *~ party,* pihak lawan, pihak sana

opposition, perlawanan, oposisi

oppress, to ~ , menindas, menekan, menggencet, menganiaya

oppression, penindasan, tekanan, gencetan, penganiayaan

oppressive, bersifat menindas; menyesakkan napas, menekan

oppressor, penindas, penganiaya

optical, optis; ~ illusion, tipu mata, silap mata

optician, ahli kaca mata

optics, ilmu optika

optimistic, optimis, periang

option, kebebasan memilih, opsi

optional, mana suka

opulence, kekayaan; kemewahan

opulent, kaya, mewah

or, atau; two ~ three, dua atau tiga

oral, lisan; ... mulut; yang harus diminum

orange, oranye; jeruk

oration, pidato

orator, pembicara, ahli pidato

orbit, orbit, peredaran, lekuk mata

orchard, kebun buah

orchestra, orkes

orchid, anggrek

order, urutan; tingkat; tata tertib; peraturan; perintah, suruhan;

pesan; by his ~s, atas perintahnya; in ~ , teratur; in ~ to, supaya; on ~ , lagi dipesan; out of ~ , rusak; to ~ , memerintahkan, menyuruh, mengatur, memesan

orderly, pesuruh, ordonans, pengawal; rapi

ordinance, ordonansi, peraturan

ordinary, biasa, lazim

ore, bijih

organ, orgel, orgen; organ, badan, perangkat pemerintahan

organic, organik

organism, jasad

organist, pemain orgel, pemain orgen

organization, organisasi, penyusunan, pengaturan

organize, to ~ , mengorganisasi, menyusun, mengatur

organizer, organisator

Orient, negeri Timur

orient, to ~ , menentukan arah, mencari arah

oriental, timur, ketimuran

orientation, orientasi

origin, asal, asal mula

original, orisinil, asli, semula

originality, keaslian

ornament, hiasan; to ~ , menghiasi

ornamental, merupakan hiasan, ... hias

orphan, piatu, yatim

orphanage, rumah piatu, rumah yatim, rumah yatim piatu

orthography, ejaan

oscillate, *to ~ ,* berayun, bergoyang, bergoyang ke sana ke mari

oscillation, ayunan, goyangan, osilasi

ostensibly, pura-pura

ostentation, pamer

ostrich, burung unta

other, lain, berlainan; *every ~ day,* selang sehari; *the ~ day,* baru-baru ini, belum lama ini

otherwise, jika tidak, jikalau tidak

otter, berang-berang

ought, harus, patut

ounce, on, seperenam belas pon Inggris

our, ... kita, ... kami

ours, milik kita, milik kami

ourselves, kita sendiri, kami sendiri

out, luar, di luar; *to be ~ ,* tidak ada di rumah, tidak ada di kantor, pergi ke luar, tidak bekerja, mogok; tidak berlaku lagi, padam; berkembang

out-and-out, betul-betul, sungguh-sungguh

outbreak, pecahnya, meletusnya (perang); menjangkitnya (penyakit)

outbuilding, bangunan tambahan

outburst, letusan

outcast, orang buangan

outcome, hasil; kesudahan, keputusan

outdo, *to ~ ,* melampaui, mengatasi

outdoors, di luar, di luar rumah

outer, bagian luar

outfit, perlengkapan; busana wanita

outgoings, pengeluaran, ongkos, biaya

outlander, orang asing

outlandish, asing, luar negeri

outlaw, orang buangan

outlay, pengeluaran, ongkos, biaya

outlet, jalan keluar, saluran pembuangan, pasaran

outline, garis besar, bagan, rencana

outlook, wawasan

outlying, jauh, terpencil

out-of-date, ketinggalan zaman, kolot

out-of-the-way, terpencil, luar

biasa, istimewa
out-of-work, menganggur;
  penganggur
outpost, pos (pengawasan)
  terdepan; pelopor
output, hasil, produksi; keluaran;
  daya, tenaga
outrage, kejahatan, kebengisan;
  to ~ , menghina, merendahkan,
  menistakan; memperkosa,
  menggagahi
outrageous, jahat, bengis,
  menghina
outright, langsung, seketika;
  terus terang, tulus; *to laugh ~* ,
  terbahak-bahak
outset, awal, permulaan
outside, luar, di luar, ke luar,
  bagian luar
outsider, orang luar
outskirts, pinggir, daerah
  pinggiran
outstanding, terkemuka,
  istimewa, luar biasa; belum
  dilunasi
outstretch, *to ~* , merentangkan,
  membentang
outstrip, *to ~* , mendahului
outward, keluar; *~ bound,*
  dengan tujuan perjalanan
  keluar
outwit, *to ~* , memperdayakan

oval, bulat panjang, jorong
oven, oven, kompor, tungku
over, di atas; melalui; berhubung
  dengan; tentang, mengenai;
  lebih daripada; *all ~* , seluruh;
  ~ and ~ , berulang kali; *~ there,*
  di sebelah sana, di seberang
overall, pakaian montir
overbearing, sombong, pongah
overboard, ke dalam air (sungai,
  laut)
overcast, mendung, berawan
overcharge, *to ~* , menarik
  bayaran terlalu tinggi; mengisi
  (aki) terlalu penuh
overcome, *to ~* , mengalahkan,
  mengatasi
overcrowded, penuh sesak
overdo, *to ~* , melebih-lebihkan,
  melakukan secara berlebihan
overdue, kelewat waktu,
  terlambat
overeat, *to ~* , terlalu banyak
  makan
overflow, *to ~* , menggenangi,
  membanjiri; *to ~ its banks (of a
  river),* membeludak ke luar
  tepinya
overgrown, penuh ditumbuhi
overhaul, *to ~* , menurunkan
  mesin untuk diperiksa;
  mengejar

overhear, *to ~* , mendengar kupingan

overload, *to ~* , terlalu banyak memuati

overlook, *to ~* , memandang dari atas; mengesampingkan; memaafkan, melupakan; membaca betul-betul

overpower, *to ~* , menggagahi, menguasai

overseas, (di) seberang laut

overseer, mandor, pengawas

overshadow, *to ~* , membayangi, menaungi

oversight, pengawasan; kekhilafan

oversleep, *to ~* , tidur terlalu lama

overtake, *to ~* , menyusul, menyalib

overthrow, *to ~* , menjatuhkan, meruntuhkan

overweight, kelebihan berat; *to ~* , terlalu banyak memuati

overwhelm, *to ~* , meliputi, membanjiri, menguasai

owe, *to ~* , berhutang

owing, *~ to,* berkat, sebab, karena

owl, burung hantu

own, sendiri; *my ~ house,* rumahku sendiri; *to ~* , mempunyai, memiliki

owner, pemilik

ownerless, tidak bertuan

ownership, kepemilikan, hak milik

ox, sapi kebiri, lembu kebiri

oxide, oksid, oksida

oxidize, *to ~* , mengoksidasi

oxygen, oksigen, zat asam

oyster, tiram

oz, *ounce(s),* on (Inggris)

ozone, ozon

P

pace, langkah; *to ~* , melangkah; mengukur dengan langkah

Pacific, *~ Ocean,* Lautan Teduh, (Lautan) Pasifik, Samudera Pasifik

pacify, *to ~* , mendamaikan, menyabarkan, menenteramkan, menenangkan

pack, bungkusan, pak; *~ed,* penuh, sesak, penuh sesak; *to*

~ , membungkus, mengepak

package, bungkus; bingkisan, bungkusan, paket; ~s, koli, potong

pack cloth, lenan pembungkus

packer, pembungkus, pengusaha pengepakan

pact, pakta, perjanjian

pad, bantalan; isi, pengisi; tatakan; bloknot

paddle, kayuh; *to* ~ , mengayuh

paddle wheel, sudu, kincir

padlock, gembok, selot gantung, repuh-repuh

padre, paderi balatentara

pagan, penyembah berhala, kafir, musyrik

paganism, kemusyrikan, kekafiran

page, muka, halaman, pagina; pelayan

pageant, tamasya

pail, ember

pain, rasa sakit; ~s, usaha, jerih payah

painful, sakit, pedih

painstaking, teliti, cermat, saksama

paint, cat; *to* ~ , mengecat

painter, tukang cat; pelukis, penggambar

painting, lukisan; seni lukis

pair, pasang, rangkap; pasangan; ~ *of shoes,* sepasang sepatu; ~ *of glasses,* kacamata; ~ *of trousers,* celana

pajamas, piyama

Pakistan, Pakistan

pal, sobat

palace, istana

palatable, sedap, lezat

palate, langit-langit (mulut)

pale, pucat

Palestine, Palestina

paling, pagar

palisade, cerocok

palliate, *to* ~ , meringankan, melembutkan

pallid, pucat lesi

palm, palem; tapak tangan, telapak tangan

palm oil, minyak sawit

palpitate, *to* ~ , berdebar-debar

palter, *to* ~ , berdalih

paltry, hina, kecil

pamper, *to* ~ , memanjakan

pamphlet, brosur, selebaran, pamflet

pan, panci, wajan, kuali

pancake, panekuk, kue dadar

pane, kaca (jendela)

panel, panel; sehelai papan

pang, rasa sakit mendadak, kepedihan

panic, panik, ketakutan

panorama, pemandangan, panorama

pant, to ~ , terengah-engah

pantaloons, celana panjang

panther, macan tutul, harimau buluh

pantry, sepen; gudang

pants, celana panjang

papa, pak, ayah

paper, kertas; surat kabar, harian; makalah

paperboy, tukang koran

paper clip, jepitan kertas

paper money, uang kertas

Papua, Irian

parable, perumpamaan, ibarat

parachute, payung (udara), parasut; to ~ , terjun payung

parachutist, penerjun payung

parade, parade, pawai

paradise, firdaus, surga

paradox, lawan asas, paradoks

paradoxical, berlawanan asas, mengherankan

paraffin, parafin, malam

paragraph, paragraf; ayat; alinea; pasal; berita surat kabar

parakeet, burung bayan

parallel, sejajar, paralel; without a ~ , tanpa tanding, tanpa tara

paralysis, layuh, kelumpuhan

paralyze, to ~ , melumpuhkan

paramount, tertinggi, terpenting, terpokok, terutama

paraphrase, to ~ , menguraikan

parasite, parasit, benalu

parasitology, ilmu parasit, parasitologi

parasol, payung

paratrooper, pasukan payung, pasukan para

paratroops, pasukan payung

parcel, bingkisan, paket; persil; to ~ out, membagi

parchment, perkamen, kertas dari kulit

pardon, ampun, maaf; general ~ , amnesti; ~ me, maaf, jangan marah; to ~ , mengampuni, memaafkan

pardonable, dapat diampuni, dapat dimaafkan

parent, orang tua, ibu bapa(k), ayah bunda

parentage, keturunan, asal

parental, ... orang tua, ... ibu bapa(k), ... ayah bunda

perentheses, in ~ , dalam kurung

parenthesis, tanda kurung

Paris, Paris

parish, paroki

Parisian, penduduk Paris

parity, kesamaan, paritas

park, taman; tempat parkir; *to ~* , memarkir

parking lot, tempat parkir

parliament, dewan perwakilan rakyat, parlemen

parliamentary, ... dewan perwakilan rakyat, ... parlemen

parlor, kamar tamu; kamar duduk; kamar keluarga; salon, kamar bicara

parody, ajukan, tiruan yang bersifat mengejek, parodi

parole, janji tawanan tak akan lari

parrot, burung nuri

parry, *to ~* , menangkis

parson, pendeta

part, bagian, potong; kewajiban, tugas; *for my ~* , dari pihak saya; *on my ~* , dari pihak saya; *to ~* , membagi, memisahkan; *to play a ~* , memainkan peranan; *to take ~ in,* mengambil bagian, ikut, turut; *to ~ with,* melepaskan

partake, *to ~* , turut, ikut, mengambil bagian

partial, sebagian; memihak; suka akan; *to be ~ to,* memihak

partiality, sikap memihak

participant, peserta, pengikut, pengambil bagian

participate, *to ~* , mengambil bagian, ikut, turut

participation, kesertaan, keikutsertaan, partisipasi

parti-colored, belang; warna-warni

particular, istimewa, spesial, khusus; *in ~* , khususnya, hubaya-hubaya; *~s,* seluk beluk, keterangan, data

particularity, keistimewaan

particularly, teristimewa

parting, perpisahan

partisan, penganut, pengiring, sekutu (politik)

partition, sekat, dinding pemisah; bagian, pembagian

partly, sebagian

partner, pasangan, rekan, sekutu, pesero, teman

partnership, rekanan, persekutuan, perseroan

party, partai, golongan, rombongan

pass, genting bukit, jalan sempit, sela-sela; surat izin jalan, surat jalan; surat izin masuk; kartu tanda jalan; *to ~* , lalu, lewat; berjalan, menyeberangi; lulus ujian; *to ~ by,* melalui; *to ~ through,* melalui, melewati

passable, dapat dijalani, dapat

dilalui, dapat diseberangi; agak baik; boleh juga, baik juga

passage, jalan lintas, jalan tembus, gang, lorong, terusan; bagian buku; pelayaran ke seberang; jalan keluar; karcis kapal

passenger, penumpang

passerby, orang lewat

passing, *in ~ ,* sepintas lalu

passion, hawa nafsu; *in a ~ ,* dalamkeadaanmarah; *to fly into a ~ ,* naik darah

passionate, bernafsu, bergairah, bersemangat; geram

passive, pasif

passkey, kunci induk

passport, paspor

password, kata sandi

past, lalu, lewat, lampau, silam; masa lalu

paste, adonan, tapal

pasteboard, kertas tebal

pastime, waktu pelengah, pengisi waktu

pastor, pastor, pendeta, paderi

pastry, kue

pasture, padang rumput, tempat penggembalaan; *to ~ ,* menggembala

patch, tampal, tembel; *to ~ ,* menampal, menembel

patchy, tembelan

pate, kepala

patent, paten

paternal, kebapaan

path, jalan, lorong

patience, kesabaran

patient, sabar; pasien, penderita, penderita sakit

patrician, berdarah bangsawan, ningrat

patrimony, harta pusaka

patriot, patriot, pencinta tanah air

patriotism, patriotisme, kecintaan kepada tanah air

patrol, patroli, ronda; *to ~ ,* berpatroli, meronda

pattern, pola, contoh; *to ~ ,* memola

paunch, perut

pauper, orang miskin, orang papa

pause, jeda, waktu istirahat; *to ~ ,* berhenti sebentar

pavement, kakilima, trotoar; jalan beton, jalan aspal

pavilion, pavilyun; kemah

paw, kaki binatang, cakar

pawn, gadai(an); pion; *to ~ ,* menggadaikan

pawnbroker, penggadai

pawnshop, rumah gadai, pegadaian

pawn ticket, surat gadai
pay, bayaran, gaji, upah; to ~ ,
   membayar; to ~ attention,
   memperhatikan; to ~ a visit,
   bertandang, berkunjung
payable, dapat dibayarkan, untuk
   dibayarkan
paybox, loket
payer, pembayar
paymaster, juru bayar, kasir
payment, pembayaran, upah
pea, ercis
peace, perdamaian; ~ !, diam!; ~
   of mind, ketenteraman hati
peaceful, damai, tenteram, tenang
peacock, merak
peak, puncak
peal, ~ of laughter, tertawa gelak-
   gelak; ~ of thunder, petir
peanut, kacang tanah
pear, buah per
pearl, mutiara
peasant, petani
peasantry, kaum tani
pebble, batu kerikil
peck, to ~ , mematuk
peculiar, ganjil, aneh, khas
peculiarity, keganjilan,
   keanehan, kekhasan
pecuniary, ... keuangan
pedagogue, ahli mendidik,
   pendidik, pedagog

pedagogy, ilmu mendidik,
   pedagogi
pedal, pedal
peddle, to ~ , menjajakan
peddler, penjaja
pedestrian, pejalan kaki
pedigree, asal-usul, silsilah, susur
   galur
peel, kulit; to ~ , menguliti,
   mengupas
peep, to ~ , mengintip, mengintai;
   berciap-ciap; berkiut-kiut
peephole, tingkap
peerage, kesepadanan;
   kebangsawanan
peevish, kesal, jengkel,
   menggondok
peg, pasak; sangkutan
pelican, burung undan
pell-mell, kacau balau; lintang
   pukang
pelt, kulit, belulang; to ~ ,
   melemparkan, menembaki,
   menghujani, membom
pen, kalam, pena; to ~ , menulis
penal, patut dihukum; ~
   servitude, hukuman kerja paksa
penalty, denda, hukuman, penalti
penance, silih, laku tapa
pencil, pinsil, potlot
pendulum, bandul
penetrate, ~d, tembus; to ~ ,

menerobos, menembus, menusuk, menduga

penetrating, tajam, menusuk

penetration, penerobosan, penembusan, penusukan; penetrasi

penholder, tangkai pena, gagang pena

penicillin, penisilin

peninsula, semenanjung

penitence, sesal, penyesalan, tobat

penitent, merasa sesal; orang yang menyesali dosanya

penknife, pisau lipat

pennant, panji, ular-ular, umbul-umbul

penniless, tak beruang sepeser pun

penny, mata uang Inggris bernilai seperdua belas *shilling*

pension, pensiun

pensive, termenung

Pentecost, Pantekosta

penthouse, ruang atap

penurious, miskin, papa

penury, kemiskinan, kepapaan

people, orang, bangsa, rakyat, kaum, keluarga, isi negeri

pep, semangat

pepper, merica, lada

pepperbox, tempat merica

peppermint, permen

peppery, pedas

perambulator, kereta bayi

perceive, to ~ , mencerap

percent, persen

percentage, persentase

perception, pencerapan

perch, to ~ , bertengger

perchance, barangkali, boleh jadi, secara kebetulan

percolate, to ~ , menyaring, menapis

percolator, saringan, penapis

perennial, tahunan, menahun, selalu, kekal

perfect, sempurna; to ~ , menyempurnakan

perfection, kesempurnaan

perfidious, berkhianat, mendurhaka

perfidy, pengkhianatan, pendurhakaan

perforate, to ~ , melubangi

perforation, pelubangan, perforasi

perform, to ~ , melakukan, menyelenggarakan, menunaikan, memainkan (peran), mempertunjukkan

performance, penyelenggaraan, pertunjukan, unjuk kerja, prestasi

perfume, wewangian, minyak wangi

perhaps, barangkali, boleh jadi, mungkin

peril, bahaya

perilous, berbahaya

period, zaman, masa, kala; titik

periodic, berkala, periodik

periodical, berkala, terbitan berkala, majalah

periphery, tepi, pinggir, batas luar, periferi

periscope, periskop

perish, to ~ , hilang, tewas, karam

perishable, fana

perjure, to ~ , makan sumpah, bersumpah bohong

perjurer, orang yang bersumpah bohong

perjury, sumpah dusta, sumpah bohong, sumpah palsu

permanent, tetap, kekal, permanen

permeate, to ~ , meresapi, merembesi

permissible, dapat diizinkan, dapat diperkenankan, dapat diperbolehkan

permission, permisi, izin

permit, surat izin; to ~ , mengizinkan, meluluskan

perpendicular, tegak lurus

perpetual, kekal, abadi

perplexed, bingung, gelagapan

persecute, to ~ , menganiaya, menyiksa, mengganggu, mengejar-ngejar

perseverance, ketekunan, kegigihan

persevere, to ~ , bertekun, gigih

Persia, Persia, Iran

Persian, orang Persia; bahasa Persia, ... Persia, ... Iran

persist, to ~ , bertekun, berkanjang, bertahan; tetap

persistence, ketekunan, kekanjangan

person, orang, pribadi

personage, orang besar, tokoh

personal, pribadi; perorangan

personality, kepribadian

personify, to ~ , menjelmakan, mewujudkan, menokohkan, memribadikan

personnel, para karyawan, para pegawai, para pekerja; personalia, personil; ~ department, bagian personalia

perspiration, keringat, peluh

perspire, to ~ , berpeluh, berkeringat

persuade, to ~ , meyakinkan

persuasion, peyakinan, persuasi

persuasive, meyakinkan, persuasif

pertinent, berkaitan; ~ *to,* berkaitan dengan

perturb, *to ~ ,* mengganggu, mengacaukan, mengharubirukan, menggelisahkan

perturbation, kekacauan, gangguan, kegelisahan

perverse, suka melawan; jahat, jelek, buruk

pervert, *to ~ ,* memutarbalikkan

pessimistic, pesimis

pester, *to ~ ,* mengganggu, mengusik

pestilence, penyakit sampar, penyakit pes

pestle, antan, alu

pet, ~ *name,* nama timangan; *to ~ ,* menimang-nimang

petition, permohonan, petisi

petitioner, pemohon, peminta

petrify, *to ~ ,* membatu

petrol, bensin

petroleum, minyak tanah

petty, kecil, remeh, picik; ~ *cash,* kas kecil

phantom, hantu, momok

pharynx, tekak

pheasant, burung kuau

phenomenal, luar biasa, istimewa, menakjubkan, fenomenal

philanthropic, dermawan, murah hati, cinta kemanusiaan

philanthropist, (orang) dermawan, filantropis

philanthropy, rasa cinta kemanusiaan, filantropi

philosopher, filsuf, ahli filsafat

philosophize, *to ~ ,* berfilsafat

philosophy, filsafat, ilmu filsafat

phlegm, dahak

phlegmatic, bersikap dingin

phone, telefon

phonetics, ilmu fonetika

phosphorescent, pendar

phosphorus, fosfor

photograph, foto, potret; *to ~ ,* memfoto, memotret

photographer, pemotret, tukang foto, tukang potret

photography, potret-memotret, fotografi

phrase, frase

physician, dokter

physics, ilmu fisika

physiognomy, ilmu firasat

pianist, pemain piano

piano, piano

pick, tusuk gigi; beliung; *to ~ ,* mencungkil; memetik; memilih; memungut; *to ~*

one's pocket, mencopet
picket, pancang, piket
pickle, acar
pickpocket, tukang copet, pencopet
picnic, piknik, darmawisata
picture, gambar, lukisan, figura; film; *to ~ ,* melukiskan
picturebook, buku gambar
picture gallery, galeri lukisan, balai lukisan, museum lukisan
picture house, gedung bioskop
picture postcard, kartu pos gambar
picturesque, permai
pie, murai; kue, pastei
piebald, belang
piece, kerat, potong, keping; *~ of pie,* sepotong
pier, pangkalan, jembatan
pierce, *to ~ ,* menembus, menindik, menusuk, menikam, menyogok; *to ~ the ears,* memasang telinga
piety, kesalehan
pig, babi
pigeon, merpati, burung dara, tekukur, pergam, punai
pigeonhole, loket
pigment, pigmen, zat warna
pike, tombak
pile, timbunan, longgok; *to ~ ,*

menimbun
pilgrim, peziarah; *~ to Mecca,* orang naik haji
pilgrimage, ziarah, peziarahan; *to make a ~ ,* berziarah, naik haji
pill, pil
pillar, tiang, soko guru
pillar box, kotak surat
pillow, bantal
pillowcase, sarung bantal
pilot, pilot, penerbang, juru terbang; pandu, mualim
pimple, jerawat, bintil
pin, peniti
pincers, sepit, kakatua
pinch, *to ~ ,* menyepit, menjepit
pineapple, nanas, nenas
pink, merah muda, merah jambu
pint, seperdelapan gallon, 0.568 liter
pioneer, perintis, pelopor, pembuka jalan
pious, saleh, berbakti
pipe, pipa
pipeline, saluran pipa
pirate, perompak, pembajak; bajak laut, *to ~ ,* merompak, membajak
pistol, pistol
pistol case, sarung pistol
pit, lubang, lombong, terowongan dalam tambang

pitch, bubungan; ter, gala-gala; tingkat, derajat; *to ~ ,* melemparkan; membentangkan, memasang; beranggut, turun naik

pitch-dark, gelap gulita

piteous, menyedihkan, memilukan

pith, isi, sumsum, inti

pitiful, berbelas kasihan, menaruh belas kasihan

pitiless, tidak menaruh belas kasihan; menyedihkan

pity, belas kasihan, kasihan; *it is a (great) ~ ,* sayang (sekali); *to have (take) ~ on,* menaruh kasihan kepada

placard, plakat

place, tempat; rumah; jabatan, pekerjaan, kedudukan; *to ~ ,* menempatkan, meletakkan; *to take ~ ,* terjadi, berlangsung

plagiarism, penjiplak, pembajak, penganglap

plague, penyakit sampar, wabah

plain, padang, medan, dataran; datar; bersahaja; nyata, terang

plaintiff, pengadu, penuntut

plait, kelabangan; *to ~ ,* mengelabang

plan, rencana, rancangan, bagan; *~ned economy,* ekonomi

terencana; *to ~ ,* merancang, merencanakan

plane, ketam; pesawat terbang

planet, planet

plank, papan tebal

plant, tetumbuhan, tanaman; pabrik, perusahaan; *to ~ ,* menanam

plantation, perkebunan

planter, penanam; pemilik (pengusaha) perkebunan

plaster, plester, lepa; *to ~ ,* memlester, melepa

plasterer, tukang plester, pelepa

plastic, plastik

plate, plat; papan nama; pinggan, piring

platform, peron; panggung

platinum, platina, mas putih

platoon, pleton

plausible, dapat diterima, masuk akal

play, main, permainan; lakon; *to ~ ,* main, bermain, memainkan

playbill, programa

player, pemain

playground, tempat bermain

playmate, teman main, teman permainan, teman sepermainan

plaything, mainan; alat permainan, bulan-bulanan

playwright, penulis drama

plea, permohonan, permintaan; acara, pembelaan, dalih

plead, *to ~ ,* membela

pleader, pengacara, pembela

pleasant, menyenangkan, sedap, enak, nyaman, nikmat

please, *if you ~ ,* sudilah; *~ ,* silakan; *~ God!,* insya Allah!; *~ yourself,* ayolah yang enak saja; *to ~ ,* menyenangkan; *to be ~d at,* gemar akan

pleasure, kesukaan, kenikmatan, kerelaan; *at ~ ,* sesuka hati

plebiscite, pemungutan suara, plebisit

pledge, ikrar, janji; *to ~ ,* berjanji, berikrar; menjanjikan

plenty, keberlimpahan, banyak sekali

plight, keadaan

plot, sebidang tanah; komplotan, mufakat jahat; plot; *to ~ ,* bermufakat jahat, berkomplot, bersekongkol

plotter, anggota komplotan

plow, bajak; *to ~ ,* membajak

plowshare, nayam, mata bajak

pluck, sentak, keberanian; *to be ~ed,* tidak lulus (ujian); *to ~ ,* memetik, menyentak, membantun

plucky, berani

plug, sumbat, tampon; steker; *to ~ ,* menyumbat, mencolokkan

plug connection, stopkontak

plumage, bulu

plumb, batu duga, unting-unting

plume, jambul, bulu

plump, tambun

plunder, *to ~ ,* merampas, menjarah

plunderer, perampas, penjarah

plunge, *~d in thought,* termenung; *to ~ ,* terjun

plural, jamak

plurality, pluralitas, jumlah paling banyak

plus, plus, ditambah

ply, *to ~ ,* memakai, menggunakan, menjalankan, melakukan; menjelajahi, mengarungi; hilir mudik

p.m., *post meridiem,* sesudah tengah hari, sore hari

pneumatic, *~ tire,* ban pompa

pneumonia, radang paru

pocket, saku, kantung; *to ~ ,* mengantungi

pocketbook, buku saku

pocketknife, pisau lipat

pocket money, uang saku, uang jajan

pockmarked, bopeng

poem, syair

poet, penyair
poetess, penyair wanita
poetic(al), puitis
poignant, tajam, pedas
point, titik, noktah; *in ~ of fact,*
sebetulnya, sebenarnya; *~ of
view,* segi pandangan, sudut
pandangan; *that is just the ~ ,*
itu dia; *compass ~ ,* mata
pedoman, mata kompas; *to ~ ,*
meruncingkan; menunjuk,
menunjuki; *to ~ out,*
menyatakan
point-blank, mentah-mentah,
terus terang
pointed, runcing, tajam
pointer, penunjuk
poison, racun; bisa; *to ~ ,*
meracuni
poisonous, beracun, berbisa
poke, *to ~ ,* meradak,
mencungkil, menyodok,
menusuk
Poland, Polandia
polar, ... kutub
Pole, orang Polandia
pole, kutub; tiang, patok
polemics, polemik
police, polisi
policeman, polisi
police station, kantor polisi, pos
polisi

policy, kebijaksanaan; polis
Polish, ... Polandia
polish, politur, upam; *shoe ~ ,*
semir sepatu; *to ~ ,* menggosok,
mengupam, menggilapkan
polite, sopan, santun, sopan
santun, beradab, beradat, tahu
adat
politeness, kesopanan,
kesantunan, kesopansantunan,
keadaban
political, ... politik, kenegaraan
politician, ahli politik
politics, politik
polka, polka
pollen, tepung sari
pollute, *to ~ ,* mencemarkan
pollution, pencemaran,
kecemaran, polusi
polyp, polip
pomade, pomade, minyak rambut
pomegranate, delima
pomp, kemegahan
pompous, megah
pond, kolam
ponder, *to ~ ,* memikirkan,
menimbang
ponderous, berat
poniard, sekin, keris
pontoon, rakit, ponton
pony, kuda kecil, kuda poni
pool, kubang, lubuk; tempat

renang, kolam renang; *to ~*,
menggabungkan, menyatukan

poop, buritan

poor, miskin, papa, hina; *~ horse,*
kuda kurus; *~ man,* kasihan; *my
~ father,* almarhum ayahku; *to
be in ~ health,* kesehatan(nya)
terganggu

pop, *to ~*, meletup;
menembakkan; *to ~ in,*
mampir; *to ~ the question,*
meminang; *to ~ up,* muncul

pope, Sri Paus

popgun, pistol mainan, pistol
anak-anak

poppy, apiun, bunga apiun

populace, rakyat, orang banyak

popular, populer, digemari
banyak orang

populate, *to ~*, mendiami,
meramaikan

population, penduduk, populasi

populous, banyak penduduknya,
padat penduduknya

porcelain, porselen

porcupine, landak

pore, pori

pork, daging babi

porous, berpori

porpoise, lumba-lumba

porridge, bubur

port, pelabuhan; *~ of call,*
pelabuhan persinggahan,
pelabuhan transit

portable, dapat dibawa ke mana-
mana, jinjing

portent, pertanda, tanda, alamat

porter, penjaga pintu; kuli

portfolio, portepel

porthole, tingkap kapal

portion, porsi, bagian, catu

portmanteau, tas, palis

portrait, potret, lukisan

portray, *to ~*, melukiskan

Portugal, Portugal

Portuguese, ... Portugis; orang
Portugis

pose, sikap badaniah, lagak

position, letak, kedudukan,
pangkat, jabatan; keadaan

positive, positif, pasti, tentu

possess, *to ~*, mempunyai

possession, kepunyaan, milik,
harta milik

possessor, pemilik

possibility, kemungkinan

possible, mungkin

possibly, barangkali, boleh jadi

post, pos; jabatan; tiang; *to ~*,
mengeposkan; menempelkan

postage, prangko, meterai

postage stamp, prangko

postal, ... pos

postcard, kartu pos

poster, plakat

posterior, belakangan; pantat

posterity, keturunan, anak cucu

post-free, bebas bea kirim

postman, tukang pos

postmark, cap pos

postmaster, kepala kantor pos

post office, kantor pos; ~ order, poswesel

postpaid, bea kirim telah dibayar

postpone, to ~ , menunda, mengundurkan

postponement, penundaan, pengunduran

postscript, tambahan tulisan, tambahan berita surat

posture, sikap badan, postur

postwar, paska perang, sesudah perang

pot, pot, periuk, belanga

potable, dapat diminum

potassium, potasium

potato, kentang

potency, potensi, kekuatan

potent, kuat

potential, potensial

potluck, seada-adanya

potpourri, campur baur, sekar semawur, bunga rampai

pottery, tembikar, pecah belah

poultice, tuam, demah, tapal

poultry, unggas

pound, pon, 453.59 gram atau 373 gram; pound sterling; to ~ , menumbuk; memukul, memukul-mukul; mengentak-entakkan

pour, to ~ , menuangkan, mencurahkan; menyiram; hujan lebat

poverty, kemiskinan, kepapaan

powder, bubuk, serbuk, puyer; bedak; obat bedil, mesiu; to ~ , membedaki

powder box, tempat bedak

power, kekuasaan, kekuatan, daya, tenaga

powerful, berkuasa, kuat

powerhouse, pusat tenaga listrik

powerless, tak berkuasa, tak berdaya

practical, praktis, berguna

practice, praktik, kebiasaan, adat; latihan; to put into ~ , memraktikkan

practiced, berpengalaman

Prague, Praha

praise, pujian; to ~ , memuji

praiseworthy, patut dipuji

pram, kereta bayi, kereta anak-anak

pray, to ~ , berdoa, bersembahyang, memohon dengan sangat

prayer, doa, sembahyang; orang yang berdoa

preach, *to ~* , berkhotbah

preacher, pengkhotbah

preamble, mukadimah

precarious, genting, berbahaya

precaution, tindakan pencegahan

precede, *to ~* , mendahului

precedence, hak mendahulu, hak didahulukan, prioritas

precedent, preseden

precept, perintah, peraturan

preceptor, guru, pengajar, pendidik

precious, berharga, mahal; mulia; *~ stone,* batu mulia, permata

precipice, ngarai, tebing tinggi

precipitancy, ketergesa-gesaan

precipitate, tergesa-gesa; endapan; *to ~* , menyegerakan, mempercepat; mencampakkan

precipitous, curam, tergesa-gesa, tergopoh-gopoh

precise, tepat, saksama, persis

precision, ketepatan, kesaksamaan, presisi

predestination, takdir

predestine, *to ~* , menakdirkan

predetermine, *to ~* , menetapkan lebih dahulu

predicate, gelar (jabatan); sebutan (kalimat); predikat

predict, *to ~* , meramalkan, menelah

predilection, kecenderungan, kegemaran

predisposition, kerentanan

preface, pendahuluan, kata pengantar, prefasi

prefer, *to ~* , lebih suka, lebih memilih

preferably, lebih suka

preference, kecenderungan, pengutamaan, preferensi

preferential, lebih mengutamakan

prefix, awalan

pregnant, hamil, mengandung, bunting

prehistoric, prasejarah

prejudice, prasangka

preliminary, pendahuluan, persiapan, prelim

prelude, pembukaan, pendahuluan

premature, prematur, sebelum waktu

premier, perdana menteri

premium, premi, hadiah

preoccupied, asyik, asyik memikirkan, asyik merenung

prepaid, sudah dibayar lebih dahulu, sudah dibayar di muka; prangko

preparation, persiapan

prepare, *to ~ ,* menyiapkan, mempersiapkan; *~d,* siap, siap sedia, bersedia

prepay, *to ~ ,* membayar lebih dahulu, membayar di muka

prepayment, pembayaran di muka

preposition, kata depan

prepossessing, memesona, memikat

prerogative, hak mendahulu, hak didahulukan, prerogatif

presage, padah, tanda, alamat

prescribe, *to ~ ,* menetapkan; *to ~ ,* menulis resep, memberikan resep

prescription, perintah, ketetapan; resep

presence, hadirat, hadapan; kehadiran; *one's ~ of mind,* kesadaran akan segala sesuatunya

present, sekarang; hadiah, pemberian, persembahan; hadir; *all ~ ,* para hadirin; *at ~ ,* sekarang ini; *to ~ ,* menyajikan, menghidangkan, mempertunjukkan, mempersembahkan

presentation, pemberian, penyajian, pertunjukan,

presentasi

presently, sekarang juga; segera

preservation, pengawetan, preservasi

preserve, makanan kaleng, makanan awetan; cagar; *to ~ ,* mengawetkan, melindungi, memelihara

preside, *to ~ ,* mengetuai

president, presiden; ketua

press, alat penekan, penindih, pemeras; percetakan; tekanan; pers; *in the ~ ,* lagi dicetak; *to ~ ,* mengempa, menekan, menindih, mengapit, memeras, mendesak

pressing, mendesak

pressure, tekanan

prestige, gengsi, prestise

presumable, barang kali, boleh jadi, mungkin

presume, *to ~ ,* menyangka

presumption, persangkaan

pretend, *to ~ ,* berpura-pura, berdalih; *to ~ to ,* menuntut

pretense, dalih; kepura-puraan

pretension, pretensi, tuntutan

pretext, dalih

pretty, manis, cantik, molek; agak

prevail, *to ~ ,* menang, merajai, berlaku; *to ~ on,* merayu,

membujuk
prevalent, umum, berlaku, lazim
prevaricate, to ~ , berdalih
prevent, to ~ , mencegah,
  menghalangi, menangkis,
  menjaga
prevention, pencegahan
preventive, preventif, ...
  pencegahan
previous, yang dahulu, yang
  sudah lalu
prewar, sebelum perang
prey, mangsa
price, harga
priceless, tidak ternilai harganya
price list, daftar harga
prick, to ~ , mencacar, mencocok
pride, kecongkakan, kebanggaan,
  harga diri; to ~ oneself on,
  membanggakan
priest, imam, paderi
prig, orang yang mementingkan
  diri sendiri
prim, sopan
primary, pertama, terpenting,
  terutama, primer; ~ school,
  sekolah rendah
prime, perdana, utama; ~
  customer, pelanggan utama; ~
  minister, Perdana Menteri; ~
  number, bilangan pokok
primer, buku bacaan awal

primitive, bersahaja, primitif
prince, pangeran; ~ royal, putera
  mahkota
princess, puteri raja
principal, kepala, sep; direktur
  (sekolah); agen; uang pokok;
  utama
principle, asas, prinsip; on ~ ,
  pada asasnya, pada pokoknya,
  pada prinsipnya, pada dasarnya
print, bekas; cap; gambar, peta;
  in ~ , sedang dicetak; out of ~ ,
  habis terjual; ~ed matter,
  barang cetak; to ~ , mencetak
printer, pencetak
printing office, percetakan
printing press, mesin cetak
prior, terlebih dahulu
priority, prioritas
prism, prisma
prison, penjara
prisoner, orang yang dipenjara; ~
  of war, tawanan perang
private, tamtama, prajurit biasa;
  milik sendiri; pribadi; swasta;
  di bawah tangan; in ~ , di
  bawah empat mata
privilege, hak istimewa, privilese
prize, hadiah, ganjaran
prizefight, pertandingan tinju
  bayaran
prizefighter, petinju bayaran

pro, pro
probable, mungkin
probably, barangkali, boleh jadi, mungkin
probation, percobaan
probe, *to ~* , menduga, memeriksa
problem, masalah, soal
procedure, prosedur, tata laksana
proceed, *to ~* , maju, jalan, pergi ke, berangkat ke, mulai; meneruskan; mengangkat perkara
proceeding, cara kerja; *to take ~s,* menuntut perkara
proceeds, penghasilan
process, cara, proses; *to ~* , memroses, mengolah
procession, perarakan, ambalan, prosesi
proclaim, *to ~* , memroklamasikan, memaklumkan, mengumumkan
proclamation, proklamasi, maklumat, pengumuman
prodigal, boros, royal
prodigality, pemborosan, keroyalan
prodigious, ajaib
prodigy, keajaiban
produce, hasil; *to ~* , menghasilkan, memroduksi, mempertunjukkan
producer, produsen, produser
product, hasil
production, produksi, pertunjukan
productive, produktif
profess, *to ~* , menganut, mengakui, menyatakan
profession, profesi, pekerjaan, pernyataan
professor, profesor, guru besar, mahaguru
profile, profil
profit, untung, keuntungan, laba; guna, faedah; *~ and loss,* laba rugi; *to ~* , memperoleh keuntungan
profitable, menguntungkan, mendatangkan laba
profound, dalam, mendalam
profuse, sebesar-besarnya, sebanyak-banyaknya, sedalam-dalamnya
profusion, keberlimpahan, kemewahan
prognosis, prognosis, ramalan jalannya penyakit
program, program, tertib acara
progress, kemajuan; *to ~* , maju
prohibit, *to ~* , melarang
prohibition, larangan
project, proyek; *to ~* ,

memroyeksikan
projection, proyeksi
proletarian, proletar
proletariat, kaum proletar, kaum marhaen, rakyat jelata
prolific, peridi, subur, cepat berkembang biak
prolix, panjang lebar, bertele-tele
prologue, prolog, pendahuluan
prolong, to ~ , memanjangkan, melanjutkan
prolongation, perpanjangan
prominent, terkemuka, menonjol
promise, janji; to ~ , berjanji, menjanjikan
promissory, ~ note, surat tanda sanggup, promes, aksep
promote, to ~ , memajukan, menaikkan pangkat, menggalakkan
promotion, pengembangan, kenaikan pangkat, penggalakan
prone, cenderung; tertiarap
pronoun, kata ganti
pronounce, to ~ , melafalkan
pronunciation, lafal
proof, bukti; contoh cetak
propaganda, propaganda
propagandist, propagandis
propagandize, to ~ , memropagandakan
propeller, baling-baling

proper, benar, betul, patut, layak, yang seharusnya
property, kepunyaan, milik, harta milik; sifat
prophylactic, obat pencegah, obat penangkal
proportion, proporsi, perbandingan
proportional, proporsional, secara perbandingan
proposal, usul
propose, to ~ , mengusulkan; to ~ a girl, meminang gadis
proposition, dalil, usul, rencana, masalah
proprietor, pemilik
prorogation, penangguhan
prorogue, to ~ , menangguhkan
proscribe, to ~ , menganggap orang sebagai orang buangan; mengharamkan
prose, prosa
prosecute, to ~ , mengadu, mendakwa
prosecution, pengaduan, pendakwaan
prosecutor, pendakwa, penuntut; public ~ , jaksa umum, penuntut umum
proselyte, pemeluk baru
prospectus, prospektus
prosperity, kemakmuran,

kesejahteraan

prosperous, makmur, sejahtera

prostitute, pelacur, wanita jalang, wanita sundal

protect, ~ed, terlindung; to ~ , melindungi

protection, perlindungan

protector, pelindung

protest, protes; to ~ , memrotes

Protestant, Protestan

protester, pemrotes

•**protocol,** protokol

protrude, to ~ , menganjur, menjorok

proud, bangga, membanggakan diri, sombong

prove, to ~ , membuktikan; ternyata, terbukti

proverb, bidal, peribahasa

provide, to ~ , menyediakan, membekali, melengkapi; menetapkan

provided, ~ (that), asal, asalkan

Providence, Divine ~ , Penyelenggaraan Illahi

provider, penyedia, pemberi nafkah

province, provinsi

provincial, ... provinsi; kedaerahan, udik, picik; provinsial

provision, perbekalan, provisi

provisional, untuk sementara waktu

provocation, provokasi, hasutan, pancingan

provocative, provokatif, menghasut, memancing kemarahan

provoke, to ~ , menghasut, memancing kemarahan, menimbulkan kemarahan

prow, haluan

proximate, dekat

proximo, mendatang, yang akan datang, berikutnya

proxy, wakil, kuasa

prudence, kebijaksanaan

prudent, bijaksana; hati-hati, ingat-ingat

pry, to ~ , mengintai

psalm, mazmur, zabur

pseudonym, nama samaran

psychiatrist, ahli jiwa, psikiater

psychiatry, ilmu penyakit jiwa, psikiatri

psychologist, ahli ilmu jiwa, ahli psikologi

psychology, ilmu jiwa, psikologi

p.t.o., please turn over, lihat halaman berikutnya

public, orang banyak, khalayak ramai, public; umum

publication, penerbitan, terbitan,

keluaran, pengumuman
publicity, siaran, publisitas,
  reklame
publish, *to ~ ,* menerbitkan,
  mengeluarkan, mengumumkan
publisher, penerbit
pudding, podeng
puff, *to ~ ,* meniup
pugilist, petinju
pull, *to ~ ,* menarik; *to ~ down,*
  membongkar, merobohkan; *to*
  ~ off, mencabut; *to ~ up,*
  membantun
pulley, kerek, takal
pulpit, mimbar
pulsate, *to ~ ,* berdenyut
pulsation, denyut
pulse, nadi
pulverize, *to ~ ,* melembutkan
  sampai menjadi bubuk,
  memipis, menghancurleburkan
pumice, batu apung, batu timbul
pump, pompa; sepatu trepes; *to*
  ~ , memompa; menjolok
pumpkin, labu
punctual, tepat waktu
punctuality, sikap selalu tepat
  waktu
punctuation, pungtuasi; *~ mark,*
  tanda baca
puncture, lubang kecil; *~d tire,*
  ban bocor

punish, *to ~ ,* menghukum
punishable, dapat dihukum,
  pantas dihukum
punishment, hukuman
pupa, kepompong
pupil, murid, pelajar; biji mata
puppet, boneka
puppy, anak anjing
purchase, pembelian; *to ~ ,*
  membeli
pure, murni
purgation, pencucian,
  pembersihan
purgative, obat pencahar
purgatory, api pencucian, alam
  barzakh
purge, *to ~ ,* membersihkan,
  mencahar, menguras
purification, pemurnian
purify, *to ~ ,* memurnikan
purple, ungu
purpose, maksud, niat, kehendak;
  on ~ , dengan sengaja; *to no ~ ,*
  sia-sia, percuma saja; *to ~ ,*
  bermaksud, berniat,
  berkehendak
purse, dompet, pundi-pundi
purser, penata usaha di dalam
  kapal
pursue, *to ~ ,* mengejar, mencari,
  mengikuti, memburu
pursuit, pengejaran, pencarian

purvey, to ~ , memperlengkapi, menyediakan, membekali, memasok

purveyance, perlengkapan, penyediaan, perbekalan, pemasokan

purveyor, pemasok, leveransir, pembekal

push, dorongan; to ~ , mendorong, menyorong; to ~ down, menekan; to ~ from shore, bertolak; to ~ out to sea, melaut

pushing, bersifat mendesak

pussy, kucing

put, to ~ , meletakkan, menaruh, menyimpan; to ~ down, menuliskan, mencatat; to ~ into Indonesian, mengindonesiakan; to ~ on weight, menjadi lebih gemuk; to ~ off, menunda, mengundurkan; will you ~ me through to ... ?, bolehkah saya disambungkan dengan ... ? (telepon)

putrid, busuk

putty, dempul

puzzle, teka-teki; crossword ~ , teka-teki silang; to ~ , membingungkan

pygmy, katai

pyjamas, piyama

pyramid, limas, piramida

Q

qua, sejauh, selaku, sebagai

quadrangle, segi empat. persegi empat

quadratic, bujur sangkar

quadruped, binatang berkaki empat

quadruple, lipat empat

quadruplicate, rangkap empat

qualification, kualifikasi, kemampuan; persyaratan

qualified, berkualifikasi, berhak, berijazah

qualify, to ~ , memenuhi syarat, menentukan, menetapkan, mempelajari, menempuh ujian

qualitative, kualitatif, menurut mutu, menurut kualitas

quality, mutu, kualitas

quantity, banyaknya, kuantitas

quarantine, karantina

quarrel, perselisihan, perbantahan; *to ~ ,* berselisih, berbantah

quarrelsome, suka bertengkar, suka berbantah

quarter, perempat; kampung, bagian (kota); kuartal; lingkungan

quarterly, majalah triwulan; tiap kuartal

quasi, kuasi, pura-pura, tidak benar, sok

quay, dermaga

queen, ratu

queer, aneh, ajaib, luar biasa

question, pertanyaan; perkara, masalah; soal; *beyond ~ ,* tidak ada kesangsian lagi, sudah pasti; *no ~ about it,* tidak usah disangsikan; *without ~ ,* tidak syak lagi; *to ~ ,* bertanya, menanyai, menanyakan, meragukan, menyoalkan, mempersoalkan

questionable, dapat dipertanyakan, dapat diragukan, dapat disangsikan

questioner, penanya, penguji

question mark, tanda tanya

queue, antre, antrean, leret, baris

quick, cepat, lekas, laju

quicklime, kapur tohor

quicksilver, air raksa

quick-tempered, lekas marah

quick-witted, cepat berpikir

quid, susur tembakau, sugi; satu pon (Inggris)

quiet, teduh, tenang; *be ~ !,* diam!; *on the ~ ,* diam-diam, mencuri-curi; *to ~ ,* menenangkan, meredakan, menyabarkan

quietness, ketenangan, keteduhan

quinine, kina, kinina

quit, *to ~ ,* meninggalkan, pergi

quite, sama sekali, benar-benar, sungguh-sungguh; *~ so,* persis, justru

quits, seri

quiver, *to ~ ,* gemetar

quiz, ulangan singkat, tanya jawab; *to ~ ,* menanyai

quota, jatah, kuota; *~ system,* sistem kuota, cara penjatahan

quotation, kutipan; penawaran; *~ mark,* tanda kutip

quote, *to ~ ,* mengutip, menyebut, mencatat

quotient, hasil bagi, kuosien

R

rabbit, kelinci

rabble, orang hina dina

rabies, penyakit anjing gila, rabies

race, lomba, balap, pacuan; ras, suku bangsa; *to ~* , berlomba, berpacu

racecourse, lapangan lomba, lapangan balap, gelanggang pacuan kuda

racehorse, kuda pacu, kuda balap

racial, ... ras, ... suku bangsa, rasial

radar, radar

radical, radikal

radio, radio

radish, lobak

radium, radium

radius, jari-jari

raft, rakit

rafter, kasau

rag, gombal, lap; *in ~s,* compang-camping, berpakaian buruk; *to ~* , mengusik, mengacau

ragamuffin, anak telantar; orang jahat

rage, kemarahan, geram; mata gelap

ragged, compang-camping, robek-robek

raid, serangan, serbuan, penyerbuan, penggrebekan; *to ~* , menyerang, menyerbu, menggerebek

rail, rel

railing, susuran

railroad, jalan kereta api

railway, jalan kereta api

railway porter, kuli stasiun

railway station, stasiun kereta api

rain, hujan

rainbow, pelangi, bianglala, benang raja

raincoat, jas hujan

rainy, *~ season,* musim hujan

raise, *to ~* , mendirikan, membangun; mengangkat, menaikkan, memelihara; mencabut; meninggikan; *to ~ one's hat,* mengangkat topi

raisin, kismis

rake, penggaruk; *to ~* , menggaruk

rally, pertemuan, rapat umum; *to* ~ , berkumpul, berhimpun, bertemu

ramble, pengembaraan; *to* ~ , mengembara

rambler, pengembara

ramification, percabangan

ramify, *to* ~ , bercabang

rampant, merajalela (penyakit)

rampart, kubu, beteng

ramshackle, buruk, bobrok

rancid, tengik

rancor, dendam, benci; *to bear* ~ , menaruh dendam

random, *at* ~ , secara acak, secara sebarang, secara serampangan, secara membabi buta

range, jajar, baris, jajaran, barisan; kisaran, jangkauan; *to* ~ , mengatur, menjajarkan; berkisar; menjelajah

rank, pangkat, derajat; baris, sap; *the* ~ *and file*, militer bawahan; *to* ~ *among*, masuk bilangan

ranking, urutan

ransack, *to* ~ , membongkar, menggeledah; merampas, menjarah

ransom, (uang) tebusan, penebusan; *to* ~ , menebus

rap, *to* ~ , mengetuk

rape, *to* ~ , memperkosa, menggagahi

rapid, cepat, lekas; jeram

rapidity, kecepatan

rapt, suka sekali

rare, jarang, ajaib, ganjil

rare, mentah

rarely, jarang

rarity, keganjilan, sesuatu yang jarang terjadi

rascal, bangsat

rasp, parut; *to* ~ , memarut

rat, tikus; ~*s!,* omong kosong!

rate, tarif, perbandingan, perimbangan; suku (bunga); kurs; *at any* ~ , bagaimanapun; angka; kecepatan; pangkat; ~ *of exchange,* kurs; ~ *of interest,* suku bunga; *to* ~ , menaksir, menentukan, menilai

rather, lebih suka; agak, juga

rather than, daripada

ratification, pengesahan

ratify, *to* ~ , mengesahkan, menguatkan

ratio, perbandingan

ration, ransum, rangsum; *to* ~ , merangsum

rational, rasional, masuk akal

rattan, rotan

rattle, gemerencang, gemertak

rattrap, perangkap tikus

ravage, pembinasaan; *to ~ ,* membinasakan

rave, *to ~ ,* mengigau

ravel, tiras; *to ~ ,* bertiras

raven, burung gagak

ravine, jurang

ravish, *to ~ ,* merebut, merampas

raw, mentah; kasar; *~ material,* bahan mentah

ray, ikan pari; sinar

razor, pisau cukur

reach, *to ~ ,* sampai, tiba, mencapai, menghubungi

react, *to ~ ,* menanggapi

reactionary, reaksioner

read, *to ~ ,* membaca; mengaji; *to ~ to,* membacakan

readable, dapat dibaca

reader, pembaca; kitab bacaan

readily, *to sell ~ ,* laku sekali, laris, laku seperti pisang goreng

ready, siap, sedia, selesai, sudah; *~ cash (money),* uang tunai

real, nyata, betul, sejati

reality, kenyataan

realization, perwujudan; keinsafan, kesadaran

realize, *to ~ ,* mewujudkan; menginsafi; melaksanakan, memperoleh

really, sungguh-sungguh, betul-betul, benar-benar

realm, kerajaan; bidang

reap, *to ~ ,* menuai, memanen, memungut

reaper, penuai, pemanen, pemungut, penyabit

rear, bagian belakang; *at the ~ ,* di belakang

rear guard, pasukan belakang

reason, budi; sebab, alasan; *by ~ of,* oleh sebab, lantaran; *it stands to ~ ,* sudah tentu, memang; *to ~ ,* berunding, berpikir, bernalar; *without ~ ,* dengan tidak semena-mena, tanpa sebab

reasonable, berbudi; patut, pantas; masuk akal

rebel, pemberontak; *to ~ ,* memberontak

rebellion, pemberontakan

rebellious, bersifat memberontak

rebuke, teguran, omelan; *to ~ ,* menegur, mengomeli

recalcitrance, pembangkangan, kedegilan

recalcitrant, membangkang, degil

recall, *to ~ ,* memanggil kembali, menarik kembali, membatalkan; ingat

recapitulate, *to ~ ,*

merekapitulasi,
mengikhtisarkan, mengulang
pokok-pokoknya

recapitulation, rekapitulasi,
ringkasan pokok-pokoknya

recapture, *to ~* , merebut
kembali

receipt, penerimaan; kuitansi,
tanda terima; *on ~ of,*
sepenerima

receive, *to ~* , menerima,
mendapat, memperoleh,
menyambut; menadah

receiver, penerima, pesawat
penerima; tukang tadah

recent, *recently,* baru-baru ini

reception, resepsi, perjamuan

recess, istirahat; reses; *in ~* , baru
istirahat; baru reses

recipe, resep

reciprocal, timbal balik, dari
kedua pihak

reciprocate, *to ~* , membalas

reciprocation, ketimbalbalikan

recite, *to ~* , membawakan,
mendaras, melagukan

reckless, sembrono, nekat, ugal-
ugalan, dakar

reckon, *to ~* , menghitung,
membilang

recognition, pengenalan;
pengakuan

recognize, *to ~* , mengenali,
mengakui

recollect, *to ~* , ingat akan,
mengingat

recollection, ingatan; *to the best
of my ~* , sepanjang ingatan
saya

recommend, *to ~* , memuji,
menasihatkan,
merekomendasikan

recommendation, pujian;
rekomendasi, saran

recompense, *to ~* , membalas,
mengganti rugi

reconcile, *to ~* , mendamaikan,
merukunkan

reconcilement, pendamaian,
perdamaian, perukunan

reconciliation, pendamaian,
perdamaian, perukunan

reconnoiter, *to ~* , mengintip

record, catatan; daftar; rekor;
dokumen; riwayat hidup;
piringan hitam; rekaman; *~s,*
arsip; *to ~* , mencatat,
mendaftar, merekam

record book, buku catatan, buku
notulen

recover, *to ~* , mendapat kembali,
sembuh, pulih; sadar kembali

recovery, diperolehnya kembali;
kesembuhan, kepulihan

recreate, *to ~* , menghibur
recreation, hiburan, rekreasi
recruit, rekrut
rectangle, empat persegi panjang
rectification, pembetulan, ralat
rectify, *to ~* , membetulkan, meralat
rector, rektor
recumbent, berbaring, telentang
recuperate, *to ~* , pulih, sembuh
recur, *to ~* , kembali, berulang; *~ring decimal,* desimal berulang, pecahan berulang
recurrence, keterulangan, kekambuhan, kekumatan
red, merah
redden, *to ~* , memerah, memerahkan
reddish, kemerah-merahan
redeem, *to ~* , menebus; memenuhi (perjanjian); memerdekakan
redeemer, penebus, penyelamat, pembebas
redemption, penebusan, penyelamatan, pembebasan
red-handed, *to be caught ~* , tertangkap tangan, tertangkap basah, tepergok
red-letter day, hari penting, hari besar
redouble, *to ~* , melipatduakan

redress, *to ~* , memperbaiki, membetulkan
reduce, *to ~* , mengurangi, memperkecil, mereduksi, menyurutkan, menyusutkan
reduction, potongan, pengurangan, penurunan, reduksi
reef, karang
reek, bau; *to ~ of* , berbau
refer, *~ring to your letter,* menunjuk surat Anda, sehubungan dengan surat Anda; *to ~ to* , mengacu ke; menyangkut; menunjuk ke
referee, wasit
referendum, referendum, pemungutan suara umum
refine, *to ~* , menghaluskan, memurnikan
refinement, kehalusan budi bahasa; perumitan, penghalusan, penyempurnaan; pemurnian, pengilangan
reflect, *to ~* , memantul, mencerminkan, memantulkan; berefleksi, mereflesikan, merenungkan
reflection, pantulan; refleksi, renungan
reflective, memantulkan sinar, membalikkan sinar

reflector, reflektor, pemantul
  sinar
reflex, refleks
reform, *to ~ ,* mengubah,
  memperbaiki
reformation, perubahan,
  reformasi
refrain, refren; *to ~ from,*
  menahan diri dari, menjauhkan
  diri dari
refresh, *to ~ ,* menyegarkan
refreshment, makanan dan
  minuman, penyegar
refrigerate, *to ~ ,* mendinginkan
refrigerator, lemari es
refugee, pengungsi
refusal, penolakan
refuse, *to ~ ,* menolak
regard, hormat; tabik; *in ~ to,*
  with ~ to, sehubungan dengan,
  berkenaan dengan, mengenai,
  terhadap
regarding, mengenai, berkenaan
  dengan, tentang
regenerate, *to ~ ,* menghidupkan
  kembali, menumbuhkan
  kembali, membangkitkan
  kembali, meregenerasikan
regent, bupati
regiment, resimen
regimental, ... resimen
region, daerah, wilayah

regional, ... daerah, kedaerahan
register, daftar; *to ~ ,*
  mendaftarkan; mencatat; *~ed*
  letter, surat tercatat
registration, pendaftaran,
  pencatatan
regret, sesal; *to ~ ,* menyesal
regretful, sangat menyesal
regular, teratur, tertib
regulate, *to ~ ,* mengatur
regulation, aturan, peraturan
rehabilitate, *to ~ ,* merehabilitasi,
  memulihkan kehormatan
rehabilitation, rehabilitasi,
  pemulihan kehormatan
rehearsal, latihan, repetisi;
  general ~ , gladi resik
rehearse, *to ~ ,* berlatih, melatih
reign, pemerintahan, kerajaan; *to*
  ~ , memerintah
reinforce, *to ~ ,* memperkuat,
  memperkokoh
reinforcement, penguatan,
  pengokohan
reject, *to ~ ,* menolak, menampik
rejection, penolakan, tampikan,
  penampikan
rejoice, suka sekali
relapse, *to ~ ,* bentan, kambuh,
  sakit lagi
relate, *to ~ ,* menceritakan;
  mengaitkan, menghubungkan

related, bersanak saudara; berkaitan, berhubungan

relation, hubungan, sanak saudara, keluarga, sedarah; *in ~ to,* mengenai ..., terhadap

relative, sedarah, sanak; relatif, nisbi

relax, *to ~ ,* bersantai-santai; mengendurkan

relay, *to ~ ,* merelai

relay race, lari estafet

release, *to ~ ,* melepaskan, membebaskan, memerdekakan

relentless, tidak menaruh belas kasihan, bengis, kejam

reliability, keterandalan, ketepercayaan

reliable, terandalkan, dapat dipercaya, jujur

reliance, kepercayaan

relief, bantuan, pertolongan, sumbangan; kelegaan

relieve, *to ~ ,* membantu, menolong, memberi sumbangan; meringankan, melegakan

religion, agama

religious, ... agama, saleh, religius

relinquish, *to ~ ,* meninggalkan, melepaskan, menyerahkan

relinquishment, penyerahan, pelepasan

relish, rasa, cita rasa, kecapan

reluctance, keseganan

reluctant, segan

rely, *to ~ (up)on,* percaya pada

remain, sisa; *to ~ ,* tinggal

remainder, sisa, kelebihan(nya), restan, selebihnya

remark, catatan, peringatan, teguran; *to ~ ,* memperingatkan menegur

remarkable, pantas diperhatikan, istimewa, ajaib

remedy, obat, penawar

remember, *~ me to ...,* sampaikan salam saya kepadanya; *to ~ ,* ingat akan

remembrance, ingatan, kenangan; tanda mata

remind, *to ~ ,* mengingatkan

reminiscence, kenangan

remit, *to ~ ,* mengirimkan uang; mengampuni; membebaskan; menunda

remittance, pengiriman uang

remitter, si pengirim uang

remnant, sisa, bekas

remote, terpencil

removal, pemindahan

remove, *to ~ ,* memindahkan; menjauhkan; memecat; menyingkirkan

rend, *to ~* , merobek, mengoyak

render, *to ~* , menyerahkan, membalas; menerjemahkan; *to ~ help*, memberi pertolongan; *to ~ thanks*, mengucapkan terima kasih

rendezvous, tempat pertemuan

renew, *to ~* , memperbarui

renewal, pembaruan

renovate, *to ~* , memperbaiki, memperbarui, merenovasi

renovation, perbaikan, pembaruan, renovasi

renowned, masyhur, kenamaan, tersohor, kesohor

rent, sewa; *to ~* , menyewa, menyewakan

renter, penyewa

reorganization, reorganisasi

repair, perbaikan, reparasi; *to ~* , memperbaiki, mereparasi

reparation, perbaikan, reparasi

repartee, jawab tepat

repay, *to ~* , membayar kembali

repeal, *to ~* , membatalkan, mencabut

repeat, *to ~* , mengulangi

repeatedly, berulang kali

repent, *to ~* , menyesali

repentance, penyesalan

repetition, ulangan

replace, *to ~* , menempatkan kembali; menggantikan

replacement, penempatan kembali; penggantian

reply, jawab, sahutan; *to ~* , menjawab, menyahut

report, laporan, pemberitaan; rapor; *to ~* , melapor, melaporkan, memberitakan

reporter, wartawan, pelapor

represent, *to ~* , mewakili; menggambarkan

representation, perwakilan; penggambaran

representative, wakil, utusan

repress, *to ~* , menekan, menindas

reprimand, teguran; *to ~* , menegur

reprint, cetak ulang

reprisal, pembalasan, balas dendam

reproduction, reproduksi; perkembangbiakan

republic, republik

republican, republikan

repulse, *to ~* , memukul mundur

reputation, nama baik, nama harum, reputasi

repute, nama baik; *well ~d*, namanya harum

request, permohonan, permintaan; *to ~* , memohon,

minta

require, *to ~ ,* menuntut, memerlukan

requirement, tuntutan, syarat; *~s,* kebutuhan

rescue, pertolongan, penyelamatan; *to ~ ,* menolong, menyelamatkan

research, penelitian, riset; *to ~ ,* meneliti, meriset

resemblance, keserupaan, kemiripan

resemble, *to ~ ,* menyerupai, mirip

resentment, murka, dendam

reservation, reservasi, pesanan

reserve, cadangan, persediaan; *to ~ ,* mencadangkan, menyediakan

reside, *to ~ ,* bersemayam, berdiam

residence, persemayaman, tempat kediaman; *to take up ~ in,* bertempat kediaman di ..., menetap di ...

residency, keresidenan

resident, residen, penduduk

resign, *to ~ ,* menyerahkan, meletakkan jabatan

resignation, penyerahan, peletakan jabatan

resin, damar

resist, *to ~ ,* melawan, menahan

resistance, perlawanan, pertahanan

resolute, tetap hati, tabah hati

resolution, keputusan, resolusi

resolve, *to ~ ,* memutuskan, menguraikan

resonance, gema, gaung, kumandang

resound, *to ~ ,* bergaung, berkumandang

resource, daya, daya upaya, akal; *~s,* pendapatan, sumber penghasilan, sumber daya

respect, hormat, hal; *as ~s,* akan hal; *give my ~s to...,* sampaikanlah salam saya kepadanya!; *in ~ of,* tentang; lantaran; *to have ~ for,* berkenaan dengan; *to ~ ,* menghormati

respectable, mulia, terhormat

respectful, hormat

respectfully, *~ yours,* hormat kami, takzim kami

respiration, pernapasan

respire, *to ~ ,* bernapas

respite, penundaan, penangguhan

response, *in ~ to,* sebagai jawaban atas, sebagai tanggapan terhadap

responsibility, tanggung jawab

responsible, bertanggung jawab

rest, istirahat, waktu istirahat; *it ~s with you to ...,* terserah kepada Anda untuk ...; *to ~ ,* berhenti, beristirahat, mengaso; tinggal; *to ~ on,* berdasarkan, bersandarkan

restaurant, restoran, rumah makan

restitution, pengembalian, restitusi

restless, resah, gelisah, rayau

restoration, perbaikan; pengembalian; pemugaran, restorasi

restore, *to ~ ,* memperbaiki, mengembalikan, memugar

restrain, *to ~ ,* menahan

restrict, *to ~ ,* membatasi

restriction, pembatasan; *without ~ ,* tanpa pembatasan

result, akibat; kesudahan; hasil; *to ~ ,* mengakibatkan, menghasilkan

resume, resumé, ringkasan, ikhtisar

retail, dagang eceran; *to sell (at) ~ ,* berdagang eceran, berjual eceran

retailer, pengecer, pedagang eceran

retain, *to ~ ,* menyimpan, menahan, memelihara

retire, *to ~ ,* mundur, minta berhenti; pergi tidur

retired, pensiun, purnakarya

retort, jawaban pedas

retract, *to ~ ,* mencabut

retraction, pencabutan

retreat, *to ~ ,* mundur, mengundurkan diri

retribution, ganti rugi, retribusi

return, kembalinya, pemulangan, perjalanan balik (pulang); *by ~ of post,* dengan pos balasan; *to ~ ,* pulang, kembali; memulangkan, mengembalikan; membalas, menjawab; *to ~ thanks,* mengucapkan terima kasih

return ticket, karcis pulang pergi, karcis pulang balik

reveal, *to ~ ,* membuka rahasia, menyatakan, mewahyukan

revelation, wahyu

revenge, dendam, pembalasan; *to ~ ,* membalas, membalas dendam

revenue, penghasilan, pendapatan

reverence, hormat, takzim

reverend, yang terhormat; pendeta

reverse, terbalik; *to ~* , membalikkan

review, tinjauan; pemeriksaan; parade; timbangan buku, resensi; majalah

revise, *to ~* , memperbaiki, memeriksa ulang, merevisi

revision, perbaikan, periksa ulang, revisi

revoke, *to ~* , mencabut, membatalkan

revolt, pemberontakan, pendurhakaan; *to ~* , memberontak, mendurhaka

revolution, revolusi, pemberontakan; peredaran

revolve, *to ~* , beredar, berpusing

revolver, revolver

reward, ganjaran, hadiah

rheumatism, encok, rematik, sengal

rhinoceros, badak

rhyme, sajak

rhythm, irama

rhythmic(al), berirama

rib, tulang rusuk, iga

ribbon, pita

rice, padi; *cooked rice,* nasi; *fried ~* , nasi goreng; *husked ~* , beras

ricebird, burung gelatik

rice crop, penuaian, panen(an), pengetaman

rice field, sawah; ladang

rice straw, jerami, merang

rice water, tajin

rich, kaya, subur

riches, kekayaan

rickety, goyah

rid, *to ~* , melepaskan, membebaskan; *to be ~ of,* luput dari; *to get ~ of,* menyingkirkan

riddance, pelepasan, pembebasan, pembuangan

riddle, teka-teki

ride, *to ~* , mengendarai, naik ...

rider, penunggang, pengendara; pasal tambahan dalam kontrak

ridge, punggung gunung

ridicule, ejekan, olok-olok, tertawaan; *to ~* , menertawakan, mengejek

rifle, senapan, bedil

rigging, perlengkapan, tali-temali, labrang

right, hak; kanan; betul, benar; patut, layak; *all ~ !,* baiklah!; *by ~s,* menurut hukum; sebetulnya, sebenarnya; *on your ~* , di sebelah kanan Anda; *to ~* , membetulkan; *to the ~ of,* di sebelah kanannya; *you are ~!* Anda benar!

righteous, adil

rightly, dengan benar, sepantasnya, selayaknya

rigorous, keras

rim, pelek, tepi roda

rind, kulit (buah)

ring, cincin; gelanggang; dering; *to ~ one up,* menelefon seseorang; *to ~ the bell,* membunyikan bel, memukul lonceng

ringdove, burung pergam

ring finger, jari manis

ring wall, pagar tembok keliling

ringworm, kurap

rinse, *to ~ ,* membilas

riot, kegaduhan, keributan

ripe, masak, matang

ripen, *to ~ ,* mematangkan

rise, kenaikan; *to be on the ~ ,* selalu naik (harga); *to give ~ to,* menimbulkan, membangkitkan; *to ~ ,* bangkit, terbit, berdiri; naik pangkat, berhulu (sungai)

risk, risiko, bahaya

risky, berbahaya

rite, adat, upacara, ritus

rival, saingan, lawan

rivalry, persaingan

river, sungai, kali

road, jalan

road accident, kecelakaan lalu lintas

road bridge, jembatan lalu lintas

roar, *to ~ ,* mengaum; menderu

roast, *to ~ ,* memanggang, membakar

rob, *to ~ ,* merampok, merampas, menyamun

robber, perampok, perampas, penyamun

robbery, perampokan, perampasan, penyamunan

robust, kuat, tampan

rock, batu, bukit batu; *to ~ ,* mengayunkan

rocket, roket, cerawat

rocking chair, kursi goyang

rocking horse, kuda goyang

rod, batang

rogue, bangsat, bajingan

role, peranan

roll, gulung, gulungan; roti bulat; alun, daftar; *~s,* arsip; *to ~ ,* menggulung, menggulingkan, menggelindingkan

roller, gulungan, penggiling; rol; gulungan gelombang

Roman, Romawi

Romania, Rumania

Romanian, orang Rumania, ... Rumania

romantic, romantik

roof, atap; *to ~ ,* mengatapi, memberi beratap

room, ruang, ruangan; kamar, bilik; tempat

root, akar; ~ed to the spot, tercacak bagai lembing tergadai, terpaku di tempat; to ~ , berakar

rope, tali; ~ ladder, tangga tali

rosary, tasbih

rose, bunga mawar

rot, busuk; to ~ , membusuk

rotate, to ~ , berputar, beredar

rotation, perputaran, peredaran

rotten, busuk

rough, kasar; mentah; ~ copy, naskah kasar

roughen, to ~ , mengasarkan

roughly, lebih kurang, kira-kira, secara kasar

round, bulat, bundar; di sekitar; all year ~ , sepanjang tahun; ~ about, keliling; ~ trip, perjalanan keliling; to ~ off, membulatkan, mengelilingi

roundabout, komidi putar

roundly, terus terang

rouse, to ~ , membangkitkan, membangunkan

route, rute, jalan

routine, rutin, kebiasaan sehari-hari; biasa

rove, to ~ , mengembara

rover, pengembara; perompak, perampok

row, baris, jajar, saf; to ~ , berdayung, berkayuh

row, geger, kegaduhan

rower, pendayung, pengayuh

royal, ... raja, kerajaan

royalty, keluarga raja; royalti

rub, to ~ , menggosok, menggosok-gosok

rubber, karet

rubbish, sampah; rongsokan; ~ !, omong kosong

rubric, rubrik

ruby, batu mirah, batu delima

rudder, kemudi

rude, kasar; biadab

rudiment, dasar, asas, tahap awal

ruin, keruntuhan, kerobohan, runtuhan; to ~ , meruntuhkan, merobohkan, membinasakan

rule, aturan, peraturan, kebiasaan; pemerintahan; as a ~ , biasanya; to ~ , menggaris; memerintah

ruler, pemerintah; penggaris

ruminant, pemamah biak

ruminate, to ~ , memamah biak; to ~ over (upon), memikirkan

rumor, kabar angin, desas-desus

run, lari(nya), jalan(nya), perjalanan; penyerbuan, serbuan; oplah; perlombaan; in *the long* ~ , lambat laun, lama-lama; *to* ~ , lari; berlaku; membelot; mengalir; bunyi (kalimat)nya ...; menjalankan; mengemudikan; memimpin, mengusahakan; *to* ~ *amuck,* mengamuk

runaway, pelarian, pembelot

runner, pelari; pesuruh, pengantar

rupture, burut; pecahnya

ruse, tipu daya, helat perang, siasat perang

rush, kesibukan, sibuk; laju; ketergesa-gesaan, kegopoh-gopohan, serangan, serbuan, rebutan; *to* ~ , menyerbu, berburu-buru, berebut; menyerang, melarikan, mengirimkan

Russia, Rusia

Russian, ... Rusia; orang Rusia

rust, karat; *to* ~ , berkarat

rustle, gersak, gersik, gemersik

rusty, berkarat, karatan

rut, bekas roda; masa berahi binatang

ruthless, zalim, lalim, keji, kejam, tidak menaruh belas kasihan

rye, gandum hitam

S

saber, pedang

sabotage, sabot; *to* ~ , menyabot

sack, karung, goni, kantung; *to get the* ~ , diberhentikan dari kerja

sacred, suci, kudus

sacrifice, korban, pengorbanan; kurban, pengurbanan; *to* ~ , mengorbankan, mengurbankan

sad, susah, sedih, duka cita

sadden, *to* ~ , menyusahkan, menyedihkan

saddle, pelana, sadel

saddler, tukang pelana

sadness, kedukaan, duka cita, kesedihan

safe, lemari es; selamat; aman; dapat dipercaya; ~ *and sound,* sehat wal afiat

safe-deposit, lemari uang

safeguard, *to* ~ , melindungi, menjaga, menanggung,

memelihara

safely, dengan selamat

safety, keselamatan; keamanan

saffron, kunyit; kuning jingga

sago, sagu

sail, layar; *to* ~ , berlayar, melayari

sailcloth, kain layar

sailer, kapal layar

sailing, pelayaran

sailor, pelaut, kelasi, anak kapal

saint, santo, santa; orang suci, orang kudus; wali, aulia

sake, *for God's* ~ , demi Allah; *for your* ~ , demi Anda, demi kamu

salad, salad, sayur lalap, selada

salary, gaji; upah; *to* ~ , menggaji, mengupah

sale, penjualan; lelang; obral; *for* ~ , dijual, untuk dijual, akan dijual

salesman, penjual, tenaga jual

salmon, ikan salem

saloon, salon, ruangan

salt, garam; asin; *to* ~ , menggarami, mengasinkan

saltcellar, tempat garam

salt pan, pegaraman

saltpeter, sendawa, mesiu

saltshaker, tempat garam

salty, asin, payau

salute, salam, tabik; *to* ~ , *to give a* ~ , memberi salam, memberi hormat

salve, salep, param; *to* ~ , menyalep, memalit; menenangkan; menyelamatkan

same, sama; *all the* ~ , setali tiga uang, sama saja

sample, sampel, contoh

sanatorium, sanatorium, petirahan

sanctify, *to* ~ , menyucikan

sanction, persetujuan; dukungan, pengukuhan; sanksi; *to* ~ , menyetujui; mendukung, mengukuhkan, memberi sanksi; mengabulkan, mengesahkan

sand, pasir

sandal, sandal

sandalwood, kayu cendana

sandbag, karung pasir

sandbank, gosong, beting

sandglass, jam pasir

sandpaper, kertas gosok, ampelas, amril; *to* ~ , mengampelas, mengamril

sandstone, batu pasir

sanitary, ... kesehatan, saniter

sanity, kesehatan

sap, getah tumbuhan

sapphire, nilakandi, batu nilam

sappy, berair, mengandung
  banyak air
sarcasm, sarkasme, sindiran
  tajam
sarcastic, sarkastis, mengandung
  sindiran tajam
sardine, ikan sarden
satan, setan, iblis
satanic, seperti setan, jahat sekali
satellite, satelit
satiate, to ~ , mengenyangkan;
  memuaskan, membosankan
satiety, kekenyangan, kepuasan,
  kebosanan
satin, satin
satire, satire, sindiran
satirize, to ~ , menyindirkan
satisfaction, kepuasan;
  pembayaran, pelunasan; in ~
  of, untuk membayar
satisfactory, memuaskan,
  menyenangkan
satisfy, to ~ , memuaskan,
  menyenangkan; memenuhi; to
  be satisfied that, puas bahwa
saturate, ~d, penuh, jenuh
Saturday, Sabtu
sauce, kuah, saus
sauce boat, tempat saus
saucer, cawan, lepek, alas
saucy, kurang ajar
sausage, sosis

sausage roll, roti sosis
savage, buas, liar, ganas
save, kecuali; to ~ ,
  menyelamatkan, melindungi; to
  ~ money, menyimpan uang,
  menabung uang
saving, penghematan; ~ of, akan
  menghemat
savings, uang simpanan, uang
  tabungan
savings bank, bank tabungan
Savior, Juru Selamat
savory, lezat, sedap
saw, gergaji; to ~ , menggergaji
sawdust, serbuk gergaji
say, kata, suara; he has the final ~
  on this, dia mempunyai kata
  terakhir tentang hal ini; I say!,
  coba dengarkan!; never ~ die!,
  jangan putus asa!; to ~ ,
  berkata, mengatakan
saying, kata, perkataan,
  peribahasa
scabies, kudis
scaffold, penggantungan
scaffolding, perancah
scald, luka bakar
scale, timbangan, dacin, neraca;
  skala, derajat; sisik, kulit; on a
  large ~ , secara besar-besaran;
  to ~ , menimbang
scaly, bersisik

scandal, perkara keji, perkara yang memalukan, skandal

scandalize, to ~ , memalukan, melanggar tata susila

scandalmonger, pemfitnah, penyebar sas-sus

scandalous, keji, memberi malu

Scandinavia, Skandinavia

Scandinavian, ... Skandinavia; orang Skandinavia

scar, parut, bekas luka

scarce, jarang, kurang

scarcely, hampir tidak, tidak mungkin; ~ ... when ... , baru

scare, to ~ , menakut-nakuti; to ~ away, mengusir

scarecrow, penjera burung, kelontang

scarf, syal

scarlatina, penyakit jengkring

scarlet, merah jelah

scarlet fever, penyakit jengkring

scatter, to ~ , menaburkan, menyiarkan

scenery, pemandangan alam

scent, bau; minyak wangi

scepter, tampuk (kerajaan), tongkat kekuasaan

schedule, jadwal, program, daftar perjalanan; ahead of ~ , sebelum waktunya; behind ~ , terlambat; on ~ , tepat waktu

scheme, bagan, skema, rancangan; to ~ , merancang, membuat rencana jahat

schemer, perancang, perencana siasat

scholar, sarjana; pelajar

scholarship, pengetahuan, kesarjanaan, kecendekiaan; beasiswa

school, sekolah

schoolmaster, kepala sekolah

schoolmate, kawan sekolah, teman sekolah

schoolmistress, wanita kepala sekolah

schoolroom, bilik sekolah

schooner, sekunar

science, ilmu; ilmu pengetahuan alam

scientific, ilmiah, keilmuan

scientist, ilmuwan; ahli ilmu pengetahuan alam

scissors, pair of ~ , gunting

scold, to ~ , memaki, menghardik

scolding, hardikan; teguran tegas

scoop, sauk, sendok, ciduk; to ~ , menyauk, menyendok, menciduk

scope, ruang lingkup; bidang, lapangan; jangkauan

scorch, to ~ , membakar

score, skor, angka, nilai; takuk; kodi, dua puluh; *four ~ ,* delapan puluh; *on that ~ ,* tentang hal itu; *~s of times,* berulang kali; *to ~ ,* menakuk; mencetak gol, mencetak angka, memperoleh nilai

scorn, penghinaan, cela

scorpion, kala, kalajengking, ketungging

scoundrel, bangsat

scour, *to ~ ,* menggosok, membersihkan; menyapu bersih

scouring powder, serbuk penggosok, serbuk pembersih

scout, pandu, pramuka, penyuluh

scouting, kepanduan, kepramukaan

scramble, *to ~ ,* berebut

scrap, *a ~ of paper,* secarik kertas

scratch, gores, corek, coreng; *to ~ ,* mencoreng, menggores, menggaruk, menggesek

scrawl, tulisan cakar ayam

scream, *to ~ ,* berteriak, menjerit

screen, tabir; layar putih; kasa

screen star, bintang film

screw, sekrup; *to ~ ,* menyekrup

screwdriver, obeng

screwjack, dongkrak, tuil

scribble, tulisan cakar ayam; *to ~ ,* mencakar-cakar; menulis secara kasar

script, tulisan; naskah

scrub, *to ~ ,* menggosok

scruple, skrupel, alasan/ keberatan yang menjelimet

scrupulous, menjelimet, cermat, teliti benar

scrutinize, *to ~ ,* memeriksa dengan teliti

sculptor, pemahat patung

sculpture, seni patung; *to ~ ,* memahat patung

sea, laut; *at ~ ,* di laut

sea breeze, angin laut

seacoast, pantai laut, tepi laut

sea cow, duyung

sea cucumber, teripang

seafarer, pelaut

sea fight, pertempuran di laut

seafowl, unggas laut

seagull, burung camar

seal, meterai, cap; *to ~ ,* memeteraikan, mengecap

sea level, permukaan laut

sealing wax, lilin cap, lak

seam, kelim, lipit, pelipit

seaman, kelasi, matros, pelaut

seamstress, penjahit wanita

seaplane, pesawat terbang air

seaport, bandar, pelabuhan (laut)

search, penggeledahan, pemeriksaan, pencarian; *to ~ ,* menggeledah, memeriksa, mencari

searchlight, lampu sorot

seasick, mabuk laut

seaside, tepi laut

season, musim; *to ~ ,* membumbui

seat, tempat duduk; bangku, kursi; *be ~ed,* duduklah; *to be ~ed,* duduk

seaweed, ganggang laut

seclude, *to ~ ,* mengasingkan, memencilkan, memingit

seclusion, pengasingan, keterpencilan, pingitan

second, sekon, detik; pembantu; kedua; *every ~ day,* selang sehari, dua hari sekali

secondary, sekunder; *~ school,* sekolah menengah pertama

secondhand, jarum detik

secondly, kedua

secrecy, *in ~ ,* diam-diam, mencuri-curi

secret, rahasia; *keep it a ~ ,* rahasiakanlah

secretariat, sekretariat, kepaniteraan

secretary, sekretaris, panitera, menteri; *~ of state,* Menteri

Luar Negeri (Amerika)

secretly, diam-diam, mencuri-curi

sect, sekte, mahzab

section, seksi, bagian; penampang

secure, tentu; kukuh; aman; *to ~ ,* menentukan, mengukuhkan, memperoleh, melindungi

security, keamanan; perlindungan; *~ Council,* Dewan Keamanan

sediment, sedimen, endapan

seduce, *to ~ ,* menggoda

seducer, penggoda

seduction, penggodaan, godaan

see, *to ~ ,* melihat; mengunjungi, menghadap; mengusahakan; *to ~ one in,* membawa masuk; *to ~ one off,* mengantarkan

seed, biji, benih

seedling, bibit

seek, *to ~ ,* mencari; mencoba

seem, *to ~ ,* rupanya

seesaw, papan jungkat-jungkit

seize, *to ~ ,* memegang, menangkap, menyambar

seldom, jarang

select, terpilih, pilihan; *to ~ ,* memilih, menyaring

selection, pilihan, pemilihan, seleksi

self, sendiri, pribadi
self-conceit, kesombongan
self-conceited, sombong
self-confidence, kepercayaan pada diri sendiri, sikap percaya diri
self-consciousness, keinsafan hati, kesadaran diri
self-denial, sangkal diri, penyangkalan diri
self-determination, penentuan nasib sendiri
self-government, pemerintahan sendiri, swapraja
self-interest, kepentingan diri sendiri
selfish, egois, suka mementingkan diri sendiri
selfishness, sifat egois, kesukaan akan mementingkan diri sendiri
self-love, cinta akan dirinya sendiri, kasih akan dirinya sendiri
sell, *to ~* , berjualan, menjual; *to ~ at auction,* melelang; *to ~ off,* menjual habis, mengobral; *to ~ like hotcakes,* laku seperti pisang goreng
seller, penjual
semi, setengah
semicolon, titik koma
senate, senat

senator, senator
send, *to ~* , mengirim, mengirimkan; *to ~ for,* memanggil, minta datang; *to ~ off,* mengantarkan kepergian ...
senile, tua bangka, tua renta
senior, lebih tua, tertua, senior; ~ *high school,* sekolah menengah atas
sensation, kegemparan, sensasi
sensational, gempar, menggemparkan, sensasional
sense, perasaan, akal, arti, pengertian; *common ~* , akal sehat
sensitive, peka; ~ *plant,* putri malu, si kejut
sensual, sensual, yang menyangkut hawa nafsu
sentence, kalimat; keputusan, hukumam; *to ~* , menghukum
sentiment, perasaan, sentimen
sentimental, lembut hati, sentimentil
sentry, pengawal, penjaga
sentry box, rumah monyet
separate, terpisah, terasing; *to ~* , memisah, mengasingkan
separation, pemisahan, pengasingan
September, September
sepulcher, makam

sequel, sambungan
sequence, urutan, rangkaian
serenade, serenade
sergeant, sersan
serial, ... seri, berseri; ~ *number,* nomor seri, nomor urutan; ~ *story,* cerita bersambung
series, seri, rangkaian
serious, sungguh-sungguh, serius
seriousness, kesungguhan, keseriusan
servant, pembantu, pelayan, abdi, jongos, babu
serve, *to* ~ *,* melayani, mengabdi; berguna; menghidangkan
service, pelayanan; pemeliharaan; kebaktian; guna; dinas
serviette, serbet
servile, ... budak
servility, keperhambaan, keperbudakan
servitude, perbudakan, perhambaan, kerja paksa
session, sidang, rapat, kursus
set, sepasang, perangkat, setel, set; pesawat (radio/televisi); rombongan; *to* ~ *,* meletakkan, menaruh; memasang; terbenam (matahari)
settee, bangku duduk; dipan
settle, *to* ~ *,* menetapkan, menyelesaikan; mengatur,

mengurus; *to* ~ *down,* berkediaman, bertempat tinggal
settlement, tempat kediaman, tempat kedudukan, perkampungan; penyelesaian
seven, tujuh
seventeen, tujuh belas
seventeenth, ketujuh belas; pertujuh belas
seventh, ketujuh; pertujuh
seventieth, ketujuh puluh; pertujuh puluh
seventy, tujuh puluh
several, beberapa
severally, masing-masing
severe, keras, parah
sew, *to* ~ *,* menjahit
sewer, saluran (air buangan), got, gorong-gorong
sewing machine, mesin jahit
sex, jenis kelamin, seks
shabby, lusuh, jelek; curang, busuk
shade, naungan, tempat teduh; bayangan; nuansa; *to* ~ *,* menaungi
shadow; bayang-bayang; *to* ~ *,* membayangi
shadowy, rindang
shake, guncangan; jabat tangan; *to* ~ *,* mengguncang, mengocok; *to* ~ *hands,* berjabat

tangan

shall, akan

shallow, tempat dangkal; dangkal

sham, pura-pura; *to ~ ,* berpura-
pura

shame, malu; *to put to ~ ,*
membubuh arang di muka,
membuat malu

shameful, memalukan

shameless, tidak manaruh malu

shampoo, sampo, langir

shape, bentuk, bangun; *to ~ ,*
membentuk

share, bagian, andil, saham; *to ~ ,*
membagi; mengambil bagian

shareholder, pemegang saham

shark, ikan hiu

sharp, tajam, runcing; cerdik; *at
ten ~ ,* pukul sepuluh tepat

sharpen, *to ~ ,* menajamkan,
meruncingkan, mengasah

sharp-witted, cerdas, tajam
pikiran

shave, *to ~ ,* mencukur; *to want a
~ ,* saya minta dicukur

shaving brush, kuas cukur, sikat
cukur

shawl, syal, selendang

she, ia, dia (perempuan)

sheaf, berkas

sheath, sarung pedang

sheathe, *to ~ ,* menyarungkan

shed, bangsal, gudang, lumbung;
to ~ , menumpahkan,
mencucurkan

sheep, domba, biri-biri

sheepskin, kulit domba

sheet, helai, lembar; seprai, alas
tilam

sheet iron, besi plat, plat besi

sheet lightning, kilat

shelf, papan, rak; paparan

shell, kulit, tempurung; *to ~ ,*
mengupas

shellfish, kerang-kerangan

shelter, tempat berlindung,
tempat bernaung; *to ~ ,*
melindungi, menaungi; *to ~
oneself,* bersembunyi

shepherd, penggembala

shepherdess, wanita
penggembala

sherry, syeri, minuman anggur

shield, perisai; *to ~ ,* melindungi

shift, *to ~ ,* mengubah,
menggeser, menukar,
mengganti; beralih

shilling, mata uang Inggris senilai
seperdua puluh *pound*

shin, tulang kering

shine, cahaya, sinar; *to ~ ,*
bercahaya, bersinar;
menggosok sepatu

shiny, berkilap, mengkilap

ship, kapal; perahu

shipment, pengiriman dengan kapal; muatan, kiriman

shipowner, pemilik kapal

shipper, pengirim, ekspeditur

shipping, pengiriman dengan kapal, pengapalan, perkapalan

shipping agent, ekspeditur

shipwreck, karam kapal

shirt, baju, kemeja

shiver, gigil; *to ~* , menggigil

shock, kejutan; guncangan

shocking, mengejutkan

shoe, sepatu, ladam; *to ~* , meladami

shoelace, tali sepatu

shoemaker, tukang sepatu, pembuat sepatu

shoe polish, semir sepatu

shoot, *~ !,* katakanlah!, ceritakanlah!; *to ~* , menembak

shooting range, lapangan tembak

shop, toko; *to ~* , berbelanja (di toko)

shop assistant, pramuniaga

shopkeeper, pengusaha toko, pemilik toko

shopping, *to do one's ~* , pergi berbelanja di toko

shop walker, penyelia toko

shore, pantai, tepi laut

short, pendek, pandak, ringkas,

singkat; kurang; *for ~* , untuk singkatnya; *in ~* , singkatnya, ringkasnya, pendek kata; *~ of money,* kurang uang; *~s,* celana pendek; *to be ~ of,* kekurangan; *to cut ~* , memperpendek, memotong

shortage, kekurangan

shorten, *to ~* , memendekkan, memperpendek, mengurangi

shorthand, tulisan steno

shortly, tidak berapa lama lagi, tidak lama lagi

shortsighted, rabun dekat, mata dekat, cadok; berpandangan dekat

short-tempered, lekas marah

shot, tembakan; penembak; suntikan; pukulan; *big ~* , orang terkemuka, orang berpangkat tinggi

shoulder, bahu, pundak

shoulder blade, belikat

shout, teriakan; *to ~* , berteriak

shove, *to ~* , mendorong, menyorong, menerobos

shovel, sodok; sekop; *to ~* , menyodok; menyekop

show, pertunjukan; *to give away the ~* , membuka rahasia; *to ~* , memperlihatkan, mempertunjukkan,

membuktikan; *to ~ one in*,
membawa masuk orang,
mempersilakan seseorang
masuk; *to ~ one out*,
mengantarkan orang (keluar)

shower, hujan sebentar

showroom, ruang pamer

showy, pesolek, suka pamer,
mencolok

shred, sesayat, secercah,
sekelumit

shrewd, cerdik

shriek, *to ~* , menjerit

shrimp, udang

shrink, susut; *to ~ back*, mundur,
segan

shrivel, keriput, kerut, lisut

shroud, kain kapan

shrub, semak-semak, pokok kecil

shudder, gigil; *to ~* , menggigil

shuffle, *to ~* , mengocok,
menyeret kaki

shun, *to ~* , menjauhkan diri,
menghindarkan

shut, *~ up!*, tutup mulut, diam!;
to ~ , menutup; *to ~ up*,
mengurung di penjara

shutter, tingkap

shy, malu, pemalu

sick, sakit; bosan

sickle, sabit

sick leave, cuti sakit, perlop sakit,
izin sakit

sickness, sakit(nya)

side, sisi, segi; *on both ~s*, kedua
belah pihak; *to take ~s*,
memihak

sideboard, bufet

side issue, masalah sampingan,
perkara tambahan

sidelong, di samping,
menyamping; *~ glance*, lirikan

sidewalk, trotoar, kakilima

siege, pengepungan

sieve, *to ~* , menapis, mengayak

sigh, keluhan; *to ~* , berkeluh

sight, penglihatan; pemandangan;
to catch ~ of, melihat, terlihat;
to lose ~ of, lenyap dari
pemandangan, hilang dari
penglihatan

sightseeing, tamasya

sightseer, orang yang
bertamasya, pelancong

sign, tanda, isyarat; papan alamat,
papan merek; *to ~* ,
menandatangani;
membubuhkan

signal, tanda, isyarat; suar; *to ~* ,
memberi tanda;
mengisyaratkan

signatory, penanda tangan

signature, tanda tangan

signboard, papan merek

signification, arti, makna; pernyataan

signify, *to ~ ,* berarti, bermakna; menyatakan

signpost, tonggak penunjuk jalan

silence, keheningan; *to maintain ~ ,* diam, hening; *to ~ ,* mendiamkan, membungkam

silencer, peredam bunyi, peredam suara

silent, diam; *to be ~ ,* berdiam diri

silhouette, bayang-bayang

silk, sutra

silken, silky, ... sutra, terbuat dari sutra

silly, bodoh, bebal

silver, perak

similar, serupa, mirip

similarity, keserupaan, kemiripan

simile, tamsil

simple, bersahaja, sederhana

simplicity, kesahajaan, kesederhanaan

simplification, penyederhanaan

simplify, *to ~ ,* menyederhanakan

simply, dengan sederhana, hanya, benar-benar, sungguh-sungguh

simulate, *to ~ ,* pura-pura; menirukan, menyimulasikan

simultaneous, serentak, serempak

sin, dosa; *to ~ ,* berdosa

since, sejak, sedari; sebab

sincere, tulus, ikhlas

sincerity, ketulusan, keikhlasan

sinew, urat

sinewy, berurat

sing, *to ~ ,* menyanyi

singer, penyanyi, biduan

single, tunggal, sendiri; bujang(an)

single-handed(ly), sendirian

singlet, singlet

singular, mufrad, tunggal

sinister, mengancam, jahat

sink, *to ~ ,* tenggelam, mengendap, melesak; menenggelamkan

sinner, pendosa

sip, *to ~ ,* mengisap, menghirup

sir, tuan

siren, sirene

sister, saudara perempuan

sister-in-law, ipar perempuan

sit, *to ~ ,* duduk; bersidang; *to ~ down,* (pergi) duduk

sitting room, kamar duduk

situated, terletak

situation, keadaan, situasi; letak; kedudukan; pangkat; *we are not in a ~ to ... ,* kami tidak dapat ..., kami tidak sanggup ...

six, enam; *~ of one and half a*

dozen of the other, setali tiga uang, sama saja

sixteen, enam belas

sixteenth, keenam belas; perenam belas

sixth, keenam; perenam

sixtieth, keenam puluh; perenam puluh

sixty, enam puluh

size, besarnya, ukuran, nomor

skeleton, kerangka, bagan

skeptic, yang bersikap menyangsikan, skeptis

sketch, bagan, sketsa; *to ~ ,* membuat bagan, membuat sketsa

skid, *to ~ ,* selip, meleset

skill, keterampilan

skilled, terampil

skillful, terampil

skin, kulit

skinny, kurus kering

skip, *to ~ ,* melompat-lompat

skipper, nakhoda

skirt, rok; batas

skull, tengkorak, batok kepala

sky, langit, angkasa, udara

skyline, kaki langit

skyscraper, pencakar langit

slack, kendur, lesu

slacken, *to ~ ,* mengendur, lesu; mengendurkan; mengurangi

slag, bara, terak

slam, *to ~ ,* membanting, menutup keras-keras

slander, fitnah, umpat

slanderer, pemfitnah, pengumpat

slanderous, bersifat mengumpat

slang, bahasa pasar

slap, tampar, tamparan; *to ~ ,* menampar

slate, batu tulis

slate pencil, anak batu tulis, gerip

slaughter, pembantaian, penyembelihan; *to ~ ,* membantai, menyembelih

slave, budak, hamba, sahaya

slavery, perbudakan, perhambaan

slavish, seperti budak, membudak

slay, *to ~ ,* membunuh

sleep, tidur

sleeper, petidur; balok rel kereta api

sleeplessness, suhad, arip, kurang tidur

sleepwalker, pengigau, pejalan tidur

sleepy, mengantuk

sleeve, lengan baju

slender, ramping, lampai

slice, irisan, (se)iris, sayatan, (se)sayat

slide, slaid, terbis, tempat meluncur; *to ~ ,* tergelincir;

meluncur
slightly, sedikit
slim, lampai
sling, ali-ali; *to ~* , mengali-ali;
melontar dengan ali-ali
slip, longsor; terbis; kekhilafan;
sarung bantal; lajur; *it had
~ped my memory,* saya terlupa
akan hal itu; *to ~,* selip,
tergelincir
slipper, sandal jepit, selop
slobber, air liur; *to ~* , mengiler;
meliuri
slogan, slogan, semboyan
slope, lereng, landaian; *to ~* ,
melandai
sloppy, nglomprot, basah,
cengeng
slot, celah, lubang, petak, kotak
slow, perlahan-lahan; lambat; *to ~
down,* memperlambat
sludge, lumpur
sluggard, pemalas
sluggish, malas
sluice, pintu air
slumber, *~* , tidur sebentar
slump, jatuh harga, kemerosotan
nilai
slur, cela; noda
sly, cerdik; *on the ~* , diam-diam,
sembunyi-sembunyi
smack, tampar, tamparan,

tempeleng; *to ~* , menampar,
menempeleng
small, kecil
smallpox, cacar
smart, cerdas; cantik, tampan;
gagah
smash, *to ~* , memecahkan,
menghancurkan
smell, bau; *to ~* , membau,
mencium; *to ~ out,* menyusul,
mencari
smile, senyum; *to ~* , tersenyum
smith, pandai besi
smithy, bengkel pandai besi
smoke, asap; *have a ~* ,
merokoklah, silakan minum
rokok; *to ~* , berasap; merokok,
minum rokok
smoker, perokok, peminum
rokok
smoky, berasap
smolder, *to ~* , membara,
menyala-nyala
smooth, licin; lancar
smuggle, *to ~* , menyelundupkan
smuggler, penyelundup
snack, makanan kecil
snack bar, kedai jajan, warung
makanan
snail, siput
snail shell, rumah siput
snake, ular

snapshot, potret

snare, jerat; *to* ~ , menjerat

snatch, *by ~es,* berselang

sneak, pengecut, pengkhianat; *to* ~ , membuka rahasia; mencuri; menyelinap

sneer, *to* ~ , tersenyum raja, menyeringai; memperolokkan, mengejek

sneeze, *to* ~ , bersin

sniff, *to* ~ , mencium, mencium-cium, menciumi

snipe, burung kedidi, burung berkik

sniper, penembak jitu

snob, orang snob, orang kaya baru

snore, *to* ~ , berdengkur, mendengkur

snout, moncong

snow, salju; *to* ~ , hujan salju

snow line, garis salju

snow-white, putih salju, putih metah

snug, nikmat, senang, nyaman

so, begitu; jadi, oleh sebab itu; ~ *that,* (sedemikian) sehingga

soak, *to* ~ , merendam

soaking, ~ *wet,* basah kuyup

so-and-so, anu

soap, sabun

soapdish, tempat sabun

soapsuds, buih sabun

soap works, pabrik sabun

sob, sedu; *to* ~ , tersedu-sedu

sober, ugahari, bersahaja; tidak mabuk

social, sosial, kemasyarakatan

socialist, sosialis

society, masyarakat; perkumpulan, perhimpunan; golongan, kebangsawanan; kongsi

sock, kaos kaki

socket, lubang, stopkontak, fiting; sendi

soda, soda

soft, lunak, lembek, lembut; ~ *job,* pekerjaan mudah; ~ *drink,* minuman ringan, minuman tanpa alkohol

soften, *to* ~ , melunak, melembek, melembut; melunakkan, melembekkan, melembutkan

soil, tanah

sojourn, *to* ~ , berada, tinggal untuk sementara waktu

solar, ... surya

solder, patri; *to* ~ , mematri

soldier, tentara, serdadu, laskar

sole, tapak kaki, tapak sepatu; ikan lidah; tunggal, satu-satunya

solemn, khidmat, agung, dengan upacara

solemnity, kekhidmatan, keagungan

solemnize, to ~ , melangsungkan dengan upacara

solicit, to ~ , minta, memohon, melamar, mencoba usaha

solicitant, peminta, pemohon, pelamar

solicitation, permintaan, permohonan, lamaran

solicitor, pencari langganan; pengacara

solid, teguh, kuat, kokoh, padat; zat padat

solidarity, solidaritas, kesetiakawanan

solitary, sunyi, terpencil; menyendiri; tunggal

solitude, kesunyian

soluble, dapat larut, dapat dipecahkan

solve, to ~ , melarut; memecahkan, menyelesaikan

some, beberapa; sedikit; lebih kurang; salah satu

somebody, seseorang

somehow, bagaimanapun juga

something, sesuatu; ~ or other, barang sesuatu

sometimes, kadang-kadang, kadang kala

somewhat, agak, rada, sedikit

somewhere, entah di mana

son, anak lelaki

song, nyanyian

son-in-law, menantu (lelaki)

sonorous, nyaring

soon, lekas, segera; as ~ as, segera sesudah; no ~er ... than ..., begitu ..., begitu; the ~er the better, makin cepat makin baik

soothe, to ~ , menghibur, menenangkan, menyejukkan

soprano, sopran

sordid, hina; kikir

sore, sakit, pedih; to have a ~ throat, sakit tenggorok

sorrow, kesedihan, duka cita, kemasygulan; to ~ , berduka cita

sorrowful, susah hati, sedih, masygul

sorry, I am ~ , saya menyesal; jangan ambil marah; maaf!

sort, macam, jenis; to ~ , menyortir, memilihi, memilah-milah

sorter, tukang sortir, penyortir

soul, sukma, nyawa, arwah, jiwa, semangat

sound, bunyi, bahana; besi duga; sehat; to ~ , berbunyi,

membunyikan; menduga
soup, sop
sour, asam, masam, kecut
source, sumber, mata air
south, selatan
southeast, tenggara
southern, sebelah selatan
sovereign, berdaulat; uang
   Inggris senilai satu *pound*
sovereignty, kedaulatan
Soviet, Soviet
sow, babi betina; *to ~* , menabur
soybean, kecap
space, ruang, angkasa, tempat,
   spasi, jarak, luas(nya)
spacious, luas, lapang
spade, sekop
Spain, Spanyol
spangle, *~d with,* bertaburan
Spaniard, orang Spanyol
Spanish, ... Spanyol
spare, *~ room,* kamar tamu; *~
   time,* waktu luang; *to ~* ,
   menghemat; memaafkan
sparing, berhemat-hemat
spark, bunga api, lelatu
sparkle, *to ~* , berkilau-kilauan,
   bergemerlapan
spark plug, busi
sparrow, burung gereja
spasm, kejang-kejang
spatter, *to ~* , merecik

spawn, telur ikan
speak, *so to ~* , boleh dikatakan;
   to ~ , berkata, berbicara,
   bercakap-cakap; melafalkan,
   mengucapkan
speaker, pembicara; *the Speaker,
   Mr. Speaker,* Ketua Dewan,
   Ketua Majelis
spear, tombak, lembing
special, spesial, istimewa, khusus
specialist, spesialis, ahli
specialize, *to ~* , mengkhususkan,
   berspesialisasi
specialty, spesialitas,
   keistimewaan
specific, khusus, tertentu, spesifik
specification, uraian (satu per
   satu), perincian, rincian,
   spesifikasi
specify, *to ~* , merinci
specimen, contoh
speckle, rintik; *~d,* berintik-rintik
specs, kacamata
spectacle, tamasya, pertunjukan,
   tontonan; *pair of ~s,* kacamata
spectacular, spektakuler
spectator, penonton
speech, pidato, logat, ujaran
speed, laju, kecepatan,
   percepatan; *full ~* , secepat-
   cepatnya; *to ~ up,*
   mempercepat

speed limit, batas kecepatan, kecepatan maksimum

speedy, lekas, cepat

spell, pesona; musim; serangan; *to ~ ,* mengeja

spelling, ejaan

spend, *to ~ ,* membelanjakan, mempergunakan, memboroskan

spendings, belanja, pengeluaran

spendthrift, pemboros

spice, rempah-rempah, bumbu-bumbu

spicy, dirempahi, dibumbui

spider, labah-labah

spike, paku

spill, *to ~ ,* menumpahkan

spin, *to ~ ,* memintal

spinach, bayam

spinning wheel, mesin pintal

spinster, wanita bujang(an)

spiral, pilin, spiral

spirit, hantu, roh; keberanian, semangat; spiritus; *to be in high ~s,* riang (hati); *to be in low ~s,* murung

spirited, bergembira, bersemangat

spiritless, tidak bersemangat

spiritual, rohani

spit, ludah; *to ~ ,* meludah

spite, *in ~ of,* kendati, sungguhpun

splashboard, sepatbor, sayap roda

spleen, limpa

splendid, amat indah, mulia, cemerlang

splendor, keindahan, kemuliaan, kesemarakan

split, *to ~ ,* membelah, membagi

spoil, *to ~ ,* merusak, memanjakan

spoke, jari-jari roda, sepak, ruji

spokesman, juru bicara

sponge, bunga karang

spontaneous, spontan, swakarsa, dengan sendirinya

spool, gelendong, kumparan

spoon, sendok

sporadic, sporadis, sekali-sekali, jarang-jarang

sport, olah raga, keolahragaan, sport

sportsman, olahragawan

spot, titik, noda; *on the ~ ,* di tempat, di situ juga

spotlight, lampu sorot

spout, *to ~ ,* memancar

sprain, *~ed,* salah urat, keseleo

spray, percikan, semprotan; *~ of roses,* setangkai bunga mawar; *to ~ ,* memerciki, menyemprot

spread, *to ~ ,* menghamparkan;

menaburkan; menyiarkan, menyebarkan, membentangkan

spree, pesta kecil; *to be on a ~ ,* berfoya-foya

spring, musim semi, musim bunga; sumber; per, pegas; *to ~ ,* melompat, meloncat

springtide, pasang purnama

springtime, musim semi

sprinkle, *to ~ ,* mereciki

sprinkler, alat perecik, alat penyiram

sprinter, pelari jarak pendek

sprout, tunas, kecambah, taoge; *to ~ ,* bertunas, berkecambah

spur, pacu *on the ~ of the moment,* serta merta, secara mendadak, tiba-tiba

spurt, lari secepatnya, bekerja secepatnya; *to ~ ,* berlari secepatnya; menyembur; menyemburkan

spy, mata-mata; *to ~ ,* memata-matai

spyglass, teropong, keker

squabble, pertengkaran; *to ~ ,* bertengkar

squadron, skuadron

square, empat persegi, bujur sangkar; kuadrat; tanah lapang, alun-alun, medan

squat, *to ~ ,* jongkok, berjongkok

squeeze, *to ~ ,* memeras, memerah; memeluk

squid, cumi-cumi

squint, juling

squirrel, bajing

stab, tikam(an); *to ~ ,* menikam

stability, kemantapan, stabilitas

stabilization, pemantapan, stabilisasi

stable, kandang kuda; mantap, stabil

stadium, stadion, gelanggang, arena; tingkat, taraf

staff, tongkat, tiang (bendera); staf, para karyawan, para pegawai, para pekerja; *editorial ~ ,* sidang editor, staf redaksi

stag, rusa jantan

stage, panggung, gelanggang; sandiwara, tonil; tingkat; *to be on the ~ ,* bermain sandiwara, bermain tonil

stagger, *to ~ ,* terhuyung-huyung, tertatih-tatih

stagnation, stagnasi, kemacetan, kemandekan

stain, noda, selekeh; *to ~ ,* menodai

stainless, tidak bernoda, tidak berkarat

stair, anak tangga; *~s,* tangga; *down~s,* turun ke tingkat

bawah; *up~s*, naik ke tingkat
atas

staircase, tangga

stairway, tangga

stake, pancang; taruhan; bagian;
to ~ , mematok, memancang;
menandai batas;
mempertaruhkan

stale, basi, apak

stalk, tangkai

stall, warung, kedai, kios;
kandang

stallion, kuda pemacek, kuda
jantan

stammer, *to ~* , menggagap

stamp, prangko, meterai, segel,
tera, cap; *to ~* , membubuhi
prangko, memeterai,
mengecap; *to ~ one's foot*,
mengentakkan kaki

stand, pendirian, sikap; stan,
kios; perhentian; pangkalan; *to
~* , berdiri; *to ~ by,* bersiap,
bersiap siaga; menunggu

standard, standar, patokan,
ukuran, norma; derajat,
martabat; tingkat; tiang; tolok
ukur

standby, penolong, pertolongan,
penyokong, pendukung

standing, martabat, pangkat,
bangsa; tetap

standpoint, pendirian

star, bintang

starboard, sebelah kanan kapal

starch, kanji, tepung, tapioka

stare, *to ~* , memandang,
menatap

start, keberangkatan; awal,
permulaan; *from ~ to finish,*
dari awal sampai akhir; *to ~* ,
berangkat, mulai;
menghidupkan mesin

starter, stater

startle, *to ~* , mengejutkan,
mengagetkan

startling, mengejutkan,
mengagetkan

starvation, kelaparan, mati
kelaparan

starve, *to ~* , kelaparan; mati
kelaparan

state, negara, negara bagian;
keadaan, suasana, pangkat,
derajat; kemuliaan, kebesaran;
to ~ , menyatakan,
menyebutkan, memaparkan,
mengumumkan

statement, pernyataan,
pengumuman

station, stasiun, pos; pangkalan

stationary, tetap, stasioner

stationery, alat tulis

stationmaster, kepala stasiun

statistic(s), statistik, ilmu
statistika
statue, patung
status, keadaan, kedudukan,
status; pangkat, derajat
statute, undang-undang, statuta
stay, *to ~ ,* tinggal, menumpang;
bertahan, betah
steadfast, tetap, teguh
steady, tetap; terus-menerus;
teguh; mantap; pacar
steal, *to ~ ,* mencuri; menyelinap
stealthy, mencuri-curi, diam-
diam
steam, uap, kukus; *to ~ ,*
mengukus; beruap
steam boiler, ketel kukus, ketel
uap
steam engine, mesin uap
steamer, kapal api, kapal uap
steamroller, penggiling jalan
tenaga uap, setomwales
steel, baja
steep, curam, terjal
steepen, *to ~ ,* mencuram
steeplechase, lomba kuda
berpalang
steer, *to ~ ,* mengemudikan
steerage, pengemudian
stem, batang; haluan
stench, bau busuk
stencil, stensil

stenographer, juru steno
stenography, stenografi
step, langkah, jejak; anak tangga;
~ *by* ~ , selangkah demi
selangkah; *~s,* tangga; *to ~ ,*
melangkah, menginjakkan kaki
stepchild, anak tiri
stepdaughter, anak tiri
perempuan
stepfather, bapa(k) tiri
stepmother, ibu tiri
steppingstone, batu loncatan
stepson, anak tiri lelaki
sterile, steril, suci hama; mandul
sterilize, *to ~ ,* menyucihamakan,
mensterilkan
stern, buritan
stew, setup
steward, pramugara; *~ess,*
pramugari
stick, tongkat, batang; *to ~ ,*
melekatkan, tersangkut,
bertekun, bertahan
sticky, lengket, lekat-lekat
stiff, keras; kaku; sukar; ~ *price,*
harga tinggi; *that's a bit ~ ,* itu
sedikit keterlaluan
still, masih, lagi; tenang, teduh,
sepi; ~ *life,* benda mati, lukisan
benda mati
stillness, keteduhan, ketenangan
stimulant, pendorong,

perangsang

stimulate, to ~ , mendorong, merangsang

sting, sengat; to ~ , menyengat

stingy, kikir, lokek, bakhil, sedikit-sedikit

stink, to ~ , berbau (busuk)

stipulation, ketentuan, syarat, tuntutan

stir, huru-hara, pergolakan; to ~ , mengaduk; menggerakkan; mengobarkan

stirrup, injak-injak, sanggurdi

stitch, to ~ , menekat

stock, turunan; modal; dana; ternak, peternakan; persediaan; out of ~ , tidak tersedia lagi, habis; ~s, saham; to have (keep) in ~ , mempunyai dalam persediaan, menyimpan

stockbroker, makelar saham

stocking, kaos kaki panjang

stoke, to ~ , mengopak, menyalakan api

stoker, tukang api, juru api, tukang opak

stomach, lambung, perut

stone, batu; biji; batu timbang, 6.35 kg; to ~ , merajam

stone-blind, buta benar, buta sama sekali

stone-dead, mati sama sekali

stone-deaf, tuli benar, pekak batu

stool, dingklik

stoop, to ~ , membungkuk, merendahkan diri

stop, perhentian; titik tanda baca; pasak, sumbat; full ~ , titik; to bring to a ~ , menghentikan; to make a ~ , berhenti; to ~ , berhenti, menahan, berhenti bekerja, mogok; menumpang; without a ~ , tidak henti-hentinya

stopper, penyumbat, sumpal

stopping place, tempat perhentian

store, persediaan, perbekalan, gudang; toko; to ~ , melengkapi, membekali

storehouse, gudang persediaan

storm, angin ribut

stormy, berangin ribut

story, cerita, riwayat, kisah; to tell stories, berdusta, berbohong

story, tingkat (rumah)

stout, gemuk, tambun, tebal; berani, perwira

straddle, to ~ , mengangkang

straight, lurus, betul, terus, langsung; I gave it to him ~ , saya katakan terus terang kepadanya; ~ away (off), langsung

straighten, *to ~* , meluruskan, membetulkan

strain, ketegangan; salah urat; keturunan; alunan musik; *to ~* , menegangkan, mengencangkan, salah urat

strait, selat

strand, pantai; *to be ~ed,* kandas

strange, ajaib, ganjil, asing

stranger, orang asing, orang luar

strangle, *to ~* , mencekik

strap, kulit pengasah pisau cukur

strategy, strategi, siasat perang

straw, jerami, merang

strawberry, arbei; stroberi

stream, sungai, kali; *to ~* , mengalir

street, jalan

streetcar, trem

strength, kekuatan, tenaga, kekuasaan

strengthen, *to ~* , memperkuat, memperkokoh

strenuous, penuh tenaga, rajin, giat

stress, tekanan (suara); *to ~* , menekan, mementingkan, menitikberatkan

stretch, *at a ~* , tidak berkeputusan; *to ~* , menegangkan

stretcher, tandu

strict, teliti, saksama, cermat

strike, pukulan; pemogokan; *on ~* , mogok; *to ~* , memukul, mogok; *to ~ out names,* mencoret nama

striker, pemogok

string, tali; tali biola; utas

stringent, keras mengikat (perintah)

strip, jalur, pias

stripe, garis, setrip, leret-leret, belang

striped, bergaris, bersetrip, berleret-leret

strive, *to ~ after,* menuntut, mengejar

stroke, pukulan; *it is on the ~ of five,* tepat pukul lima

stroll, *to go for (take) a ~* , berjalan-jalan, pergi makan angin

strong, kuat, kokoh; keras (minuman)

strop, kulit pengasah pisau cukur; *to ~* , mengasah

structure, bangun; bangunan

struggle, pergulatan; *to ~* , bergulat

stub, tunggul

stubborn, keras kepala

stuck-up, congkak, sombong

stud, kancing kemeja

student, mahasiswa, pelajar

studied, terpelajar

studio, studio

study, studi, pelajaran; *in a brown ~ ,* termenung; *to ~ ,* mempelajari; menuntut

stuff, barang-barang; omong kosong; *to ~ ,* mengisi

stuffing, isi, pengisi

stuffy, senak

stumble, *to ~ ,* tersandung, tersentuh

stumbling block, batu sandungan, halangan

stump, puntung

stunt, daya, tipu daya

stupid, bodoh, dungu

stupidity, kebodohan, kedunguan

sturdy, kuat

stutter, *to ~ ,* menggagap

sty, kandang babi

style, gaya, cara, ragam

subaltern, bawahan

subdue, *to ~ ,* menaklukkan; mengendalikan

subject, warga negara; pribadi, subjek; mata pelajaran; *on the ~ of,* tentang; *~ to,* bergantung pada; *to ~ ,* menaklukkan, menundukkan

subjection, penaklukan

subjective, subyektif

sublimate, sublimat; *to ~ ,* menyublimasikan

sublime, terutama, mahatinggi, hebat

submarine, kapal selam

submit, *to ~ ,* menyerahkan, menyampaikan; mematuhi; tunduk

suboffice, kantor tambahan, kantor cabang

subordinate, bawahan

subordination, subordinasi

subscribe, *to ~ ,* berlangganan; berjanji akan menyumbang; menganut

subscriber, pelanggan; calon penyumbang

subscription, langganan; janji akan menyumbang

subsequent, berikut

subsidize, *to ~ ,* memberi subsidi, memberi bantuan

subsidy, subsidi, dana bantuan, sumbangan

substance, zat; isi pokok; hakikat; bahan

substantial, pokok, penting; besar; banyak

substantive, kata benda

substitute, ganti, pengganti, wakil; *to ~ ,* mengganti,

mewakili
substitution, penggantian
subterranean, di bawah tanah
subtract, *to ~* , mengurangi
subtraction, pengurangan
subtrahend, pengurang
suburb, pinggiran kota
subversive, subversif, merongrong
subvert, *to ~* , melakukan subversi, merongrong, meruntuhkan
succeed, *to ~* , mengganti; berhasil, lulus ujian
success, sukses, keberhasilan
successful, berhasil, beruntung, lulus, sukses
succession, penggantian; *in ~* , berturut-turut
successively, secara berturut-turut
successor, pengganti
succumb, *to ~* , kalah, takluk, menyerah; mati
such, demikian, begini, begitu; ~ *as,* seperti misalnya
suck, *to ~* , mengisap
suckle, *to ~* , menyusui
suckling, bayi
suddenly, tiba-tiba, sekonyong-konyong
suds, air sabun
sue, *to ~* , menggugat, menuntut

suffer, *to ~* , menderita; menahan; *to ~ from,* kena penyakit
sufferer, penderita, pasien; korban
suffering, *~s,* penderitaan
sufficient, cukup; sedang
suffix, akhiran
suffrage, hak memilih
sugar, gula
suggest, *to ~* , menyarankan, mengusulkan, menganjurkan
suggestion, saran; usul, anjuran
suicide, bunuh diri
suit, surat permohonan; peminangan; proses, dakwa, perkara; setelan (pakaian); *to ~* , mengenakan; cocok; berpadanan
suitable, patut, layak, cocok
suitcase, kopor (kulit) kecil
suite, iringan
sullen, rongseng, cemberut, merengut
sulphur, belerang
sulphuric acid, asam belerang
sum, jumlah
summarize, *to ~* , meringkas, mengikhtisarkan
summary, ringkasan, ikhtisar
summer, musim panas
summit, puncak

summon, *to* ~ , memanggil; mendakwa

summons, panggilan, surat panggilan, surat dakwaan

sun, matahari

sunbeam, sinar matahari

Sunday, Minggu

sundries, serba-serbi

sunflower, bunga matahari

sunk, tenggelam

sunken, cekung

sunlight, cahaya matahari

sunrise, matahari terbit

sunset, matahari terbenam, matahari tenggelam, magrib

sunshade, payung

sunshine, cahaya matahari

sunstroke, kelengar matahari

superb, bagus sekali, istimewa sekali

superfluous, berlebihan, terlampau banyak, mubazir

superintend, *to* ~ , mengawasi

superintendence, pengawasan

superintendent, pengawas

superior, superior, ulung, unggul, tinggi; sombong; mulia; atasan; kepala biara

superiority, keunggulan, keulungan

superstition, takhyul

supervise, *to* ~ , mengawasi

supervision, pengawasan

supervisor, pengawas

supper, makan malam; *to have* ~ , makan malam

supple, lembut, lentuk

supplement, suplemen, tambahan, pelengkap

supplementary, tambahan, pelengkap

supplier, pemasok, penyedia, leveransir

supply, pasokan, suplai, persediaan; *to* ~ , memasok, menyediakan, melengkapi

support, dukungan, sokongan, bantuan, nafkah; *to* ~ , mendukung, menyokong, membantu

supporter, pendukung, penyokong, pembantu, pembela

suppose, *to* ~ , mengandaikan, menganggap

supposition, pengandaian, anggapan

suppress, *to* ~ , menekan, menindas, memberangus, mengganyang

suppression, penekanan, penindasan, pemberangusan, pengganyangan

supremacy, keunggulan,

supremasi

supreme, ~ *command,* komando tertinggi, pucuk pimpinan, pimpinan tertinggi

sure, tentu, pasti, aman

surely, tentu, tentu saja, pasti

surety, jaminan

surf, empasan, ombak yang memecah; *to* ~ , berselancar

surface, muka, permukaan

surgeon, ahli bedah

surgery, pembedahan, operasi; ilmu bedah

surname, nama keluarga

surpass, *to* ~ , melampaui, mengungguli

surplus, kelebihan, sisa, surplus

surprise, kejutan; *to* ~ , membuat kejutan, mengejutkan

surrender, penyerahan; *to* ~ , menyerah; menyerahkan, melepaskan

surround, *to* ~ , mengelilingi, mengepung

surroundings, daerah sekitar, lingkungan

survey, survai; peninjauan, pemeriksaan; *to* ~ , menyurvai, meninjau, memeriksa

surveyor, tukang ukur tanah, mantri ukur tanah

suspect, tersangka; *to* ~ ,

menyangka

suspend, *to* ~ , menggantung; menangguhkan, menunda

suspender, gantungan, penggantung; ~*s,* bretel, sabuk penyandang

suspension bridge, jembatan gantung

suspicion, kecurigaan, syakwasangka

suspicious, curiga, syak

swaddle, *to* ~ , membalut

swallow, burung layang-layang; *to* ~ , menelan

swamp, paya, rawa

swan, soang

swarm, kawan; *to* ~ , berkerumun, berkeriap

swear, *to* ~ , bersumpah

sweat, peluh, keringat; *to* ~ , berpeluh, berkeringat

Sweden, Swedia

Swedish, ... Swedia

sweep, *to* ~ , menyapu, menghapus

sweet, manis; ~*s,* gula-gula, kembang gula

sweeten, *to* ~ , memaniskan

sweetheart, kekasih, jantung hati

swell, bengkak; gelombang; *to* ~ , membengkak, bertambah, memuai

swift, cepat, lancar
swim, *to ~ ,* berenang
swindle, penipuan; *to ~ ,* menipu
swine, babi
swing, *to ~ ,* bergoyang, berayun
swinging door, pintu angin
Swiss, orang Swis, ... Swis
switch, sakelar, penghubung;
    wesel rel; *to ~ off,* memutuskan
    arus; memadamkan lampu; *to ~
    on,* menghubungkan arus,
    memasang lampu
switchboard, papan saklar;
    ~ operator, penelefon, juru
    telefon, penjaga telefon
Switzerland, Swis
swollen, bengkak, kembung
swoop, *to ~ ,* menyambar
sword, pedang
syllable, suku kata
symbol, lambang, simbol
symbolize, *to ~ ,* melambangkan

symmetric, simetris, setangkup,
    setimbal
symmetry, simetri,
    kesetangkupan, kesetimbalan
sympathize, *to ~ ,* bersimpati,
    menyatakan simpati
sympathy, simpati
symptom, gejala
syndicate, sindikat, kongsi
synonymous, bersinonim, searti,
    semakna
synopsis, ringkasan, ikhtisar,
    sinopsis
syntax, sintaksis, ilmu tata kata,
    ilmu kalimat, ilmu nahu
synthesis, sintesis
synthetic(al), sintetis; *~ rubber,*
    karet sintetis, karet buatan
syringe, alat suntik
syrup, setrup
system, sistem, susunan, jaringan
systematic, sistematis

T

table, meja; daftar; *~ of contents,*
    daftar isi
tablecloth, taplak, kain meja, alas
    meja
tablespoon, sendok makan

tackle, perkakas, perabot
tact, kebijaksanaan
tactical, bijaksana, taktis
tactics, taktik, siasat perang
tail, ekor, buntut; selampit

tape, pita; lajur
tapeworm, cacing pita
tapioca, tapioka
taproom, ruang minum
tapwater, air kram, air ledeng
tar, ter, belangkin; matros, kelasi, pelaut
target, sasaran, bulan-bulanan, target
tariff, tarif, ongkos
tart, tart; asam, kecut
tartlet, tart kecil, tarcis
task, tugas, tanggungan, pekerjaan
taste, cita rasa; *to ~* , merasai, mengecap
tasty, sedap, enak
tattoo, rajah, cacah; *to ~* , merajah, mencacah
tavern, tempat penginapan
tax, pajak, bea
taxable, dapat dikenai pajak
taxation, pajak, perpajakan, pemajakan
tax collector, pemungut pajak
taxi(cab), taksi
taxpayer, pembayar pajak
tea, teh
tea caddy, tempat teh
teach, *to ~* , mengajar, mengajarkan
teacher, guru, pengajar

taillight, lampu belakang
tailor, tukang jahit
tainted, busuk
take, *to ~* , mengambil, menangkap, memegang, membawa, menganggap; minum (teh); makan (waktu); *to ~ from,* mengutip; *to ~ ill,* jatuh sakit; *don't ~ ill,* jangan ambil marah; *to ~ off,* berangkat, mengudara; *to ~ place,* berlangsung, terjadi
taking, *~s,* penerimaan, pendapatan
tale, cerita
talent, bakat
talk, percakapan, pembicaraan, perundingan; *to ~* , bercakap, berkata, berunding, bertutur
talkative, cerewet, banyak omong, peleter, gelatak
tall, tinggi, panjang
tame, jinak; *to ~* , menjinakkan
tan, samak; *to ~* , menyamak
tangle, kekusutan, kekacauan; *to ~* , mengusutkan, mengacaukan
tank, tank; tangki
tanker, kapal tangki
tank steamer, kapal minyak
tanner, penyamak
tap, kran; ketukan; *to ~* , mengetuk

tea cozy, kupluk teko

teak, jati, kayu jati

team, regu, tim

tear, air mata; carikan, sobekan, robekan, koyakan; *to ~ ,* menyobek, merobek, mengoyak

tearoom, tempat minum teh

tease, *to ~ ,* mengganggu, mengusik

teaser, pengusik, pengganggu, penggoda

teaspoon, sendok teh

tea tray, baki teh

technical, teknis, teknik

technician, ahli teknik

tedious, membosankan, menjemukan

teen, umur belasan

teetotaler, petarak alkohol

telegram, telegram, surat kawat

telegraph, telegraf

telegrapher, penelegraf, pengetuk kawat, pengirim telegram

telegraphic, dengan telegram; ~ *address,* alamat telegram

telegraphy, telegrafi

telephone, telefon; *to ~ ,* menelefon

telephonic, ... telefon, per telefon, lewat telefon

telephony, ilmu telefon

telescope, teleskop, teropong bintang

televise, *to ~ ,* menyiarkan lewat televisi

television, televisi

televisor, pesawat pancarima televisi; penyiar televisi

tell, *to ~ ,* menceritakan, berkata, memberitahukan; memerintahkan; *to ~ tales,* membuka rahasia

temper, tabiat, perangai; *to lose one's ~ ,* marah; *to ~ ,* menahan, meredakan, melembutkan

temperament, tabiat, perangai

temperature, suhu

tempered, bertabiat ...

tempest, topan

temporary, untuk sementara waktu, darurat

tempt, *to ~ ,* menggoda

temptation, godaan

tempter, penggoda

ten, sepuluh

tenable, dapat dipertahankan, dapat dipegang

tenant, penyewa

tend, *to ~ ,* cenderung; merawat, memelihara, melayani; menggembalakan

tendency, kecenderungan, tendensi

tendentious, bertendensi, tendensius, memihak

tender, penjaga, perawat, gembala; penawaran; alat pembayar; lembut; *to ~ for,* menawarkan

tenderhearted, ramah, simpatik; mudah terharu

tenfold, sepuluh kali lipat, rangkap sepuluh

tennis court, lapangan tenis

tension, ketegangan, tegangan; tensi

tent, kemah

tenth, kesepuluh; persepuluh

tepid, suam, suam-suam kuku

term, istilah; tempo, jangka waktu, lamanya; kuartal; *in ~s of,* dari segi; *~s,* syarat-syarat; *to come to ~s,* sepakat, setuju, berdamai

terminal, penghabisan, terakhir; stasiun, terminal, pangkalan

terminate, *to ~ ,* mengakhiri, menyudahi; membatasi; *to ~ in,* berakhir

termination, penghentian, pengakhiran

terminus, stasiun terakhir; titik akhir

termite, rayap

terrace, teras

terrible, mengerikan, menakutkan, buruk sekali

terrific, hebat

terrify, *to ~ ,* mengejutkan, menakutkan

territory, daerah, wilayah

terror, pembangkitan rasa takut, teror

terrorism, terorisme

terrorist, teroris

test, percobaan, pemeriksaan, ujian, batu uji, tes; *to ~ ,* memeriksa, menguji, memberi tes

testament, surat wasiat

testator, wasi

testify, *to ~ ,* memberi kesaksian, menerangkan, menyatakan

testimonial, surat kesaksian, surat keterangan, ijazah

test tube, tabung percobaan, tabung reaksi

text, naskah, teks

textbook, buku pelajaran

textile, tekstil, barang tenunan

than, *bigger ~ ,* lebih besar daripada

thank, *~ you,* terima kasih; *to ~ ,* mengucapkan terima kasih

thankful, tahu berterima kasih

thankless, tidak tahu berterima kasih

thanks, ~ *(very much),* banyak terima kasih!; ~ *to* ...., berkat ...

that, itu; yang; bahwa; supaya

theater, teater

theft, pencurian

their, ... mereka

theirs, milik mereka

them, mereka

themselves, mereka sendiri

then, pada waktu itu; sesudah itu; lalu

thence, dari sana, dari situ; oleh sebab itu

theology, teologi, ilmu ketuhanan

theoretical, teoretis

theory, teori

there, situ; di situ; sana; di sana; ~ *and back,* pulang balik; ~ *you are,* itu dia

thereabout(s), lebih kurang

thereafter, sesudah itu

therefore, oleh sebab itu

thermometer, termometer

thermos bottle, termos

thesis, dalil, tesis

they, mereka

thick, gemuk, tambun; tebal; *they are very* ~ , mereka sobat kental

thief, pencuri, maling

thigh, paha

thimble, bidal, sarung jari

thin, kurus; tipis

think, *to* ~ , berpikir, memikir, menyangka; *to* ~ *over,* menimbang

third, ketiga; pertiga

thirdly, ketiga

thirst, kehausan, dahaga

thirsty, haus, dahaga; *to be* ~ , haus

thirteen, tiga belas

thirteenth, ketiga belas; pertiga belas

thirtieth, ketiga puluh; pertiga puluh

thirty, tiga puluh

this, ini

thorax, dada, toraks

thorn, duri

thorny, berduri

thoroughbred, totok; asli

thoroughfare, jalan raya; *no* ~, jalan ditutup

thoroughly, semata-mata, sungguh-sungguh, sama sekali

those, itu; ~ *who* ..., barang siapa yang..., mereka yang ...

thou, kamu

though, sungguhpun, meskipun, biarpun

thought, pikiran, buah pikiran

thoughtless, tidak ingat; lalai
thousand, seribu
thousandth, keseribu; perseribu
thrash, *to ~ ,* melabrak
thrashing, labrakan
thread, benang
threat, ancaman
threaten, *to ~ ,* mengancam
three, tiga
threefold, rangkap tiga
threepence, mata uang Inggris, tiga *pence*
threshold, ambang
thrice, tiga kali
thrift, kehematan, penghematan
thrifty, hemat
thrill, getaran; getaran jiwa; keonaran, sensasi; *to ~ ,* bergetar, menggetar, menggetarkan
thriller, penggetar hati; film yang menyeramkan, roman sensasi
throat, kerongkongan
throb, debar; *to ~ ;* berdebar
throne, takhta, singgasana
throng, *~ed,* berbondong-bondong
throttle, batang tenggorok; katup penutup, katup penghambat; *to ~ ,* mencekik
through, terus, oleh, oleh sebab, karena; melalui

throw, *to ~ ,* membuang, melemparkan
thrust, *to ~ ,* menolak, menikam
thumb, ibu jari, jempol
thunder, guntur, guruh
thunderbolt, halilintar
thunderclap, petir
thunderstorm, guruh
Thursday, Kamis
thus, begini, demikian
thwart, *to ~ ,* merintangi, melintangi
ticket, karcis
ticket collector, pemungut karcis
tickle, *to ~ ,* menggelikan
tide, *full ~ , high ~ ,* air pasang; *low ~ ,* air surut
tidings, warta, berita, kabar
tidy, neces, apik, rapi; *to ~ up oneself,* merapikan diri
tie, *neck~ ,* dasi; *to ~ ,* mengikat, menghubungkan
tie pin, tusuk dasi, jepitan dasi
tie tack, tusuk dasi, jepitan dasi
tiffin, makan tengah hari
tiger, harimau, macan
tight, erat, tegang, ketat
tighten, *to ~ ,* mengeratkan, menegangkan
tigress, harimau betina
tile, ubin, jubin; genteng
till, sampai, sehingga; laci tempat

uang
timber, kayu
time, waktu; kali; *in ~ ,* pada waktunya; *that ~ ,* waktu itu; *to have a good ~ ,* bersenang-senang; *to have ~ to,* sempat; *three at a ~ ,* tiga sekaligus; *what ~ is it?,* pukul berapa?
timely, pada waktunya; hangat
timetable, jadwal
timid, malu-malu, takut-takut
tin, timah; kaleng
tinfoil, timah daun
tingle, *to ~ ,* menggelenyar, senyar, menggeranyam
tinkle, *to ~ ,* berdering, mendering
tin opener, pembuka kaleng
tinplate, pelat timah
tinsmith, tukang kaleng
tint, warna
tiny, kecil (sekali)
tip, ujung; uang persenan, uang rokok, tip; tanda, isyarat; keterangan
tipsy, mabuk
tiptoe, *on ~ ,* bertanjak kaki, berjingkat
tiptop, yang terutama, sangat baik
tire, ban; *to ~ ,* melelahkan, memenatkan

tired, lelah, penat, letih; *~ of,* bosan
tireless, tidak tahu lelah, tidak tahu penat
tiresome, melelahkan, memenatkan; membosankan
tissue, jaringan, tenunan, tisu
tit for tat, balas-membalas
title, gelar; judul; hak milik
titular, tituler
to, ke, kepada; *~ and fro,* bolak-balik
toad, katak
toadstool, cendawan
toast, roti panggang
tobacco, tembakau
tobacconist, penjual tembakau (cerutu, rokok)
today, hari ini; kini
toe, jari kaki
toga, jubah
together, bersama, bersama-sama
toil, *to ~ ,* bekerja keras, membanting tulang
toilet, kamar kecil, wese (WC), peturasan; meja rias, kamar rias
token, tanda, alamat; tanda penghargaan
tolerable, dapat diterima, dapat diizinkan, masih dapat diderita
tolerance, toleransi, daya tenggang, kesabaran

tolerant, dapat bertenggang rasa, toleran, sabar

tolerate, *to ~ ,* memperbolehkan, membiarkan, tahan

toll, tol, bea lewat; korban; bunyi lonceng

tomato, tomat

tomb, kubur, makam; candi

tombstone, batu kubur

tomcat, kucing jantan

tomorrow, esok, besok

ton, ton

tone, bunyi

tongs, tang, penjepit

tongue, lidah; bahasa; *to hold one's ~ ,* tutup mulut, diam

tonight, malam ini

tonnage, tonasi

tonsil(s), tonsil, amandel

too, terlalu, terlampau; juga

tool, perkakas, alat, perabot

tooth, gigi

toothache, sakit gigi

toothbrush, sikat gigi

toothpaste, pasta gigi, tapal gigi

toothpick, tusuk gigi

top, puncak; atas, bagian atas; batok kepala; ujung; terbaik, tertinggi

top hat, topi tinggi

top-heavy, berat di atas

topic, topik, buah bibir, buah

mulut, buah pembicaraan

topical, hangat

topmost, yang tertinggi

top speed, kecepatan tertinggi

topsy-turvy, tunggang langgang

torch, obor, suluh, senter

torchlight, *~ procession,* arak-arakan obor

torment, siksaan, kesengsaraan, penganiayaan; *to ~ ,* menyiksa, menyengsarakan, menganiaya

torpedo, torpedo; *to ~ ,* menorpedo, menenggelamkan

torrential, *~ rains,* hujan lebat, hujan deras

tortoise, kura-kura

tortuous, berkelok-kelok; berbelit-belit

torture, siksaan; *to ~ ,* menyiksa

tosh, omong kosong

toss, lemparan; *to ~ ,* melemparkan, melontarkan, melambungkan, melantunkan; mengundi

total, sama sekali, seluruh; jumlah seluruhnya, total

totalize, *to ~ ,* menjumlahkan

touch, sentuhan, jamahan; *finishing ~ ,* sentuhan terakhir; *to be in ~ with,* berhubungan dengan; *to ~ ,* menyentuh, menjamah, mengutik-utik, menyinggung, mengenai

touch-and-go, hampir-hampir

touching, memilukan hati, mengharukan, menawan hati, merawankan hati; mengenai, akan hal

touch-me-not, putri malu

touchstone, batu uji, kiliran budi

touchy, lekas marah, tipis telinga

tough, liat, alot

tour, tamasya, tur, perjalanan, pelayaran

tourism, wisata, pariwisata, turisme

tourist, wisatawan, turis, pelancong

tow, to ~ , menunda (perahu, kapal), menarik

toward, kepada, akan, tentang, bagi

towel, anduk; lap

towel rack, rak anduk

tower, menara

town, kota

town hall, balai kota

toy, mainan

trace, bekas kaki, jejak; to ~ , merunut, mengusut, menjiplak, mengikuti jejak, memetakan

traction, traksi, helaan

tractor, traktor

trade, niaga, perniagaam, perdagangan

trademark, merek dagang

trader, pedagang

tradesman, pedagang, saudagar

trade union, serikat kerja, serikat buruh

tradition, adat(-istiadat), tradisi

traditional, menurut adat, tradisional

traffic, lalu lintas; perniagaan, perdagangan

tragic, tragis, mengerikan

trail, jalan kecil, bekas, jejak; to ~ , menarik, menghela; mengikuti jejak binatang; menjalar

trailer, kendaraan gandengan

train, kereta api; by ~ , dengan kereta api, naik kereta api; to ~ , melatih, membiasakan, mendidik

trainer, pelatih

training, latihan, pelatihan, pendidikan

traitor, pengkhianat

tram, trem

tramp, pengembara, gelandangan; to ~ , mengembara

trample, to ~ , memijak, menginjak

trance, trans, ekstase; keadaan

kerasukan, **keadaan tidak sadar**
 diri
tranquil, tenang, hening, teduh
tranquillity, ketenangan,
 keheningan, keteduhan
transaction, transaksi
transcribe, *to ~ ,* menyalin
transcription, salinan
transfer, pemindahan; *to ~ ,*
 memindahkan
transform, *to ~ ,* mengubah
 bentuk, mengalihbentukkan
transformation, pengubahan
 bentuk, pengalihbentukan,
 transformasi
transformer, transformator
transfusion, transfusi; *blood ~ ,*
 transfusi darah
transit, transito
translate, *to ~ ,* menerjemahkan
translation, penerjemahan,
 terjemahan
translator, penerjemah
translucent, tembus cahaya
transmission, pengiriman
 (berita), penyiaran, penyebaran,
 transmisi
transmit, *to ~ ,* mengirimkan,
 menyiarkan, menyebarkan,
 memancarkan
transmitter, pemancar
transparent, bening, tembus

cahaya
transport, angkutan,
 pengangkutan; *to ~ ,*
 mengangkut, membawa
transverse, melintang; garis
 lintang
trap, perangkap, jerat
travel, *to ~ ,* berjalan, berlayar;
 bepergian
traveler, orang yang bepergian,
 pelancong; musafir
trawl, pukat
trawler, kapal pukat
tray, talam, dulang; baki
treachery, pengkhianatan
tread, *to ~ ,* menempuh,
 memijak, menginjak
treason, khianat
treasure, harta, khazanah
treasurer, bendaharawan
treasury, perbendaharaan,
 baitulmal, khazanah
treat, *to ~ ,* mengobati;
 memperlakukan,
 membicarakan; bermusyawarah
treatment, pengobatan,
 perlakuan, perawatan; laporan
treaty, perjanjian negara, piagam
tree, pohon
tremble, *to ~ ,* bergetar, gemetar
tremendous, hebat, dahsyat
trench, parit perlindungan

trespass, *to ~* , melanggar aturan

trespasser, pelanggar

trestle, kuda-kuda

trial, percobaan, pemeriksaan; proses; godaan; cobalah; *to stand ~* , menghadap hakim

triangle, segi tiga

tribal, ... suku (bangsa)

tribe, suku (bangsa)

tribunal, majelis pengadilan

trick, akal, daya; *to play a ~ on,* memperdayakan orang; *to ~* , menipu

trickery, penipuan

tricolor, triwarna

tricycle, becak, sepeda roda tiga

trident, trisula

trifle, barang remeh, barang sepele, barang tidak artinya

trigger, picu, candit

trim, keadaan; perlengkapan; perhiasan; apik, cermat; *to ~* , menggunting, mencukur; menghiasi

trinket, (barang) perhiasan

trip, perjalanan, pelayaran

triumph, kemenangan

trivet, tungku

trolley, troli, trem listrik

troop(s), pasukan

trophy, tanda kemenangan, piala, trofi

tropic, *the ~s,* daerah khatulistiwa, daerah tropik

tropical, *~ disease,* penyakit tropik

trot, *to ~* , berlari

trotter, pelari

trouble, susah, kesusahan; kesulitan; gangguan; kesakitan; kerusakan; *to give ~* , menyebabkan kesusahan; *to ~* , menyusahkan; *~s,* huru-hara; *what's the ~ ?,* ada kesulitan apa?

troublesome, susah, sukar, menyusahkan, menjengkelkan

trough, palung

trousers, celana

truant, *to play ~* , tidak masuk sekolah, membolos

truce, gencatan senjata

truck, truk

true, benar, betul, sungguh

truly, sebenarnya, sebetulnya, sesungguhnya

trumpet, trompet

trunk, batang; batang tubuh; kopor; belalai; *swimming ~s,* celana renang

trust, *to ~* , percaya akan, mempercayai

trusteeship, perwalian

trustworthy, andal, terandalkan,

dapat dipercaya

truth, kebenaran; *in ~ ,* sebenarnya

try, *to ~ ,* mencoba

tub, bak mandi

tube, tabung; pipa, pembuluh; ban dalam; terowongan

tuberculosis, tebese, penyakit paru-paru, batuk kering

Tuesday, Selasa

tugboat, kapal tunda

tuition, pengajaran, pendidikan

tumble, *to ~ ,* terjungkal, terjungkel

tumbler, gelas minum

tummy, perut

tumor, tumor

tumult, gempar, keributan

tune, bunyi, lagu; *out of ~ ,* tidak selaras; *to change one's ~ ,* mengubah sikap

tuning fork, garpu tala

tunnel, terowongan

turban, serban

turbine, turbin

Turk, orang Turki

Turkey, Turki

turkey, kalkun

Turkish, ... Turki

turn, putaran; giliran; belok; *to ~ ,* memutar; membelok, menoleh; berpusing; membalikkan

turnkey, juru kunci (penjara)

turnover, penjualan, omzet; pergantian

turnscrew, obeng

turpentine, terpentin, minyak tusam

turtle, kura-kura, penyu

turtledove, tekukur, titiran

tusk, gading

tutor, pelatih

tweezers, pinset, penyepit, angkup

twelfth, kedua belas; perdua belas

twelve, dua belas

twentieth, kedua puluh; perdua puluh

twenty, dua puluh

twice, dua kali

twig, ranting

twilight, senjakala

twin, kembar

twine, *to ~ ,* memintal, memilin

twinkle, *to ~ ,* gemerlapan, berkedip-kedip, berbinar-binar

twinkling, *in a ~ , in the ~ of an eye,* dalam sekejap mata

twist, *to ~ ,* memilin, memutar, memintal, menganyam

two, dua

twofold, rangkap dua, dobel

type, tipe, macam, jenis, bentuk; contoh; golongan; huruf cetak; *to ~ ,* mengetik

typewriter, mesin ketik

typewritten, diketik

typhoid, demam panas, penyakit tipus

typhoon, topan

typhus, penyakit tipus

typist, juru ketik, pengetik

tyrannic(al), lalim

tyrannize, *to ~ ,* bersimaharajalela

tyranny, kelaliman

tyrant, orang lalim, tiran

tyre, ban

U

udder, ambing

ugly, buruk

ulcer, bisul, borok, barah

ultimatum, ultimatum

umbrella, payung

umbrella stand, tempat payung, bak payung

umpire, wasit

unabashed, tidak malu, tanpa malu

unable, tidak mampu, tidak dapat, tidak cakap

unacceptable, tidak dapat diterima

unafraid, tidak takut

unanimously, dengan suara bulat, secara aklamasi

unashamed, tidak malu

unavailing, sia-sia, cuma-cuma, percuma

unavoidable, tidak dapat dihindarkan, tidak dapat dielakkan

unaware, tidak sadar, tidak insaf

unawares, sekonyong-konyong, tiba-tiba

unbearable, tidak tertahankan

unbelievable, tidak dapat dipercaya, bukan main

unceasing, tidak berkeputusan, selalu, senantiasa

uncertain, tidak tentu, tidak pasti

unchangeable, tidak berubah

uncivil, kurang ajar, kasar

uncivilized, biadab

uncle, paman

unclean, tidak bersih, kotor

uncomfortable, tidak enak,

kurang nyaman

uncommon, tidak biasa, luar biasa

unconcerned, ~ *with,* tidak berkepentingan

unconditional, mutlak, tidak bersyarat

unconquerable, tidak teralahkan, berpantang kalah

unconscious, pingsan, tidak sadarkan diri

uncork, *to* ~ *,* mencabut sumbat, membuka botol

uncounted, tidak terbilang, tidak tepermanai

uncourteous, tidak tahu adat, tidak sopan

uncover, *to* ~ *,* membuka

uncultured, tidak berbudaya, tidak mempunyai kebudayaan, biadab

undecided, bimbang, waswas

under, bawah

underbrush, belukar

underclothes, pakaian dalam

underdone, masih mentah

underestimate, *to* ~ *,* mengabaikan

underfeed, *to* ~ *,* kurang memberi makan

undergo, *to* ~ *,* menderita, mengalami

underground, *the* ~ *,* kereta api bawah tanah

undergrowth, semak samun

underhand, bawah tangan

underline, *to* ~ *,* menggarisbawahi

underlip, bibir bawah

undermine, *to* ~ *,* menggali lombong dalam bawah, merongrong, merusak

undermost, yang paling bawah

underneath, di bawah

underpaid, tidak cukup pembayarannya, gajinya kurang dari semestinya

undersign, *to* ~ *,* menandatangani di bawah

undersize(d), terlalu kecil

understand, *to* ~ *,* mengerti, paham, tahu akan

understanding, pengertian, pemahaman; *on the (distinct)* ~ *that...,* ... yakni; dengan pengertian bahwa; *to come to an* ~ *,* mencapai pengertian, mencapai persetujuan

understood, *it is* ~ *that...,* ada pengertian bahwa

undertake, *to* ~ *,* mengusahakan

undertaker, pengusaha, usahawan

undertaking, badan perusahaan;

usaha

undervalue, to ~ , menaksir rendah

underwear, pakaian dalam

undesirable, tidak dikehendaki, tidak diinginkan

undiminished, tidak berkurang

undisputed, tidak disangkal

undisturbed, tidak terganggu

undo, to ~ , membuka; merusak

undoubtedly, tidak syak lagi, niscaya, tidak diragukan lagi

undress, to ~ , membuka pakaian

undying, abadi, kekal

uneasy, sukar, susah; masygul, gelisah

unemployed, the ~ , kaum penganggur

unemployment, pengangguran

unequal, tidak sama; tidak sama rata

unequaled, tidak ada tandingannya, tidak bertara

uneven, ganjil; kasap, tidak rata; tidak seimbang

unexpectedly, tiba-tiba, sekonyong-konyong

unfair, tidak adil, tidak jujur

unfaithful, tidak setia; durhaka

unfamiliar, tidak biasa; tidak diketahui

unfasten, to ~ , membuka ikatan

unfathomable, tidak terduga

unfinished, tidak diselesaikan, tidak selesai

unfit, tidak cakap; tidak patut

unfold, to ~ , menguraikan, membuka lipatan, membuka

unforeseen, tidak tersangka

unforgettable, tidak dapat dilupakan

unforgivable, tidak dapat diampuni, tidak dapat dimaafkan

unfortunate, celaka

unfortunately, sayang, malang

unfounded, tidak beralasan

unguarded, tidak dijaga

unhampered, tidak dirintangi, tidak diganggu

unhandy, canggung

unhappy, celaka, berduka, sakit hati

unharmonious, janggal, sumbang

unhealthful, kurang sehat

unhindered, tidak dihalangi, tidak terhalang, tidak dirintangi

uniform, pakaian seragam; pakaian militer; seragam, serupa

uniformity, keseragaman

unify, to ~ , menyatukan, mempersatukan

unimaginable, tidak dapat dibayangkan, tidak terkirakan

unimportant, tidak penting

uninhabitable, tidak dapat didiami, tidak dapat dihuni

uninterrupted, tidak terputus

uninvited, tidak diundang, tidak diminta

union, persatuan, perserikatan, uni

Union Jack, bendera Inggris

unique, tunggal; unik, tidak ada duanya

unit, unit, satuan, kesatuan

unite, *to ~ ,* menyatukan

united, *the United States,* Amerika Serikat

universal, universil, universal, umum

universe, alam semesta

university, universitas

unjust, tidak adil

unkind, tidak ramah, tidak manis, tidak bersahabat

unknowing, tidak tahu akan, tidak mengenal

unknown, tidak ketahuan, tidak dikenal

unlawful, tidak sah

unless, jika tidak

unlimited, tidak terhingga, tidak berhingga, tidak terbatas

unload, *to ~ ,* membongkar muatan

unlock, *to ~ ,* membuka (kunci, gembok)

unloved, tidak dikasihi, tidak dicintai, tidak disukai

unlucky, celaka

unmannerly, tidak sopan, kurang ajar

unmarketable, tidak dapat dipasarkan

unmarried, belum/tidak kawin, bujang

unmask, *to ~ ,* membuka kedok

unmixed, tidak campur

unnatural, tidak wajar, tidak alami

unnecessary, tidak perlu, tidak usah

unobservant, lalai, tidak memperhatikan

unpack, *to ~ ,* membongkar, membuka bungkus

unpaid, tidak dibayar; tidak ditebus

unpardonable, tidak dapat diampuni, tidak dapat dimaafkan

unpleasant, kurang nyaman

unprejudiced, tidak berprasangka, tanpa prasangka, tidak berpihak

unprepared, tidak disiapkan dahulu

unprofitable, tidak menguntungkan, tidak berguna

unprotected, tidak dilindungi

unprovided, ~ *for,* tidak dipelihara

unqualified, tidak berhak, tidak berijazah, tidak memenuhi persyaratan

unquiet, gelisah

unreadable, tidak dapat dibaca, tidak terbaca

unreal, tidak nyata, tidak menurut kenyataan, tidak riil

unreasonable, tidak masuk akal

unreliable, tidak dapat dipercayai

unrest, kegelisahan, kerusuhan

unrighteous, tidak adil, lalim

unripe, mentah

unrivaled, tidak ada taranya

unsafe, tidak aman, tidak teguh; berbahaya

unsalable, tidak dapat dijual

unsalaried, tidak makan gaji

unsatisfactory, tidak memuaskan, tidak menyenangkan

unsatisfied, tidak puas

unscrew, *to* ~ , membuka sekrup, melepaskan sekrup

unscrupulous, tidak mengindahkan akhlak

unseen, tidak dilihat, tidak kelihatan

unselfish, tidak mencari kepentingan sendiri

unskilled, tidak terampil, tidak berpengalaman

unsold, tidak dijual, tidak terjual

unsolvable, tidak dapat larut, tidak dapat dipecahkan

unsound, tidak sehat; tidak nyenyak

unsteady, tidak tetap, goyah

unsuccessful, tidak berhasil, tidak lulus, gagal

unteachable, tidak dapat diajar, tidak dapat diajarkan

unthinkable, tidak terpikirkan, tidak terbayangkan

untidy, tidak dengan aturan, tidak teratur, tidak neces

untie, *to* ~ , membuka, menguraikan ikatan

until, sehingga, sampai

untimely, lebih cepat waktunya

untired, tidak kenal lelah

untried, tidak dicoba, tidak diuji

untrue, tidak benar

untruthful, bohong, dusta

unusual, luar biasa

unviolated, tidak (belum) rusak; tidak digagahi, tidak diperkosa

unwary, kurang hati-hati

unwelcome, tidak dikehendaki, tidak diterima dengan baik

unwell, tidak enak badan

unwilling, tidak mau, segan, tidak suka

unwise, bebal, bodoh

unwitting, tidak mengetahui

unwonted, tidak biasa

up, ke atas, di atas; *it is ~ to him,* terserah padanya; *~ to now,* sampai kini, hingga sekarang; *~ and down,* naik turun; *~s and downs,* untung malang; *what's ~ ?,* ada apa?

upon, atas

upper, (yang) ke atas; tertinggi

upper lip, bibir atas

upright, tegak

uproar, huru-hara, geger

uproot, *to ~ ,* membantun

upset, *to ~ ,* menggagalkan, mengacau

upside, bagian atas

upstairs, ke lantai atas

upstream, ke hulu, mudik

up-to-date, modern, mutakhir, mengikuti zaman

upward, menuju ke atas

urge, dorongan *to ~ ,* mendorong, mendesak

urgency, urgensi, kemendesakan

urgent, urgen, mendesak

us, kami, kita

U.S.A., *United States of America,* Amerika Serikat

usage, adat; pemakaian

use, pemakaian; guna; adat, kebiasaan; *it is (of) no ~ ,* tidak ada gunanya, percuma saja; *to be of ~ ,* berguna, berfaedah; *to ~ ,* memakai, menggunakan, mempergunakan

used, *~ to,* biasa

useful, berguna, berfaedah

useless, tidak berguna, sia-sia; tidak dapat dipakai

user, pemakai

usher, penjaga pintu, pemandu tamu

usual, biasa, lazim; *as ~ ,* seperti biasa

usually, biasanya, pada lazimnya

usurer, lintah darat

usury, riba

utensil, perkakas, perabot

utility, guna

utilize, *to ~ ,* mempergunakan

utmost, *to do one's ~ ,* berusaha sekeras mungkin

utterly, sehabis-habisnya, sama sekali

uvula, anak tekak

V

vacancy, lowongan

vacant, lowong, kosong

vaccinate, *to ~ ,* mencacar

vaccination, pencacaran, vaksinasi

vaccine, vaksin, benih cacar

vacuum, hampa udara; *~ flask,* termos

vagabond, pengembara

vague, samar-samar

vain, *in ~ ,* sia-sia, percuma

vale, lembah

valet, pelayan, jongos

valiant, gagah berani

valid, berlaku, sah

validate, *to ~ ,* mengesahkan

validation, pengesahan

valley, lembah

valor, keberanian

valorous, berani

valuable, mahal, berharga; *~s,* barang-barang berharga

value, nilai; *of ~ ,* berharga; *to ~ ,* menilai, menaksir, menghargai

valve, klep, katup, pentil; lampu radio

van, mobil gerbong

vanguard, haluan; barisan depan

vanilla, panili

vanish, *to ~ ,* hilang, lenyap

vanity, kesia-siaan

vanquish, *to ~ ,* mengalahkan

vantage, keuntungan, laba

vapor, uap

vaporization, penguapan

vaporize, *to ~ ,* menguap, menguapkan

vaporous, berembun, berkabut

variable, berubah-ubah; variabel, faktor peubah

variation, perubahan

variety, macam, ragam; keanekaragaman; selingan

various, berjenis-jenis, bermacam-macam

varnish, minyak rengas, pernis

varsity, universitas

vary, *to ~ ,* mengubah, mengganti; berbeda; menyelang-nyeling

vase, vas, tempat bunga, jambangan

vaseline, vaselin

vast, besar sekali, luas

veal, daging anak sapi

vegetable, nabati; ~*s,* sayuran

vegetarian, orang yang hanya makan sayur

vegetate, *to ~ ,* tumbuh

vegetation, tetumbuhan

vehement, hebat, garang

vehicle, kendaraan

veil, tudung

veiled, bertudung

vein, urat, pembuluh (darah) balik, vena

velocity, kecepatan, laju

velvet, beledu

vendor, penjaja, penjual

venerate, *to ~ ,* menghormati

veneration, penghormatan

vengeance, pembalasan

venom, bisa

venomous, berbisa

ventilation, ventilasi, pertukaran udara

ventilator, kipas angin, penukar udara

venture, *to ~ ,* mencoba; mengadu nasib

veranda, beranda

verb, kata kerja

verbal, lisan; ~ *dispute,* pertengkaran mulut

verdict, keputusan, hukuman

verification, verifikasi,
pencocokan dengan keadaan nyata, pencarian kebenaran dengan melihat sendiri, pemeriksaan secara teliti; bukti

verify, *to ~ ,* memverifikasi, mencocokan dengan keadaan nyata, mencari kebenaran dengan melihat sendiri; memeriksa secara teliti

veritable, benar

vermicelli, vermiseli

vermilion, sadalinggam, merah terang

vernacular, bahasa daerah

verse, ayat; sajak

versed, berpengalaman, menguasai, fasih

versify, *to ~ ,* menyajakkan

version, versi

vertical, tegak lurus, vertikal

verve, semangat

very, amat, sangat, ... sekali; benar, betul

vessel, perahu, kapal

veterinary, ~ *surgeon,* dokter bedah hewan

veto, veto, hak veto

vex, *to ~ ,* menggoda, mengusik, menyakatkan

via, via, lewat, melalui

viaduct, viaduk, jalan di atas

vibrate, *to ~ ,* bergetar

vibration, getaran, vibrasi

vice, cela, cacat, kejahatan; wakil, ... muda

viceroy, raja muda

vicious, tidak adil, jahat

vicinity, dekat, sekitar

victim, korban

victorious, menang, jaya

victory, kemenangan

victual(s), bekal; makanan

view, pandangan, pendapat; pemandangan

viewpoint, sudut pandangan, segi pandangan

vigilant, waspada

vigor, kekuatan

vigorous, kuat

village, dusun, desa, kampung

villager, orang dusun, orang desa

villain, orang jahat, bangsat

vine, pokok anggur

vinegar, cuka

vineyard, kebun anggur

violate, *to ~ ,* melanggar, memperkosa, menggagahi

violation, pelanggaran, pemerkosaan, penggagahan

violence, kekerasan

violent, keras, hebat

violet, ungu

violin, biola

violinist, pemain biola

viper, ular biludak, ular berbisa

virgin, perawan, gadis, anak dara

virtue, kebajikan; *by (in) ~ of,* berdasarkan, atas kekuatan

virulence, keberbisaan, kejahatan

virulent, berbisa, jahat

visible, kelihatan, tampak, kasat mata, dapat dilihat dengan mata

vision, penglihatan, pendapat, visi

visit, kunjungan; *to ~ ,* berkunjung, mengunjungi

visitation, kunjungan resmi

visitor, pengunjung, tamu

vital, hayati; penting sekali; membahayakan

vitamin, vitamin

vitriol, terusi

vivacious, bersemangat, hidup, riang

viz., *videlicet,* yakni, yaitu

vizier, wazir

vocabulary, kosa kata, daftar kata

vocation, panggilan, jabatan, pekerjaan

vocational, kejuruan

vogue, *to be in ~ , to be the ~* sangat digemari

voice, suara; *in a loud ~ ,* dengan suara keras (nyaring, lantang);

in a low ~ , dengan suara
rendah, dengan suara lirih
void, kosong, tidak berlaku lagi;
kekosongan, kehampaan
volcano, gunung berapi
volt, volt
volume, volume, isi; jilid
voluminous, tebal, besar
voluntary, sukarela; bebas,
fakultatif; sengaja
volunteer, tenaga sukarela,
sukarelawan; ... sukarela

voluptuous, dukana, gasang
vomit, *to* ~ , muntah
voracious, rakus, gelojoh
vote, suara; pemungutan suara;
hak memilih; *to* ~ , memungut
suara
voter, pemilih
vowel, huruf hidup
voyage, pelayaran, perjalanan
vulgar, kasar, tidak sopan, carut
vulture, burung nazar

W

wad, kapas
waddle, *to* ~ , terkedek-kedek
wade, *to* ~ , mengarungi
wag, *to* ~ , mengibas(-ngibas),
mengibaskan
wage, upah
wager, petaruh; taruhan
wagon, wagon, gerbong, kereta
waif, pengembara, orang terlantar
waist, pinggang
wait, *to* ~ , menunggu, menanti
waiter, pelayan
waiting room, kamar tunggu
waitress, wanita pelayan
wake, air alur kapal; *to* ~ ,

membangunkan
walk, jalan-jalan; *to go for a* ~ ,
pergi melancong ; *to* ~ ,
berjalan, berjalan kaki
walker, pelancong
walking stick, tongkat
walkover, kemenangan mudah,
w.o., mencukur gundul
wall, tembok, dinding; *to* ~ ,
mendindingi
wallet, dompet
wallop, *to* ~ , melabrak
wander, *to* ~ , mengembara,
berkelana, berputar-putar
wanderer, pengembara, kelana

wane, *waning moon,* bulan surut

want, kebutuhan; kekurangan; *to ~ ,* membutuhkan; menghendaki

wanton, nakal; sembarangan; sembrono; ceroboh

war, perang

war criminal, penjahat perang

ward, ruang (dalam rumah sakit), bangsal

warden, pengawas, penjaga

warder, sipir, juru kunci

wardrobe, lemari pakaian

ware, barang

warehouse, gudang

warfare, peperangan, pertempuran, perjuangan

warlike, bersemangat perang, suka perang

warm, panas; hangat; *to ~ ,* memanasi

warming, pemanasan

warmth, panas, kehangatan

warn, *to ~ ,* memperingatkan

warning, peringatan

warrant, surat kuasa, surat wakil, surat perintah; *to ~ ,* menguasakan; menanggung; menjamin

warrior, serdadu, pejuang, prajurit

wart, kutil

wash, cucian; *to ~ ,* mencuci, membasuh

washbasin, baskom, tempat cuci muka, wastafel

washerman, penatu, dobi

washstand, meja cuci muka

wasp, tawon, tabuhan, penyengat

wastage, pemborosan; ampas

waste, *to ~ ,* memboroskan

wasteful, boros

waste(paper) basket, keranjang sampah

watch, jaga, kawal; arloji; *to ~ ,* menjaga

watcher, penjaga, pengawal

watchful, waspada

watchmaker, tukang arloji

watchman, penjaga malam

watchword, semboyan

water, air; *my mouth ~s,* mulut saya berliur; *to hold ~ ,* tahan air; *to ~ ,* mengairi, menyirami

water bottle, botol air

watercolor, cat air

waterfall, jeram, air terjun

watering can, gembor

water level, muka air

waterproof, tahan air, kedap air

waterspout, sengkayan, puting beliung

water supply, pengadaan air, penyediaan/persediaan air

watertight, kedap air; rapat
waterway, jalan air
waterworks, saluran air, pengairan
watery, berair
wave, ombak, gelombang; *to ~* , melambari, berkibar, bergelombang
wavelength, panjang gelombang, riak gelombang
wax, lilin
waxen, terbuat dari lilin
way, jalan; jarak; arah; cara; kebiasaan; *by ~ of,* secara; *in a general ~* , pada umumnya; *over the ~* , di sebelah, di seberang; *that ~* , ke sana; *to give ~* , pergi ke tepi, menepi; *to have one's ~* , mendapatkan apa yang diinginkan; *~ in,* jalan masuk; *~ out,* jalan keluar
we, kami, kita
weak, lemah
weaken, *to ~* , melemahkan
weakness, kelemahan
wealth, kekayaan
wealthy, kaya, kaya raya
weapon, senjata
wear, pakaian; *to ~* , memakai, tahan
weary, letih, penat, payah; *to ~* , meletihkan, memenatkan,

memayahkan
weather, cuaca; *fair ~* , cuaca baik; *hot ~* , hari panas; *rainy ~* , hari hujan; *~ conditions,* keadaan cuaca; *~ forecast,* prakiraan cuaca
weathercock, penunjuk arah angin
weatherproof, tahan cuaca
weave, *to ~* , menenun
weaver, penenun, tukang tenun, penganyam
weaving mill, pabrik tenun, pabrik pemintalan
wed, *to ~* , nikah, kawin
wedding, perkawinan, pernikahan
wedge, baji
Wednesday, Rabu
weed, gulma; *to ~* , menyiangi
weedy, bergulma, penuh gulma
week, minggu
weekly, tiap minggu; mingguan
weep, *to ~* , menangis
weigh, *to ~* , menimbang, membongkar sauh
weight, berat, timbangan, bobot
welcome, selamat datang; *to bid one ~* , *to ~* , menyambut, mengucapkan selamat datang
welfare, kesejahteraan; *~ work,* karya kesejahteraan

well, sumber, mata air, sumur; baik; sehat; *as ~ ,* begitu juga, demikian juga

well-beloved, tercinta

well-bred, tahu adat, tahu bahasa, sopan

well-off, kaya, berada

well-to-do, kaya, berada

west, barat

western, ... barat

westerner, orang Barat

wet, basah, berair

whale, paus

wharf, dermaga

what, apa; *~ is your name?,* siapa namamu?

whatever, apa saja, apa pun

wheat, gandum

wheaten, terbuat dari gandum

wheedle, *to ~ ,* membujuk

wheel, roda

wheelbarrow, kereta dorong

wheelwright, tukang roda

whelp, anak singa, anak harimau

when, apabila, bilamana, kapan

whence, dari mana

whenever, bilamana saja

where, di mana, ke mana

whereabouts, tempat berada, di mana

whereas, sedangkan, padahal

wherever, di mana-mana saja

wherry, sampan kayuh (di sungai)

whet, *to ~ ,* mengasah

whether, *~ ... or,* entah ... entah

whetstone, batu asah

which, yang mana, mana

while, sedangkan, sambil; saat, ketika

whilst, sedangkan

whim, tingkah, sikap angin-anginan

whimsical, bertingkah, angin-anginan

whine, cengeng

whinny, *to ~ ,* meringkik

whip, cambuk, cemeti; *to ~ ,* mencambuk, mencemeti

whirl, *to ~ ,* berpusing, berputar, berpusar

whirlpool, pusaran air

whirlwind, angin pusar, angin puyuh

whisker(s), cambang; sungut

whisk(e)y, wiski

whisper, bisikan; *to ~ ,* berbisik-bisik

whistle, peluit; *to ~ ,* bersiul

white, putih; uban

whiten, *to ~ ,* memutihkan, mengelantang

whitewash, kapur; *to ~ ,* mengapur; mengembalikan

kehormatan
Whitsuntide, Pantekosta
who, siapa; yang
whoever, barang siapa
whole, bulat, sama sekali, antero, seluruh, segenap
wholehearted, dengan sepenuh hati
wholesale, ~ *dealer,* pedagang besar, grosir
wholesome, berguna, berfaedah; sehat
wholly, sama sekali
whom, (kepada) siapa
whomsoever, (kepada) siapa pun
whoop, sorak sorai, tempik sorak
whooping cough, batuk rejan
whop, *to* ~ , melabrak
whopping, labrakan
whose, milik siapa, yang ... -nya
whosoever, barang siapa
why, mengapa; nah!
wick, sumbu
wicked, jahat, berdosa
wide, lebar, longgar, luas
widen, *to* ~ , melebarkan, memperluas; meluas
widow, janda
widower, duda, balu
width, lebar(nya)
wife, isteri, bini
wigging, teguran tegas

wild, liar, ganas, buas
wilderness, hutan, gurun
will, kehendak, kemauan; wasiat; *at* ~ , sesuka hati; *of one's own free* ~ , dengan suka rela; *(to)* ~ , mau, hendak, akan
willing, *God* ~ , insya Allah; ~ *or not,* mau tidak mau; *we are* ~ *to,* kami bersedia akan
willingly, rela, suka, sudi
willingness, kesudian, kesediaan
willpower, kekerasan kehendak
willy-nilly, mau tidak mau
win, *to* ~ , menang; memperoleh, mendapat
winch, mesin derek, takal, kerekan
wind, angin; mata angin; *to* ~ , memutar, membelit, membalut; memeluk; meniup
winding, berliku-liku, berputar-putar
window, jendela, tingkap
windowpane, kaca jendela
windpipe, batang tenggorok
windward, atas angin
windy, banyak angin, berangin
wine, anggur
wine list, daftar anggur
wing, sayap
wink, kejap mata; *forty* ~*s,* tidur; *to* ~ , mengejapkan mata

winning, ~s, laba, untung

winnow, to ~ , menampi

winter, musim dingin

wipe, to ~ , menyapu; menghapus; melabrak

wire, kawat; telegram, surat kawat; by ~, dengan telegram, dengan kawat; to ~ , menelegram, mengawatkan

wireless, nirkawat; radio; ~ operator, markonis

wire netting, kawat kasa

wiry, dari kawat

wisdom, kearifan, kebijaksanaan; ~ tooth, geraham bungsu

wise, arif, bijaksana, berbudi, budiman

wish, keinginan; to ~ , berkeinginan

wit, akal, akal budi; to be at one's ~s' end, hilang akal

with, dengan

withdraw, to ~ , mundur; mencabut; mengundurkan diri, minta diri

withdrawal, pengunduran

withered, layu

within, dalam, di dalam

without, luar; tanpa

withstand, to ~ , tahan, menahan, melawan

witness, saksi; penyaksian; to

bear ~ , memberi kesaksian; to ~ , menyaksikan

wittiness, kejenakaan

wizard, tukang sihir, ahli sihir, kakek/nenek sihir

wolf, srigala

woman, perempuan, wanita

womanlike, kewanita-wanitaan

wonder, keajaiban; to ~ , heran; ingin tahu, bertanya-tanya

wonderful, ajaib, mengherankan

wont, biasa

won't, will not, tidak akan, tidak mau

woo, to ~ , berkasih-kasihan, bercumbu-cumbuan, merayu, membujuk

wood, kayu; hutan

wood carving, ukiran kayu

woodcut, ukiran kayu

woodcutter, pemotong kayu, penebang kayu

wooden, terbuat dari kayu

woodpecker, burung pelatuk

wool, wol, bulu domba

woolen, terbuat dari wol, terbuat dari bulu domba

word, kata, perkataan, sabda; semboyan

work, pekerjaan, karya; at ~ , sedang bekerja; out of ~ , tidak bekerja, menganggur; to ~ ,

bekerja, berusaha; ~*s,* pabrik
workbook, buku tulis
worker, pekerja, buruh
working class, kaum buruh
workman, buruh, tukang
workmanship, kemampuan
  kerja, keahlian kerja
workshop, bengkel
world, dunia
worldly, duniawi
world war, perang dunia
worm, cacing, ulat
worm-eaten, berulat
worry, *don't ~ your head,* jangan
  khawatir; *to ~ ,* menyusahkan,
  memedulikan; mengusik
worse, lebih buruk
worship, pujaan, pemujaan; *to ~ ,*
  memuja, menghormati
worst, paling buruk, terburuk
worth, nilai, harga, guna; *it is not*
  ~while, tidak ada manfaatnya,
  tidak pantas dibela; *not ~*
  mentioning, tidak pantas
  disebutkan
worthless, tidak berharga, tidak
  berguna
worthy, patut
would-be, pura-pura; gadungan;
  bakal; *~ contractor,* bakal
  kontraktor
wound, luka; *to ~ ,* melukai

wrangle, *to ~ ,* bertengkar,
  bercekcok
wrap, *to be ~ped up in thought,*
  tepekur; *to ~ ,* membalut,
  membungkus
wrapper, bungkus, pembungkus
wrapping paper, kertas bungkus
wrath, murka
wreath, karangan bunga
wreathe, *to ~ ,* meliputi,
  melingkari
wreck, rongsokan kapal karam;
  to be ~ed, karam
wreckage, bagian-bagian
  rongsokan kapal karam
wrench, renggutan; salah urat,
  keseleo, terkilir
wrest, *to ~ ,* merebut
wrestle, pergumulan, pergulatan;
  to ~ , bergumul, bergulat
wrestler, pegulat, pegumul
wretched, celaka, melarat,
  menyedihkan, buruk
wriggle, geriak, geliang geliut; *to*
  ~ , bergeliang geliut
wring, *hand ~ing,* jabat tangan;
  to ~ , memerah
wrinkle, kedut, kerut; *to ~ ,*
  mengerut
wrist, pergelangan tangan
wristwatch, jam tangan
write, *to ~ ,* menulis, menyurati,

mengarang; *to ~ down,*
menuliskan
writer, pengarang, penulis
writing, tulisan, tulis-menulis,
surat(an); *in ~ ,* secara tertulis
writing book, buku tulis
writing desk, meja tulis
writing materials, alat tulis
written, tertulis, tersurat,
termaktub
wrong, salah, keliru; kesalahan;

to be ~ , salah, salah
perkataannya; *what's ~?,* ada
apa?, apa salahnya?
wrongdoer, pelanggar
wrongful, tidak adil, jahat
wrongheaded, keras kepala
wrought-up, gugup, gelisah,
terharu
wry, serong, erot; *with a ~ face,*
dengan muka masam

X

xenophobia, rasa takut pada
orang/barang asing
Xmas, *Christmas,* hari Natal

X-ray, sinar X
xylophone, xilofon

Y

yacht, kapal/perahu layar
Yankee, orang Amerika (Serikat)
yard, elo Inggris; 0.914 m;
pekarangan
yarn, benang
yawn, *to ~ ,* menguap
year, tahun; *financial ~ ,* tahun
buku, tahun pembukuan; *from*

~'s end to ~'s end, bertahun-
tahun; *recent ~s,* tahun
belakangan ini, tahun yang
baru lalu ini
yearly, tahunan
yearn, *to ~ ,* sangat ingin, sangat
kepingin; rindu, merindukan
yeast, ragi

yell, pekik(an); *to ~* , memekik
yellow, kuning
yelp, *to ~* , menyalak
yes, ya
yesterday, kemarin; *the day before ~* , kemarin dulu
yet, tetapi, kiranya, juga; *never ~* , belum pernah; *not ~* , belum
yield, hasil, produksi, panenan; *to ~* , menghasilkan; menyerah, mengalah
yielding, produktif; mudah takluk
yoke, kuk; pasang; penindasan
yolk, kuning telur
yonder, di sana, di sebelah sana

you, engkau, kamu, tuan, Anda
young, muda; anak (binatang)
youngster, pemuda, pemudi
your, ...-mu, ... tuan, ... Anda
yours, milikmu, milik tuan, milik Anda; *~ of the 4th,* surat tuan tertanggal 4 bulan ini; *~ truly,* hormat kami
yourself, engkau sendiri, kamu sendiri, tuan sendiri, Anda sendiri
youth, masa muda; kaum muda
youthful, muda, belia, teruna
Yugoslav, orang Yugoslavia
Yugoslavia, negeri Yugoslavia

Z

zeal, semangat, kecergasan, giatnya
zealous, bersemangat, cergas, giat
zenith, puncak, zenit
zephyr, angin sepoi-sepoi
zero, nol; titik nol
zest, kenikmatan, cita rasa;
animo, semangat, gairah
zigzag, siku saki; *to ~* , berkelok-kelok, berbiku-biku
zinc, seng
zone, zona, mintakat
zoo, kebun binatang
zoological, ... hewan, ... hewani
zoology, zoologi, ilmu hewan

yell, pekik(an); to ~ memekik.
yellow, kuning.
yelp, to ~ menyalak.

yesterday, kemarin; the day before ~ kemarin dulu.
yet, telah; belum; not ~ belum.
yield, hasil; produksi; panenan; to ~ menghasilkan; menyerah; mengalah.
yielding, produktif; mudah diatur.
yoke, kuk; pasang; pemondasan.
yolk, kuning telur.
yonder, di sana, di sebelah sana.

you, engkau; kamu; tuan; Anda.
young, muda; anak (binatang).
youngster, pemuda, pemudi.
your, kamu ~, tuan ~, Anda ~.
yours, milikmu; milik tuan; milik Anda; ~ of the 6th... surat tuan tertanggal 6 bulan ini; ~ truly hormat kami.
yourself, engkau sendiri; kamu sendiri; tuan sendiri; Anda sendiri.
youth, masa muda; kaum muda.
youthful, muda-belia; remaja.
Yugoslav, orang Yugoslavia.
Yugoslavia, negeri Yugoslavia.

Z

zeal, semangat; kegairahan.
zealous, bersemangat; bergairah.
zenith, puncak; zenit.
zephyr, angin sepoi-sepoi.
zero, nol; titik nol.
zest, kenikmatan; cita rasa.

zinc, seng.
zone, zona; mintakat.
zoo, kebun binatang.
zoological, ~ hewan.
zoology, zoologi; ilmu hewan.

Indonesian–English

A

abad, century, age; eternity

abadi, eternal, everlasting, endless

abah, direction (of movement); target; *mengabah,* to aim

abah-abah, tackle, gear

abai, *mengabaikan,* to neglect, to disregard; to disparage, to have a low opinion of; to underestimate

abang, elder brother

abang, red

abdi, servant, slave; *mengabdi,* to serve

abis, → habis

abjad, alphabet; *menurut ~ ,* alphabetically, in alphabetical order

abrak, mica; equipment

abur, *mengabur,* to waste, to squander

acap, *~ kali,* often

acar, pickle; *~ campur,* mixed pickles

acara, agenda, program; lawsuit, case, trial; *gedung ~ ,* court of justice; *beracara,* to be at court, to go to court; *mengacarai,* to begin a speech; to administer justice; to be the master of ceremonies; *pengacara,* solicitor; master of ceremonies

aci, flour

aci-aci, supposing

acu, *mengacu,* to threaten, to menace

acu, *mengacu,* to aim; to hold up; to refer to; to cast; *acuan,* mold, cast, model, pattern, form; reference; *~ cetak,* printing form

acuh, *mengacuhkan,* to heed; to care about, to be anxious about

acung, *mengacungkan,* to raise, to hold up

ada, to be, to be present, to have; really, truly; *berada,* to stay; *orang ~ ,* well-to-do people; *mengadakan,* to create; to make available; *~ pesta,* to hold a party; *keadaan,* situation, condition

adab, politeness, good manners,

courteousness; *beradab,* well-
bred, well-mannered, polite,
courteous, civilized

adakalanya, sometimes

adang, *mengadang,* to hinder, to
obstruct; *pengadangan,*
ambush

adas, fennel, anise

adat, custom; courtesy; behavior;
beradat, courteous

adik, younger brother or sister

adil, righteous, just, fair, equi-
table, impartial; *mengadili,* to
adjudicate, to try; *pengadilan,*
court of justice, court of law;
trial; *keadilan,* justice

administrasi, administration,
management

administrator, administrator,
manager

administratur, → **administrator**

adon, *mengadon,* to knead;
adonan, batter, dough

adpertensi, [adperténsi] →
advertensi

adpis, → **advis**

adu, *beradu,* to sleep; *peraduan,*
bed

adu, *mengadu,* to report; to let
fight; *mengadukan,* to report, to
make a complaint to; *aduan,*
match, fight

adu domba, *mengadu̇dombakan,*
to play off against each other

aduh!, aduhai, oh!; *mengaduh,*
to lament

aduk, *campur ~ ,* mixed up,
disordered; complicated;
mengaduk, to stir, to mix;
pengaduk, stirrer, mixer

adunan, → **adon**

advertensi, [adverténsi] adver-
tisement; *memasang ~ ,* to
advertise; *pemasang ~ ,* adver-
tiser; *mengadvertensikan,* to
advertise

advis, advice

advokat, lawyer

afal, → **hafal**

afiat, healthy; *sehat wal ~ ,* in
good health

afrit, evil spirit

aga, proud; pride, self-exaltation;
mengagakan, to be proud of

agak, rather, tolerably;
mengagak, to guess, to
suppose; *~nya,* apparently,
probably, likely

agama, religion; *keagamaan,*
religious; religiosity

agar, in order that, in order to

agar-agar, jelly, gelatin; agar-
agar

agen, [agén] agent, agency; *~*

polisi, policeman

agenda, [agénda] agenda

agung, high, prominent, supreme; solemn

Agustus, August

Ahad, → **minggu**

ahli, expert, specialist; ~ *bedah,* surgeon; ~ *hukum,* lawyer, jurist; ~ *obat,* pharmacologist; ~ *pertanian,* agriculturist; ~ *waris,* heir

ahlunujum, astrologer

ahwal, *hal-ahwal,* matters, things, circumstances, events

air, water; ~ *bah,* flood, inundation; ~ *beku,* ice; ~ *belanda,* soda water; ~ *mata,* tears; ~ *minum,* drinking water; ~ *muka,* countenance; ~ *pasang,* rising tide, high tide; ~ *raksa,* mercury; ~ *surut,* ebbtide; ~ *susu,* milk; ~ *tawar,* fresh water; ~ *wangi,* perfumed water; *buang* ~ , to defecate; *cacar* ~ , chickenpox; *gigi* ~ , horizon; *mata* ~ , spring, source; *muka* ~ , water level; *pancuran* ~ , fountain; *pintu* ~ , sluice; *saluran* ~ , canal; water system; *tahan* ~ , waterproof; *tanah* ~ , motherland, native country; *zat* ~ , hydrogen;

berair, watery; juicy; *perairan,* territorial waters; *mengairi,* to irrigate; *pengairan,* irrigation

ajaib, miraculous, wonderful, strange; *keajaiban,* wonder, miracle, strangeness

ajak, *mengajak,* to invite; *ajakan,* invitation

ajal, duration of life, lifetime; destiny; term; death

ajar, *belajar,* to learn, to study; *pelajar,* pupil, student; *terpelajar,* educated; *pelajaran,* lesson; *mata* ~ , subject; *mengajar,* to teach, to instruct; *pengajar,* teacher, instructor; *pengajaran,* teaching, instruction, tuition

ajidan, → **ajudan**

ajudan, adjutant

ajung, assistant

akad, contract, agreement; ~ *jual beli,* business contract; ~ *nikah,* marriage contract

akal, ~ *budi,* intellect; common sense; ~ *bulus,* dirty trick; *kehilangan* ~ , to be at one's wits' end; *tidak masuk* ~ , absurd, incomprehensible; *berakal,* intelligent; *mengakali,* to play a trick on, to deceive

akan, concerning, regarding; to

be going to; ~ *hal itu*, concerning that matter; ~ *tetapi*, however, but; *minggu yang ~ datang,* the coming week

akar, root; *sampai ke akar-akarnya,* radical(ly); *berakar,* to take root; *mengakar,* deep-rooted

akas, nimble(-witted); *keakasan,* nimbleness

akbar, greater; almighty; *Allahu Akbar,* Allah (God) is great

aki, accumulator, storage battery, wet battery; *mengisi ~ ,* to charge an accumulator

akibat, result, consequence, conclusion; due to, as a consequence of, in consequence of; *berakibat,* to cause, to result in; *mengakibatkan,* to result in, to end in

akil, clever, intelligent; ~ *balik,* of age, grown-up, adult

akor!, agreed!

aksara, letter, character

aksen, [aksén] accent

aksep, [aksép] promissory note; acceptance

aksi, action; ~ *sosial,* social action; ~ *puasa pembangunan,* constructive activities done during a fasting period

aktif, active

aktip, → **aktif**

aku, I, me; *mengaku,* to admit, to confess, to acknowledge; *pengakuan,* confession, recognition, admission, acknowledgement; *surat ~ ,* credentials

akuntan, accountant

akur, agree, agreed; *keakuran,* agreement

alah!, alas!

alah, kalah to lose; *menyerah ~ ,* to surrender, to capitulate; *mengalahkan,* to conquer, to vanquish, to defeat; *pengalahan,* conquest, capture; *ke(k)alahan,* defeat

alam, nature; realm; *ilmu pengetahuan ~ ,* physics

alam, *mengalami,* to experience; *pengalaman,* experience; *berpengalaman,* experienced, skilled

alan-alan, clown

alang, cross, across; crossbar; ~ *kepalang,* not enough, inadequate; unimportant; *bukan ~ kepalang,* important, worthwhile; *mengalangi,* to prevent, to hinder; *alangan,* hindrance; *beralangan,* to be prevented

alang-alang, coarse grass

alangkah, ~ *bagusnya!,* how beautiful!

alap-alap, harrier, sparrow hawk

alas, forest, wood

alas, foundation, basis, base; pad; ~ *tilam,* bedsheet; *beralaskan,* based on; *mengalasi,* to put a pad under; *alasan,* cause, reason, motive; ~ *yang dicari-cari,* pretext; *beralasan,* with reason

alat, tool, instrument, equipment; ~ *masak,* kitchen utensils; ~ *optik,* optical instrument; ~ *pembayaran yang sah,* legal currency; ~ *pendengar,* auditory organs; listening device, hearing aid; ~ *penolak,* insulator; ~ *pembayaran luar negeri,* foreign currency, foreign exchange; ~ *tulis,* writing materials, stationery; *mengalati,* to equip; *peralatan,* equipment, materials

alat, *peralatan,* festival; celebration

album, album

Al-Fatihah, opening chapter of the Koran

algoja, → algojo

algojo, hangman, executioner

ali-ali, sling; ring

aliansi, alliance

alif, first letter in the Arabic alphabet

alifbata, Arabic alphabet

alih, *beralih,* to move; to change; *peralihan,* transition, change, transformation; *aturan* ~ , temporary provision; *masa* ~ , *zaman,* transition period; *mengalih,* to replace, to exchange

alim, pious, religious; learned, educated; scholar; ~ *ulama,* theologian, religious leader

alin, *mengalin,* to massage (to force the poison out of the body)

alir, *mengalir,* to flow, to stream; *aliran,* stream, current; tendency; school; ~ *berputar,* rotary current; ~ *listrik,* electric current; ~ *udara,* air current

alis, eyebrow

aljabar, algebra

Alkitab, Holy Bible

alkohol, alcohol

Allah, God; ~ *taala,* Allah the Most High; God the Most High; *demi* ~ , by Allah; by God; *karena* ~ , for Allah's sake; for God's sake; gratis

almanak, calendar

almarhum(ah), the late
almari, → **lemari**
alot, tough
alpa, careless, negligent;
mengalpakan, to neglect, to
disregard; to treat carelessly
kealpaan, negligence, careless-
ness
alu, rice pounder
alu, → **elu**
aluminium, aluminium, alumi-
num
alun, swell, long wave; *beralun-
alun,* to heave
alun-alun, square, esplanade
alur, groove; riverbed; trench;
beralur, grooved; *aluran,*
channel; genealogy
am, common, general
ama, → **hama**
amal, charity, good work; *badan*
~ , charitable institution;
pertunjukan ~ , charity
performance
aman, safe, secure; in peace;
mengamankan, to safeguard; to
set at ease; *keamanan,* safety,
security; *Dewan* ~ , Security
Council
amanat, message; instruction;
charge; *mengamanatkan,* to
confide; to entrust

amarah, → **marah**
amat, very; *teramat,* extremely
amat, *mengamati,* to observe;
mengamat-amati, to observe
carefully, to keep an eye on;
pengamat, observer;
pengamatan, observation
ambalan, procession
ambang, threshold, doorstep; ~
jendela, window frame
ambar, → **hambar**
ambar, *batu* ~ , amber
amberuk, → **ambruk**
ambil, *mengambil,* to take, to get,
to fetch; ~ *bagian,* to partici-
pate, to take part in; ~ *hati,* to
draw attention; ~ *marah,* to
take amiss; ~ *muka,* to flatter; ~
tempat, to take a seat
ambing, udder
ambisi, ambition
ambruk, to collapse, to crash;
collapse
ambul, *mengambul,* to rebound
ambung, *mengambung,* to
bounce; to throw
Amerika, [amérika] America,
American; ~ *Serikat,* United
States of America (U.S.A.); ~
Selatan, South America
amin, amen; *mengamini,* to say
yes, to assent

amis, smelling fishy; *bau* ~ , fishy smell

amnesti, [amnésti] amnesty

ampai, slender, slim

ampaian, hat-and-coat stand or rack

ampas, waste product

amper, [ampér] ampere; *meteran* ~ , ammeter

amplop, envelope

ampu, *mengampu,* to support, to prop up, to shore up

ampun, forgiveness, pardon; *mengampuni,* to forgive, to pardon; *pengampun,* forgiving; *maha* ~ , the most forgiving

amtenar, official, officer (under the Dutch regime in Indonesia)

amuk, amuck; *mengamuk,* to run amuck

anai-anai, white ant

anak, child, young (of an animal); ~ *angkat,* adopted child; ~ *anjing,* pup, puppy; ~ *ayam,* chicken; ~ *batu tulis,* lead pencil; ~ *bini,* family, wife and children; ~ *buah,* personnel; ~ *cucu,* descendant, progeny; ~ *kapal,* crew, sailor; ~ *kembar,* twins; ~ *kunci,* key; ~ *lidah,* uvula; ~ *lonceng,* clapper; ~ *mas,* pet, favorite; ~

negeri, native; ~ *panah,* arrow; ~ *piatu,* orphan; ~ *pungut,* foundling; ~ *tangga,* rung of a ladder; ~ *tiri,* stepchild; ~ *tonil,* actor; ~ *tunggal,* an only child; *beranak,* to give birth to, to have a child (children); *peranakan,* Eurasian; half-caste; uterus; *liang* ~ , vagina; *anak-anakan,* doll

analisis, analysis

anam, → **enam**

anasir, element

anatomi, anatomy

ancam, *mengancam,* to threaten; *ancaman,* threat

ancuk, *mengancuk,* to copulate

andai, *mengandaikan,* to suppose, to assume

andaikata, suppose, supposing that

andal, *mengandalkan,* to rely on, to trust; *andalan,* mainstay, security

Andalas, Sumatra

andel, → **andal**

andewi, [andéwi] endive

andil, share; *pemegang* ~ , shareholder

aneh, [anéh] queer, strange, peculiar; *keanehan,* peculiarity

aneka, [anéka] of all sorts, all

kinds of

aneka ragam, [anéka ragam]
beraneka ragam, various;
menganekaragamkan, to
diversify; *penganekaragaman,*
diversification

anemer, [anémer] contractor,
(master) builder

angan-angan, idea, thought; ~
kesayangan, favorite idea;
mengangan-angan, to meditate,
to muse; *mengangan-*
angankan, to imagine; to long
for, to desire; to hope for

anggap, *menganggap,* to
consider; *anggapan,* opinion,
idea, view; ~ *umum,* public
opinion; *menurut* ~ *saya,* in my
opinion; *beranggapan,* to have
an opinion

anggar, *menganggarkan,* to
calculate; to estimate; to
budget; *anggaran,* estimate;
budget; ~ *belanja negara,* state
budget; ~ *dasar,* constitution

anggauta, → **anggota**

anggerek, anggerik, → **anggrek**

anggota, member; ~ *badan,* limb;
~ *kehormatan,* honorary
member; *keanggotaan,* mem-
bership

anggrek, [anggrék] orchid

angguk, *mengangguk,* to nid-
nod; *menganggukan kepala,* to
nod; *anggukan,* nod

anggur, wine; *buah* ~ , grapes

anggur, *menganggur,* to be idle;
to be out of work; *penganggur,*
an unemployed;
pengangguran, unemployment

angin, wind, breeze; ~ *darat,*
land breeze; ~ *haluan,* ~ *sakal,*
head wind; ~ *laut,* sea breeze;
cakap ~ , bragging; *kabar* ~ ,
rumor; *kereta* ~ , bicycle;
makan ~ , to take an airing;
mata ~ , point of the compass;
berangin, windy; *mengangini,*
to fan; *mengangin-anginkan,*
memperanginkan, to air; *angin-*
anginan, whimsical

angka, figure, cipher, digit; mark;
~ *Romawi,* Roman numeral; ~
urut, consecutive numbers

angkasa, (outer) space

angkat, *ibu bapak* ~ , *orang tua*
~ , adoptive parents;
mengangkat, to lift up, to raise;
to appoint; to adopt; ~ *sumpah,*
to take an oath; *pengangkatan,*
appointment; *surat* ~ , letter of
appointment; *angkatan,* gen-
eration; force; ~ *bersenjata,*
armed forces; ~ *darat,* army; ~

laut, navy; ~ *udara*, air force

angker, spooky, eerie

angkuh, arrogant; *keangkuhan*, arrogance

angkup, tweezers

angkut, *mengangkut*, to transport; *pengangkut*, carrier; *kapal* ~ , transport ship; *kapal* ~ *minyak*, oil tanker; *pengangkutan*, transportation

anglap, *tukang* ~ , plagiarist; *menganglap*, to commit plagiarism, to plagiarize

anglo, brazier

angsa, goose

angsur, *berangsur-angsur*, gradually; *mengangsur*, to pay by installments; *angsuran*, installment; *sistem* ~ , installment plan (system)

angus, scorched, burnt; *menganguskan*, to scorch

angut, *mengangut*, to dote, to daydream; *pengangut*, doter, daydreamer

aniaya, *menganiaya*, to maltreat, to oppress, to tyrannize; *teraniaya*, oppressed, tyrannized; *penganiaya*, oppressor, tyrant; *penganiayaan*, maltreatment, oppression

anja, *beranja-anja*, spoiled

anjing, dog; *hidup seperti* ~ *dengan kucing*, to live like cats and dogs

anjur, *menganjur*, to protrude, to project

anjur, *menganjurkan*, to suggest, to propose; to advocate, to urge; *penganjur*, proponent, advocate; *anjuran*, suggestion, proposal

antan, pounder; pestle

antap, compact; solid; heavy

antar, *mengantar*, to escort, to accompany; to conduct; *pengantar*, messenger boy; *kata* ~ , preface

antara, between; ~ *lain*, among other things; *di* ~*nya*, among them; *mengantarai*, to be between, to come between, to mediate; *pengantara*, intermediary; go-between; *perantara*, *saudagar* ~ , commission agent; *perantaraan*, medium, mediation, intermediary; *dengan* ~*nya*, by one's mediation, by one's intercession

antena, [anténa] antenna, aerial

antero, [antéro] entire, full; *seanteronya*, entirely, completely

antik, antique; old-fashioned

anting-anting, earring

antre, [antré] to line up, to fall in

antuk, *mengantuk,* to be sleepy; *pengantuk,* sleepyhead

antuk, *berantuk, mengantuk, terantuk,* to hit

antul, *mengantul,* to rebound

antun, *orang ~ ,* dandy, fop

anu, so and so, such and such; *si Anu,* Mr. So-and-So

anugerah, gift, grace, favor; *menganugerahi,* to confer, to endow

anut, *menganut,* to confess; to hang on to; *penganut,* confessor; follower, partisan

anyam, *menganyam,* to plait, to braid; *anyaman,* plait, braid

anyelir, carnation

anyir, fishy, smelling of fish; rancid

apa, what?; ~-~ , something; ~ *boleh buat,* it can't be helped; ~ *kabar,* how are you?; what's new?; ~ *macam,* how; ~ *sebab?,* why?; ~ *Tuan ada di rumah?,* is your master in?

apabila, when, whenever

apak, musty, moldy

apal, → **hafal**

apalagi, moreover

apek, → **apak**

apel, apple

api, fire; *bunga ~ ,* fireworks; spark; *gunung ~ ,* volcano; *kapal ~ ,* steamship; *kayu ~ ,* firewood; *jalan kereta ~ ,* railway; *kereta ~ ,* train; *korek ~ ,* matches; *menara ~ ,* lighthouse; *titik ~ ,* focus; *berapi,* burning, flaming; *berapi-api,* in high spirits, spirited, fervent

api-api, firefly

apik, neat, tidy

apit, *berapit, ~ tangan,* arm in arm; *mengapit,* to pinch, to press; to flank; *pengapit, apitan,* pinch, press, clamp

apiun, opium

apokat, → **advokat**

apotek, [apoték] dispensary, pharmacy, chemist's shop

April, April

apung, *batu ~ ,* pumice; *terapung,* drifting, floating

Arab, *bahasa ~ ,* Arabic, the Arabic language; *Laut ~ ,* the Arabian Sea; *negeri ~ ,* Arabia; *orang ~ ,* an Arab, an Arabian

arah, direction, course; ~ *datar,* horizontal; ~ *tegak lurus,* vertical; *mengarahkan,* to direct

arak, arrack

aral, obstacle, hindrance

arang, charcoal; ~ *batu,* coal; *asam* ~ , carbonic acid; *kayu* ~ , ebony; ~ *di muka,* revilement; shame; *perarangan,* charcoal kiln

Arbaa, → **Rabu**

arbai, → **arbei**

arbei, [arbéi] strawberry

arben, → **arbei**

arca, image, statue; *gedung* ~ , museum

Argentina, [argéntina] Argentina, Argentine

ari, *kulit* ~ , epidermis

ari-ari, placenta

arif, learned, skilled, scholarly; ~ *bijaksana,* wise and tactful

arip, very sleepy

arit, sickle

arkian, furthermore

arloji, watch; ~ *saku,* pocket watch; ~ *tangan,* wristwatch

armada, fleet

arsip, file; archives

arsitek, [arsiték] architect

arti, meaning; ~*nya,* that is to say; *berarti,* to mean; *tidak berarti,* of no importance; *mengartikan,* to interpret the

meaning of; *pengartian,* interpretation; ~ *hukum,* legal interpretation

arung, *mengarungi,* to wade, to ford; *arung-arungan,* mud flat, shoal

arus, stream, current; ~ *bolak-balik,* alternating current; ~ *listrik,* electric current; ~ *searah,* direct current

arwah, soul(s)

A.S., *Amerika Serikat,* the U.S.A.

asa, hope; *putus* ~ , to lose hope, to be desperate; to be at one's wits' end

asah, *mengasah,* to whet, to sharpen; *pengasah,* whetter; *batu* ~ , whetstone

asak, *berasak-asakan,* to crowd; *mengasak, mengasaki,* to stuff

asal, origin; ~*-usul,* lineage, origins; *kitab* ~*-usul,* genealogical register; register (of members); *ia telah pulang ke* ~*nya,* he has died; *berasal,* to come from, to be derived from; *orang* ~ , man of a respectable family

asal, asalkan, provided

asal-asalan, perfunctory; carelessly done

asam, sour; acid; ~ *arang,*

carbonic acid; ~ *belerang,* sulphuric acid; ~ *garam,* hydrochloric acid; ~ *sendawa,* nitric acid; *mengasamkan,* to pickle

asam, tamarind

asap, smoke; vapor; *menggantang* ~ , to build castles in the air; *penyakal* ~ , steam valve; *tirai* ~ , smoke screen; *berasap,* smoky; *bintang* ~ , comet; *mengasap,* to fumigate

asas, foundation, principle; *pada* ~ *nya,* in principle, fundamentally; *berasaskan,* based on; *mengasaskan,* to found; *pengasas,* founder

asbes, [asbés] asbestos

asese, [asésé] ~ *!,* agreed!

Asia, Asia; Asian

asin, salty, salted; *ikan* ~ , salted fish; *daging* ~ , salted meat; *mengasinkan,* to salt

asing, alien, foreign, strange; *mengasingkan,* to set apart, to intern, to isolate; *pengasingan,* internment, isolation; *tempat* ~ , internment camp; exile

asiri, ethereal

asisten, [asistén] assistant

asli, original, indigenous; *kilo-gram* ~ , standard kilogram; *penduduk* ~ , autochthon, aborigine

asmara, love, passion

aso, *mengaso,* to take a rest, to pause

aspal, asphalt; *mengaspal,* to asphalt

asparagus, asparagus

aspek, [aspék] aspect

asperse, [aspérsé] → **asparagus**

asrama, boarding house, hostel, dormitory, barracks

assalamu alaikum!, peace be with you!

astana, → **istana**

asuh, care; *mengasuh,* to nurse, to attend to; to educate, to train; to manage; *pengasuh,* nurse, attendant

asuransi, insurance; ~ *jiwa,* life insurance

asut, → **hasut**

asyik, deep in thought, absorbed, engrossed, wrapped up in; eager; in love

atap, roof; ~ *genting,* tiled roof; *mengatapi,* to roof

atas, upper part; ~ *nama,* on behalf of, in the name of; ~ *percaya,* confidential; *di* ~ , on; upon; at; above; over; upstairs;

terdiri ~ , to consist of; *mengatasi*, to surmount, to overcome, to surpass; *atasan*, superior, boss

atau, or

atlas, atlas; *~ politik*, political atlas, political map

atlet, [atlét] athlete

atlit, → atlet

atmosfer, [atmosfér] atmosphere

atob, to belch

atom, atom; *bom ~* , atomic bomb; *berat ~* , atomic weight; *tenaga ~* , atomic energy

atsir, → asiri

atung, *mengatung, teratung-atung*, to drift about

atur, *mengatur*, to arrange, to regulate, to organize; *teratur*, orderly, in order, regular; *keteraturan*, regularity, orderliness; *pengatur*, organizer; *peraturan*, rule, regulation; arrangement; *~ ketertiban*, standing order; *aturan*, rule, regulation; arrangement, organization; *~ hukuman*, penal provision; *~ main*, rule of the game; *~ masa peralihan*, temporary provision; *~nya*, as a rule; *~ penutup*, concluding provision

aum, *mengaum*, to growl; to roar

aur, bamboo

aus, worn-out, threadbare, shabby; abraded

Australia, Australia; Australian

autentik, authentic

autonomi, → otonomi

awak, body, person; *~ sama ~* , together; *~ pesawat*, crew; *berawak*, manned; *perawakan*, stature; shape

awal, beginning, commencement; early; *awalan*, prefix

awan, cloud; *berawan*, cloudy, overcast; *mengawan, tinggi ~* , sky-high

awas, keen-sighted; *~ !* , be careful!; *~ ada anjing*, beware of dog!; *mengawasi*, to take care of, to keep an eye on, to supervise; *pengawas*, supervisor; *pengawasan*, care, control, supervision; *~ sekolah*, school inspection

awet, [awét] durable; *mengawetkan*, to preserve

ayah, father; *~ bunda*, parents

ayak, *mengayak*, to sieve, to sift; *ayakan*, sieve

ayam, fowl, hen; chicken; *~ alas*, wild fowl; *anak ~* , chicken; *~ belanda*, turkey; *~ betina*, hen;

~ *itik,* poultry; ~ *jago,* rooster, cock; ~ *jantan,* cock; ~ *kebiri,* capon

ayapan, victuals

ayat, verse; paragraph

ayo, ~ *!,* come on!

ayun, *mengayun,* to sway, to rock, to swing

azab, torture

azimat, → **jimat**

azza wajalla, honored and illustrious

B

bab, chapter; subject

baba, a Chinese born in Indonesia

babad, chronicle, history; paunch

babak, set; act (of a play); round (in boxing)

babar, to expand, to multiply; *terbabar,* spread out

babat, *membabat,* to cut off; to clear away

babi, pig, swine; ~ *hutan,* (wild) boar; ~ *rusa,* hog deer; *daging* ~ , pork; *lemak* ~ , lard; *membabi,* ~ *buta,* to act rashly, to act blindly or inconsiderately

babit, *membabitkan,* to implicate in, to involve in, to mix up in; *terbabit,* involved in

babon, laying hen

babu, maidservant

baca, *membaca,* to read;

membacakan, to read to; *pembaca,* reader; *bacaan,* reading, reading matter; *kitab* ~ , reading book, reader

badai, hurricane

badak, rhinoceros; ~ *air,* hippo-potamus; *berkulit* ~ , thick-skinned

badam, almond

badan, body, committee, board, staff; corporation; ~ *pengarang,* editorial staff; ~ *pengawas,* supervisory board; *gerak* ~ , gymnastics

Badawi, Bedouin

badik, small dagger

badut, clown, jester

bagai, like, as; *berbagai, berbagai-bagai,* all kinds of, of all sorts, various; *dan* *sebagainya*, and so on

bagaimana, how

bagan, platform; sketch; *peta ~ ,* sketch map

bagi, *hasil ~ ,* quotient; *dibagi,* divided; *membagi,* to divide, to share, to distribute; *habis ~ ,* divisible; *pembagi,* divisor; *pembagian,* division; distribution; *bagian,* part, share, portion; department; *mengambil ~ ,* to take part in

bagi, for; *~ saya,* as for me

baginda, Your Majesty; His or Her Majesty

bagus, good, fine; excellent; pretty, beautiful; *membaguskan,* to beautify; *kebagusan,* beauty, fineness, prettiness

bah, *air ~ ,* inundation, flood

bahaduri, heroic, gallant

bahagi, → **bagi**

bahagia, happy; *kebahagiaan,* happiness

bahan, material, element, ingredient; *~ bakar,* fuel; *~ mentah,* raw material; *~ peledak,* explosive; *~ pengajaran,* subject matter; teaching materials

bahana, sound, noise

bahara, load, weight; *tolak ~ ,* ballast

baharu, → **baru**

bahas, *membahas,* to discuss, to debate; *bahasan,* discussion, debate; review

bahasa, language; *~ Indonesia,* the Indonesian language; *jalan ~ ,* grammar; idiom; *juru ~ ,* interpreter; *ilmu ~ ,* linguistics; *tata ~ ,* grammar; *berbahasa,* to speak; spoken or written (in a certain language); well-mannered

bahasa, → **bahwa**

bahaya, danger, peril; *~ kelaparan,* famine; *tanda ~ udara,* air-raid warning; *berbahaya,* dangerous, perilous; *membahayakan,* to endanger, to jeopardize

bahkan, even

bahu, shoulder; *bahu-membahu,* shoulder to shoulder

bahwa, that

baik, good, well; useful; *~ ... ~ ..., ... as well as ...; *dengan itikat ~ ,* in good faith; *memperbaiki,* to repair, to improve, to correct, to rectify; *perbaikan,* repair, reparation, correction, rectification,

improvement; *kebaikan,*
benefit; *terbaik,* best;
sebaiknya, preferably

baja, steel; ~ *putih,* nickel steel

baja, manure; *membajai,* to
manure, to fertilize

bajak, plough; *mata* ~ , colter;
membajak, to plough

bajak, ~ *laut,* pirate; *membajak,*
to hijack; *pembajakan,* piracy

baji, wedge

bajik, good; *kebajikan,* goodness,
kindness, virtue

bajing, squirrel

bajingan, rascal, scoundrel

baju, blouse, shirt; coat; ~ *baja,* ~
besi, cuirass; ~ *dalam,* singlet;
~ *pelampung,* life vest

baka, eternal, everlasting; *negeri*
~ , the hereafter

baka, heredity

bakar, *kayu* ~ , firewood;
membakar, to burn; *terbakar,*
burnt, afire; *pembakar,* burner;
bom ~ , incendiary bomb; *zat*
~ , oxygen; *pembakaran,*
combustion; incendiarism;
kebakaran, fire; *ada* ~ , there is
a fire

bakat, talent, aptitude; turn

bakau, mangrove

bakhil, miserly, stingy, close-

fisted

baki, tray; balance, surplus

bakti, *berbuat* ~ , to serve, to
render honor; *berbakti,* devout;
kebaktian, devotion

baku, standard; *harga* ~ ,
standard price

bakul, basket

bal, ball; *bal-balan,* to play
football

bala, misfortune, disaster; ~
kelaparan, famine; ~ *sampar,*
plague

bala, ~ *bantuan,* auxiliary troops;
~ *keselamatan,* Salvation
Army; ~ *tentara,* army

balai, building, house, office; ~
dagang, chamber of commerce;
~ *derma,* charitable institution;
~ *kota,* municipal hall; ~
Rendah, House of Commons; ~
Tinggi, House of Lords

balai-balai, couch, bamboo bed

balairung, audience hall

balam, turtledove

balapan, race

balar, *orang* ~ , albino

balas, *membalas,* to answer, to
reply to a letter, to requite; ~
budi, ~ *guna,* ~ *jasa,* to recip-
rocate; ~ *dendam,* to take
revenge; *pembalasan,* revenge;

reciprocation; *balasan,* answer, reply, requital

bale-bale, → **balai-balai**

balet, [balét] ballet

balik, reverse, opposite, contrary; to return; ~ *nama,* transfer of ownership; ~. *sadar,* to come around; *di* ~ , on the reverse side; beyond; *timbal* ~ , on both sides, mutual, reciprocal; *berbalik,* to turn (around), to return; *membalik,* to turn over, to turn around, to reverse; *terbalik,* turned, turned up, turned upside down

balok, beam; ~ *melintang,* crossbeam

balu, widow

balur, crystal; *lensa* ~ , crystal lens; *membalur,* to crystallize

balut, *membalut,* to bandage, to wrap; *ilmu* ~ , wound dressing; *pembalut, kain* ~ , bandage, dressing

bambu, bamboo

ban, tire

ban, ~ *kereta api,* run away; ~ *tenis,* tennis court

banci, hermaphrodite

bandar, port; seaport; ~ *nelayan,* fishing port

bandar, croupier

bandel, obstinate

bandela, bale; bag

banderol, banderole

banding, *tidak ada bandingnya,* matchless; *minta* ~ , to appeal; *berbanding,* in direct proportion; *membandingi,* to match, to equal; *membandingkan,* to compare; *dibandingkan,* compared; *kalau* ~ *dengan,* in comparison with; *tidak terbandingi,* matchless, unequalled, unparalleled; *perbandingan,* comparison; proportion; comparative; ~ *berat,* specific gravity

bandul, pendulum

bang, elder brother

bang, → **bank**

bangat, soon; quick; speed; *membangatkan,* to speed up

bangau, heron

bangga, proud, conceited; *membanggakan,* to pride oneself on; to boast of; *kebanggaan,* pride; conceit

bangka, stiff; *tua* ~ , very old

bangkai, corpse, dead body

bangkang, obstinate, stubborn; unfinished; *membangkang,* to disobey, to resist, to defy; *pembangkang,* the disobedient, resistant

bangkerut, → **bangkrut**

bangkit, *berbangkit,* to rise, to get up; ~ *demam,* attack of fever; *membangkit,* to stir up; *membangkitkan,* to arouse, to awaken; *kebangkitan,* resurrection; awakening

bangkrut, bankrupt

bangku, bench; couch; stool

bangsa, nation; race; tribe; *ilmu* ~ , ethnology; *Perserikatan Bangsa-bangsa,* the U.N.O.; *berbangsa,* nobly born; *kebangsaan,* nationality; *lagu* ~ , national anthem; *watak* ~ , national character; *bangsawan,* noble; of good birth

bangsal, shed

bangsat, rascal, scoundrel

bangun, awake; to rise, to get up; shape; *ilmu* ~ , geometry; *sebangun,* of the same; *membangunkan,* to awaken; to establish, to found

banjar, row, rank, file; *berbanjaran,* in rows

banjir, inundation, flood; *membanjiri,* to inundate, to flood

bank, bank; *kantor* ~ , bank office

bantah, *berbantah,* to argue, to quarrel, to dispute

bantai, *membantai,* to slaughter, to kill; *pembantai,* butcher, slaughterer; *pembantaian,* slaughter; slaughterhouse, abattoir; *bantaian,* butcher's board

bantal, pillow, cushion

banteras, → **berantas**

banting, *membanting,* to throw down, to dash down; ~ *kaki,* to stamp one's foot; ~ *tulang,* to work oneself to the bone, to drudge, to toil; *bantingan, harga* ~ , cut price

bantu, *membantu,* to help, to assist; *memperbantukan,* to place or put at the disposal of; *pembantu,* assistant, helper; ~ *surat kabar,* newspaper correspondent; *kantor* ~ , suboffice; *bantuan,* help, assistance, aid; subsidy, grant

bantun, *membantun,* to uproot

banyak, much, many; ~*nya,* quantity, amount; ~ *orang,* many people; *orang* ~ , the crowd, the public; *memperbanyak,* to increase, to enlarge, to multiply; *kebanyakan,* too much; most, the majority; common people

banyol, funny; *membanyol,* to joke; *pembanyol,* clown, joker; *banyolan,* joke, jest

bapa, respected elder people; father; ~ *tiri,* stepfather; *ibu* ~ , parents

bapak, father; *ibu* ~ , parents; ~ *tiri,* stepfather; *kebapakan,* fatherly

bapakisme, paternalism

baptis, baptism, christening; *air* ~ , baptismal water; *nama* ~ , baptismal name, Christian name; *sangku* ~ , (baptismal) font; *membaptis,* to baptize, to christen

bara, embers; ballast; *batu* ~ , coal; *membara,* to carbonize, to char; to glow

barang, goods; luggage; about, some; ~ *apa,* whatever; ~ *bergerak,* ~ *tak tetap,* movables; ~ *cetakan,* printed matter; ~ *di mana,* wherever; ~ *makanan,* eatables, victuals, provisions; ~ *pertolongan,* relief goods; ~ *siapa,* whoever; ~ *tak bergerak,* real property, immovables; *daftar* ~ , inventory; *dengan* ~ , in kind

barangkali, perhaps, maybe,

probably

barat, west; western; ~ *daya,* southwest; ~ *laut,* northwest; *membarat,* to go westward

bareng, *berbarengan,* together; ~ *dengan,* at the same time, together, jointly, in coincidence with

baret, [barét] beret

baring, *berbaring,* to lie down

baris, line, row, rank; *berbaris, membaris,* to be at drill, to march; *barisan,* line; establishment; troops, forces; ~ *depan,* front troops; *bukit* ~ , mountain range

baru, new, fresh, recent; just; ~-~ , the other day, just recently; ~ *saja,* just now; *orang* ~ , newcomer; *memperbarui,* to renew; *pembaru,* renewer

barus, *kapur* ~ , camphor

barusan, just now

barut, *membarut,* to bandage, to dress; *pembarut,* bandage, dressing

basa, → **bahasa,** language

basah, wet, moist, humid; ~ *kuyup,* soaking wet; *membasahi,* to moisten

basi, dish; old, rotten, stale

basil, bacillus

baskom, washbasin

basmi, *membasmi,* to destroy; to combat; *pembasmian,* destruction

basuh, *membasuh,* to wash; *pembasuh,* ~ *tangan,* recompense, remuneration

bata, brick; sod

bata-bata, *terbata-bata,* in doubt; not fluent

batal, not valid, void, cancelled, useless; *membatalkan,* to nullify, to annul, to cancel; to repeal; *pembatalan,* cancellation, annulment

batang, trunk (of a tree); handle; stick; ~ *air,* river; ~ *kayu,* tree; ~ *leher,* neck; ~ *nadi,* aorta; *tangga sulur* ~ , winding staircase; *sebatang,* ~ *kara,* neither chick nor child

batas, border, demarcation; *tapal* ~ , frontier; *membatasi,* to trace; to restrict; to localize; *terbatas,* limited; *perseroan* ~ , limited liability company; *pembatasan,* restriction, limitation; *batasan,* definition

baterai, battery

bathin, → **batin**

batih, family member

batik, painting on cloth, batik

batin, internal, inner; *di* ~ , in the heart; *lahir* ~ , in body and mind, in every respect; *kebatinan, ilmu* ~ , mysticism

batok, ~ *kelapa,* coconut shell; ~ *kepala,* skull

batu, stone; ~ *api,* flint, flintstone; ~ *apung,* pumice; ~ *arang,* coal; ~ *asah (pengasah),* grindstone, whetstone; ~ *bara,* coal; ~ *bata,* brick; ~ *kepala,* crown (of the head); ~ *pualam,* marble; ~ *tahu,* gypsum; ~ *timbul,* pumice; ~ *tulis,* slate; *anak* ~ *tulis,* slate pencil; *gula* ~ , lump sugar; *kepala* ~ , obstinate; *meletakkan* ~ *pertama,* to lay the foundation stone; *pekak* ~ , stone-deaf; *batu-batuan,* stone, rock; *membatu,* to petrify, to fossilize

batuk, cough; to cough

bau, smell; *bau-bauan,* odor; perfume

baur, *campur* ~ , mixed up; *kaca* ~ , milk glass

baut, bolt

bawa, *membawa,* to bring, to take, to carry, to bear; *pembawa,* bearer; ~ *berita,* courier; *pembawaan,* performance; *bawaan,* infirmity; innate

bawah, *di ~* , under, below, beneath; *~ tangan,* under-handed; privately; by private contract; *~ umur,* underage; *yang bertanda tangan di ~ ini,* the undersigned; *bawahan, orang ~* , inferior

bawang, onion; *~ putih,* garlic

bawasir, hemorrhoids

bayam, spinach

bayang, shadow, image; *membayangi,* to overshadow

bayar, *membayar,* to pay; *~ lebih dahulu,* to pay in advance; *pembayar,* payer; *pembayaran,* payment; *~ di muka, ~ lebih dahulu,* payment in advance; *tanda ~ yang sah,* legal currency; *bayaran,* pay, pay-ment

bayi, baby

bayonet, [bayonét] bayonet; *membayonet,* to bayonet, to stab with a bayonet

bea, [béa] custom, duty, tax; *~ keluar,* export duties; *~ masuk,* import duties; *~ warisan,* succession duties; *pabean,* custom house; *pengawas ~* , customs officer

beasiswa, [béasiswa] scholarship

bebal, stupid

beban, burden, load; *~ utang,* burden of debt, load of debt; *membebankan,* to charge with, to encumber

bebas, free, independent; gratis; clear; *membebaskan,* to free, to set free, to liberate, to exempt; *pembebasan,* liberation, exemption; *kebebasan,* freedom

bebat, bandage; *membebat,* to bandage

bebek, [bébék] duck; *anggur ~* , water

beber, [bébér] *membeberkan,* to explain; to unveil; *beberan,* explanation

beberapa, some, a number of, several

beca, [béca] → **becak**

becak, [bécak] carrier tricycle

becak, *becak-becak,* spot, mottle; *berbecak-becak,* spotted, mottled

becak, → **becek**

becek, [bécék] muddy, slushy

beda, [béda] difference; *berbeda,* different; to differ; *perbedaan,* difference, distinction; *membedakan,* to distinguish

bedah, *ahli ~ , dokter ~ ,* surgeon; *ilmu ~ ,* surgery; *membedah,* to operate; *pembedahan,* operation

bedak, face powder; *membedaki,* to powder

bedek, [bédék] → **bidik**

bedeng, [bédeng] shed

bedil, rifle, gun; *membedil,* to shoot with a rifle

beduk, big drum (esp. in a mosque)

begal, [bégal] street robber

begini, like this, in this manner

begitu, like that, in that manner

bekal, provision; *membekali,* to supply; *pembekalan,* supply; *perbekalan,* stores, rations, provisions

bekas, trace; former, ex-; *~ jari,* fingerprint; *~ tangan,* hand-writing

beker, [béker] alarm clock

bekot, → **boikot**

beku, frozen; coagulated; *air ~ ,* ice; *hujan ~ ,* to hail; *membeku,* to freeze; to coagulate

bekuk, *membekuk,* to arrest; *pembekukan,* arrest

bela, *membela,* to guard, to look after

bela, [béla] expiatory sacrifice

belacu, unbleached cotton

belah, cleft, crack; side; *membelah,* to split, to cleave; *dibelah,* split; *seperti pinang ~ dua,* all the same, like two peas in a pod, almost identical, symmetrical; *sebelah,* side; *di ~ kiri,* on the left side; *di ~ kanan,* on the right; *sebelah-menyebelah,* on both sides; *orang ~ ,* neighbor; *bersebelahan,* next to; *belahan, ~ bumi,* hemisphere

belajar, → **ajar**

belaka, without exception; mere; pure

belakang, back; behind; *di ~ ,* in the rear; *di ~ hari,* in the future; *lampu ~ ,* taillight; *perkara ~ ,* accessory matter; *tulang ~ ,* backbone; *membelakang,* to have one's back turned to; *membelakangi,* to turn one's back on (a person); *terbelakang,* last, latest, recent; backward; *pembelakangan,* neglect, slighting; *belakangan,* the latter; *~ ini,* recently; *berita ~ ini,* recent news

belalah, greedy, gluttonous

belalai, trunk

belalang, grasshopper; locust; *~*

sembah, mantis

Belanda, Dutch; *orang ~ ,* Dutchman; *negeri ~ ,* Holland, the Netherlands

belang, striped

belanga, pot (earthenware)

belanja, expense, cost; *anggaran ~ ,* budget; *berbelanja,* to go shopping; *membelanjai,* to finance; *membelanjakan,* to spend; to pay the expenses of

belantara, *rimba ~ ,* primeval forest

belas, *~ kasihan,* mercy, pity

belas, *dua ~ ,* twelve; *sebelas,* eleven; *kesebelasan,* (a team of) eleven

belasungkawa, condolence

belat, bamboo trap to breed fish

belatuk, → **pelatuk,** woodpecker

belau, blue

belebas, ruler

beledu, → **beludru,** velvet

belek, [belék] tin, tin plate; *pembuka ~ ,* can opener, tin opener

belenggu, fetter, shackle, handcuff; *membelenggu,* to shackle; *terbelenggu,* in irons, in chains

belengket, [beléngkét] to stick, to paste

belerang, [belérang] sulphur;

asam ~ , sulphuric acid

beli, *berapa ~nya,* how much do you charge for it? how much is it?; *berjual ~ ,* to buy and sell; to trade; *harga ~ ,* purchase price; *membeli,* to buy, to purchase; *pembelian,* purchase

belia, *muda ~ ,* very young

beliau, he, him (respectful form)

belikat, *tulang ~ ,* shoulder blade

belit, *membelit,* to twist; *terbelit,* involved

belok, [bélok] bend, curve; *membelok,* to bend, to turn

belot, [bélot] *membelot,* to desert to the enemy; *pembelot,* deserter

beludru, → **beledu,** velvet

belukar, undergrowth, underwood

belulang, callus

belum, not yet; *~ pernah,* never

belunjur, to stretch oneself

belus, loose

belut, eel

benak, brains; *tidak terbayang di ~ saya,* I can't imagine

benak, slow (of comprehension)

benalu, mistletoe; parasite, sponger

benam, *membenamkan,* to immerse; to sink; to drown;

terbenam, sunken; to set; *matahari ~* , the sun has set

benang, thread; *~ raja,* rainbow

benar, just, true, real, right; *sebenarnya,* actually; *membenarkan,* to approve, to confirm, to justify, to authorize; *kebenaran,* truth

benara, washerman, launderer

bencana, torment, grief, trouble, misfortune, catastrophe; scorn

benci, hate, dislike; *membenci,* to hate, to dislike

benda, thing, article; *mata ~* , precious thing; *harta ~* , goods, property, treasure

bendahari, treasurer

bendera, [bendéra] flag

bendul, *~ pintu,* threshold

bendung, *membendung,* to dam; *bendungan,* dam, dike

bengek, [bengék] asthmatic; *penyakit ~* , asthma

benggol, [bénggol] 2½ cent piece

bengis, cruel, fierce, heartless

bengkak, swollen; to swell

bengkel, [béngkél] workshop

bengkok, [béngkok] crooked, bent; *membengkokkan,* to bend

benih, seed; *~ cacar,* vaccine

bening, clear, transparent, limpid

bensin, [bénsin] petrol, gasoline

bentang, expanse; *membentangkan,* to spread out; to bring forward; to elucidate; *bentangan,* expanse; *kain ~* , banner

bentar, → **sebentar**

benteng, [bénténg] fortress; *~ udara,* flying fortress

bentrokan, conflict, clash

bentuk, form, shape; *cincin tiga ~* , three rings; *membentuk,* to form, to shape; to constitute; to set up, to construct; *pembentuk,* former; *pembentukan,* formation

benua, continent

benyek, [bényék] soft, mushy, pappy

berahi, keen on; in love with; lustful

berai, *cerai ~* , scattered

berak, [bérak] to defecate

beranda, balcony, veranda; *~ stasiun,* platform

berandal, rascal, naughty boy

berang, [bérang] furious

berangai, *mati ~* , apparently dead

berangan, chestnut

berang-berang, otter

berangkat, to depart, to leave, to go away; to start;

keberangkatan, departure

berani, brave, daring, courageous; *besi ~ ,* magnet; *memberanikan,* to embolden; *~ diri,* to embolden oneself to; *keberanian,* courage

berantas, *memberantas,* to fight against; *pemberantasan,* fight

berapa, how much, how many; *beberapa,* several, some; *seberapa,* as many as; in so far as

beras, husked rice

berat, heavy; weight; *~ jenis,* specific gravity; *~ kaki,* slow, indolent; *~ kepala,* slow of wit; *gaya ~ ,* gravitation, gravity; *pusat titik ~ ,* center of gravity; *memberatkan,* to make heavier; to aggravate; burdensome; *keberatan,* objection; *berkeberatan,* to have an objection

beres, ready, finished; in order; *membereskan,* to manage; to fix up

berhala, idol

beri, *memberi,* to give; to allow; *pemberi,* giver, donor; *pemberian,* gift, grant, present

beri-beri, *penyakit ~ ,* beri-beri

berita, tidings, news, information; *~ acara,* official report, warrant; *~ kilat,* bulletin; *warta ~ ,* news item; *memberitakan,* to report; *pemberita,* reporter, informant

beri tahu, *memberi tahu, memberitahukan,* to inform, to announce, to tell; *pemberitahuan,* announcement, notice

berkas, bundle, sheaf

berkat, blessings; *~ pertolonganmu,* thanks to your assistance

berlian, diamond

berontak, *memberontak,* to rebel, to revolt, to mutiny; *pemberontak,* rebel, mutineer, insurgent; *pemberontakan,* rebellion, revolt, uprising, insurrection, mutiny

bersih, clean, tidy, neat; *penghasilan ~ ,* net proceeds; *membersihkan,* to clean; *pembersihan,* cleaning, purification, purge; *kebersihan,* neatness, cleanliness

bersin, to sneeze

beruang, bear

berungut, to grumble

berus, brush

besar, big, large, great; *~ kepala,*

headstrong; ~ *hati*, proud, haughty; glad; *hari* ~ , holiday; *membesarkan*, to enlarge; *kebesaran*, greatness; *besar-besaran*, *secara* ~ , on a large scale, on a heroic scale

besek, [bésék] basket

besi, iron; ~ *batang*, bar iron; ~ *berani*, magnet; ~ *lantai*, sheet iron; ~ *tuang*, cast iron; *tahi* ~ , rust; *tukang* ~ , blacksmith

beslah, *membeslah*, to confiscate; *pembeslahan*, confiscation

beslit, decree; ~ *pengangkatan*, decree of appointment

besok, [bésok] tomorrow

bestir, management, direction

betah, to endure, to bear, to stand; to feel at home

betapa, how, in what manner

betet, [bétét] parakeet

beti, [béti] *tanda* ~ , piece of evidence, exhibit

betik, *buah* ~ , papaya

betina, female (of animals)

beting, sandbank

betis, *buah* ~ , *jantung* ~ , the calf

beton, concrete

betul, just, right, true, real, correct; *membetulkan*, to correct, to mend, to repair, to rectify; *pembetulan*, correction,

reparation, rectification; *kebetulan*, coincidence; by chance, accidentally, by coincidence; *sebetulnya*, actually, in fact

bia, → **bea**

biadab, impolite, ill-mannered, ill-bred; uncivilized; *kebiadaban*, impoliteness, ill-breeding

biak, prolific; *membiakkan*, to breed, to cultivate

biang, mother; ~ *keladi*, original cause; scapegoat

bianglala, rainbow

biaperi, merchant

biar, no matter if; *biar, biarlah!*, never mind!; *biarpun*, although; ~ *demikian*, nevertheless; *membiarkan*, to permit, to allow, to let, to let something happen

biara, monastery, convent

bias, *membias*, to deviate, to diverge; refracted

biasa, accustomed to; usual, normal; commonly; ~*nya*, usually, commonly, generally; *luar* ~ , extraordinary, abnormal; *membiasakan*, to accustom; ~ *diri*, to accustom oneself, to get used to;

kebiasaan, custom, habit, tradition

biawak, iguana

biaya, cost, expenses; *membiayai,* to finance; *membiayakan,* to expend; *pembiayaan,* financing

bibir, lip; ~ *atas,* upper lip; ~ *bawah,* lower lip

bibit, seed, seedling

bicara, *juru* ~ , spokesman; *jam* ~ , consulting hour; *berbicara,* to speak; *membicarakan,* to discuss, to negotiate; to deliberate; *pembicara,* speaker; *pembicaraan,* discussion, negotiation; deliberation

bidadari, fairy, nymph

bidal, proverb

bidal, thimble

bidan, midwife; *kebidanan,* midwifery; *ilmu* ~ , midwifery

bidang, spacious; width; area; *sebidang tanah,* piece of land

bidik, *membidik,* to aim, to take aim

bijaksana, discreet(ly), prudent(ly), tactful(ly), wise(ly); *kebijaksanaan,* discretion, tact, prudence, wisdom; policy

biji, grain, seed; piece; ~ *mata,* eyeball

bijih, ore

bikin, *membikin,* to make, to do; *pembikinan,* make, making

biku, *berbiku-biku,* zigzag

bila, *bilamana, apabila,* when; *bilamana pun,* whenever

bilah, chip; *sebilah papan,* one shelf

bilal, muezzin

bilamana, when

bilang, *membilang,* to count; to say, to tell; *terbilang,* counted; *tidak* ~ , countless, numberless; *bilangan,* sum, number

bilik, room, apartment

bimbang, doubtful, dubious, hesitant

bimbing, *membimbing,* to lead; *pembimbing,* leader

bin, son of

bina, *membina,* to build up, to train; to found; *pembina,* builder, trainer; *pembinaan,* building up, training

binasa, ruined, destroyed; to be killed (in action); *membinasakan,* to ruin, to destroy, to devastate; *pembinasaan,* destruction, devastation; *kebinasaan,* ruin

binatang, animal; ~ *beban,* pack animal; ~ *tunggangan,* riding animal, mount; *ilmu* ~ , zoology

binatu, laundryman, launderer

bincang, *memperbincangkan,* to discuss; *perbincangan,* discussion

bingkai, frame; *membingkai,* to frame

bingkas, elastic

bingkis, *membingkis,* to send a gift; *bingkisan,* complimentary gift

bingung, confused, dazed, perplexed; *membingungkan,* to confuse

bini, wife; *anak* ~ , family; *berbini,* to be married (for a man)

bintal, pimple

bintang, star; decoration; ~ *berasap,* ~ *berekor,* comet; ~ *beredar,* planet; ~ *film,* film star; ~ *kejora,* ~ *timur,* morning star; *ilmu* ~ , astronomy

binti, daughter of

bintil, pimple

bintit, pimple, sty

biola, violin, fiddle

bioskop, cinema, movie, moving picture, motion picture

bir, beer

biri-biri, sheep

biro, bureau, office

birokrasi, bureaucracy

birokratis, bureaucratical(ly)

biru, blue; ~ *lebam,* black-and-blue; *kebiru-biruan,* bluish

bis, ~ *surat,* letter box, mailbox

bis, → **bus**

bisa, poison; *berbisa,* poisonous

bisa, to be able, can

bisik, *berbisik-bisik,* to whisper

bising, dozy, drowsy; noise; *membisingkan,* deafening

bisu, dumb, mute; ~ *tuli,* deaf-and-dumb

bisul, ulcer, boil

bius, intoxicated; stupefied; *obat* ~ , drug, narcotic; *membius,* to narcotize; to anaesthetize; *pembiusan,* narcosis, anaesthesia

blokir, *memblokir,* to block

bobot, weight; ~ *atom,* atomic weight

bobrok, ramshackle, rickety, dilapidated

bocor, leaky; to leak; *si* ~ *mulut,* blabber

bodoh, stupid; *kebodohan,* stupidity

bogel, [bogél] naked; *telanjang* ~ , stark-naked

bohong, lie; untrue, false;

pembohong, liar; *kebohongan,* lie

boikot, boycott; *memboikot,* to boycott

bokca, bag

boket, [bokét] bouquet, nosegay

bokong, buttocks

bokor, metal bowl

bola, ball; ~ *keranjang,* basket-ball; *kamar* ~ , ballroom; *main* ~ , to play football

bolak-balik, to and fro, there and back

boleh, [boléh] may, can; ~ *jadi,* maybe; *kalau* ~ , if possible; *apa* ~ *buat,* there is no help for it, it can't be helped, there is no escape; *memperbolehkan,* to allow, to permit; *seboleh-bolehnya,* as much as possible

bolong, holed, with a hole

bolos, *membolos,* to run away, to desert, to be truant

bolsak, kapok mattress

bom, bomb; ~ *atom,* atomic bomb; *pelempar* ~ , bomber; *membom, mengebom,* to bomb; *pembom,* bomber

bonceng, [boncéng] *tukang* ~ , sponger; *membonceng,* to get a lift; to sponge

boncis, → **buncis**

boneka, [bonéka] doll, puppet; *pemerintah* ~ , puppet government

bongkak, rude, arrogant

bongkar, *membongkar,* to unpack, to unload, to pull down; to break up

bongol, silly, stupid

bonyor, overripe

bopeng, [bopéng] pockmarked

bopet, [bopét] → **bufet**

bordir, *membordir,* to embroider; *bordiran,* embroidery

borek, [borék] → **burik**

borong, *memborong,* to contract; *pemborong,* contractor; *pemborongan,* contracting

boros, spendthrift; wasteful; *memboroskan,* to waste; *pemboros,* waster, spendthrift; wasteful

bosan, tired of, fed up with; *membosankan,* boring, tiresome

botak, bald

botol, bottle

boyong, *berboyong,* to emigrate; *memboyong,* to bring home; *boyongan,* emigration; *orang* ~ , emigrant

brantas, → **berantas**

Brasilia, Brazil; Brazilian

brilian, brilliant

Britania Raya, Great Britain

buah, fruit; a piece; ~ *baju,* button; ~ *betis,* calf; ~ *hati,* darling; ~ *mulut,* topic; ~ *pikiran,* idea; ~ *pinggang,* kidney; ~ *tangan,* gift, souvenir; *menjadi* ~ *tutur,* to be the talk of the town; *berbuah,* to bear fruit; *buah-buahan,* fruits

buai, *membuai,* to sway, to lull; *buaian,* cradle

buang, ~ *air besar,* to defecate; ~ *air kecil,* to urinate; *membuang,* to throw away, to dispose of, to remove; to exile; ~ *mata,* to have an eye to; ~ *nyawa,* to take one's life in one's hands; *buangan, orang* ~ , exile

buas, wild, fierce, ferocious; *kebuasan,* ferocity

buat, *berbuat,* to do; *membuat,* to make, to do; *perbuatan,* deed, act; *buatan,* make; product; *gigi* ~ , denture

buat, for

buaya, crocodile; ~ *darat,* rascal

bubar, *membubarkan,* to undo; to disband, to disperse; *pembubaran,* disbandment

bubuh, *membubuhi,* to put, to

place; to provide with, to' supply; ~ *tanda tangan,* to attach one's signature, to sign

bubuk, *dimakan* ~ , eaten by woodborers

bubur, porridge

budak, servant, slave; child; *perbudakan,* slavery, servitude

budi, intellect; ratio; ~ *bahasa,* tact; politeness, manners; ~ *bicara,* wisdom, intellect, understanding; ~ *pekerti,* character, ethics; *berbudi,* intelligent, rational; honest; *budiman,* wise, intellectual, prudent

bufet, [bufét] sideboard

bugil, *telanjang* ~ , stark-naked

bui, prison, jail

buih, foam, froth

bujang, unmarried, single; bachelor

bujuk, *membujuk,* to coax, to soothe, to flatter; *pembujuk,* coaxer, flatterer

bujur, straight; longitude; ~ *sangkar,* square; ~ *timur,* east longitude; *membujur,* stretching

buka, open; *membuka,* to open; ~ *jalan,* to lay out a road; ~ *pakaian,* to undress; ~ *rahasia,* to reveal a secret, to let the cat out of the bag; ~ *tembakan,* to open fire; ~ *topi,* to take off one's hat; *terbuka,* open for common people; opened; *sidang* ~ , public session; *pembuka,* opener; undertaker; *pembukaan,* opening

bukan, it is not; no; ~ *main,* extraordinary

bukit, hill; ~ *pasir,* dune

bukti, proof, evidence; ~ *tertulis,* written evidence; *membuktikan,* to prove

buku, joint; knot

buku, book; ~ *bacaan,* reader; ~ *pelajaran,* textbook; ~ *tulis,* writing book; *memegang* ~ , bookkeeping; *penjual* ~ , bookseller; *tahun* ~ , financial year; *membukukan,* to book; to publish as a book; *pembukuan,* booking; bookkeeping; ~ *tunggal,* single-entry book-keeping; ~ *rangkap,* double-entry bookkeeping

buku, joint; *berbuku-buku,* jointed; to have joints

bulai, albino

bulan, moon; month; ~ *madu,* honeymoon; ~ *purnama,* ~ *empat belas hari,* full moon; ~ *susut,* waning moon; ~ *timbul,* waxing moon; *terang* ~ , moonlight; *bulanan,* monthly

bulan-bulanan, target

bulat, round; complete; ~ *panjang,* ellipse; elliptical, oval; ~ *telur,* oval; ~ *torak,* cylinder; *dengan suara* ~ , unanimously; *telanjang* ~ , stark-naked; *bulatan,* circle, sphere

bulbul, nightingale

bulir, ear (of wheat)

bulu, body hair; ~ *ayam,* feather; ~ *domba,* wool; ~ *kening,* eyebrow; ~ *mata,* eyelash; *dengan tidak pandang* ~ , without discrimination; *berbulu,* hairy

buluh, bamboo; *pembuluh,* ~ *nadi,* artery; ~ *mekar,* varix, varicose veins

bumbu, spice; *membumbui,* to spice, to season

bumi, earth, ground; ~ *angus,* scorched earth; *ilmu* ~ , geography

bumiputra, native people, native inhabitant

buncis, French bean, string bean

bundar, round; *konferensi meja* ~ , round-table conference

bunga, flower, blossom; interest; ~ *api*, spark; fireworks; ~ *karang*, sponge; ~ *rampai*, anthology; *karangan* ~ , nosegay, bouquet; *musim* ~ , spring(time); *berbunga*, to flower, to blossom; *bunga* ~ , compound interest

bungkuk, hump, hunch; *si* ~ , hunchback; *membungkuk*, to bow, to bend

bungkus, pack; *membungkus*, to wrap, to pack; *pembungkus*, packing, wrapping; *bungkusan*, parcel, bundle, package; wrapping

bunglon, chameleon

bungsu, *anak* ~ , youngest born; *geraham* ~ , wisdom tooth

bunting, pregnant

buntu, deadend, deadlock; barricaded, without exit

buntut, tail, end; stern

bunuh, *membunuh*, to kill, to murder; to put out the light; *dibunuh*, killed; *mati* ~ , murdered; *pembunuh*, murderer, killer; *pembunuhan*, murder; manslaughter

bunut, *hujan* ~ , drizzling rain, drizzle

bunyi, tune; sound, noise; ~ *surat*, contents of a letter; *sebunyi*, of the same sound; *salinan* ~ , true copy; *berbunyi*, to sound; *bunyi-bunyian*, music

bupati, regent

bupet, [bupét] → **bufet**

burik, spotted

burit, posterior; *buritan*, stern

buru, *memburu*, to hunt; to chase; *pemburu*, hunter; *kapal* ~ , chaser; fighter; *pesawat* ~ , fighter; chaser; *pemburuan*, hunting; chasing; *buruan*, game

buru-buru, terburu-buru, in a hurry

buruh, laborer; *partai* ~ , labor party

buruk, bad

burung, bird; ~ *gereja*, sparrow; ~ *hantu*, owl; ~ *layang-layang*, swallow

burut, inguinal hernia

busa, foam, lather

busi, spark plug, sparking plug

busuk, rotten; ugly; *bau* ~ , bad smell

busung, swollen; ~ *air*, dropsy, edema

busur, bow

busut, anthill

buta, blind; ~ *huruf*, illiterate; ~ *tuli*, blind and deaf; *malam* ~ ,

in the dead of night
butir, grain; granule; *telur tiga ~ ,* three eggs

butuh, penis
butuh, *membutuhkan,* to need; *kebutuhan,* need, necessity

C

cabai, chili, red pepper, long pepper
cabang, branch; *~ kantor,* branch office, branch; subsidiary; *bercabang,* branched, ramified
cabar, *~ hati,* cowardly; disheartened, downhearted, dejected; *mencabarkan, ~ hati,* to dishearten
cabe, [cabé] → **cabai**
cabik, torn; *mencabik,* to rend, to tear
cabul, obscene, pornographic; *bacaan ~ ,* obscene literature; *buku ~ ,* pornographic book; *mencabuli,* to rape, to violate
cabut, *mencabut,* to pull out, to uproot; to withdraw, to cancel; *~ hak,* to dispossess, to expropriate; *tercabut,* pulled out; drawn (of a dagger); *pencabutan, ~ hak,* dispossession, expropriation; *beslit ~ ,* rescission decree

cacah, number, amount; *~ jiwa,* census, population register
cacah, tattoo; *mencacah,* to tattoo
cacar, *penyakit ~ ,* smallpox; *mantri ~ ,* vaccinator; *mencacar,* to vaccinate; *pencacaran,* vaccination
cacat, defect, flaw; *~ badan,* physical defect; *~ logat,* speech defect; *mencacat,* to find fault with; to rail at
caci, *mencaci,* to chide, to scold; to disparage, to deride, to mock, to scorn
cacing, earthworm
cadang, *mencadangkan,* to reserve; to deposit; *cadangan,* reserve; deposit; *dana ~ ,* reserve fund
cadok, nearsighted, myopic
cagak, *~ jalan,* crossway; *~ hidup,* lifetime annuity
cagar, *cagaran,* guarantee, security

cahar, *mencahar,* to take a purgative; *pencahar,* a purgative

cahari, → **cari**

cahaya, glow, shine, light; ~ *bulan,* moonlight; ~ *matahari,* sunshine; *kuat* ~ , light intensity; *sinar* ~ , ray, beam of light; *titik* ~ , point of light; *bercahaya,* to glow, to shine, to glitter, to be luminous

cair, liquid, fluid; *zat* ~ , liquid; *mencair,* to melt; *mencairkan,* to liquefy, to smelt; *pencairan,* melting; *tempat* ~ , melting pot

cak!, buddy!

cakap, able, capable; *kecakapan,* ability, capability

cakap, ~ *angin,* boasting; humbug, nonsense; *bercakap,* to speak; *bercakap-cakap,* to talk, to chat, to converse; *mempercakapkan,* to talk about, to discuss; *percakapan,* conversation

cakar, claw; scraper; *mencakar,* to scrape; to scratch; *pencakar,* scraper; ~ *langit,* skyscraper; *cakaran,* rough draft, rough copy; *kertas* ~ , scratch paper

cakram, discus; disk; ~ *magnetik,* floppy disk;

melempar(kan) ~ , to throw (the discus)

calon, candidate; ~ *opsir,* cadet; *mencalonkan,* to nominate a person; *pencalonan,* nomination, candidacy

cam, *mencamkan,* to mind, to pay attention to

camar, seagull

cambang, whiskers

cambuk, whip

campak, *penyakit* ~ , measles

campak, *mencampakkan,* to throw away; ~ *diri,* to throw oneself away on

camping, *compang* ~ , in tatters, in rags

campur, mixed; ~ *baur,* utterly mixed up; *bercampur,* to mix (with); ~ *gaul,* to be on familiar terms with; ~ *tangan,* to meddle with, to interfere with; *mencampurkan,* to mix; *campuran,* mixture

campur aduk, miscellaneous; *mencampuradukkan,* to mix together

canang, small gong

candi, ancient temple or monument

candit, trigger

candu, opium; *makan* ~ , *minum*

~ , *mengisap* ~ , to smoke
opium; *pengisap* ~ , opium
smoker

canggung, awkward, clumsy

cangkir, teacup; cup, mug

cangkok, *mencangkok,* to graft;
cangkokan, slip, cutting, graft

cangkuk, → **cangkok**

cangkung, *bercangkung,* to squat

cantik, chic, beautiful, good-
looking; lovable; charming

cantum, *tercantum,* mentioned

cap, seal, stamp, mark; ~ *jempol,*
thumbprint; ~ *pos,* postmark;
bantal ~ , stamp pad

capai, *mencapai,* to reach, to
grasp, to attain; to strive after;
tercapai, attained; *tidak* ~ ,
unreachable, unattainable;
maksud yang ~ , the attained
goal, the achieved aim

cape, [capé] → **capek**

capek, [capék] tired

caplok, *mencaplok,* to devour

capung, dragonfly

cara, way, manner, method,
mode; custom; *secara,* in the
manner of; ~ *besar-besaran,* on
a large scale; ~ *gelap,* clandes-
tine

cari, *mencari,* to look for, to
search for, to seek; ~ *rezeki,* to

earn a livelihood; ~ *tahu,* to
look for information;
pencarian, search; *mata* ~ ,
livelihood

carik, *mencarik,* to tear

cat, paint; ~ *air,* watercolors; ~
minyak, oil paint, oil colors

catat, *mencatat,* to note; to
register; to book; to enter on a
list; *tercatat,* registered; *surat*
~ , registered letter; *catatan,*
note; quotation; record; *buku*
~ , notebook

catu, ration, portion; *mencatu,* to
ration, to allot; *pencatuan,*
catuan, ration, portion

catuk, *mencatuk,* to peck

catur, *buah* ~ , chessman,
chesspiece; *main* ~ , to play
chess; *papan* ~ , chessboard;
perlombaan ~ , chess tourna-
ment; *permainan* ~ , chess

catut, *tukang* ~ , black marketeer,
profiteer; *mencatut,* to swindle;
to sell above the normal price;
to make excessive profits

cawan, saucer

cawat, loincloth

cebok, [cébok] to wash one's
genitals or anus after urinating
or defecating

cebol, [cébol] dwarf

cecak, small house lizard

cecap, *mencecap,* to taste

cecer, [cécér] *berceceran,* scattered, dispersed

cedera, flaw, defect

cedera, treason, treachery

cegah, *mencegah,* to prevent, to prohibit, to fight against; *pencegahan,* prevention

cek, [cék] cheque, check

• **cekatan,** adroit, swift; intelligent, clever

cekcok, [cékcok] *percekcokan,* quarrel, conflict, trouble

cekek, → **cekik**

cekik, *mencekik,* to strangle

cekung, hollow, sunken, concave; *mata ~ ,* hollow eyes, sunken eyes

cela, blame, slur, fault; *mencela,* to blame, to criticize; *celaan,* criticism

celah, cleft, crevice; *~ suara,* glottis

celaka, misfortune, disaster, calamity; *kecelakaan,* accident; *undang-undang ~ ,* employer's liability act, workman's compensation act

celana, trousers

celeng, [céléng] wild pig

celengan, [céléngan] savings box

celomes, [celomés] sickly

celoteh, [celotéh] *berceloteh,* to babble; to chat, to chatter

celup, *tukang ~ ,* dyer; *mencelup,* to dip, to dye

cemar, dirty, greasy, besmirched; *bercemar,* to dirty oneself; *mencemari,* to dirty, to defile, to stain, to besmirch, to pollute

cemara, casuarina tree

cemas, anxious

cemburu, jealous; *kecemburuan,* jealousy

cemerlang, glittering, sparkling, lustrous, brilliant; to glitter, to sparkle; to be excellent; *kecemerlangan,* glittering, sparkling

cemeti, whip

cemooh, mockery; ridiculous; *mencemoohkan,* to mock, to ridicule

cempelung, → **cemplung**

cemplung, *mencemplung,* to plunge into water

cencang, → **cincang**

cendana, *kayu ~ ,* sandalwood

cendawan, toadstool

cendekia, ingenious, sharp-witted, intelligent, shrewd, educated, learned; *kaum ~ ,* the intellectuals

cenderawasih, bird of paradise

cenderung, ~ *kepada,* inclined, apt to; *kecenderungan,* inclination, propensity, aptitude, disposition

cenela, [cenéla] decorated sandal

cengang, *tercengang,* astonished, surprised, amazed

cengkeh, [cengkéh] clove

cengkeram, earnest money, advance payment

cengkeraman, grip, grasp

cengkih, clove

cengkung, sunken (of the eyes)

cepat, quick, speedy, fast, rapid; *mempercepat,* to speed up, to accelerate, to hasten

ceper, [cépér] *piring* ~ , dinner plate

cepiau, hat

ceplok, *telur* ~ , fried egg

cerah, clear

cerai, divorced; *bercerai,* to divorce; *menceraikan,* to separate; *perceraian,* separation, divorce

ceramah, causerie, chat, talk

cerca, *mencerca,* to censure, to reprimand, to call (a person) names

cerdas, intelligent; *kecerdasan,* intelligence

cerdik, clever, sly, cunning, shrewd; *orang* ~ *pandai,* the intellectuals

cerek, [cérék] kettle

cerewet, [ceréwét] censorious

cerita, tale, story; *bercerita,* to tell a story; *menceritakan,* to tell, to relate

cermat, accurate, careful; neat

cermin, mirror; ~ *mata,* glasses; *mencerminkan,* to reflect, to mirror

cerna, digested; *mencerna,* to digest; *pencernaan,* digestion

ceroboh, rude, vulgar; careless

cerobong, funnel; chimney; ~ *asap,* smokestack

cerpu, sandals

cerurut, shrew

cerutu, cigar

cet, [cét] → **cat**

cetak, [cétak] ~ *biru,* blueprint; *barang* ~ , printed matter; *mencetak,* to print; to mold; *pencetak,* printer; *percetakan,* printing office; press; *cetakan,* impression, copy; printing form; mold; ~ *kedua,* second printing, second impression

ceti, money lender

ciap, ~ *miap,* chirping

cicak, → **cecak**

cicil, *mencicil,* to pay by installments; *cicilan,* payment by installments

cicip, *mencicipi,* to taste

cicit, great grandchild

cidera, → **cedera**

cilik, little, small

cina, *negeri ~ ,* China; *orang ~ ,* Chinese

cincang, *mencincang,* to mince, to chop up

cincin, ring; *sebentuk ~ ,* one ring

cinta, love, affection; *mencintai,* to love; *tercinta,* dear, beloved; *pencinta,* lover; *kecintaan,* love, affection

cipta, idea, thought; *menciptakan,* to create, to make; *tercipta,* created; *pencipta,* creator; *ciptaan,* creation

ciri, mark of identification

cis, *~ !,* for shame!

cita, *cita-cita,* ideal; aspiration, ambition; *~ rasa,* feeling, taste; *duka ~ ,* sorrow; *suka ~ ,* gladness

cita, *kain ~ ,* printed fabric

citak, → **cetak**

cium, *mencium,* to smell; to kiss

coba, *mencoba,* to try; *percobaan,* trial, test, experiment, attempt

cobak, *~ cabik,* shredded, tattered, torn; *mencobak-cabik,* to tear to shreds

cocok, to tally, to square, to fit in, to agree; *mencocokkan,* to verify, to check; to compare; *pencocokan,* verification, checking; *kecocokan,* agreement; compatibility

codot, fruit bat

cokelat, chocolate; *sebatang ~ ,* bar of chocolate

colong, *mencolong,* to steal, to filch, to nab

combol, → **tombol**

comel, [comél] pretty, nice

comel, [comél] babbling

compang, *~ camping,* in rags

condong, to lean over; to incline to; *kecondongan,* inclination, tendency

congak, *mencongak,* to do mental arithmetic, to calculate, to compute

congkak, haughty, arrogant

contoh, model, specimen, sample, example; *nomor ~ ,* specimen copy

copet, [copét] *tukang ~ ,* pickpocket; *mencopet,* to pick one's pocket

corak, type, pattern, design, motif, style; *segala ~ masyarakat,* all sections of the community, all classes of people; *~ pikiran,* way of thinking, line of thought; *sama ~nya,* similar, homogeneous

corak-carik, tattered

corat, *~ coret,* to sketch

corek, [corék] scratch

coreng, [coréng] streak; *~ moreng,* full of streaks; *mencoreng,* to scratch out; to streak

coret, [corét] *mencoret,* to strike out, to scratch; *coretan,* streak

corong, spout; *~ asap,* chimney; funnel; *~ radio,* microphone

cotok, beak

cuaca, weather; *hari terang ~ ,* it is fine weather; *dinas ~ ,* meteorological service, weather service; *ramalan ~ ,* weather forecast

cubit, *mencubit,* to pinch

cuci, *tempat ~ tangan,* finger-bowl; *mencuci,* to wash, to clean

cuci maki, to call names, to scold;

cucu, grandchild; *anak ~ ,* progeny

cucuk, *mencucuk,* to prick, to pierce

cucur, *bercucuran,* to trickle down, to drip, to flow down in a thin stream

cuka, vinegar

cukai, tax, toll, duty, customs

cukup, sufficient, enough; *mencukupi,* to satisfy, to fulfill; *secukupnya,* sufficient, adequate

cukur, *pisau ~ ,* razor; *tukang ~ ,* barber; *mencukur,* to shave

culik, *menculik,* to kidnap; *penculik,* kidnapper; *penculikan,* kidnapping

cuma, but, only; *cuma-cuma,* free, gratis

cumi, squid

cungkil, *~ gigi,* toothpick; *kelapa ~ ,* copra; *mencungkil,* to pick out

cuping, *~ hidung,* nostril; *~ telinga,* earlobe

curah, *mencurahkan,* to pour out; *~ tenaganya,* to give one's energies to

curam, steep, sloping

curang, dishonest, treacherous; *mencurangi,* to cheat, to deceive; *kecurangan,* dishonesty, treachery

curi, *curi-curi,* clandestine; *mencuri,* to steal; *pencuri,* thief, burglar; *pencurian,* theft, burglary

curiga, suspicious; *mencurigai,* to suspect; *mencurigakan,* to arouse suspicion; *dicurigai,* suspected, under suspicion; *kecurigaan,* suspicion

cuti, leave, furlough; *bercuti,* to be on leave

D

dabung, *mendabung,* to file the teeth

dacin, steelyard

dacing, → **dacin**

dada, breast, chest

dadak, *mendadak,* sudden; *mati ~ ,* sudden death

dadar, omelet

dadih, milk; curd

dadu, dice; *main ~ ,* to roll dice

daerah, [daérah] region, territory, area

daftar, list, register, roll; *~ barang,* inventory, catalogue; *~ harga,* price list; *~ hitam,* blacklist; *mendaftarkan,* to book; to enroll, to register; *pendaftaran,* enrollment, registration

daga, → **dahaga**

dagang, trade; *orang ~ ,* mer-

chant, trader; *perkongsian ~ ,* trading company; *berdagang,* to trade; *pedagang,* merchant; *perdagangan,* commerce, trade; *memperdagangkan,* to deal, to trade; *dagangan,* merchandise, commodities

daging, meat, flesh; *tukang ~ , penjual ~ ,* butcher

dagu, chin

dahaga, thirsty; *kedahagaan,* thirst

dahak, phlegm, mucus

daham, → **deham**

dahan, branch

dahi, forehead

dahsat, → **dahsyat**

dahsyat, horrible, horrifying, dreadful

dahulu, before, first, former(ly); *~ kala,* in former times; ancient; *mendahului,* to precede, to anticipate; to overtake; *pendahulu,* predecessor; *pendahuluan,* introduction; *kata ~ ,* preface

daif, weak, feeble, powerless

dakap, → **dekap**

daki, dirt (of the skin); *mendaki,* to cleanse

daki, *mendaki,* to climb, to ascend

daksina, south

dakwa, accusation; *mendakwa,* to accuse; *pendakwa,* accuser; *terdakwa,* the accused

dalal, broker

dalam, in, inside, into; deep, profound; *~-~ ,* profound(ly); *~ pada itu,* in the meantime; *Menteri ~ Negeri,* minister of the interior, home secretary, minister of home affairs; *mendalamkan,* to deepen; *pedalaman,* inland, hinterland; *dalaman,* intestines

dalang, puppeteer (in Javanese shadow plays); narrator, storyteller

dalih, quibble; pretext, pretense; *berdalih,* to quibble; to pretend; pretended

dalil, thesis, proposition, theorem; *berdalil,* grounded; founded

damai, peace; *berdamai,* to be at peace, to be on good terms; to come to terms; *perdamaian,* peace, reconcilement; *mendamaikan,* to make peace, to reconcile

damar, resin; torch

dampar, *terdampar,* grounded; washed ashore

damping, *berdampingan dengan,* in close proximity

dan, and; *~ lain-lain,* and so on; *~ sebagainya,* and the like

dana, gift; fund

danau, lake; pool

dandan, *mendandani,* to dress, to adorn

dandang, copper cooking utensil

dangkal, dangkar, shallow, superficial

dangsa, → **dansa**

dansa, dance; *berdansa,* to dance

dapat, to find, to get, to obtain; to be able to, can; *tidak ~ tidak pasti,* it must; *mendapat,* to get, to obtain; *mendapati,* to experience; *mendapatkan,* to visit, to call on, to meet; to obtain; *pendapat,* opinion; invention; *menurut ~ saya,* in my opinion;

berpendapat, to have an opinion; *pendapatan,* proceeds, income, revenue; *kedapatan,* to be caught in the act

dapur, kitchen; *perkakas ~ ,* kitchen utensils

dara, *anak ~ ,* virgin; *perdaraan,* virginity

dara, *burung ~ ,* pigeon

darah, blood; *peredaran ~ ,* blood circulation; *pindah tuang ~ ,* blood transfusion; *tempat tumpah ~ ,* birthplace; *berdarah,* to bleed

darajat, → **derajat**

darat, land; shore; *angin ~ ,* landward wind; *ke ~ ,* ashore; *mendarat,* to land; *pendarat,* landing gear; *pendaratan,* touchdown, landing; disembarkment; *~ darurat,* emergency landing

dari, from; of; *selain ~ ,* except for; *sedari,* since

daripada, than

darmawisata, excursion

darurat, emergency; *keadaan ~ ,* state of emergency

dasar, grounds, foundation, basis, base; *menurut ~ ,* on principle; *undang-undang ~ ,* constitution; *berdasar atas,* in virtue of; *berdasarkan,* based on

dasi, necktie

datang, to come, to arrive; *minggu yang akan ~ ,* next week; *berdatang sembah,* to pay one's respects to, to bring a respectful greeting; *mendatangkan,* to cause to come; to import; *kedatangan,* arrival

datar, level, horizontal, flat; *dataran,* plain

datuk, grandfather; head of the family; progenitor

daulat, sovereign; majesty; *negara yang berdaulat,* sovereign state; *mendaulat,* to force; to rob; to elect; *kedaulatan,* sovereignty

daun, leaf

dawat, ink; *tempat ~ ,* inkstand, inkwell

daya, resource; energy, power; south; *~ beli,* purchasing power; *~ kuda,* horsepower; *~ upaya,* efforts, means, resources; *barat ~ ,* southwest; *tipu ~ ,* deceit, trick; *memperdayakan,* to deceive

dayang-dayang, attendants

dayung, oar; *berdayung,* to row

debar, *~ jantung,* heartbeat; *berdebar,* to throb, to beat (of the heart)

debu, dust; *berdebu,* dusty

dedak, bran

definisi, [définisi] definition

degil, obstinate

dekak-dekak, abacus

dekap, *berdekap-dekapan,* to embrace one other; *mendekap,* to clasp, to embrace

dekar, [dékar] *pendekar,* fencing master; champion, leader

dekat, close by, near; *berdekatan,* near by, adjacent; *mendekati,* to approach; *mendekatkan,* to bring close

deklarasi, [déklarasi] declaration; voucher

dekor, [dékor] scene, scenery

delapan, eight; *~ belas,* eighteen; *~ puluh,* eighty

delegasi, [délégasi] delegate, delegation

delima, pomegranate; *batu ~ ,* ruby

demam, fever; *~ kura,* malaria; *lepas ~ ,* free from fever

demang, district head

demap, gluttonous; *pendemap,* glutton

demi, on; at; when; by; for the sake of; *~ Allah,* by Allah, by God; *seorang ~ seorang,* one by one

demikian, such, so, thus, in this way

demokrasi, [démokrasi] democracy

demokratis, [démokratis] democratic

dempul, putty

denda, a fine; *ia kena ~ ,* he was fined; *mendenda,* to fine

dendam, longing; grudge, resentment, revenge; *menaruh ~ ,* to have a grudge against

dendeng, [déndéng] jerky (meat)

dengan, with, by means of; *~ alamat,* care of; *~ hormat,* Dear Sir, Dear Madam (in the opening of a letter); *~ sendirinya,* by itself; *~ sepertinya,* properly; *~ tiada,* without; *sesuai ~ ,* in accordance with

dengar, *mendengar,* to hear; *mendengarkan,* to listen; to learn; to obey; *memperdengarkan,* to play; to sing; *terdengar, kedengaran,* audible; *pendengar,* listener; *indera ~ ,* sense of hearing

dengki, envious, jealous

dengking, *berdengking,* to yelp

dengkur, *mendengkur,* to snore

dengung, *berdengung,* to drone, to hum

denyut, pulse; ~ *nadi,* pulsation; *berdenyut,* to throb, to beat

depa, fathom

depan, front; *di* ~ , in front of; *tahun* ~ , next year

departemen, department

derajat, degree, rank

deras, fast, quick (movement); heavy; violent

deret, [dérét] row, long line, progression; *berderet-deret,* in long lines

derita, *menderita,* to suffer, to bear, to endure; *tidak terderita,* unbearable; *penderitaan,* sufferings

derma, alms, donation; *pasar* ~ , bazaar; *dermawan,* charitable; *kedermawanan,* charity

deru, *menderu,* to roar

desa, [désa] village

desak, *mendesak,* to push, to press, to urge; pressing, urgent; *desakan,* pressure; *atas* ~ , at the instigation of

desas-desus, rumor

Desember, [désémber] December

desersi, [désérsi] desertion

destar, headcloth

detik, second

dewa, [déwa] divinity; godhead, god, idol; *mendewa-dewakan,* to idolize

dewan, [déwan] court, board, council; ~ *Keamanan,* Security Council; ~ *Perwakilan Rakyat,* Parliament, House of Representatives

dewasa, [déwasa] time; adult; *orang* ~ , grown-up

dewata, [déwata] gods; *burung* ~ , bird of paradise

dewi, [déwi] goddess

di, at; on; in; up; to

dia, he, him; she, her; it

diam, to be silent; to live; *diam-diam,* secretly; clandestine; *mendiamkan,* to silence; *mendiami,* to live in, to occupy; *pendiam,* silent person; *tempat kediaman,* dwelling place, domicile

dian, candle

didih, *mendidih,* to boil

didik, *mendidik,* to educate, to bring up, to breed; *pendidik,* educator; *pendidikan,* education; *ilmu* ~ , *ilmu mendidik,* pedagogy

diesel, *kereta api* ~ , diesel

electric train; *mesin ~* , diesel engine

dikir, → **zikir**

diktat, lecture notes

diktator, dictator; *kediktatoran,* dictatorship

dikte, [dikté] dictation; *mendiktekan,* to dictate

dim, inch

dim, dim

din, religion

dinamit, dynamite

dinamo, dynamo

dinas, service, duty; *~ rahasia,* secret service

dinding, wall

dines, → **dinas**

dingin, cold, cool, chilly; *mendinginkan,* to chill, to freeze; *pendinginan,* cooling

dinihari, dawn, daybreak

dipan, divan

dipisi, → **divisi**

diplomasi, diplomacy

diplomat, diplomat

direksi, [diréksi] managing board, management

direktur, [diréktur] director, manager

diri, self; person; *seorang ~ ,* alone, by oneself, single-handed; *berdiri,* to stand, to get up; *~ atas,* to be based on, to be founded on; *mendirikan,* to erect, to build; *terdiriatas,* to consist of; *pendirian,* erection, foundation; standpoint, point of view, opinion; *berpendirian,* to hold an opinion

disel, → **diesel**

disentri, dysentry

disertasi, dissertation

disiplin, discipline; *~ ilmu,* scientific disipline

distrik, district

divisi, division

dll, dan lain-lain, and so on

doa, prayer; *berdoa,* to pray

dobi, launderer, washerman

dok, dock

dokter, doctor, physician; *~ spesialis,* specialist; *kedokteran,* medical; medicine

dolak, *mendolak-dalikkan,* to pervert

domba, sheep; *mengadudombakan,* to play one off against the other

dompet, [dompét] purse

dongeng, [dongéng] tale, fable, narration, story; *pendongeng,* narrator, storyteller

dongkrak, jackscrew; lever

dorong, *mendorong,* to push on,

to stimulate; *pendorong, dorongan*, stimulant

dosa, sin, crime; ~ *berat*, deadly sin

dosin, losin, lusin, dozen

dsb, dan sebagainya, and so on

dua, two; ~ *belas*, twelve; ~ *kali*, twice; ~ *puluh*, twenty; *berdua*, together; *mendua hati*, to hesitate; *perdua*, half; *kedua*, both; secondly; *yang* ~ , the second

duai, brother or sister-in-law

dubur, anus

duduk, to sit, to take a seat; to reside; ~ *perut*, to be pregnant, to be in the family way; *menduduki*, to sit on (a chair); to occupy; *penduduk*, inhabitant; *pendudukan*, occupation; *kedudukan*, position, situation

duga, *batu* ~ , sounding board; *patokan* ~ , hypothesis, supposition; *menduga*, to gauge, to fathom, to sound; *tidak terduga*, unfathomable; *dugaan*, supposition, prognosis

duit, money

duka, ~ *cita*, grief, sorrow

dukun, native curer; quack; ~ *anak*, native midwife

duli, dust; ~ *baginda*, ~ *yang dipertuan*, Your Majesty

dulu, first, erstwhile, former; in former days, before; *kemarin* ~ , the day before yesterday

dungu, stupid; *orang* ~ , blockhead

dunia, world; ~ *akhirat*, the hereafter; *juara* ~ , world champion

duniawi, secular; *keduniawian*, worldliness; materialism

dupa, incense; *mendupai*, to incense; *pedupaan*, incensory

durhaka, disobedient, rebellious; sinful; *orang* ~ , rebel, mutineer; *mendurhaka*, to rebel, to mutiny; *pendurhakaan*, revolt, mutiny

duri, thorn; *berduri*, thorny; *kawat* ~ , barbed wire

durja, countenance

durjana, wicked, evil

dusta, lie; *berdusta*, to lie; *pendusta*, liar

dusun, isolated village, hamlet; *orang* ~ , countryman

duta, envoy, messenger; ~ *besar*, ambassador; *kedutaan*, embassy

duyun, *berduyun-duyun*, to crowd forward

duyung, seacow

E

eceran, [écéran] retail; *menjual ~* , to sell by retail; *penjual ~* , retail dealer

edar, [édar] *beredar,* to go about, to wander around; to revolve; *bintang ~* , planet; *peredaran,* circulation, rotation, revolution; *~ bumi,* earth's orbit; *~ darah,* blood circulation; *mengedarkan,* to circulate; *edaran, surat ~* , circular letter, circular

eja, [éja] *mengeja,* to spell; *ejaan,* spelling, orthography; *~ resmi,* official spelling; *~ menurut bunyi,* phonetic spelling

ejek, [éjék] *mengejek,* to tease, to mock, to ridicule

ekonomi, [ékonomi] economic(al); *perekonomian,* economy

ekor, [ékor] tail; *tiga ~ kuda,* three horses; *berekor,* tailed; *bintang berekor,* comet; *mengekor,* to follow a person about; *pengekor,* follower, hanger-on

ekspedisi, [ékspedisi] expedition

ekspeditur, [ékspeditur] forwarding agent

ekspor, [ékspor] export; *mengekspor,* to export

eksportir, [éksportir] exporter

ekspres, [ékspres] express

ekstrak, [ékstrak] extract

ela, [éla] → **elo**

elak, [élak] *mengelakkan,* to avoid, to dodge, to evade; *tidak dapat dielakkan,* unavoidable, inevitable

elektrik, [éléktrik] electric; electricity

elemen, [élemén] element

elo, [élo] ell, a unit of length in the Netherlands equal to about one meter

elok, [élok] pretty, beautiful; *keelokan,* beauty, charm

elu, *mengelu-elukan,* to receive, to welcome

email, [émail] enamel

emak, mother

emas, *mas,* gold; *~ kawin,* dowry; *bijih ~* , gold ore; *kena ~* ,

bribed; *tukang ~* , goldsmith;
mengemasi, to bribe, to corrupt

ember, [émbér] bucket, pail

embik, *mengembik,* to bleat

embun, dew

embus, *mengembus,* to blow;
pengembus, embusan, bellows

emis, *mengemis,* to beg;
pengemis, beggar

empang, dam; fishpond; valve; ~
pengaman, safety valve; ~
pemadang, throttle valve;
mengempang, to bar, to dam, to
barricade; *pengempang,* dam

empas, *mengempas,* to throw
down; *empasan,* breakers, surf

empat, four; ~ *belas,* fourteen; ~
empat, by four; ~ *puluh,* forty;
perempat, one-fourth;
perempatan, crossroad

empedu, gall, bile; *kandung ~* ,
gallbladder

emper, [émpér] penthouse

empuk, soft, tender

empulur, core, pith

empunya, *yang ~* , *si ~* , the
owner, the possessor;
mempunyai, to own, to possess,
to have

enak, [énak] delightful, nice;
tasty, delicious

enam, six; ~ *belas,* sixteen; ~

puluh, sixty

enap, *mengenap,* to settle
(down); *enapan,* sediment

enau, arenga palm

encer, [éncér] watery

encok, [éncok] rheumatism, gout

endap, *mengendap,* to crouch; to
lurk; to precipitate; *endapan,*
precipitate, sediment

engah-engah, *terengah-engah,* to
gasp

enggah, → **enggak**

enggak, no, not

enggan, unwilling; to dislike; ~
melakukan kewajiban, un-
willing to do one's duty;
mengenggankan, to refuse

enggang, hornbill

engkau, *kau,* you; ~ *punya,* your,
yours

engku, Mr. (a title)

engsel, [éngsél] hinge

entah, I don't know

entak, *mengentak-entakkan,* to
pound; to stamp; ~ *kaki,* to
stamp one's foot; *pengentak,*
pounder; stamper

enteng, [énténg] light, not heavy;
mengentengkan, to make easy,
to ease

enyah, *enyahlah (engkau)!,* get
away!, clear out!

epakuasi, → **evakuasi**

eram, *mengeram,* to brood, to hatch; *pengeraman,* brooding, hatching

erang, *mengerang,* to moan, to groan

erat, tight, solid, strong; *mengeratkan,* to tighten, to constrict

ercis, [ércis] peas

eret, [érét] *mengeret,* to drag, to haul

Eropa, [éropa] Europe; European

erti, *mengerti,* to understand;

mengertikan, to explain; *pengertian,* understanding, comprehension, concept

es, [és] ice; ~ *krim,* ~ *putar,* ice cream; *hujan* ~ , to hail; *lemari* ~ , refrigerator

esa, one, only; *Yang Maha* ~ , the one and only (God)

esok, [ésok] ~ *hari,* tomorrow; *keesokan harinya,* the next day

espres, [ésprés] → **ekspres**

etikad, [étikat] → **itikat**

etiket, [étikét] label; etiquette

evakuasi, [évakuasi] evacuation

F

faal, deed, work; good work; *ilmu* ~ , physiology

faedah, [faédah] benefit, advantage, use; *berfaedah,* useful, advantageous; *tidak* ~ , useless

faham, → **paham**

fajar, dawn, daybreak; ~ *menyingsing,* daybreak

fakir, poor person, destitute person; mendicant friar

faktor, factor

fakultas, faculty

fakultet, → **fakultas**

falak, heaven, space; *ilmu* ~ , astronomy

famili, family, relation

fana, transitory, mortal

fantasi, fantasy, imagination

faraj, genitals

farsi, Persian

fasal, → **pasal**

fasih, eloquent

fasihat, eloquence

fasik, evil, sinful

fatal, fatal

Fatihah, → **Al-Fatihah**

Februari, [fébruari] February
federal, [féderal] federal
federasi, [féderasi] federation
festa, [fésta] → **pesta**
fihak, → **pihak**
fiil, deed, work
fikir, → **pikir**
fikiran, → **pikiran**
Filastun, Palestine
filial, branch (of an office or an establishment)
film, film; ~ *bisu,* silent film; ~ *bicara,* talking film, talkie; *bintang* ~ , film star; *pemain* ~ , film actor, screen actor
filsafat, philosophy; ~ *ilmu,* philosophy of science
firasat, foresight, hunch; face, countenance; *ilmu* ~ , physiognomy
Firaun, Pharaoh
firdaus, paradise
firma, firm
firman, word (of God); order, command; resolution
fisik, physical
fisika, physics
fitnah, slander; *memfitnah,* to slander
fitrah, religious contribution at the end of the fasting month (Ramadan)
flanel, [flanél] flannel
formal, formal
formasi, formation
formil, → **formal**
formulir, form, blank
fosil, fossil
foto, photo, photograph
foya, *berfoya-foya,* to be on a spree
fraksi, fraction
franko, postage paid, postfree
fuad, heart
fundamen, [fundamén] foundation, fundament, base
fungsi, function
fusi, fusion

G

gaba-gaba, garlands
gabah, unhusked rice
gabardin, gabardine
gabung, *menggabungkan,* to connect, to combine, to fuse
gabus, a kind of fish; cork

gada, cudgel

gadai, *rumah ~ , pegadaian,* pawnshop; *surat ~ ,* pawn ticket; *menggadaikan,* to pawn

gade, [gadé] → **gadai**

gading, tusk; ivory

gadis, virgin, maiden; *sekolah ~ ,* girls' school

gaduh, noise, uproar, tumult; *bergaduh,* to be noisy; *kegaduhan,* tumult; insurrection, revolt

gagah, strong; *~ berani, ~ perkasa, ~ perwira,* heroic; *menggagahi,* to overpower; to violate

gagak, crow

gagal, to fail; *menggagalkan,* to frustrate

gagang, handle; *~ pena,* penholder

gagap, *menggagap,* to stammer, to stutter

gagau, *kejang ~ ,* convulsions; *menggagau,* to grope, to feel

gahara, of royal birth

gaib, mysterious; invisible

gairah, enthusiasm, passion, ambition, lust

gajah, elephant

gaji, salary, wages, pay; *~ bersih,* net salary, take-home pay;

kenaikan ~ , salary increase; *makan ~ ,* to earn; to be in the pay of; *peraturan ~ ,* salary regulation; *skala ~ ,* salary scale; *tambahan ~ ,* additional salary; *menggaji,* to pay, to remunerate

galah, long pole; *menggalah,* to pole

galak, wild, fierce, vicious, threatening

galang, stock; *galangan,* slipway, slip (of a ship), pier, dock

gali, *menggali,* to dig; *penggali,* spade; *barang galian,* mineral

galib, *pada galibnya,* generally

gambar, picture, drawing, illustration; photo; *~ hidup,* movie; *~ olok-olok,* caricature; *menggambar,* to draw, to picture

gamelan, Javanese musical instrument

gampang, easy

ganas, fierce, wild, ferocious; *keganasan,* fierceness, ferocity

ganda, fold; *berlipat ~ ,* manifold; *dua kali ~ ,* double

gandar, axle, axletree

gandel, [gandél] clapper

gandeng, [gandéng] *bergandeng tangan,* to link arms;

bergandengan tangan, arm in arm

gandum, wheat; wheat flour

gang, alley

ganggu, *mengganggu*, to tease; to interfere; to worry, to disturb; *gangguan*, disturbance, interference

gangsa, goose

gangsi, perfume

ganjar, *ganjaran*, reward

ganjil, uneven, odd, unusual, peculiar; *keganjilan*, peculiarity

gantang, five catties (unit of measure); bushel

ganti, substitute, compensation; *~-berganti*, to alternate; *~ rugi*, indemnification; *akan ~* , instead of; *berganti-ganti*, in turns; *berganti pakaian*, to change clothes; *mengganti*, to change, to substitute; *pengganti*, successor, substitution

gantung, *bergantung kepada*, to depend on; *menggantung*, to hang, to suspend; *tergantung*, depending (on); *penggantungan*, gallows

gapah, *gopoh ~* , in a hurry

gara-gara, commotion, row

garam, salt; *menggarami*, to salt; *pegaraman*, salt pan; saltworks

garang, fierce, furious

garasi, garage

garebeg, → **garebek**

garebek, *~ Puasa*, Islamic New Year

garing, dry and crisp

garis, line; scratch; *~ alas*, baseline; *~ balik*, tropic; *~ tengah*, diameter; *~ peperangan*, front; *~ tegak lurus*, perpendicular (line); *menggaris*, to line, to draw a line; *penggaris*, ruler

garong, *menggarong*, to rob, to loot

garpu, fork

garuda, griffin; eagle

garuk, *menggaruk*, to scratch; to curry, to comb; to scrape; *penggaruk*, scraper

gas, gas

gasak, *menggasak*, to wallop, to thrash; to gorge

gasang, lustful, lewd

gasing, top

gatal, itchy; lustful

gaul, *bergaul, bercampur ~ dengan*, to have dealings with, to associate with; *pergaulan*, social intercourse, association;

~ *hidup*, society

gaung, echo

gawang, goal post

gaya, energy, strength, power; style; ~ *berat*, ~ *bobot*, gravitation, gravity; ~ *pegas*, resilience, elasticity; *ilmu* ~ , mechanics

gayang, lightheaded

gayung, water dipper

gedang, large, great

gedek, [gedék] plaited bamboo

gedung, building; ~ *arca*, the Jakarta Museum; ~ *umum*, public building

gegaman, (hand) weapon

gegap, ~ *gempita*, noisy, boisterous

gegar, to shake, to quiver; ~ *otak*, brain concussion

gegas, *bergegas-gegas*, to hurry up, to rush

gegat, moth

gegep, [gégép] tongs

geger, [gégér] noise, clamor; *gegeran*, riot, disturbance

geladah, → **geledah**

geladak, deck of a ship

gelagapan, to stammer, to stutter

gelagat, mark, token, badge; symptom; omen

gelak, ~ *tertawa*, gale of laughter, burst of laughter; *tertawa* ~-~ , to laugh loudly and heartily

gelambir, dewlap

gelang, bracelet; *pergelangan*, ~ *kaki*, tarsus; ~ *tangan*, wrist

gelanggang, circular space, arena, ring; ~ *dunia*, world stage

gelap, dark; ~ *gulita*, ~ *katup*, pitch-dark; *agen* ~ , secret agent, *barang* ~ , contraband, illegal goods; *cara* ~ , clandestine; *mata* ~ , frenzy, madness; *pasar* ~ , black market; *pergerakan* ~ , illegal action; illegal movement; *menggelapkan*, to darken; to embezzle; *penggelapan*, blackout; embezzlement; *kegelapan*, darkness

gelar, title; nickname; *bergelar*, entitled, titled

gelas, glass, drinking glass

gelatuk, *menggelatuk*, to tremble, to shiver, to chatter (of the teeth)

geledah, [gelédah] *menggeledah*, to search; to ransack; *penggeledahan*, search; plunder

geledek, [gelédék] thunder, lightning; *menggeledek*, to thunder

gelegata, nettle rash

gelembung, bubble; bladder; *bergelembung,* to bubble

gelendong, [geléndong] spool

geleng, [géléng] *menggelengkan kepala,* to shake one's head

gelenyar, *menggelenyar,* to tingle

gelepar, *menggelepar,* to flounder; to sprawl

geletar, *menggeletar,* to tremble

geli, ticklish; *merasa ~ ,* to feel amused; *menggeli,* to tickle; *menggelikan,* funny, comic; *penggeli hati,* joke

geligi, set of teeth; *~ buatan,* dentures

gelincir, *menggelincirkan,* slippery; *tergelincir,* to slide, to slip; slipped askew

gelincuh, *tergelincuh,* to stumble

gelisah, unquiet, fidgety, restless

gelojo, gluttonous

gelombang, wave; *riak ~ ,* wavelength

gelongsor, to slip (down)

gelora, boisterous; stormy; *~ semangat,* surge of enthusiasm

gelut, *bergelut,* to wrestle; to romp

gema, echo, reverberation; *bergema,* to re-echo, to rever-

berate; *menggema,* to echo, to reverberate

gemar, to like, to be fond of; *menggemari,* to like, to take pleasure in; *digemari,* popular with; *penggemar,* lover

gembala, cattleguard, shepherd; *menggembalakan,* to pasture; to guard, to look after

gembar, *(ber)gembar-gembor,* to brag; *menggembar-gemborkan,* to trumpet forth, to blazon abroad, to proclaim

gembira, cheerful, enthusiastic; *menggembirakan,* to excite, to cause enthusiasm, to thrill; *kegembiraan,* excitement, enthusiasm

gembleng, [gembléng] *menggembleng,* to forge; to train; *penggembleng,* forger; trainer; *gemblengan,* well-forged; well-trained

gembung, swollen

gemerlap, to glitter, to sparkle

gemetar, to shiver, to tremble

gemilang, to glitter, to twinkle; brilliant; *gilang ~ ,* sparkling, resplendent; glorious

gempa, *~ bumi,* earthquake

gempar, clamor, noise, uproar, commotion, stir, tumult;

menggemparkan, to cause a stir; stirring

gempita, *gegap* ~ , noisy, boisterous

gempur, *menggempur*, to attack; to destroy; *kapal penggempur*, battleship

gemuk, fat, plump, obese; grease; *tanah* ~ , humus

gemuruh, *bergemuruh*, to thunder, thunderous

genap, complete; even; *segenap*, whole, all; *menggenapi*, to complete

gencat, *menggencat*, to stop, to cease; *gencatan senjata*, armistice

gencet, [gencét] *tergencet*, oppressed; to be in a cleft stick, to be in a difficult situation; *gencetan*, oppression

gendala, kendala, constraint, hindrance, obstacle

gendang, drum; ~ *pendengaran*, ~ *telinga*, *gendangan*, middle ear, tympanum

gendong, [géndong] *menggendong*, to carry on the back

gendut, fat, obese; swollen (of the stomach)

genggam, fist; *segenggam*, handful; *menggenggam*, to grip, to grasp; *genggaman*, grip, grasp

gengsi, [géngsi] prestige

gensi, [génsi] → gengsi

genta, bell; cowbell

gentar, to shiver, to tremble; fearful, frightened

genteng, [genténg] → genting

genting, rooftile

genting, critical; *kegentingan*, critical position (situation, condition); suspense

genting, gentingan, isthmus

geraham, grinder, molar tooth

gerak, movement, motion; ~ *badan*, gymnastics; ~ *gerik*, one's doings; ~ *jalan*, long march; *bergerak*, to move; *pergerakan*, movement; ~ *kaum pekerja*, trade unionism

geram, angry, wrathful

geram, *menggeram*, to growl, to grumble

gerbang, *pintu* ~ , main gate, gateway

gerebek, *menggerebek*, to invade; to search; *penggerebekan*, razzia, invasion, intrusion

gereja, [geréja] church

gereja, [geréja] *burung* ~ , sparrow

gerek, [gérék] *menggerek,* to bore; *penggerek,* drill, awl

geret, [gérét] *menggeret,* to scratch; *geretan api,* matches

gergaji, *abu ~ ,* sawdust; *menggergaji,* to saw

gergasi, giant

gerhana, eclipse

gerilya, *perang ~ ,* guerilla war

gerimis, *hujan ~ ,* drizzling rain; to drizzle

gering, sick

gerip, graphite pencil

gerobak, oxcart, wagon; *~ tambahan,* trailer

gerombol, *bergerombol, menggerombol,* to gather in groups; *gerombolan,* group

gertak, *menggertak,* to intimidate, to threaten; to spur on, to stimulate; *menggertakkan gigi,* to gnash one's teeth

gesa, *tergesa-gesa,* in a hurry; rush

gesek, [gésék] *menggesek,* to rub, to scrape; *~ biola,* to play the violin

geser, [gésér] *menggeser,* to move aside; *~ kedudukan,* to unseat

gesper, [géspér] clasp, buckle

getah, latex, gum; birdlime

getak, to drop off

getar, *bergetar,* to tremble, to shiver

getas, frail, fragile

getek, [géték] float

gewang, [géwang] mother-of-pearl

giat, active, industrious; *kegiatan,* activity

gigi, tooth; *cungkil ~ ,* toothpick; *dokter ~ ,* dentist; *gosok ~ , menggosok ~ ,* to brush one's teeth; *pasta ~ ,* toothpaste; *sakit ~ ,* toothache; *sikat ~ ,* toothbrush

gigil, *menggigil,* to shiver (with cold)

gigit, *menggigit,* to bite

gila, mad, insane; *orang ~ ,* lunatic, madman; *rumah ~ ,* madhouse, insane asylum

gilang, *gilang-gemilang,* glittering, sparkling; *kemenangan ~ ,* brilliant victory

gilap, lustrous, polished; *menggilapkan,* to polish

giling, *menggiling,* to grind; to roll out; *penggiling,* crusher, grinder; *~ jalan,* steamroller; *penggilingan,* (rice-)hulling mill; *gilingan,* roller, miller; *beras ~ ,* milled rice

gilir, *bergilir,* by turns; *giliran,* turn

ginjal, kidney

girang, very pleased, glad, happy; *kegirangan,* gladness, happiness

giring, *menggiring,* to drive (cattle)

gisar, *menggisar,* to twist

gocoh, *bergocoh,* to box; *menggocoh,* to beat with the fist

goda, *menggoda,* to tempt; *penggoda,* tempter

godok, *menggodok,* to stew, to boil; to process

gogoh, *menggogoh,* to shiver with cold

golak, *bergolak,* to be in commotion; *pergolakan,* trouble, turbulence, disturbance, upheaval

golok, chopping knife, chopper

golong, *menggolongkan,* to group, to classify; *tergolong,* to form part of, to belong to; included; *golongan,* group, party

gondok, goiter

gondol, *menggondol,* to carry in the jaws; to carry off

gong, gong

gonggong, *menggonggong,* to carry off in the mouth; *gonggongan,* carried in the jaws

gonggong, *menggonggong,* to bark; *gonggongan,* bark

gopoh, *bergopoh-gopoh,* to hurry; *tergopoh-gopoh,* in haste, pressed, in a hurry

goreng, [goréng] *menggoreng,* to fry; *penggorengan,* frying pan

gores, [gorés] line; scratch; ~ *api,* match; ~ *nama,* paraph; *menggores,* to scratch

gosok, *menggosok,* to rub, to polish; ~ *sepatu,* to brush, to shine (shoes); *kulit penggosok,* chamois

gosong, shoal, sandbank

gosong, burnt, singed, scorched

gotong, ~ *royong,* mutual assistance; *menggotong,* to carry together

goyah, unstable

goyang, shaky, wobbly, unsteady; *bergoyang,* to shake, to sway; to fluctuate; *menggoyang,* to shake; *kegoyangan,* fluctuation

gram, gram

gratis, gratis, free of charge

gropyokan, invasion

gua, cave

gubah, *menggubah,* to make, to compose; to achieve; *gubahan,* work, composition; achievement

gubernur, governor

gubuk, bamboo hut

guci, jar, pot (earthenware)

gudang, warehouse, godown; shed; store; magazine

gugat, shock; *menggugat,* to shake

gugat, *menggugat,* to sue; *gugatan,* suit

gugup, nervous; to be put out; *kegugupan,* nervousness

gugur, to fall off prematurely; to be killed (in action); *musim ~ ,* autumn, fall; *keguguran,* miscarriage

gugus, *bergugus-gugus,* clustered; *gugusan,* bunch, group; cluster

gula, sugar; *~ batu,* lump sugar; *~-~,* sweetmeat;*~ pasir,* crystal sugar

gulai, curry dish served with rice; *menggulai,* to prepare such a dish

gulat, wrestling, fight; *bergulat,* to wrestle, to fight; *pergulatan,* wrestling, struggle, fight

guli, marble; *main ~ ,* to play marbles

guling, *bantal ~ ,* bolster; dutch wife; *mengguling,* to roll

gulita, *gelap ~ ,* pitch-dark

gulung, *menggulung,* to roll up; *gulungan,* roll (of something), spool

gumpal, clot, lump; *bergumpal,* to clot

gumul, *bergumul,* to wrestle

guna, use, benefit, utility; *tepat ~ ,* effective, to the purpose; *berguna,* useful; *menggunakan,* to use; *mempergunakan,* to use; *gunawan,* useful

guna, for, for the benefit of

guna-guna, magic arts

guncang, *mengguncang,* to shake

gundik, concubine

gundul, bald

gung, gong

guni, jute, gunny

gunting, scissors; *menggunting,* to cut, to cut out; *guntingan,* cut (of clothes); clipping

guntur, thunder

gunung, mountain; *~ api,* volcano; *pegunungan,* mountain range

gurau, pleasantry, jest, joke; *senda ~ ,* joke; *bersenda ~ ,* to joke

gurdi, borer, drill; *menggurdi,* to bore

gurih, tasteful, savory

guru, teacher; ~ *kepala,* headmaster; ~ *besar,* professor; *perguruan,* school; tuition; ~ *tinggi,* university

guruh, thunder

gurun, desert

gus, → **sekaligus**

gusar, angry; ~ *akan,* angry with; to take amiss

gusi, gums

gusti, lord

gusti, *bergusti,* to wrestle

H

habis, finished, done; entirely; ~ *besarnya,* grown-up; ~ *perkara,* basta; *sehabis-habisnya,* completely, utterly; *menghabiskan,* to finish, to complete, to spend; *penghabisan,* end, termination; *ujian* ~ , final examination

hablur, crystal; *menghablur,* to crystallize

Habsyi, *negeri* ~ , Ethiopia, Abyssinia; *orang* ~ , Ethiopian, Abyssinian

had, limit

hadap, *menghadap,* to appear before, to have an audience; *menghadapi,* to face; *menghadapkan (usul),* to put forward (a proposal); *terhadap,*

with respect to, regarding; *hadapan,* front; *di* ~ , in front of; *berhadapan muka dengan,* face to face

hadiah, gift, present; prize; ~ *hiburan,* consolation prize; ~ *kerja,* bonus

hadir, to be present, to be available; *tidak* ~ , absent; *menghadiri,* to be present at, to attend; to witness

hadirin, audience

hadlir, → **hadir**

hadlirin, → **hadirin**

hafal, to know by heart

hai!, hey!

haibat, → **hebat**

haid, menstruation

haidl, → **haid**

haj, pilgrimage to Mecca

hajat, want, need, wish; *berhajat,* to want, to need, to wish; *~ besar,* to defecate

haji, pilgrim to Mecca; *naik ~ ,* to go to Mecca on a holy pilgrimage

hak, right; competence; *hak ~ ,* proprietary right; *~ pilih,* right to vote, suffrage; *~ pengarang,* copyright; *berhak,* to have a right to, to be entitled to; to be competent

hakekat, [hakékat] → **hakikat**

hakikat, nature, essence, truth; *pada hakikatnya,* essentially, in fact

hakim, judge; *kehakiman,* justice

hal, case, condition, affair, circumstance; *dari ~ ,* regarding, concerning; *terhal,* prevented

halai balai, chaotic, in disorder; *menghalaibalaikan,* to neglect, to cause confusion

halal, legitimate, legal, permitted

halaman, front yard; page; *lihat ~ sebelah (l.h.s.),* please turn over (p.t.o.)

halang, *menghalangi,* to hinder, to prevent; *halangan,* prevention, hindrance, obstacle;

kalau tak ada ~ , if nothing has come between; *berhalangan,* to be prevented

halau, *menghalau,* to drive away, to expel

halia, ginger

hal-ihwal, details, circumstances, events

halilintar, thunderbolt

halintar, → **halilintar**

halkum, → **lekum**

haluan, bow (of a ship), prow; course, direction; *sehaluan,* of the same direction; *golongan yang berhaluan moderat,* the moderates; *berhaluan maju,* progressive

halus, fine; soft; cultivated; not coarse; *makhluk ~ ,* ghost; *menghaluskan,* to refine

hama, disease; pest; infection; *~ penyakit,* bacteria, microbe, germ; *suci ~ ,* sterile

hamba, slave; I; me; my; *Tuan ~ ,* you (to one's superior); *menghamba,* to serve; *perhambaan,* vassalage, servitude; *yang diperhamba,* your (humble) servant

hambar, flavorless, tasteless

hambat, *menghambat,* to chase, to pursue; *penghambat,* chaser, pursuer

hambat, *menghambat,* to hamper, to impede, to obstruct; *penghambat, hambatan,* obstacle

hambur, *berhamburan,* scattered about

hamil, pregnant

haminte, municipal; *pegawai ~ ,* municipal official

hampa, empty; *~ udara,* vacuum

hampar, *menghampar,* to spread out

hampir, near, nearly, almost; close by; *~-~ ,* very nearly; *menghampiri,* to approach; *menghampirkan,* to get close to

hancur, smashed, crushed, dissolved; *~ lebur, ~ luluh,* entirely crushed, pulverized; *menghancurkan,* to smash, to crush, to dissolve

hancur lebur, devastated; *menghancurleburkan,* to devastate

handai, *~ tolan,* mates, friends

handuk, towel

hangat, hot; *~ kuku,* lukewarm; *berita ~ ,* timely news

hantam, *menghantam,* to beat violently; to collide with

hantar, *menghantarkan,* to conduct (electricity or heat); *penghantar, ~ listrik,* electrical conductor

hantu, ghost, evil spirit; *burung ~ ,* owl; *jari ~ ,* middle finger; *menghantui,* to haunt

hanya, only; *~ dengan kekuatan saja,* by sheer force

hanyut, to drift, to float

hara, nutrition; *ilmu ~ ,* science of nutrition; *berhara,* nutritious

hara, *huru ~ ,* uproar

harakat, *huruf ~ ,* vowel

haram, not permitted, forbidden; *~ zadah,* illigetimate, bastard

harap, *berharap, mengharap,* to hope, to expect, to trust; *harapan, pengharapan,* hope, expectation, trust

hardik, *menghardik,* to scold; to abuse

harga, price, value; *~ beli,* buying price; *~ jual,* selling price; *~ mati,* fixed price; *~ mutlak,* absolute price; *~ tunai,* cash price; *seharga,* equal in value, equivalent; at the price of; *berharga,* precious, valuable; *menghargai,* to appreciate, to prize; *menghargakan,* to price; *penghargaan,* appreciation

hari, day; ~ *besar*, holiday; ~ *jadi*, ~ *kelahiran*, birthday; ~ *hujan*, it is raining; ~ *ini*, today, this day; ~ *ulang tahun*, birthday; anniversary; *keesokan hari(nya)*, tomorrow; *kemudian* ~ , later, in the future; *malam* ~ , nighttime; *petang* ~ , afternoon; *sepanjang* ~ , all day; *siang* ~ , daytime; *harian*, daily; *pegawai* ~ , day laborer; *sehari-hari*, every day, daily; *sehari-harian*, all day

harimau, tiger

harta, belongings; treasure; ~ *benda*, property, goods and chattel

haru, emotion; *mengharukan*, to move the feelings; *terharu*, moved; *keharuan, keterharuan*, state of being moved

haru, disturbance, uproar; ~ *biru*, ~ *hara*, great disturbance; upset; *mengharukan*, to disturb

harum, sweet-smelling, sweet-scented, fragrant; ~ *namanya*, well-known

harus, should, ought to; to have to, to be obliged to; *mengharuskan*, to oblige; *keharusan*, obligation, necessity, need

hasad, envy

hasil, proceeds, products, results; *berhasil*, to succeed; *tidak* ~ , to fail; without result, fruitless; *penghasilan*, income; *pajak* ~ , income tax

hasrat, longing, desire, wish, lust

hasta, distance from the elbow to the top of the middle finger

hati, liver; heart; ~ *besar*, proud; high-spirited; ~-~ , with care, carefully; *berkata di dalam* ~ , to say to oneself; *buah* ~ , *tangkai* ~ , darling, sweetheart; *keras* ~ , wayward; willful; *kecil* ~ , to take amiss; *menarik* ~ , to attract; attractive; *mendua* ~ , to hesitate, to doubt; *panas* ~ , angry; *sakit* ~ , grief, sorrow; *sehati*, unanimous, of one mind; *perhatian*, attention; *menaruh* ~ *terhadap*, to pay attention to; *memperhatikan*, to pay attention

hatur, *menghaturkan*, to express; to address; to offer, to present; ~ *terima kasih*, to render thanks

haus, thirsty; *kehausan*, to be thirsty; thirst

hawa, atmosphere, air, climate; ~ *darat*, continental climate; ~

laut, marine climate; ~ *nafsu,* passion, lust

hayat, life; *ilmu ~ ,* biology

hayati, biological

hebat, [hébat] terrible, violent; terrific, enormous

hela, [héla] *menghela,* to drag, to draw

helai, *sehelai kertas,* sheet of paper

helat, [hélat] trick; ~ *perang,* ruse of war; *(orang) penghelat,* schemer, plotter

hemat, [hémat] judgment; *pada ~ saya,* in my opinion

hemat, [hémat] economical, thrifty; *berhemat, menghemat,* to economize; to spare; *penghematan,* economy; cut (in wages); *kehematan,* economy, thrift

hembus, → **embus**

hendak, wish; will, shall; *hendaklah,* (if you) please; *kehendak,* will; ~ *rakyat,* will of the people; *sekehendak hati,* at pleasure, at will; *berkehendak,* to want; *menghendaki,* to want

hening, clear, transparent

henti, *berhenti,* to stop, to cease; *minta ~ ,* to tender one's resignation; *(tempat) perhentian,* stopping place, stop; *memperhentikan, memberhentikan,* to stop, to abolish; to dismiss, to discharge; *ia diberhentikan,* he got sacked; *penghentian,* cessation; ~ *tembak-menembak,* cease-fire

heran, [héran] astonished; *dengan ~ ,* wonderingly; *mengherankan,* to surprise; *tidak begitu ~ ,* small wonder; *keheranan,* astonishment, surprise, wonder

hewan, [héwan] livestock, animals, cattle; *dokter ~ ,* veterinarian; *ilmu ~ ,* zoology

hias, *menghiasi,* to adorn, to decorate; *perhiasan,* jewelry

hibah, gift, donation; *menghibahkan,* to donate

hibahan, → **hibah**

hibur, *menghibur,* to comfort, to console; to entertain; *penghibur,* comforter, consoler; entertainer; *penghiburan,* consolation; entertainment; *hiburan,* consolation; entertainment; *hadiah ~ ,* consolation prize

hidang, *menghidangkan,* to serve

up; to offer, to present;
hidangan, dish; offer, presenta-
tion

hidung, nose; *menghidung*, to
speak through the nose

hidup, to live; alive; *masih ~* ,
still alive; *riwayat ~* ,
biography; *selama ~* , lifelong;
menghidupkan, to bring to life;
to start (an engine); to turn on
(a lamp); *~ cerutu*, to light a
cigar; *penghidupan*, livelihood,
means of life; *kehidupan*, life

hijau, green; *kehijau(-hijau)an*,
greenish

hikayat, tale, story

hikmah, wisdom; magic art;
power

hikmat, → hikmah

hilang, to disappear; lost, missing

hilir, downstream; *~ mudik*, to
and fro, up and down;
menghilir, to go downstream

himpun, *berhimpun*, to assemble,
to meet, to come together;
perhimpunan, assembly,
meeting; union, association,
club; *menghimpun*, to gather, to
collect, to bring together;
penghimpun listrik, accumu-
lator, storage cell, battery

hina, low, mean, ignoble, con-
temptible; humble; *orang ~
dina*, plebs; *menghina*, to
humiliate, to abase; *kehinaan*,
lowness, meanness, ignoble-
ness, contemptibleness;
humility, humbleness

hindar, *menghindarkan*, to avoid,
to sidestep; to protect from

hingga, border; *~ sekarang*, up to
now; *sehingga*, as far as, until;
so that; *berhingga*, limited,
bounded; *tidak terhingga*,
unlimited, boundless;
perhinggaan, limit, boundary

hinggap, to alight (of a bird), to
perch; *dihinggapi*, affected
with

hipotek, [hipoték] mortgage;
menghipotekkan, to mortgage

hirau, *menghiraukan*, to care; to
trouble, to bother

hirup, *menghirup*, to lap up

hisab, calculation, reckoning;
menghisabkan, to calculate

hitam, black; *~ legam*, pitch-
black; *daftar ~* , blacklist;
hitam putih, black-and-white;
the real situation; *menghitam-
memutihkan*,
menghitamputihkan, to rule the
roost

hitung, *ilmu ~* , arithmetic;

menghitung, to count, to calculate, to reckon; *terhitung,* inclusive; counted; *perhitungan,* calculation; *daftar ~ ,* current account; *hitungan,* count, calculation, sum; *itu tidak masuk ~ ,* that does not count

hiu, shark

hiuran, → **iuran**

hormat, respect, honor; *memberi ~ ,* to pay respect, to do honor; to greet, to salute; *dengan ~ saya beritahukan kepada Tuan,* I have the honor to inform you, I beg to inform you; *menghormati,* to honor, to respect; *kehormatan,* homage; *doktor ~ ,* honorary doctor

hotel, [hotél] hotel

hubaya-hubaya, especially, above all things; by all means

hubung, *berhubung dengan,* in connection with; *perhubungan,* communication; connection, relation, contact; *~ udara,* air route; air communications; *menghubungkan,* to connect, to joint, to unite, to link; to communicate; *penghubung,* switch; *kata ~ ,* conjunction; *hubungan,* link, connection

hujan, rain; *~ batu, ~ manik, ~ es,* hail; *~ bunut, ~ rintik-rintik,* drizzle, drizzling rain; *hari ~ ,* it is raining; rainy day; *~ lebat,* downpour; *musim penghujan,* rainy season; *menghujani,* to rain down upon; to pelt; *kehujanan,* to be caught in the rain

hujat, blasphemy; *menghujat,* to blaspheme; *kata-kata yang ~ ,* blasphemous words

hukum, law; sentence, penalty; *~ pidana,* criminal law; *menghukum,* to sentence; to condemn; to punish; *hukuman,* punishment; *~ mati,* capital punishment; *~ penjara,* imprisonment; *kitab undang-undang ~ ,* criminal code, penal code

hulu, beginning, source, head; handle; *~ keris,* handle of a kris; *~ ledak,* warhead; *~ sungai,* source (of a river), headwaters; *gering ~ ,* headache; *berhulu,* to rise (of a river); *penghulu,* local chief, religious headman

hulubalang, leader, commander in war

huma, field

huni, *penghuni,* occupant, dweller, resident

hunus, *menghunus,* to unsheathe

hure, [huré] ~ *!,* hurrah!

huru-hara, confusion; alarm

huruf, letter, character; ~ *besar,* capital letter; ~ *cetak,* block letter; ~ *hidup,* vowel; ~ *mati,* consonant; ~ *miring,* italics; *buta* ~ *,* illiterate; illiteracy

hutan, forest, jungle, wood; ~ *rimba,* jungle; *kehutanan,* forestry

I

ia, he; she; it; *seia sekata,* unanimous, of one mind; *mengiakan,* to confirm, to assent to

iba, ~ *hati,* moved, touched; compassionate

ibadat, worship, religious service; *beribadat,* to observe a religious service; *orang* ~ *,* religious person

ibarat, like; example; likeness; allusion; parable; *mengibaratkan,* to use as an example, to use figuratively

iblis, devil

ibn, son of

ibnu, son

ibrani, Hebrew

ibu, mother; ~ *bapa,* parents; ~ *jari,* thumb; ~ *jari kaki,* big toe; ~ *kota,* capital; ~ *pertiwi,* native country; ~ *tiri,* step-mother; *bahasa* ~ *,* mother tongue; *keibuan,* motherhood, maternity; motherly

icak, icak-icak, quasi; seeming; pretending

icip, → *cicip*

idam, desire, lust; *mengidam-idamkan,* to long for, to desire, to strive after; *idam-idaman,* ideal; longing

idap, *mengidap,* to be ailing; ~ *penyakit,* to suffer from

identik, [idéntik] identical; *keidentikan,* identity

iga, rib

igama, → *agama*

igau, *mengigau,* to be delirious; to talk in one's sleep; *igauan,* nightmare; delirium

ihwal, *hal ~ ,* matters

ijazah, certificate, diploma; permit; *berijazah,* qualified

ijin, → **izin**

ijuk, fiber of the arenga palm

ikal, curl; curly; *mengikal,* to curl, to frizz

ikan, fish; *~ air tawar,* freshwater fish; *~ asin,* salted fish; *~ basah,* fresh fish; *~ bilalang,* flying fish; *~ kering,* dried fish; *~ laut,* sea fish; *perikanan,* fishery

ikat, bunch; *~ pinggang,* girdle; waistcloth; *mengikat,* to fasten, to tie; *pengikat,* binder; *tali ~ ,* string; *ikatan,* connection, alliance, union; *~ dinas,* contract of service; *~ suami isteri, ~ laki bini,* marriage tie, marriage bond; *~ surat,* sheaf of papers

ikhlas, sincere, wholehearted; straight; *keikhlasan,* sincerity, wholeheartedness

ikhtiar, attempt, initiative, effort, endeavor; *berikhtiar,* to try, to attempt, to endeavor; to exert oneself; *mengikhtiarkan,* to try, to attempt, to make an effort to

ikhtisar, summary; extract; outline; *mengikhtisarkan,* to sum up, to summarize

iklan, advertisement

iklim, climate; *~ laut,* marine climate; *menyesuaikan diri dengan ~ ,* to acclimate oneself to

ikrar, promise, pledge, oath; *berikrar,* to promise, to pledge

ikut, *berikut,* following; *yang ~ , yang ~nya,* the next; *mengikut,* to follow; to accompany; *mengikuti,* to follow; *~ ujian,* to sit for an examination; *pengikut,* follower, participant; *~ ujian,* examinee

ikut serta, to take part, to join, to participate; *keikutsertaan,* participation

ilah, god

ilahi, divine; *keilahian,* divinity

ilat, invalid

iler, *mengiler,* to slobber

ilir, → **hilir**

ilmu, science; *~ alam,* physics; *~ aljabar,* algebra; *~ bangsa-bangsa,* ethnology; *~ bedah,* surgery; *~ binatang,* zoology; *~ bumi,* geography; *~ jiwa,* psychology; *~ falak,* astronomy; *~ filsafat,* philosophy; *~ fisika,* physics; *~ gaya,* mechanics; ~ *hayat*, biology; ~ *hewan*, zoology; ~ *hitung*, arithmetic; *kemasyarakatan*, sociology; ~ *kesehatan*, hygiene; ~ *kimia*, chemistry; ~ *mendidik*, pedagogy; ~ *pasti*, mathematics; ~ *pelayaran*, art of navigation; ~ *sejarah*, history; ~ *tata bahasa*, grammar; ~ *tetumbuhan*, botany; ~ *ukur*, geometry; *berdasar* ~ , scientific; *berilmu*, learned; *keilmuan*, scientific

imam, religious leader

iman, creed, faith, belief; *beriman*, religious; faithful; *keimanan*, creed, faith, belief

imbang, balanced; *berimbang*, proportional, equivalent; *perimbangan*, proportion; *menurut* ~ , in proportion; *seimbang*, evenly balanced, well-balanced; *menyeimbangkan*, to balance, to keep in balance

imbuh, makeweight

imigrasi, immigration

imla, dictation

impi, *bermimpi*, to dream; *impian*, dream

impit, close against; *mengimpit*, to oppress; *terimpit*, oppressed; *impitan*, oppression

impor, import; *mengimpor*, to import

importir, importer

impotensi, [impoténsi] impotency

imunitet, [imunitét] → **imunitas**

imunitas, immunity

inang, wetnurse

inap, *menginap*, to stop (during the night); to stay overnight; to pass the night; *rumah penginapan*, inn, hotel

incang, *incang-incut*, higgledy-piggledy, topsy-turvy

incar, drill

incut, awry; ~ *lafalnya*, he expresses himself poorly

indah, fine, beautiful; *memperindah*, to beautify; *mengindahkan*, to care about; to care for; to pay attention to, to observe

indera, sense

Indonesia, [indonésia] Indonesia; Indonesian; *mengindonesiakan*, to translate into Indonesian; *apakah ~nya?*, how do you put it in Indonesian?

induk, mother; mother animal; ~ *ayam*, mother hen; ~ *kalimat*, main clause; ~ *karangan*, leader, leading article; editorial; ~ *sungai*, principal river; ~ *semang*, landlady; employer; *kapal* ~ , aircraft carrier

induksi, induction; *kumparan* ~ , induction coil

industri, perindustrian, industry

inflasi, inflation

informal, informal

informil, → **informal**

ingar, ~ *bingar*, noise

ingat, ~ *akan dirinya*, to regain consciousness, to come around; *ingat-ingat*, cautious, prudent; *dengan* ~-~, attentively; *mengingat*, to remember, to recollect; *mengingatkan*, to remind of; *memperingati*, to commemorate; *peringatan*, warning; commemoration; note; *batu* ~ , memorial stone; *hari* ~ , memorial day, anniversary; *surat* ~ , memorandum; *tanda* ~ , souvenir, keepsake; monument, memorial; *ingatan*, remembrance, memory

Inggris, *negeri* ~ , England; *orang* ~ , Englishman

ingin, to desire, to long for; *keinginan*, desire

ingkar, *mengingkari*, to deny; *keingkaran*, denial

ingus, nasal mucus; *membuang* ~ , to blow one's nose

ini, this, these

inisiatif, initiative, enterprise

inisiatip, → **inisiatif**

injak, *injak-injak*, stirrup; *menginjak*, to stamp, to trample on; *terinjak*, trampled down; *injakan*, ~ *sepeda*, bicycle pedal; ~ *gas*, accelerator

injil, gospel; *Kitab* ~ , Bible; *penyiar* ~ , evangelist

insaf, conscious; to realize; *menginsafkan*, to make conscious; to convince; *keinsafan*, self-realization; conviction

insang, gill

insiden, [insidén] incident

insinye, badge

insinyur, engineer

inspeksi, [inspéksi] inspection

inspektur, [inspéktur] inspector

instansi, authority

instruksi, instruction

instruktur, instructor

insya Allah, Allah willing, God willing

insyaf, → **insaf**

intai, *mengintai*, to spy upon, to watch, to peep at; *penembak* *pengintai*, sniper; *pengintaian*, reconnoitering

intan, diamond; *tukang ~* , diamond polisher; *perusahaan ~* , diamond-polishing factory

intelek, [intelék] intellect; *kaum ~* , the intellectuals

internasional, international

internir, *menginternir*, to intern

interpelasi, interpellation; *menginterpelasi*, to interpellate

interpiu, → **interviu**

interviu, interview; *menginterviu*, to interview

inti, core, kernel, nucleus

intip, *mengintip*, to peep at, to spy upon; to reconnoiter, to scout; *pesawat pengintip*, scouting plane; *pengintipan*, reconnoitering

intipati, intisari, essence, quintessence, extract; abstract; *~ khotbah*, gist of the sermon

introduksi, introduction

intuisi, intuition

intuitif, intuitive

ipar, brother- or sister-in-law

ipuh, poison

iradat, will of God

Irak, Iraq; Iraqi

irama, rhythm, pace; *berirama*, rhythmical

Iran, Iran; Iranian

iri, *~ hati*, envious, jealous; envy; *mengiri*, to envy

Irian, New Guinea, Papua, Irian

irigasi, irrigation

iring, *iring-iringan*, convoy; *beriring-iringan*, in succession; *mengiringi*, to accompany, to escort; *pengiring*, companion; satellite; *iringan*, followers, suite, retinue

iris, slice; *luka ~* , cut; *mengiris*, to slice up; *irisan*, section, slice

Irlandia, Ireland; Irish

irup, → **hirup**

Isa, *Nabi ~* , Jesus

isap, nip, sip; *mengisap*, to suck; to nip, to sip; *~ candu*, to smoke opium; *~ cerutu*, to smoke a cigar; *pengisap*, piston; plunger; *~ darah*, extortioner; vampire; *klep ~* , piston valve; *isapan jempol*, gratuitous assertion, invention, idle talk, rumor

isi, contents, volume; *~ kapal*, those on board, passengers and crew; *~ perut*, bowels; *~ rumah*, the family; *berisi*, to contain; *mengisi*, to fill, to load; *pengisi*, filling; fill up; *~ waktu*, pastime

Islam, Islam; *orang ~* , Islamite; *... Islam,* Islamic; *mengislamkan,* to Islamize

isolasi, isolation, insulation; *mengisolasi,* to isolate, to insulate

isolator, insulator

isolir, → **isolasi**

Israel, Israel

Israil, → **Israel**

Istambul, Istanbul

istana, palace; *anggota ~* , courtier

istanggi, → **setanggi**

isteri, istri, wife; *beristeri, beristri,* married

istilah, term, word; *kata-kata ~* , terminology

istimewa, [istiméwa] special, extraordinary; *teristimewa,* especially

istirahat, rest; recreation; *beristirahat,* to take a rest; *tempat ~* , holiday resort, retreat; *peristirahatan kanak-kanak,* children's holiday camp

istri, isteri, wife; *beristri, beristeri,* married

isyarat, signal, sign, gesture; hint; wink; *mengisyaratkan,* to beckon, to give a sign

itik, duck; *anak ~* , duckling

itikat, faith, belief; determination; *dengan ~ baik,* in good faith

itu, that, those; *~ dia!,* there's the rub!

iuran, contribution

izin, permission, leave, consent, license; *surat ~* , pass; *dengan seizin,* with the permission of; *mengizinkan,* to allow, to permit

J

jabar, *menjabarkan,* to clarify, to explain; to elaborate

jabat, *berjabat tangan,* to shake hands; *menjabat,* to grasp, to seize; to hold; *penjabat,* official, functionary; *jabatan,* employment, profession, function; department; *karena ~* , officially; *orang sejabatan,* colleague

jadi, to become; to happen; to be born; therefore; *menjadi*, to become; *menjadikan*, to create; *kejadian*, event; creation

jadwal, schedule; list

jaga, awake; on call; *menjaga*, to watch, to guard; *menjagakan*, to wake a person; *penjaga*, watchman, guard

jagal, butcher; *pejagalan*, abattoir, slaughterhouse

jagat, world

jago, cock; champion

jagung, maize, corn

jahanam, hell

jahat, bad, wicked, evil; *orang ~ , penjahat*, evildoer, criminal, thug; *menjahati*, to do evil to; *penjahat perang*, war criminal; *kejahatan*, crime; wickedness; *pengusutan ~ ,* criminal investigation

jahe, [jahé] ginger

jahit, *mesin ~ ,* sewing machine; *tukang ~ ,* tailor; *menjahit*, to sew

jaja, *berjaja, menjajakan*, to hawk, to peddle; *penjaja*, hawker, pedlar

jajah, *menjajah*, to colonize, to subject; *penjajah*, colonizer, ruler; *penjajahan*, colonization;

jajahan, colony, territory

jajar, row, line, file; *berjajar*, in a row; *sejajar*, parallel

jaksa, judge; ~ *agung*, attorney general; ~ *umum*, public prosecutor

jakun, Adam's apple

jala, net, casting net; *mata ~ ,* net mesh; *selaput ~ ,* retina

jalan, street, road, way; ~ *bahasa*, grammar; style; idiom; ~ *api*, railway; ~ *raya*, main road, boulevard; *sport ~ ,* hiking; *uang ~ ,* traveling expense; *berjalan*, to walk; to be on one's way; *berjalan-jalan*, to take a walk; *perjalanan*, journey; *menjalani*, to travel over; to undergo; *menjalankan*, to set in motion; to run

jalang, wild, wandering about; *perempuan ~ ,* prostitute

jalar, *menjalar*, to creep

jalur, stripe; *berjalur*, striped

jam, clock; hour; ~ *berapa?*, what time is it?, what is the time?; ~ *bicara*, consulting hour; *jam-jaman*, hourly; *upah ~ ,* hourly wage

jaman, → **zaman**

jamban, bathroom, toilet, water

closet, lavatory

jambang, jambangan, vase, flowerpot

jamin, *menjamin,* to guarantee, to warrant; *terjamin,* guaranteed; *jaminan,* guarantee

jamrud, zamrud, emerald

jamu, guest; *menjamu,* to entertain, to feast; *perjamuan,* reception, banquet; entertainment

jamu, jamu-jamu, jejamu, medicinal herbs

jamur, mushroom; *paku ~ ,* drawing pin, thumbtack

janda, widow; widower

jangan, do not; be not

jangan-jangan, otherwise, lest; maybe, perhaps

jangankan, much less, let alone, not to mention

janggal, queer, odd; discordant; deformed

janggut, beard

jangka, pair of compasses

jangkit, *berjangkit, menjangkit,* to be infectious, to be contagious, to spread; *menjangkiti,* to infect

jangkrik, cricket

janin, fetus

janji, promise; *menepati ~* to fulfill a promise; *berjanji,* to promise; *menjanjikan sesuatu,* to promise something; *perjanjian,* agreement, contract; *menurut ~ ,* according to the agreement

jantan, male (animal); manly; *ayam ~ ,* cock, rooster

jantung, heart, core; *~ hati,* darling, sweetheart; *layuh ~ ,* heart failure

Januari, January

jarak, distance; interspace

jarak, castor-oil plant; *minyak ~ ,* castor oil

jarang, rare, scarce; seldom

jari, finger; *~ hantu (malang, mati),* middle finger; *~ kaki,* toe; *~ kelingking,* little finger; *~ manis,* ring finger; *~ telunjuk,* forefinger, index finger; *ibu ~ ,* thumb; *sarung ~ ,* thimble; *cap ~ ,* fingerprint

jari-jari, spokes; radius

jaring, net

jarum, needle; pointer; *~ arloji,* hand (of a clock or watch); *~ penyemat,* pin

jas, coat

jasa, merit, service; *uang ~ ,* honorarium; gratuity; pension; *berjasa,* meritorious, deserving of reward

jasmani, physical, corporal, bodily; *latihan ~ ,* gymnastics, physical training

jati, *kayu ~ ,* teak

jati, *sejati,* genuine, original, true

jatuh, to fall; to fail, to go bankrupt; *~ cinta,* to fall in love; *~ sakit,* to fall ill; *menjatuhkan,* to drop, to let fall; *~ hukuman,* to condemn; to sentence

jauh, far, remote, distant; *~nya,* distance; *sejauh,* as far as; *menjauhkan,* to remove, to get out of the way; *~ diri,* to refrain from, to avoid, to shun

jauhari, jeweler; expert

Jawa, Java; *orang ~ ,* Javanese

jawab, *menjawab,* to reply, to answer; *jawaban,* answer, reply

jawat, *orang sejawat,* colleague; *menjawat,* to hold, to grasp; *jawatan sosial,* social institute

jazirah, peninsula

jebak, snare, trap; *terjebak,* trapped; *penjebak,* trapper; *granat ~ ,* booby trap

jeda, pause, break

jejak, footstep; footprint; tread; *berjejak,* to step on

jejal, chock-full; *berjejal,* to

crowd; *berjejalan,* to be crammed; *menjejali,* to fill, to crowd

jejamu, medicinal herbs

jejer, [jéjér] line, row; *berjejer,* in a row, in a line

jelajah, *menjelajah,* to travel about; to cruise; to explore; *kapal penjelajah,* cruiser

jelas, clear, distinct; settled; *menjelaskan,* to explain; *penjelasan,* explanation

jelata, *rakyat ~ ,* populace, common people

jelatang, (stinging) nettle

jelek, [jelék] bad; ugly; *tidak ada jeleknya jika,* there is no harm if ...

jelita, charming, enchanting

jelma, *menjelma,* to be incarnated; to embody; to materialize; *penjelmaan,* incarnation, embodiment

jelus, jealous, envious

jemala, skull

jempol, thumb; first-class, first-rate; *cap ~ ,* thumbprint

jemput, *menjemput,* to grip with the fingers; to meet; to invite; to pick up

jemu, weary of, tired of, sick of

jemur, *berjemur,* to sun oneself,

to sunbathe; *menjemur*, to dry in the sun

jenaka, funny, comic

jenazah, dead body, corpse, cadaver, remains

jendela, [jendéla] window

jenderal, [jénderal] general

jengkal, *sejengkal,* span between the thumb and little finger

jengkel, [jéngkél] irked, annoyed

jenis, kind, sort; ~ *kelamin*, sex, gender; ~ *ubah*, variety; *berjenis-jenis,* all kinds of, various, miscellaneous; *berat* ~ , specific gravity; *menetapkan* ~ , *menentukan* ~ , to qualify; *penetapan* ~ , *ketentuan* ~ , qualification

jentera, wheel

jenuh, saturated

Jepang, Japan; *orang* ~ , Japanese

jepit, *menjepit*, to pinch, to squeeze; *jepitan*, clip; tweezers; ~ *kertas*, paper clip

jera, deterred from; to learn one's lesson

jeram, waterfall; rapids

jerami, stubble, straw

jerang, boiled water; *menjerang*, to put on the fire; to boil water

jerat, snare, trap, noose;

menjerat, to snare, to trap, to ensnare, to entrap; *terjerat,* snared, trapped, taken in

jerawat, pimple

jerih, tired; ~ *payah*, toil

jerit, *menjerit*, to scream, to shriek

Jerman, Germany; German

jernih, clear, transparent; pure

jeroan, bowels

jeruk, citron, orange

jiarah, → ziarah

jijik, abhorrent; *rasa* ~ , abhorrence; *menjijikkan*, to abhor; abhorrent, disgusting; *kejijikan,* disgust

jika, jikalau, if, in case of

jilat, *menjilat*, to lick; *penjilat,* spittle

jilid, volume; *menjilid*, to bind; *penjilid,* binder

jimat, talisman

jin, ghost, spirit

jinak, tame; *menjinakkan,* to tame

jingga, orange (color)

jingkat, *berjingkat, berjingkat-jingkat,* to go on tiptoes, to tiptoe; to walk with a limp

jintan, cumin

jiran, neighbor

jirat, tomb

jitu, precise(ly), exact(ly)

jiwa, soul; life; *ahli ~ ,* psychologist; *ilmu ~ ,* psychology; *kantor pencatatan ~ ,* register office; *membuang ~ ,* to risk one's life

jodoh, pair, match; better half; *menjodohkan, memperjodohkan,* to give in marriage; to match

joget, [jogét] Javanese dance; *berjoget,* to dance; *penjoget,* dancer

joki, jockey

joli, covered litter

joli, a pair; *dua sejoli,* married couple; pair of lovers

joli, joli-joli, sloop

jolok, *menjolok,* to poke (fruits) with a stick; to pump (a person)

jongkok, to squat

jongos, servant boy; waiter

joran, fishing rod

jorong, oval; *penampang ~ ,* ellipse

jua, only; also, too

juadah, provisions, victuals

jual, *harga ~ ,* selling price; *berjual,* to trade; to sell; *menjual,* to sell; *~ obral,* to sell off; *terjual,* sold; *~ habis,* sold out, out of stock; *penjual,* trader, dealer; seller, monger; *~ besar,* wholesale dealer; *~ eceran,* retail dealer, retailer; *penjualan,* sale; *buku ~ ,* sales book; *jualan,* merchandise, commodities

juang, *berjuang,* to fight, to combat; *perjuangan,* battle, fight, combat, struggle; *saudara seperjuangan,* brother in arms

juara, champion; *kejuaraan,* championship

jubah, gown, robe; *~ hakim,* toga, gown

jubin, floor tile

judi, gamble; *main ~ , berjudi,* to play dice, to roll dice; to gamble; *penjudi,* gambler

juga, too, also; *pada hari itu ~ ,* on that very day

jujur, honest, fair, reliable, trustworthy; *kejujuran,* honesty, fairness, reliability

Juli, July

juling, squinting, cockeyed

Jumahat, → **Jumat**

Jumat, Friday

jumbai, fringe, tassel

jumlah, sum, amount, total; *menjumlahkan,* to add (up), to total

jumpa, *berjumpa,* to meet; *menjumpai,* to meet with; to find out

jungkal, *terjungkal,* to tumble, to topple

jungkel, → **jungkal**

Juni, June

junjung, *menjunjung,* to carry on the head; ~ *duli,* to obey the king's order; ~ *tinggi,* to defer to, to abide by, to honor; *junjungan,* someone honored

juntai, *berjuntai, menjuntai,* to dangle

juragan, trader; boss, master; captain, skipper

jurang, ravine

juri, jury

juris, → **yuris**

jurnal, journal; ~ *berita,* newsreel

jurnalis, journalist, reporter

juru, expert, skilled workman; ~ *bahasa,* interpreter; ~ *berita,* ~ *warta,* reporter; ~ *bicara,* spokesman; ~ *kabar,* newspaper correspondent; ~ *masak,* cook; ~ *mudi,* steersman, coxswain; ~ *rawat,* nurse; attendant; ~ *tafsir,* commentator; ~ *terbang,* airman; aviator; ~ *tulis,* writer; clerk; ~ *uang,* treasurer; cashier

juru, *penjuru,* direction; angle; corner

jurus, moment; pause; *sejurus,* moment

jurus, direction; *menjuruskan,* to direct; *jurusan,* direction; department

jus, juice

justa, → **dusta**

justru, exactly

juta, million

K

Kaabah, the Caaba at Mecca

kabal, → **kebal**

kabar, news, tidings; ~ *angin,* rumors; ~ *kawat,* telegram; ~ *mutakhir,* latest news; ~*nya,* it is understood that ..., people say ..., it is said ..., reportedly; *apa* ~?, how do you do?; *mengabarkan,* to inform

kabel, cable

kabinet, [kabinét] small cupboard, cabinet; government; *pembentuk* ~ , *penyusun* ~ , cabinetmaker

kabisat, *tahun* ~ , leap year

kabul, *mengabulkan,* to grant, to approve, to consent; *pengabulan,* grant, approval, consent

kabung, *berkabung,* to mourn; *perkabungan,* mourning

kabur, hazy, vague

kabur, gone; to run off

kabut, fog, mist

kaca, glass; page; ~ *baur,* milk glass; ~ *pembesar,* magnifying glass

kacamata, glasses, spectacles

kacang, bean; ~ *buncis,* French bean, green bean; ~ *goreng,* fried peanuts; ~ *kedelai,* soybean; ~ *tanah,* peanut; *keju* ~ , peanut butter

kacau, disordered, confused, mixed up; ~ *balau,* extremely disordered (confused); *mengacaukan,* to disorder, to stir up; *pengacau,* disturber; *pengacauan,* disturbance; *kekacauan,* chaos

kaci, *kain* ~ , white cotton cloth

kacung, boy; errand boy; house boy; office boy

kadahajat, to defecate

kadal, garden lizard

kadang, *kadang-kadang, terkadang,* sometimes, now and then

kadar, power, ability; measure, degree, grade; *ala ~nya,* to the best of one's ability; *sekadar,* just sufficient; proportionally; ~*nya,* up to a degree necessary for something

kadaster, land registry

kader, (regimental) cadre

kadera, [kadéra] chair, litter

kadet, [kadét] cadet

kadi, judge

kadir, almighty

kafan, shroud, pall

kafilah, caravan

kafir, infidel, pagan

kaget, [kagét] startled, aghast, shocked

kagum, *mengagumi,* to admire; *kekaguman,* admiration

kahar, *sebab* ~ , superior power

kahwa, coffee

kail, fishing rod; *mengail,* to fish, to angle; *pengail,* angler, fisherman

kain, cloth; ~ *alas,* tablecloth; ~ *pentang,* banner

kais, *mengais,* to scratch
kaisar, emperor
kait, hook; *mengait,* to hook
kajang, matting (made of bamboo, coconut leaves, etc.)
kaji, *mengaji,* to read the Koran
kak, kakak, elder brother
kakaktua, pair of pincers; *burung ~ ,* parrot, cockatoo
kakek, [kakék] grandfather; old man
kaki, foot; leg; lower end; *~ langit,* horizon; *~ tangan,* helper; *mata ~ ,* ankle; *tapak ~ ,* footprint; sole of the foot
kaku, stiff
kakus, toilet, lavatory, water closet (WC), bathroom
kala, time; *ada ~nya,* sometimes; *dahulu ~ ,* in former times; *berkala,* periodical(ly); *surat ~ ,* periodical, magazine
kala, kalajengking, scorpion
kalah, to lose; defeated; *mengalahkan,* to conquer
kalakian, then, at that time; further
kalam, pen
kalang, underlayer, prop, support; *~ kabut,* confused, disordered; *kalangan,* circle, group; *~ pemerintah,* govern-

ment circles; *~ yang mengetahui,* well-informed circles
kalau, if; *~-~ ,* in case
kalbu, heart
kaldu, broth; beef broth
kaleng, [kaléng] tin, can; *surat ~ ,* anonymous letter
kali, time; *satu ~ ,* once; *dua ~,* twice; *enam ~,* six times; *sekali,* once; very; *~ ini,* this time; *besar ~ ,* very large, very big; *sekalian,* all; *sekali-kali tidak,* by no means; not at all; *berkali-kali,* repeatedly, again and again; *mengalikan,* to multiply; *kalian,* multiplication; *daftar ~ ,* multiplication table
kali, river
kalif, → khalif
Kalimantan, Kalimantan, Borneo
kalimat, sentence; *pokok ~ ,* subject (of a sentence); *susunan ~ ,* sentence structure
kalipah, → khalif
kalori, calorie, calory
kalung, necklace
kalut, confused
kamar, room, chamber; *~ bola,* club; *~ dagang,* chamber of

commerce; ~ *kecil*, toilet, lavatory, water closet (WC), bathroom; ~ *makan*, dining room; ~ *tidur*, bedroom

kambing, goat

kami, we, us; our (exclusive); ~ *punya*, our, ours

Kamis, Thursday

kampak, → **kapak**

kampas, canvas

kampret, [kamprét] insect-eating bat

kampung, quarter; village; backward, characteristic of a kampong, uneducated; impolite; *sekampung*, of the same village; *orang ~* , fellow villager; *berkampung*, to assemble, to meet

kamu, you; ~ *punya*, yours

kamus, dictionary

Kanada, Canada; Canadian

kanak-kanak, little child, kid

kanan, right; *ke ~* , to the right; *tangan ~* , right hand; *menganan*, to go to the right

kancil, kanchil, mouse deer

kancing, button; stud; lock, bolt; *mengancing*, to button up; to lock, to bolt

kandang, stable; ~ *lebah*, bee-hive

kandas, stranded; aground; to run aground (of a ship); to fail

kandidat, candidate

kandil, candlestick

kandung, sack; uterus; ~ *empedu*, gallbladder; *mengandung*, to contain; to conceive; pregnant; ~ *harapan*, to cherish a hope; *kandungan*, womb

kangkang, *mengangkang*, to straddle

kanji, starch; *menganji*, to starch

kanta, lens

kantin, canteen

kantong, pouch, sack; pocket

kantor, office; ~ *pabean*, customhouse; ~ *pajak*, tax collector's office; ~ *pos*, post office; ~ *pusat*, head office; ~ *telefon*, telephone office

kantung, pocket; sack

kaos, → **kaus**

kapak, axe; adz

kapal, ship, vessel; ~ *api*, ~ *uap*, steamer; ~ *induk*, aircraft carrier; ~ *pengangkut*, transport ship; ~ *penggempur*, battleship; ~ *penjelajah*, cruiser; ~ *penyapu ranjau*, minesweeper; ~ *penumpang*, passenger steamer; ~ *penyebar ranjau*,

minelayer; ~ *perang*, warship;
~ *perusak*, destroyer; ~ *selam*,
submarine; ~ *terbang*, airplane;
awak ~ , crew; *perkapalan*,
navigation; tonnage; shipping

kapan, when; ~-~ *saja*, anytime
in the future

kapan, → **kafan**

kapas, cotton, cotton wool

kapasitas, capacity;
berkapasitas, with a capacity.
of

kapasitet, → **kapasitas**

kapitalis, capitalist

kapitalistis, capitalistic

kapitan, → **kapten**

kapok, kapok

kapten, captain

kapur, lime; ~ *barus*, camphor; ~
belanda, chalk; ~ *mati*, slaked
lime; ~ *tohor*, quicklime; ~
tulis, chalk; *mengapur*, to
whitewash; to paint

karabat, → **kerabat**

karam, to be shipwrecked

karang, *pekarangan*, yard,
ground; ~ *sekolah*, schoolyard

karang, coral reef; rock; *bunga*
~ , sponge; *pulau* ~ , coral
island; *udang* ~ , lobster

karang, *mengarang*, to arrange
(flowers); to write (an article),

to compose (a piece of music);
pengarang, composer, author,
writer; *hak* ~ , copyright;
karangan, article; essay;
rosette; ~ *bunga*, bouquet;
induk ~ , editorial

karantina, quarantine

karat, rust; *berkarat*, rusty

karat, carat

karbit, carbide

karburator, carburetor

karcis, ticket

karena, for, as, because; ~ *Allah*,
for Allah's sake, for God's
sake, for heaven's sake; ~
jabatan, officially

karet, [karét] rubber; ~
lembaran, sheet rubber; *kebun*
~ , rubber plantation; *pipa* ~ ,
rubber tube

kari, curry

karib, close, intimate; *sahabat* ~ ,
close friend, fast friend

karikatur, caricature

karmonanci, chop, cutlet

kartel, [kartél] cartel

karton, cardboard

kartu, card; ~ *pindah(an)*, notice
of new address; ~ *pos*, post-
card; *pengartuan*, card
indexation

karung, bag; gunny sack

karunia, favor, grace; gift;
mengaruniai, to favor, to
confer upon

kas, cash; (cashier's) desk

kasa, *kain ~ ,* gauze

kasad, intention

kasar, rough, rude

kasasi, cassation; appeal

kasau, crossbeam, rafter

kasbuk, cashbook

kasi, → **kasih**

kasih, *mengasih,* to give;
pengasih, generous

kasih, affection, love; *terima ~ !,*
thank you!; *mengucapkan
terima ~ ,* to thank, to render
thanks; *berkasih-kasihan,* to
love each other; *mengasihi,* to
like, to love; *kekasih,* sweet-
heart, beloved

kasihan, pity

kasim, *orang ~ ,* eunuch;
mengasim, to castrate

kasip, too late

kasir, cashier

kasta, caste

kastroli, castor oil

kasuari, cassowary

kasur, mattress

kasut, shoe

kata, word; *~ nya, ~ orang,* it is
said; *~ pengantar,* preface;
pendek ~ , in short, in a word;
sepatah ~ , in a word; *berkata,*
to say, to speak; *tidak
terkatakan,* inexpressible,
indescribable; *tiada terkata-
kata,* speechless, tongue-tied;
perkataan, word

katai, dwarf

katak, toad

katalog, catalogue

katam, end; finished

katan, → **khitan**

kate, [katé] → **katai**

kati, catty

katik, dwarf

katil, bedstead

katimumul, corn

katistiwa, → **khatulistiwa**

katolik, catholic

katup, closed; valve;
mengatupkan, to close

kau, *engkau,* you

kaula, → **kawula**

kaum, community muezzin;
people, family; race; *~ buruh,*
laborers; *~ intelektual,* intel-
lectuals; *~ kolot,* conservatives;
~ majikan, employers; *~
marhaen, ~ proletar,* prole-
tariat; *~ pelancong,* tourists; *~
penganggur,* the unemployed

kaus, stocking, sock; *baju ~ ,*

singlet; ~ *lampu*, lampwick; ~
tangan, glove

kawah, caldron; crater

kawal, *berkawal*, to be on guard;
guarded; *mengawal*, to guard;
pengawal, watchman, guard,
sentry; *barisan* ~ , lifeguard,
bodyguard

kawan, comrade, companion,
mate; herd, flock, swarm;
mengawani, to accompany;
kawanan, band, gang

kawat, wire, telegram; *mengetuk*
(memukul) ~ , to telegraph, to
wire, to cable; *pengetuk* ~ ,
telegrapher, telegraph operator;
dengan ~ , by wire; *berduri* ~ ,
barbed; *kawat* ~ , barbed wire;
rintangan kawat ~ , barbed-
wire entanglement

kawin, to marry; *emas* ~ , dowry;
perkawinan, marriage;
melangsungkan ~ , to solem-
nize a marriage

kawul, tinder, touchwood, punk

kawula, ~ *muda*, youth, the
young

kaya, rich; ~ *raya*, very rich,
wealthy; *kekayaan*, riches,
wealth, fortune; asset; *pajak* ~ ,
property tax

kaya, kayak, as, like

kayal, → **khayal**

kayu, wood, stick; ~ *bakar*,
firewood; ~ *cendana*, sandal-
wood; ~ *jati*, teak; ~ *lapis*,
plywood; ~ *manis*, cinnamon;
mata ~ , knot; *tukang* ~ ,
carpenter

kayuh, paddle; pedal; *mengayuh*,
to paddle; to pedal; *pengayuh*,
paddler

ke, to, in the direction of; ~ *atas*,
upwards; ~ *dalam*, into

kebal, invulnerable; *kekebalan*,
invulnerability

kebaya, Indonesian blouse

kebiri, castrated; *ayam* ~ , capon;
sapi ~ , *lembu* ~ , steer;
mengebiri, to castrate

kebun, garden; ~ *binatang*, zoo;
~ *buah-buahan*, orchard;
perkebunan, plantation, estate

kecam, *mengecam*, to criticize;
kecaman, criticism;
melancarkan ~ , to pass criti-
cism

kecap, *mengecap*, to taste; ~
kenikmatan, to enjoy pleasure

kecap, [kécap] soy sauce

kecele, [kecelé] to be disap-
pointed at not finding what has
been expected

kecewa, [kecéwa] disappointed;

mengecewakan, to disappoint; *kekecewaan,* disappointment

kecil, little, small; young; ~ *hati,* cowardly, pusillanimous; *nama* ~ , proper name; *pedagang* ~ , retailer; *dari* ~ , from youth up; *mengecilkan hati,* to discourage

kecoh, [kécoh] cheat, deceit, trick; *mengecoh,* to cheat, to deceive, to trick; *pengecoh,* cheat, deceiver

kecu, [kécu] robber; robbery

kecuali, except, save, but; *tidak berkecuali, tidak terkecuali,* without exception; *mengecualikan,* to except; *terkecuali,* except; *pengecualian,* exception; *kekecualian,* something excepted

kecup, *mengecup,* to kiss

kecut, acid; sour; sour-faced

kecut, shrunk; afraid; *pengecut,* coward

kedai, shop; stall; *berkedai,* to run a shop

kedelai, soybean

kedele, → **kedelai**

kedok, mask

kejam, cruel, merciless

kejam, closed (eyes); *mengejamkan,* to close

kejang, stiff; *kekejangan,* cramp

kejap, *sekejap,* moment, wink; *dalam* ~ *mata,* in a wink, in a moment, in the twinkling of an eye; *pandangan* ~ *mata,* passing glance; *mengejapkan mata,* to twinkle; to blink

kejar, *mengejar,* to chase, to pursue

keji, cruel, mean

keju, [kéju] cheese; ~ *kacang,* peanut butter

kejut, *mengejutkan,* to frighten; *terkejut,* surprised

kekal, everlasting, eternal

kekang, bridle; *tali* ~ , rein

kekasih, sweetheart, beloved

kekeh, [kékéh] *tertawa terkekeh-kekeh,* to roar with laughter

keker, [kéker] binoculars

kelabu, gray

kelahi, *berkelahi,* to quarrel, to fight

kelak, afterwards, later on; in the future

kelam, dark; ~ *kabut,* hazy, dusky; *kekelaman,* darkness

kelamarin, → **kemarin**

kelambu, mosquito net

kelamin, couple; *jenis* ~ , sex

kelantang, *mengelantang,* to bleach, to whiten

kelapa, coconut; ~ *sawit,* oil-palm; *minyak* ~ , coconut oil; *pohon* ~ , coconut tree; *sabut* ~ , coconut fiber; *tumbung* ~ , *kentos* ~ , seedbud of the coconut

kelas, class

kelasi, sailor

kelawar, → **kelelawar**

keledai, ass, donkey

kelek, [kélék] armpit

kelelawar, insect-eating bat

kelemarin, → **kemarin**

kelemumur, dandruff

kelenjar, gland

kelenteng, [kelenténg] Chinese temple

kelep, [kelép] → **klep**

kelereng, [keléréng] marble; *main* ~ , to play marbles

kelewang, [keléwang] saber, sword

keliling, circumference, perimeter; *perjalanan* ~ , round trip; *berkeliling,* to go around

kelim, seam

kelinci, rabbit

kelindes, → **lindas**

kelingking, little finger

kelinik, → **klinik**

kelip, ~-~, firefly; *berkelip,* to twinkle, to glitter; to flicker

keliru, erroneous; *kekeliruan,* error, mistake

kelok, [kélok] curve

kelompok, group

kelontong, *pedagang* ~ , pedlar, hawker; *barang-barang* ~ , small wares

kelonyo, eau de cologne

kelonyor, → **kelonyo**

kelopak, ~ *mata,* eyelid

kelu, mute, dumb

keluang, fruit bat

keluar, to go out

keluarga, family; *kaum* ~ , relatives, family, kinfolk; *kepala* ~ , head of the family; *tunjangan* ~ , family allowance

keluat, → **khalwat**

keluh, sigh; *berkeluh,* to sigh

kemah, [kémah] tent; *perkemahan,* camp, camping, encampment

kemanakan, → **kemenakan**

kemandang, → **kumandang**

kemarau, *musim* ~ , dry season

kemari, *kemari!,* come here!; *ke sana kemari,* here and there, hither and thither

kemarin, yesterday; ~ *dulu,* the day before yesterday

kemas, *berkemas,* to put in order

kembali, back, again; to return; ~

ke rahmat Allah, to pass away; *pemeriksaan ~ ,* revision; *mengembalikan,* to give back, to return, to send back; *pengembalian,* return, restitution

kembang, open; *berkembang,* to open; to expand; *perkembangan,* development; *mengembangkan,* to develop

kembar, twin; *~ lima,* quintuplets

kembara, *mengembara,* to wander; *pengembara,* wanderer; *pengemba-raan,* wandering

kembiri, → **kebiri**

kembung, filled with air, inflated; puffy

kemeja, [keméja] shirt

kemelut, crisis

kemenakan, cousin; nephew; niece

kemenyan, benzoin; incense

kemia, → **kimia**

Kemis, → **Kamis**

kemis, → **emis**

kempa, *bulu ~ ,* felt; *kempaan,* press

kempes, [kempés] → **kempis**

kempis, flat; hollow, sunken (cheeks, eyes)

kemudi, rudder; steering wheel; rein; *mengemudikan,* to drive, to steer; *pengemudi,* driver; director

kemudian, then, afterwards; *~ hari,* later on

kemuka, forward, to the front; *mengemukakan,* to put forward, to advance, to broach; to nominate; *terkemuka,* prominent, important

kena, *~ denda,* to be fined; *~ emas,* to be bribed; *berkenaan dengan,* in connection with, with regard to; *mengenai,* to hit, to touch; concerning

kenal, to know, to be acquainted with; *mengenal,* to know, to be acquainted with; *mengenali,* to recognize; *memperkenalkan,* to introduce; *terkenal,* well-known; *perkenalan,* introduction; *sebagai ~ ,* as an introduction; *kenalan,* acquaintance

kenan, approval, consent; pleasure; *memperkenankan,* to approve, to grant, to allow; *perkenan,* approval, consent; pleasure; *surat ~ ,* license

kenang, *mengenang, mengenangkan,* to commemorate; *untuk ~ ,* in the memory of; *terkenang*, to recall, to remember; *kenangan*, memory

kenapa, why

kenari, canary

kencang, tight; *mengencangkan*, to tighten

kencing, urine; to urinate; *tempat ~* , urinal, toilet

kendala, gendala, constraint, hindrance, obstacle

kendali, bridle, rein; *mengendalikan*, to bridle; *pengendalian*, control; *~ harga*, price control

kendara, *mengendarai*, to ride (a motorbike); to drive (a car); *pengendara*, rider; driver; *kendaraan*, vehicle; *~ bermotor*, motor vehicle

kendati, in spite of, although

kendi, earthen pitcher

kendur, slack, not tight

kening, eyebrow

kenini, quinine

kental, thick, congealed, coagulated; *sahabat ~* , close friend, fast friend; *mengental*, to congeal, to coagulate, to thicken

kentang, potato; *~ goreng*, fried potatoes; *~ rebus*, boiled potatoes

kentara, evident, clear, visible

kentut, flatus

kenyal, elastic

kenyang, satiated; satisfied; *mengenyangkan*, to satiate; to satisfy

kepada, to

kepala, head; chief; *~ batu*, obstinate; *~ susu*, cream; *puncak ~* , crown; *mengepalai*, to be at the head of

kepalang, *bukan ~* , uncommon

kepengin, [kepéngin] → **kepingin**

keping, *papan tiga ~* , three planks (boards)

kepingin, to be eager to, to long for

kepiting, crab

kepleset, [keplését] slipped upon

kepompong, cocoon

kepundan, *lubang ~* , crater

kepung, *mengepung*, to surround, to encircle; to blockade; to besiege; to invest; *pengepungan*, investment; encirclement

kera, ape

kerabat, relatives

kerah, collar

kerah, *mengerahkan*, to convoke;

to mobilize; *pengerahan, kerahan,* mobilization; *membubarkan ~ ,* to demobilize; *pembubaran ~ ,* demobilization

keramat, holy, sacred

keranda, coffin

keranjang, basket

kerap, *~ kali,* often, frequently

keras, hard, strong; severe, violent; strict; loud; *minuman ~ ,* liquour, alcohol; *mengerasi,* to treat someone in a strict manner; to force; *kekerasan,* force, violence; *dengan ~ ,* strongly, by force; *dengan ~ senjata,* by force of arms

kerat, cut, slice; sliver; *mengerat,* to cut off; to slice up; to gnaw

kerbau, buffalo

kerek, [kérék] *kerekan,* pulley

kereta, [keréta] carriage; *~ angin,* bicycle; *~ api,* train

kerikil, gravel

kering, dry; *tulang ~ ,* shinbone; *mengeringi,* to let dry; to drain; *mengeringkan,* to dry; *pengeringan tanah,* drainage; *kekeringan,* dried up; aridity

keringat, perspiration; *berkeringat,* to perspire, to sweat; sweaty

keringet, → keringat

keris, kris, dagger; *mengeris,* to stab with a kris

keritik, → kritik

keriting, curl(y); *mengeriting,* to perm

kerja, work, labor, job, occupation; *~ sama,* cooperation; *bekerja,* to work, to be at work; *mengerjakan,* to do; to work out; *pekerja,* worker, laborer; *~ tak bersekolah,* unskilled laborer; *pekerjaan,* work, profession; enterprise; *~ tangan,* manual labor; *lapangan ~ ,* employment opportunity

kernet, [kernét] assistant (of a driver)

keroket, [kerokét] → kroket

kerongkongan, throat, gullet

kerosi, → kursi

kertak, *bekertak gigi,* to gnash one's teeth

kertas, paper; *~ cakaran,* scratch paper; *~ kembang,* blotting paper; *~ kulit,* parchment; *~ tebal,* cardboard; *uang ~ ,* paper money, banknote

keruan, *tidak ~ ,* unknown; chaotic; nonsensical, absurd, foolish

kerucut, cone

keruh, turbid

keruk, *kapal ~ ,* dredger

kerumun, *berkerumun,* to swarm, to crowd; *mengerumuni,* to mob, to crowd around, to surround

kerut, wrinkle

kesal, peevish, sullen; annoyed

kesamping, to one side; *mengenyampingkan,* to put on one side; to put aside; *terkesamping,* put on one side, put aside

kesan, trace; impression; *memberi ~ ,* to give an impression

kesasar, strayed, lost

kesat, rough

kesatria, nobleman; knight; *kekesatriaan,* chivalry, nobility

kesel, → **kesal**

keseleo, [keseléo] sprain; sprained

kesohor, famous, well-known

kesuari, → **kasuari**

ketam, crab

ketam, plane; *mengetam,* to plane

ketan, glutinous rice

ketara, → **kentara**

ketawa, to laugh; *mengetawai,* to laugh at

ketel, [kétél] kettle; *~ uap,* steam kettle

ketela, [ketéla] cassava

ke tengah, to the middle; *mengetengahkan,* to bring forward

keti, hundred thousand

ketiak, armpit

ketik, *juru ~ , tukang ~ ,* typist; *mesin ~ ,* typewriter; *mengetik,* to type

ketika, moment; time; when; *(pada) ~ itu,* at that time

ketilang, thrush

ketimun, → **mentimun**

ketip, ten-cent coin, dime

ketua, chairman, chief, president; *mengetuai,* to preside

ketuk, *berketuk,* to cackle

ketuk, *mengetuk,* to knock; *mengetuk kawat,* to telegraph, to cable

ketumbar, coriander

ketumbukan, tumbuk, troop; company

khadam, servant

khaimah, → **kemah**

khalayak, creature; public; audience

khalif, caliph

khalifah, caliphate

khalwat, retreat, seclusion;

berkhalwat, to go on a retreat, to perform spiritual exercises in seclusion

Khamis, → **Kamis**

khas, specific

khatan, → **khitan**

khatulistiwa, equator

khawatir, worried; fearful; *jangan ~ !*, don't worry!

khayal, imagination; imaginary; hallucination; *khayalan pikiran*, utopia

khianat, treachery, disloyalty, betrayal; *berbuat ~ , mengkhianati*, to betray; *pengkhianat*, traitor

khidmat, respect; submission; *dengan ~ ,* respectfully; *berkhidmat*, to serve

khilaf, to make a mistake, to err; *kekhilafan*, mistake, error

khitan, circumcision; *mengkhitankan*, to circumcise

khotbah, sermon

khusus, special, particular; *~nya*, in particular, especially; *sekolah ~ ,* denominational school; special school

kiai, religious teacher

kiamat, *hari ~ ,* day of judgment

kian, such; thus far; more and more; *sekian*, so much; thus

far; *sekianlah!*, I have had my say!

kianat, → **khianat**

kias, comparison, analogy; allusion; *kiasan*, figure of speech; metaphor; *arti ~ ,* figurative meaning

kibar, *berkibar(-kibar)*, to wave, to flutter; *mengibarkan*, to unfurl, to spread out, to unfold; to display; to wave; *~ bendera Indonesia*, to fly the Indonesian flag

kibas, *mengibaskan*, to wag

kidal, left-handed

kidul, south

kikir, file; *mengikir*, to file; *kikiran*, filings

kikir, stingy, miserly, close-fisted; *kekikiran*, miserliness

kikis, *mengikis*, to scrape off; to erode; *kikisan*, scrapings; erosion

kilang, refinery; press; mill; factory

kilap, *berkilap*, to shine, to gleam

kilat, lightning; *berita ~ ,* bulletin; *disambar ~*, struck by lightning; *kursus ~ ,* concentrated course; *penangkal ~ ,* lightning rod; *rapat ~ ,* emergency meeting; *berkilat*, to shine, to sparkle

kilau, *berkilau-kilauan,* to glitter, to sparkle

kilo, kilo; *kilogram,* kilogram; *kilometer,* kilometer

kimia, chemistry; ~ , chemist

kina, cinchona, quinquina; *kulit* ~ , cinchona; *pohon* ~ , cinchona tree

kincir, waterwheel

kini, today, nowadays

kipas, fan; ~ *listrik,* (electric) fan; *mengipasi,* to fan

kira, guess; ~-~ , more or less, about; *~nya,* hopefully; *saya* ~ , in my opinion; *salah* ~ , to mistake; *sudilah ~nya,* please; *mengira,* to think; *mengirangirakan,* to guess; to calculate; *memperkirakan,* to estimate, to think; to count; *perkiraan,* estimate

kiri, left; ~ *kapal,* port (on board), portside; *di sebelah ~mu,* on your left; *mengiri,* to turn left; to keep left, to keep to the left

kirim, *berkirim-kiriman surat,* to correspond; *mengirim,* to send, to forward; *pengiriman,* sending, forwarding; *kiriman,* parcel

kisar, *berkisar,* to revolve, to rotate; in the range of; *kisaran,* revolution, rotation; range

kisi-kisi, lattice; bar

kismis, currant; *roti* ~ , currant loaf

kisut, wrinkle; *mengisut(kan),* to wrinkle

kita, we, us; our (inclusive); ~ *punya,* our(s)

kitab, (holy) book; ~ *bacaan,* reading book, reader

kitar, *sekitar,* around; *~nya,* environs, surroundings; *berkitar,* to turn, to rotate; *perkitaran,* rotation

kitir, ~ *utang,* debenture

kiut, *berkiut-kiut,* to creak

klimaks, climax

klinik, clinic

klise, [klisé] cliché

koalisi, coalition

kobar, *berkobar,* to blaze up, to flame up, to flare up; to rage; *berkobar-kobar,* glowing; *mengobarkan,* to encourage, to stimulate

kocok, *mengocok,* to shake

kodi, twenty

kodok, frog

kodrat, omnipotence, power; ~ *kemauan,* will power

kohir, register

koka, coca

kokas, coke

kokoh, → **kukuh**

kokok, *berkokok,* to crow

kol, cabbage; ~ *kembang,* cauliflower

kolaborator, collaborator

kolaboratur, → **kolaborator**

kolam, pond

koleksi, [koléksi] collection

kolera, [koléra] cholera

koli, package

kolonel, [kolonél] colonel

kolonial, colonial

kolonisasi, colonization

kolot, old-fashioned, out-of-date; conservative; *kaum* ~ , the conservatives; *kekolotan,* conservatism

koma, comma; *titik* ~ , semicolon

komandan, commander

komando, command

kombinasi, combination

komedi, comedy

komentar, comment

komidi, circus; ~ *gambar,* cinema; ~ *putar,* merry-go-round

kominike, [kominiké] → **komunike**

kominis, → **komunis**

komisaris, commissary; ~ *polisi,* superintendent of police

komisi, committee

kompa, → **pompa**

kompetensi, [kompeténsi] competence

kompi, company (army)

komplet, [komplét] complete

komplit, → **komplet**

komponis, composer

kompor, brazier; oven

kompromi, compromise

komunike, [komuniké] communiqué

komunis, communist

komunisme, communism

konde, [kondé] coil (hair)

kondektur, [kondéktur] conductor; guard

kondensor, [kondénsor] condenser

konferensi, [konferénsi] conference

kongkol, → **sekongkol**

kongres, [kongrés] congress, convention

kongsi, commercial partnership

konon, allegedly, it is said

konperensi, [konperénsi] → **konferensi**

konsekuen, [konsekuén] consequent

konsep, [konsép] concept; draft

konser, [konsér] concert

konsesi, [konsési] concession

konsol, → **konsul**

konstitusi, constitution; *menurut* ~ , constitutional(ly)

konstruksi, construction

konsul, consul

konsulen, [konsulén] adviser

konsumen, [konsumén] consumer

kontak, contact

kontal-kantil, to dangle

kontan, cash (down)

kontelir, → **kontrolir**

kontra, contra

kontrak, contract

kontrolir, controller

kopal, copal

koper, trunk

koperasi, cooperative

kopi, coffee

kopi, copy

kopiah, cap

kopor, → **koper**

kopra, copra

kopral, corporal

koran, newspaper

korban, victim; *mengorbankan,* to sacrifice; to victimize; *pengorbanan,* sacrifice; victimization

korek, [korék] ~ *api,* matches; *mengorek,* to dig; to niggle

koreksi, [koréksi] correction; *mengoreksi,* to correct

koresponden, [koréspondén] correspondent

korner, corner; corner kick

kornet, [kornét] → **kernet**

korsi, → **kursi**

korupsi, corruption

kosa, *memperkosa,* to rape; *perkosaan,* rape

kosong, empty, blank; hollow; depleted; vacant; *mengosongkan,* to empty

kota, town, city; *wali* ~ , mayor; burgomaster; *badan pemerintah* ~ , city government

kotak, box; ~ *pos,* postbox

kotek, [koték] tail; *bintang berkotek,* comet

kotor, dirty, filthy; vile; *gaji* ~ , gross salary; *penyakit* ~ , venereal disease; *mengotori,* to make dirty, to dirty; *kotoran,* dirt, dust; *tempat* ~ , dustbin, wastebasket

kotrek, [kotrék] corkscrew

kowe, [kowé] you

koyak, torn; ~-~ , in rags; *mengoyak,* to tear

kran, tap

kredit, [krédit] credit
kriminal, criminal
kriminil, → kriminal
krisis, crisis
kristal, crystal
Kristen, Christian
Kristus, Christ
ksatria, caste of the rulers and warriors
kuadrat, square
kuah, sauce, gravy
kuak, *menguak,* to moo
kuala, mouth of a river
kuali, earthen pot
kualitas, quality
kuantitas, quantity
kuap, yawn; *menguap,* to yawn
kuartal, quarter (of a year)
kuas, brush
kuasa, *surat ~ ,* authorization letter; *surat ~ penuh,* full proxy; *berkuasa,* mighty; competent; *menguasakan,* to endorse; to authorize; *kekuasaan,* might, power; authority; competence
kuat, strong; *menguatkan* to strengthen; *kekuatan,* strength, vigor, power; intensity
kuatir, → khawatir
kubik, cubic
kubis, cabbage

kubu, fortress; fortification
kubur, grave; tomb; *menguburkan,* to bury; *(pe)kuburan,* graveyard, cemetery; churchyard
kucar-kacir, scattered; confused
kuda, horse; *memperkuda,* to fag out; *pekudaan,* stud farm
kuda-kuda, trestle; easel
kudis, scab; scabies
kuduk, nape of the neck; *~ kaku,* stiff neck
kudung, veil, shawl
kudus, holy
kue, [kué] pastry, cake
kui, melting pot
kuil, temple
kuitansi, receipt
kuku, nail, claw; hoof
kukuh, firm, tight; strong, sturdy; *mengukuhkan,* to strengthen; to consolidate; *pengukuhan,* sanction
kukus, steam; *ketel ~ ,* steam boiler; *kukusan,* conical rice steamer made of bamboo
kuli, coolie
kulit, skin; hide; leather; peel; *~ tiruan,* imitation leather; *menguliti,* to skin, to peel
kulkas, refrigerator
kulon, west

kuman, germ, bacteria

kumandang, echo; *berkumandang, mengumandang,* to echo

kumbang, beetle

kumis, moustache

kumpul, *berkumpul,* to assemble, to meet, to come together; *perkumpulan,* meeting, assembly; association, club; *mengumpulkan,* to collect, to gather; *kumpulan,* group; collection

kumur, *berkumur,* to gargle

kunang-kunang, firefly

kunci, key; lock; *anak ~ ,* key; *mengunci,* to lock (up)

kundai, coil

kuning, yellow; *~ telur,* yolk; *sakit ~ ,* jaundice

kunir, → **kunyit**

kunjung, *tak ~ ,* never; not soon; *mengunjungi,* to visit, to pay a visit to; *kunjungan,* visit; *~ kehormatan,* courtesy visit

kuno, old-fashioned, out-of-date; ancient, antiquated; conservative; *barang ~ ,* antique; *kekunoan,* antiquity; conservatism

kuntal-kantil, → **kontal-kantil**

kuntum, bud

kunyah, *mengunyah,* to chew

kunyit, saffron; turmeric

kupas, *mengupas,* to peel; to analyze; *kupasan,* peeling; analysis

kuping, ear

kupluk, cap; *~ teko,* tea cozy

kupon, coupon

kupu, *kupu-kupu,* butterfly

kura, *kura-kura,* land tortoise

Kuran, → **Quran**

kurang, to be wanting, to be missing; lack of; less; *~ ajar,* impolite, rude; *~ lebih,* more or less, about; *~ makan,* underfed, undernourished; *sekurang-kurangnya,* at least; *berkurang,* to decrease; *mengurangi,* to subtract; to reduce, to diminish, to decrease; *mengurangkan,* to diminish; *pengurangan,* subtraction; reduction, decrease; *kekurangan,* shortage, lack, dearth; flaw, mistake, defect

kurban, religious sacrifice; *mengurbankan,* to sacrifice; *pengubanan,* sacrifice

kurma, date

kursi, chair; *~ empuk,* comfortable position; *~ goyang,* rocking chair; *~ malas,* easy chair; ~ *putar*, swivel chair; ~ *roda*, wheelchair

kursus, course; training course; to attend a course; ~ *kilat*, concentrated course; *mengursusi*, to give a course; *mengursuskan*, to let somebody attend a course

kurung, *mengurung*, to cage, to put into a cage; *kurungan*, cage; *hukuman* ~ , imprisonment; *orang* ~ , prisoner

kurus, thin, lean; ~ *kering*, as thin as a rake, skinny

kusam, dull

kusir, coachman

kusta, leprous; *penyakit* ~ , leprosy

kusut, disordered, tangled, tousled; complicated; *mengusutkan*, to upset, to make a mess; to entangle; *kekusutan*, entanglement; disturbance; riot

kutang, (under)bodice

kutil, wart

kutilang, → **ketilang**

kutip, *mengutip*, to pick up; to derive from, to take from; to quote, to cite; *kutipan*, citation, quotation

kutu, louse, flea

kutub, pole; polar; ~ *selatan*, south pole; antarctic; ~ *utara*, north pole, arctic

kutuk, curse; *mengutuk*, to curse

kuyup, *basah* ~ , soaking wet

L

laba, profit, gain; ~ *rugi*, profits and losses; *menghasilkan* ~ , to yield a profit

labah, ~-~ , spider; *sarang* ~ , cobweb

laberak, → **labrak**

lab(e)rang, rigging

laboratorium, laboratory

labrak, *melabrak*, to thrash, to

whack; *labrakan*, thrashing, whacking

labu, gourd, squash

labuh, *berlabuh*, to anchor; *melabuhkan*, to drop (anchor); *pelabuhan*, harbor, port

labur, *melabur*, to whitewash

labur, *melabur*, to pay laborers; *pelabur*, portion, ration

laci, drawer

lacur, lewd; *melacurkan diri,* to prostitute oneself; *pelacur,* prostitute; *pelacuran,* prostitution

lada, pepper

ladam, horseshoe; ~ *kuda,* horseshoe; *meladami,* to shoe

ladang, dry rice field; *peladang,* dry rice-field farmer

laden, [ladén] *meladeni,* to serve; to listen; *peladenan, ladenan,* service

lading, knife

lafal, pronunciation; *melafalkan,* to pronounce

laga, fight; *berlaga,* to fight; to collide (of waves)

lagak, manner, fashion, way; ~ *bahasa,* way of speaking, speech; *menjual* ~ , to brag; *pelagak,* braggart

lagi, more; *(ia)* ~ *makan,* (he) is eating; ~ *pula,* moreover; *seminggu* ~ , in a week; *selagi,* during

lagu, melody, tune, song

lahap, gluttonous; *pelahap,* glutton

lahar, lava; *aliran* ~ , torrent of lava

lahir, born; external; *melahirkan,* to bear (a child), to give birth to; to express (ideas); *kelahiran,* birth; *hari* ~ , birthday, anniversary

lain, other, different; *antara satu sama* ~ , against each other; mutual; *apa ~nya?,* what else?; *dan ~~,* and so on; *berlainan,* to differ

laju, fast, swift, quick

lajur, row, column; strip; lane

lak, lacquer

laka, → **lak**

lakan, cloth

laki, husband; ~ *bini,* married couple

laki-laki, male; *orang* ~ , man

laknat, curse; *melaknatkan,* to curse

lakon, (stage) play; role, part

laksa, ten thousand

laksa, Chinese vermicelli

laksamana, admiral; ~ *muda,* vice-admiral

laksana, act; like, such as; *melaksanakan,* to realize, to execute, to carry out; *pelaksanaan,* realization, execution

laku, salable; in vogue, in fashion; *tingkah* ~ , doings, behavior, conduct; *berlaku,* to be effective, to be valid; to behave; ~ *sebagai*, to act as; *melakukan*, to do, to execute, to carry out; *kelakuan*, behavior, conduct; ~ *tak senonoh*, misbehavior, misconduct

lalai, careless, negligent, absentminded; *melalaikan*, to disregard, to neglect; *kelalaian*, carelessness, negligence

lalat, fly

laler, fly

lalim, cruel, tyrannical; *orang* ~ , tyrant; *melalimi*, to tyrannize; *kelaliman*, tyranny, cruelty

lalu, then; last; ~ *lalang*, to and from; ~ *lintas*, traffic; *bulan* ~ , last month; *sepintas* ~ , in passing, in a bird's eye view; *melalui*, to pass by, to go by; to trespass; through; via; *terlalu*, too; *keterlaluan*, too much

lama, long; old, former; ~- *kelamaan*, gradually, in the long run, at the end, finally, at last; ~-~ , too long; *jangan* ~-~, don't be too long!; *guru* ~ , former teacher; *selama*, during, as long as; *selamanya*, always, forever

lamar, *melamar*, to apply for; to propose; *pelamar*, applicant;

suitor; *lamaran*, application; proposal; *surat* ~ , letter of application

lambai, *melambai(-lambai)*, to wave

lambang, symbol

lambat, slow, late; ~ *laun*, gradually, little by little; *selambatlambatnya*, at the latest; at the utmost; *melambatkan, memperlambat*, to slow down, to slacken; *terlambat*, late, too late, delayed; *keterlambatan*, delay, being late

lambung, stomach; bowl; flank; ~ *kapal*, hull

lamin, *melamin*, to adorn the bridal bed; *pelamin(an)*, bridal bed

lampai, slender, slim; *kelampaian*, slenderness, slimness

lampan, *melampani*, to quarry; to mold

lampau, past; *sudah* ~ , already past; already expired; *melampaui*, to surpass; *terlampau*, too, extremely

lampir, *melampirkan*, to attach, to enclose; *lampiran*, attachment; enclosure

lampu, lamp; ~ *senter,* flashlight; ~ *sorot,* searchlight

lamun, in case, if; provided that; although; but, nevertherless

lancana, → **lencana**

lancang, impolite, impudent, insolent, shameless; ~ *mulut,* impudent; ~ *tangan,* light-fingered

lancar, smooth; unchecked; fluent; undelayed; *melancarkan,* to smooth; to launch; ~ *kecaman,* to criticize

lancong, *melancong,* to go sightseeing; *pelancong,* sight-seer, wayfarer, tourist; *pelancongan,* sightseeing, tourism

lancung, false, fake, imitation; *persahabatan* ~ , false friend-ship; *melancungkan,* to counterfeit, to falsify, to forge; *pelancungan,* counterfeit, falsification, forgery

landai, sloping

landak, porcupine

landasan, anvil

langgan, *pelanggan,* subscriber, customer, client; *langganan,* subscription; *uang* ~ , subscrip-tion fee; *berlangganan,* to subscribe; to become a cus-tomer for

langgang, *tunggang* ~ , topsy-turvy, totaly disordered

langgar, *melanggar,* to collide with, to hit; to trespass, to transgress, to violate, to in-fringe, to offend; *pelanggar,* hitter; trespasser, transgressor, violator, offender; *pelanggaran,* trespass, trans-gression, violation, infringe-ment

langit, sky

langit-langit, palate, roof of the mouth; bed canopy

langkah, pace, step; ~ *baik hari ini,* today we are lucky; ~ *kanan,* good luck; ~ *kiri,* bad luck; *menarik* ~ *seribu,* to take to one's heels, to run off; ~ *demi* ~ , step by step; *melangkah,* to step, to stride; *melangkahi,* to step across, to overstep, to trespass

langsung, direct; ~ *terus,* straight; *berlangsung,* to take place; *melangsungkan,* to carry out, to execute, to perform; to perpetuate; to conserve

lanjut, advanced; further; de-tailed; *selanjutnya,* then, afterwards; *melanjutkan,* to continue (something), to carry on, to carry over; *pelanjutkan*, continuity, follow-up; *lanjutan*, continuation, sequel

lanset, [lansét] lancet

lantai, floor

lantar, → telantar

lantaran, because, owing to

lantas, then, next, thereupon

lantera, [lentéra] → lentera

lantik, *melantik*, to install; *pelantikan*, installation

lap, cloth, towel

lapang, spacious, wide; *tanah ~*, square; *melapangkan*, to enlarge, to widen; *kelapangan*, space; spare time; *lapangan*, open field; *~ kerja, ~ usaha*, employment opportunity; *~ olah raga*, sports ground; *~ terbang*, airport, airfield

lapar, hungry; to be hungry; *melaparkan*, to starve; *kelaparan*, famine; starving, famished; *bala ~*, famine

lapis, layer, fold, lining; *berlapis*, layered, in folds, lined; *melapis*, to overlay; *lapisan*, coat; lining

lapor, *melapor*, to report; *laporan*, report

lapuk, mold; decay; decomposed; *berlapuk, melapuk*, moldy

larang, *melarang*, to forbid, to prohibit; *dilarang*, prohibited; *~ masuk*, no entrance, no admittance; *~ berjalan terus*, no thoroughfare; *~ merokok*, no smoking; *terlarang*, forbidden; *larangan*, prohibition

laras, barrel; *tiga ~ bedil*, three rifles

laras, pitch, key; scale; harmony; *selaras*, harmonious; adequate; proper; *~ dengan*, in accordance with, in conformity with; *hukuman yang ~*, just punishment, proportional punishment

lari, *berlari*, to run; *melarikan*, to abduct, to kidnap; *~ cukai*, to evade duties, to smuggle; *~ diri*, to flee, to escape; to turn tail; *pelari*, sprinter, runner

laris, best-selling, best-seller; in great demand

larut, dissolved; late; *dapat ~*, soluble; *melarut*, to dissolve; *larutan*, solution

laskar, army, troops; *~ rakyat*, popular army

lat, (too) late

lata, *melata*, to crawl, to creep

latih, *melatih*, to train; *pelatih*, trainer; *latihan*, training;

schooling; exercise; ~ *jasmani*, physical exercise

Latin, Latin

laun, → **lambat**

laut, sea; *pelaut*, seaman, sailor; *lautan*, ocean; ~ *Atlantik*, Atlantic Ocean; ~ *Hindia*, Indian Ocean; ~ *Teduh*, ~ *Pasifik*, Pacific Ocean

lawak, joke; *melawak*, to joke, to jest; *pelawak*, joker, clown

lawan, opponent, adversary; opposite, contrary, reverse; ~ *asas*, paradox; *berlawan asas*, paradoxical; *berlawanan dengan*, in contrast with; *melawan*, to oppose, to resist, to contradict; ~ *arus*, against the current; *melawankan*, to oppose; to let fight against; *perlawanan*, opposition, resistance

lawat, *melawat(i)*, to visit, to make a trip; *pelawat*, visitor (for condolence); tourist (to another country); *perlawatan*, visit, trip

layak, proper, right, suitable; *selayaknya*, it is proper that ...; properly

layan, *melayani*, to serve, to attend; *pelayan*, servant, waiter, attendant; *pelayanan*, service

layang, *melayang*, to float (in the air); *jiwanya sudah* ~ , his soul has gone away; he is dead

layang-layang, kite; *burung* ~ , swallow

layar, sail; ~ *putih*, screen; *berlayar*, to sail; to make a holy pilgrimage to Mecca; to pass away, to die; *pelayar*, sailor; *pelayaran*, voyage; *perusahaan* ~ , shipping company; *berpelayaran*, used to the sea

layu, to wither, to wilt; faded, withered, wilted

layuh, paralysis; paralyzed; ~ *jantung*, heart failure

lazat, → **lezat**

lazim, usual; *pada ~nya*, usually; *kelaziman*, usage, custom, general practice

lebah, bee; *kandang* ~ , beehive; *peternakan* ~ , bee culture; *sarang* ~ , bees' nest

lebam, biru lebam, black-and-blue

lebar, [lébar] broad, wide; breadth, width; *panjang* ~ , ample, detailed, extensive; *melebarkan*, to broaden, to widen

Lebaran, feast day at the end of the Moslem fast

lebat, thick, dense; *hujan ~* , pouring rain, downpour

lebih, more; *kurang ~* , about; *berlebihan,* superfluous; *barang ~* , superfluous goods; *melebihi,* to surpass, to outnumber; to excel; *melebihkan,* to favor, to privilege; *melebih-lebihkan,* to exaggerate; *terlebih, terlebih-lebih,* especially; *kelebihan,* remainder, rest; difference; surplus, excess; *dipilih dengan ~ suara,* elected by a majority

lebur, *melebur,* to melt; to merge, to fuse; to dissolve; *meleburkan,* to destroy; *peleburan,* melting; merger, coalescence, fusion; *tempat ~* , refinery, smeltery; *dapur ~* , melting furnace; *leburan,* fusion

lecat, *licin ~* , smooth as a mirror

leceh, [lécéh] *meleceh,* to coax; *peleceh,* coaxer

lecet, [lécét] *luka ~* , gall (wound)

ledak, *meledak,* to explode; *peledak,* explosive; *peledakan,* explosion

legalisasi, [légalisasi] legalization; *melegalisasi,* to legalize

legam, *hitam ~* , pitch-black, jet-black

leher, [léhér] neck; *batang ~* , nape of the neck

lekap, sticky, gluey; *melekap,* to stick, to glue

lekas, fast, quick, speedy; *melekaskan,* to speed up, to accelerate, to hasten

lekat, sticky, gluey; *melekat,* to stick; *pelekat,* plaster

lektor, [léktor] (university) lecturer

lektur, [léktur] reading, reading matter

lekuk, hollow, cavity, socket; concave; *~ lutut,* hollow of the knee; *~ mata,* socket of the eye

lekum, throat, gullet

lela, [léla] *merajalela, bersimaharajalela,* to rage; to tyrannize

lelah, tired; *melelahkan,* to tire; *kelelahan,* tiredness, fatigue; *melepaskan ~* , to take a rest

lelaki, *laki-laki,* male

lelang, [lélang] auction; *melelang,* to sell by auction

lelap, *tidur ~* , to sleep soundly

leleh, [léléh] *meleleh,* to melt

leluasa, spacious; free, unhampered, unlimited; *dengan* ~ , freely; *pilihan* ~ , ample choice

leluhur, ancestor

lem, [lém] glue

lemah, weak, feeble; ~ *lembut,* kind, friendly; *melemahkan,* to weaken, to enfeeble; *kelemahan,* weakness

lemak, fat, grease

lemari, cupboard

lemas, weak, listless; *mati* ~ , suffocated to death; drowned; *zat* ~ , nitrogen

lembab, damp, moist

lembaga, institute, institution, board; ~ *derma,* charitable institution; ~ *alat pembayaran luar negeri,* institute for foreign currency (foreign exchange)

lembah, valley

lembam, slow, inert; *kelembaman,* slowness, inertness

lembar, sheet (of paper)

lembayung, purple

lembek, [lembék] soft, weak

lembik, → **lembek**

lembing, javelin, spear;

melempar ~ , to throw a javelin; javelin throwing

lembu, cow

lembut, soft; *lemah* ~ , kind, friendly; *melembutkan,* to soften

lempar, [lémpar] *melempar,* to throw

lencana, emblem, badge

lendir, mucus; slime

lengah, [léngah] careless; *pelengah waktu,* pastime; *kelengahan,* carelessness, neglectfulness

lengan, arm; ~ *baju,* sleeve

lengas, moist, damp, humid; moisture, humidity; *melengas,* to become moist; *melengaskan,* to moisten

lenggang, [lénggang] swaying

lengkap, complete; *tak* ~ , incomplete; *melengkapi,* to supply; *melengkapkan,* to complete; *perlengkapan,* outfit; equipment; *kelengkapan,* accessories

lengkung, bent; convex; vaulting; *melengkung di atas,* to over-arch, to vault

lensa, [lénsa] lens

lenso, dance with a handkerchief

lentera, [lentéra] lantern

lentur, elastic; *melenturkan,* to bend

lenyap, disappeared, gone, vanished; *melenyapkan,* (to cause) to vanish; to devastate, to annihilate; *pelenyapan,* devastation, annihilation

lepas, loose, free, escaped, liberated, released; ~ *demam,* free from fever; *minta* ~ , to send in one's papers; *selepas,* after; *melepaskan,* to set free, to liberate; to discharge, to dismiss; ~ *tembakan,* to fire a shot; *pelepas uang,* money lender; *pelepasan,* discharge, dismissal; resignation; anus; *kelepasan,* escape, liberation; *lepasan,* former, ex-

lerai, *melerai,* to separate

lereng, [léréng] slope; ~ *gunung,* mountain slope

lerengan, [léréngan] bicycle

leret, [lérét] row; *berleret-leret,* in rows

les, [lés] private course; to attend a private class, to take a private course; *mengelesi,* to give a private course; *mengeleskan,* to send for a course

leset, [lését] *meleset,* to slip, to skid

lesi, pale; *pucat* ~ , deathly pale, pallid

lestrik, [léstrik] → **listrik**

lesu, tired, weary; slack, depressed, dejected; *letih* ~ , dead tired, fatigued, exhausted

lesung, pounding block; paddy pounder

lesung, dimple; ~ *pipi,* cheek dimples

leta, low, mean, contemptible, lowly

letak, *meletakkan,* to place, to put, to set down; ~ *jabatan,* to resign; *terletak,* lying, situated

letih, ~ *lesu,* dead tired, fatigued, exhausted

letnan, [létnan] lieutenant

letup, *meletup,* to explode, to burst

letus, *meletus,* to explode; to erupt; to burst out; *letusan,* explosion; eruption

lewat, [léwat] past; via; ~ *pukul empat,* after four o'clock; *pukul empat* ~ *enam menit,* six minutes past four; *melewati,* to pass, to go by, to exceed

lezat, tasty, delicious

liang, hole, pit; ~ *telinga,* auditory canal, ear canal

liar, wild

liat, tough; *tanah* ~ , clay

libur, free (from school or work); *hari* ~ , holiday; *berlibur,* to go on holiday

licik, false; mean

licin, smooth

lidah, tongue; *patah* ~ , speech defect; *ikan* ~ , sole (fish)

lidi, palm-leaf rib

lihat, ~ *halaman sebelah, (l.h.s.),* please see next page; *melihat,* to see, to look; to consider; *melihat-lihat,* to look around; *melihati,* to look at, to inspect; *memperlihatkan,* to show; *penglihatan,* sight, view; *pada* ~ *pertama,* at first sight; *pada* ~ *saya,* in my eyes; *kelihatan,* to be seen, visible

likir, liqueur

likuidasi, liquidation

lilin, candle; wax

lilit, turn, twist, round; *melilit,* to wind, to twist, to coil

lim, → **lem**

lima, five; ~ *belas,* fifteen; ~ *puluh,* fifty; *kelima,* fifth; *seperlima,* one-fifth

limas, pyramid

limau, lemon

limbung, dock

limbur, *sambur* ~ , twilight

limpa, spleen

limpah, abundant; *melimpah,* to overflow, to abound; abundant; *melimpahkan,* to confer, to shower upon; *kelimpahan,* abundance

limun, lemonade

linang, *berlinang-linang,* to trickle

lindas, *melindas,* to run over; *kelindas,* run over

lindu, earthquake

lindung, *berlindung,* to take shelter; *perlindungan,* shelter, protection; *melindungi,* to shelter, to protect; *terlindung,* sheltered; *pelindung,* protector, patron

lindung, eel

linggis, crowbar

lingkar, circle, circumference; bending coil; rim; *melingkar,* to wind, to coil

lingkung, *melingkungi,* to surround, to encircle; *lingkungan,* circle; setting; sphere, environment, surrounding

linso, → **lenso**

lintah, leech, bloodsucker; ~ *darat,* usurer, loan shark

lintang, across; latitude; ~ *pukang,* head over heels,

helter-skelter; *melintang*, crosswise; athwart; blocking the way, traverse; *melintangi*, to hinder, to obstruct; to thwart, to bar

lintas, *lalu ~* , traffic; *melintas*, to pass by in a hurry, to rush past; *pelintas*, passerby; *lintasan*, trajectory

lipan, centipede

lipas, cockroach

lipat, fold; *dua kali ~* , twofold, double; *melipat*, to fold; *kelipatan*, multiple; *lipatan*, fold

lipat ganda, *berlipat ganda*, manifold; *melipatgandakan*, to multiply

liput, *meliput*, to cover (an event), to get the details of; to act as a reporter for, to report; *meliputi*, to include, to cover, to enclose, to envelop, to wrap up; *liputan*, coverage

lis, list

lisan, oral, verbal; *secara ~* , orally; *ujian ~* , oral examination; *melisankan*, to state orally, to pronounce

lisensi, [lisénsi] license

listrik, electric; electricity; *arus ~* , electric current; *generator*

~ , electric generator; *kereta ~* , electric train; *magnet ~* , electromagnet; *pengubah ~* , transformer; *waduk ~* , condenser

lisut, faded, shriveled

liter, liter

litnan, → **letnan**

liur, spittle, sputum; *berliur*, to spit, to drool

liwat, → **lewat**

loak, *tukang ~* , ragman, ragpicker

loba, greedy

lobak, radish

lobang, → **lubang**

logam, metal; *barang ~* , metal wares

logat, dialect; accent; dictionary

lohor, noon, midday

lokek, [lokék] closefisted, stingy

loket, [lokét] pigeonhole; ticket window; counter, ticket office

lokomotif, locomotive

lokomotip, → **lokomotif**

lolong, *melolong*, to howl, to ululate

lomba, *berlomba*, to race; *perlombaan*, race, match

lombok, red pepper, chili

loncat, *papan ~* , springboard; *meloncat*, to spring, to jump, to leap; *loncatan*, jump

lonceng, [loncéng] bell; ~ *malam*, evening bell, curfew

longgar, spacious, wide; loose; *melonggarkan*, to widen, to loosen; *kelonggaran*, facility; dispensation

longgok, heap, pile; *berlonggok-longgok*, in heaps; *melonggokkan*, to heap up, to pile up

lontar, *sepelontar batu*, at a stone's throw; *melontar(kan)*, to throw

lontok, *tua* ~ , decrepit, worn with age

lopor, → **pelopor**

lor, north

loreng, [loréng] striped; *macan* ~ , panther

lori, lorry, flatbed truck

lornyet, [lornyét] eyeglasses, glasses

lorong, path; alley

los, shed; pilot

los, loose, slack, free, unrestricted

losin, lusin, dosin, dozen; *berlosin-losin*, dozens of, in dozens

losmen, [losmén] inn, cheap hotel

loteng, [loténg] ceiling; loft; garret; upper story

lotere, [loteré] → **lotre**

lotong, → **lutung**

lotot, → **pelotot**

lotre, [lotré] lottery

lowong, vacant; *lowongan*, vacancy, vacant place

loyang, brass

lu, you

luak, civet cat

luak, pit

luak, meluak, to decrease

luang, empty; free, not busy; *terluang*, open, free, vacant; *waktu* ~ , spare time; *peluang*, chance; *keluangan*, occasion, opportunity

luap, *meluap*, to blaze up; to overflow

luar, out, outer, external; ~ *biasa*, exceptional, extraordinary; *politik* ~ *negeri*, foreign policy; *mengeluarkan*, to issue, to publish; to spend; ~ *buku*, to publish a book; *keluaran*, publication, edition; output; expense; graduate; *luaran*, outside; *orang* ~ , outsider, foreigner

luas, spacious, wide, extensive; breadth, width; extension; *meluaskan, memperluas*, to widen, to broaden, to enlarge, to extend; *peluasan*, widening, broadening, enlargement, extension; *keluasan*, space, breadth

luasa, → **leluasa**

lubang, hole

lucu, comical, funny

lucut, *melucuti*, to strip off; ~ *kedok*, to unmask; ~ *senjata*, to disarm; *perlucutan*, stripping; ~ *senjata*, disarmament

ludah, spit, spittle; *berludah*, *meludah*, to spit; *meludahi*, to spit at; *meludahkan*, to spit out; *peludahan*, spittoon

luka, wound; wounded, injured; ~ *bakar*, ~ *hangus*, burn; ~ *tikam*, stab wound; *melukai*, to wound

lukis, *seni* ~ , art of painting; *melukis*, to paint, to draw; *pelukis*, painter; *lukisan*, painting, picture, drawing, portrayal

lulu, → **melulu**

luluh, ~ *lantak*, powdered, pulverized; *hancur* ~ , smashed to pieces

lulur, *melulur*, to swallow

lulur, ~ *dalam*, fillet, undercut (of beef)

lulus, ~ *ujian*, to pass an exam-

ination; *tidak* ~ , to fail; to be plucked; *meluluskan*, to allow, to grant, to permit; to let somebody pass an examination

lumayan, tolerable, fair, fair enough, moderate, reasonable

lumba, → **lomba**

lumba-lumba, dolphin, porpoise

lumbung, rice shed, rice barn

lumpang, pounder, rice pounder

lumpuh, lame, paralyzed; *melumpuhkan*, to paralyze

lumpur, mud

lumur, *berlumur*, besmeared, smeared; *melumuri*, to be-smear, to smear

lumut, moss

lunak, soft

lunas, ~ *kapal*, keel (of a ship)

lunas, paid off; *melunasi*, to pay off, to fulfill; ~ *hutang*, to pay off a debt; ~ *kewajiban*, to do one's duty; *pelunasan*, settlement

luncur, *meluncur*, to glide, to skim; to flow (out of the mouth); *peluncur*, launcher; *pesawat* ~ , glider

luntur, to lose color, to discolor, to fade

lupa, to forget; *pelupa*, forgetful; forgetful person

luput, to escape; ~ *dari pengamatan saya,* to escape one's notice; *meluputkan,* to deliver, to release, to liberate; *terluput dari,* freed from

lurah, valley

lurah, village headman

luruh, meluruh, to fall off, to shed, to molt

lurus, straight (line); righteous, honest, fair; *meluruskan,* to straighten; to normalize

lusa, the day after tomorrow

lusin, losin, dosin, dozen

lut, *tidak ~* , invulnerable

lutung, black monkey

lutut, knee; *lekuk ~* , hollow of the knee; *tempurung ~* , kneecap; *bertekuk ~* , *menekuk ~* , to surrender, to submit oneself; *berlutut,* to kneel, to kneel down

M

maaf, pardon, excuse; *minta ~* , to beg pardon, to apologize; *memaafkan,* to forgive, to pardon

mabuk, drunk; *~ laut, ~ ombak,* seasick; *pemabuk,* drunkard

macam, kind, sort, model; *bermacam-macam,* various, miscellaneous

macan, tiger; *~ loreng,* tiger; *~ tutul,* panther

madat, opium; *pemadat,* opium smoker

madrasah, school, college

madu, honey; *bulan ~* , honeymoon; *berbulan ~* , to honeymoon

madu, fellow wife; *permaduan,* polygamy

mafhum, to understand; *memafhumi,* to understand, to know

magang, apprentice, novice, candidate

magnesium, [magnésium] magnesium

magnet, [magnét] magnet; *kemagnetan,* magnetism

magrib, sunset; west

maha, omni

mahakuasa, omnipotent

mahaguru, professor

mahal, expensive, costly; *kemahalan,* too expensive; *tunjangan ~ ,* cost-of-living allowance

mahar, marriage portion, dowry

maharaja, emperor; *~ lela,* tyrant; *bersimaharajalela,* to rage; to tyrannize

mahasiswa, university student

mahir, expert, skilled, well-versed; *memahirkan,* to practice

mahkamah, court of justice

mahkota, crown; *putra ~ ,* crown prince; *putri ~ ,* crown princess

Mai, → **Mei**

main, *ia ~-~ saja,* he only jokes around, he is not serious; *bukan ~ ,* extraordinary; *jangan ~ gila!,* don't fool around!, no nonsense, please!; *pemain,* player, actor; *~ film,* movie actor; *mainan,* toys; *bermain,* to play; *permainan,* play; *~ bersama,* ensemble playing; *mempermainkan,* to make a fool of, to ridicule

majal, blunt

majalah, periodical, magazine; *~ bulanan,* monthly (magazine); *~ mingguan,* weekly

majelis, assembly, council, meeting; *~ dagang,* chamber of commerce; *~ kota praja,* municipal council

majemuk, compound, complex; *bunga ~ ,* compound interest; *kata ~ ,* compound (word)

majikan, employer

maju, to go forward, to advance, to make progress, to improve; *~ ujian,* to take an examination; *memajukan,* to put forward, to advance; *kemajuan,* progress, advance

mak, mother

maka, therefore, that's why, hence, so

makam, grave; *memakamkan,* to bury; *pemakaman,* burial

makan, to eat; *~ angin,* to go out for air, to take a walk; *~ berpantang,* to be on a diet; *~ malam,* to dine, to have supper; *~ pagi,* to breakfast; *~ siang,* to lunch; *~ suap,* to take a bribe, to be bribed; *~ sumpah,* to commit perjury; *~ tempo, ~ waktu,* to take up (much) time; *kurang ~ ,* undernourished; *nafsu ~ ,* appetite; *rumah ~ ,* restaurant; *remnya tidak ~ ,* the brake doesn't work; *dimakan karat,* rusty; *pemakan segala,* omnivorous; *makanan,* food, victuals

makanya, → **maka**

makaroni, macaroni

makelar, broker

makhluk, creature

maki, *memaki,* to scold

makin, ~ *lama* ~ *besar,* the longer the bigger; ~ *cepat* ~ *baik,* the sooner the better

maklar, → **makelar**

maklum, to know; *memaklumkan,* to announce, to make known, to proclaim

maklumat, announcement, proclamation, notice

makmur, prosperous; *kemakmuran,* prosperity

makna, meaning, sense, signification

maknit, magnet

makota, → **mahkota**

makroni, → **makaroni**

maksimum, maximum

maksud, purpose, intention, meaning; *bermaksud,* to intend; *memaksudkan,* to mean, to have in view, to have in mind; *yang dimaksudkan, termaksud,* in question

maktub, *termaktub,* written down, mentioned

makzul, *memakzulkan,* to dethrone

malaekat, [malaékat] → **malaikat**

malah, malahan, moreover

malahan, → **malah**

malaikat, angel

malaise, depression

malakulmaut, angel of death

malam, night; ~ *Jumat,* Thursday night; *Jumat* ~ , Friday night; ~ *buta,* in the dead of night; ~ *hari,* at night; ~ *tadi,* last night; *jauh* ~ , deep (far) into the night; *tengah* ~ , midnight; *semalam,* last night; *semalam-malaman,* the whole night; *bermalam,* to pass the night

malang, cross; adverse, unlucky; *jari* ~ , middle finger; *kemalangan,* reverse, adversity, bad luck

malapetaka, calamity, disaster

malas, lazy, idle, sluggish; *pemalas,* sluggard, lazybones

maling, thief

malu, shy, bashful; ashamed; to feel ashamed; ~-~ *kucing,* to pretend shyness; coy; *memalukan, mempermalukan,* to embarrass, to put to shame; *kemaluan,* pudenda, female genitals

mamah, *memamah,* to chew; ~ *biak,* to ruminate; *pemamah biak,* ruminant

mamak, mother's brother

mampat, tight, compact

mampir, to call at, to drop in

mampu, able, well-to-do, wealthy; *kurang* ~ , poor, indigent; *tidak* ~ , unable; impecunious, penniless

mampus, dead

mana, which; *di* ~ , where; *di ~-* ~ , anywhere, everywhere; *dari* ~ , from where; *ke* ~ , where, to what place; *ke ~-~,* everywhere

manakala, when

manai, pale; *pucat* ~ , deathly pale

manasuka, at one's pleasure, at will, optional, facultative

manca, ~ *negara,* foreign countries

mancing, → **pancing**

mandi, to bathe, to take a bath; *bermandi keringat,* to soak with sweat; *memandikan,* to bathe (a child); *permandian,* bathing place; christening, baptism

mandiang, → **mendiang**

mandul, infertile, sterile, barren, childless

mandur, supervisor, headman

manfaat, benefit, use; *bermanfaat,* useful, of use

mangga, mango

manggis, mangosteen

mangkat, to pass away

mangkir, to be absent

mangkok, → **mangkuk**

mangkuk, bowl

mangsa, prey

mangsi, ink

mangu-mangu, *termangu-mangu,* stunned, dazed, dull

mangut, to dote

mani, sperm

manikam, gem, jewel

manik-manik, beads; *hujan* ~ , to hail

manis, sweet; pretty; nice, amiable, dear, kind; *jari* ~ , ring finger; *kayu* ~ , cinnamon; *memaniskan,* to sweeten; *manisan, manis-manisan,* sweets, sweet stuff

manja, spoilt; *memanjakan,* to spoil

manjur, efficacious; *obat* ~ , sovereign; remedy

mantap, stable; *kemantapan,* stability

mantega, [mantéga] → **mentega**

mantel, mantle; raincoat

mantri cacar, vaccinator

mantri guru, headmaster

mantu, → menantu

manuk, fowl; *dada ~* , fowl breast

manusia, man, human being; mankind; *kemanusiaan, peri ~ , rasa ~ ,* humanity

mara, danger; *~ bahaya,* danger and calamity

marah, angry; *mengambil ~ ,* to take amiss; *memarahi,* to be angry with, to scold; *pemarah,* growler, grumbler; hothead; *kemarahan,* anger

Maret, March

margasatwa, wild animals

marhaen, [marhaén] *kaum ~ ,* proletariat

marhum, *almarhum,* the late

mari, *~ !,* come on!

markas, quarters; *~ besar,* headquarters

marmar, → marmer

marmer, marble

marsekal, marshall

martabat, grade, rank, dignity

martil, hammer

mas, *emas,* gold; *~ kawin,* dowry; *tukang ~ ,* goldsmith

masa, time, period; *~ datang,* the future; *pada ~ itu,* at that time

masak, ripe; cooked; *~-~ ,* maturely; profoundly; *menimbang dengan ~-~ ,* to consider maturely; *memasak,* to cook; *masakan,* cooking, dish

masalah, problem; *~ hati nurani,* question of conscience; *pemecahan ~ ,* problem solving

masam, sour; acid; *bermuka ~ ,* sour-faced

masehi, [maséhi] Christian; *tarikh ~ ,* Christian chronology

masih, still, yet

masin, salty, brackish

masin, → mesin

masing-masing, each, respectively

masinis, engineer, motorman

Masir, → Mesir

masjid, mesjid, mosque

maskapai, company; *~ asuransi,* insurance company; *~ penerbangan,* air carrier, aviation company

masuk, to come in, to enter; to partake, to join; *~ angin,* to have a cold, to catch a cold; *~ bilangan,* included, counted; *tidak ~ di otak,* inconceivable, incomprehensible; *uang ~ ,* receipts, takings; *memasuki,* to

come in, to enter; *memasukkan,*
to insert; to import; to enroll; to
enter; *termasuk,* inclusive of;
pemasukan, import; income;
kemasukan, possessed

masyarakat, society;
kemasyarakatan, social; *ilmu
~ ,* sociology

masygul, sad, sorrowful;
kemasygulan, sadness, sorrow

masyhur, famous, celebrated

mata, eye; *~ air,* spring, well; *~
angin,* compass point; *~ gelap,*
in a rage; *~ kaki,* ankle; *~ kayu,*
knot (in wood); *~ keranjang,*
dangler (after women); *~-~ ,*
spy; *~ pencaharian,* means of
subsistence; *~ sapi,* fried egg; *~
uang logam,* coin; *air ~ ,* tears;
bermain ~ , to ogle;
membuang-buang ~ , to keep
an eye on; *sayup-sayup ~
memandang,* as far as the eye
can see; *semata-mata,* entirely,
exclusively, simply and solely;
tanda ~ , souvenir; *tipu ~ ,*
optical illusion; *memata-matai,*
to spy upon, to watch

matahari, sun; *bunga ~ ,* sun-
flower; *kelengar ~ ,* sunstroke;
~ terbenam, sunset; *~ terbit,*
sunrise

matang, ripe; done (meat)

mateng, → **matang**

matematika, [matématika]
mathematics

material, [matérial] material

materialis, [matérialis]
materialist

materialistis, [matérialistis]
materialistic

mati, dead; to die; extinguished;
arlojinya ~ , his watch has
stopped; *harga ~ ,* fixed price;
kapur ~ , slake lime; *~
berangai,* apparently dead;
mematikan, to kill; to
extinguish, to put out;
kematian, death

matros, sailor

mau, will, to wish, to want; *~ tak
~ ,* willy-nilly; *semau-maunya,*
at will; *kemauan,* will, wish

Maulud, the Prophet's birthday

mawar, *bunga ~ ,* rose

mawas, orangutan

mayang, *perahu ~ ,* fishing boat

mayat, corpse; *perarakan ~ ,*
funeral procession

mayor, major

medali, medal

medan, [médan] field, plain,
square; *~ perang, ~
peperangan,* battlefield

mega, [méga] cloud; ~ *mendung,* raincloud

megah, glorious; famous; proud; *memegahkan diri,* to boast of, to pride oneself on; *kemegahan,* glory, fame

Mei, [méi] May

meja, [méja] table; ~ *makan,* dining table; ~ *tulis,* writing table; *uang* ~ , cost (of a lawsuit)

mejan, dysentery

Mekah, Mecca

mekanik, [mékanik] *ilmu* ~ , mechanics

mekanisisasi, [mékanisasi] mechanization

mekar, to blossom; *pembuluh* ~ , varicose veins

melaikat, → **malaikat**

melainkan, but, except, still

Melayu, Malay, Malayan

melarat, miserable, poor; *kemelaratan,* misery, poverty

melati, jasmine

meleset, [mélését] to slide down, to slip; *persangkaanmu* ~ , you are quite wrong

meleset, [mélését] malaise

meliwis, → **belibis**

melulu, exclusive(ly); only

melur, jasmine

memang, [mémang] indeed

memar, bruised

memori, [mémori] memorandum; memory

mempelai, bride, bridegroom

mempelam, mango

mena, *tidak semena-mena,* arbitrary, without reason; unjust

menang, to win, to conquer; *pemenang,* conqueror, winner; *kemenangan,* victory; *mencapai* ~ , to gain a victory

menantu, son-(daughter-)in-law

menara, tower, minaret; ~ *api,* lighthouse

menatu, → **binatu, penatu**

menceret, [méncerét] → **mencret**

mencret, [méncrét] diarrhea

mendiang, the late

mendikai, watermelon

mendung, *mega* ~ , raincloud, thundercloud

mengapa, why

meni, [méni] red lead, minium

menikam, → **manikam**

menit, minute

menjangan, deer

mentah, raw, unripe; *air* ~ , uncooked water; *bahan* ~ , raw materials; *dengan* ~-~ , crude,

point-blank; *menyerah ~-~,* to
surrender unconditionally
mentega, [mentéga] butter; *~
buatan,* margarine
menteri, minister; *~ dalam
negeri,* minister of the interior;
(di Inggris) home secretary;
minister of home affairs; *~ luar
negeri,* foreign minister; (di
Inggris) foreign secretary;
minister of foreign affairs;
perdana ~ , prime minister;
kementerian, ministry, depart-
ment, office; *dewan ~ ,* cabinet
council
mentimun, cucumber
mentua, → **mertua**
menung, *termenung,* absorbed in
thought, in a brown study
merah, [mérah] red; *~ jambu,*
pink; *~ lembayung,* violet; *~
padma,* fiery red; *~ tua,* dark
red; *Palang ~ ,* Red Cross;
kemerah-merahan, reddish;
memerahkan, to redden
merak, peacock
merawal, pennant
merbuk, dove
mercon, crackers, fireworks
mercu, top, summit; *~ air,* water
tower; *~ suar,* lighthouse
mercun, → **mercon**

merdeka, [merdéka] free, in-
dependent; *memerdekakan,* to
liberate, to set free;
kemerdekaan, liberty, freedom,
independence
merdu, soft, sweet, melodious
merek, [mérek] mark, brand,
make, manufacture; *papan ~ ,*
(shop) sign, signboard
mereka, [meréka] they, them;
their; *~ punya,* theirs
meriam, gun, cannon; *~
penangkis,* antiaircraft artillery;
pasukan ~ , artillery troops
merica, pepper
merkah, → **rekah**
merpati, pigeon
merta, *serta ~ ,* immediately,
directly, at once
mertua, father-(mother-)in-law,
parents-in-law
mesem, [mésem] to smile
mesigit, → **masjid, mesjid**
mesin, machine; engine; *~ jahit,*
sewing machine; *~ pengisap
debu,* vacuum cleaner, suction
cleaner; *~ terbang,* airplane; *~
tulis,* typewriter; *ahli teknik~ ,*
mechanic
Mesir, Egypt, Egyptian
mesiu, gunpowder; *~ peluru,*
munition

mesjid, masjid, mosque

meski, meskipun, although, even though

mesra, intimate; assimilated, absorbed

mesti, must; *(sudah) semestinya,* self-evident; naturally

mestika, bezoar

metah, *putih ~ ,* snow-white

meter, [méter] meter; *meteran gas,* gas meter

meterai, seal; stamp; *~ surat,* (postage) stamp; *~ tempel,* receipt stamp; *bermeterai,* stamped; *memeteraikan,* to seal, to stamp

metode, [métode] method

mewah, [méwah] luxurious; *kemewahan,* luxury

migrasi, migration; *bermigrasi,* to migrate

mikrofon, microphone

mikroskop, microscope

mil, mile

milik, property, possession; *hak ~ ,* proprietary rights, ownership; *memiliki,* to own, to possess; *pemilik,* owner

milisi, militia

militer, [militér] military

mimbar, pulpit, platform, forum

mimikri, mimicry

mimpi, dream; *bermimpi,* to dream

minat, interest, attention; *menarik ~ ,* to draw attention; *yang menarik ~ ,* interesting; *peminat,* those interested

minggu, week; *hari ~ ,* Sunday; *mingguan,* weekly, weekly paper

minimum, minimum

minit, → minet

minta, to ask, to beg, to request; to apply for; *~ ampun,* to beg a person's pardon; *~ berhenti, ~ lepas,* to submit one's resignation; *~ diri,* to take one's leave; *~ doa,* to pray; *peminta,* petitioner; applicant; *permintaan,* petition, request; *~ keterangan,* interpellation

minta-minta, to beg (alms); *orang ~ , peminta-minta,* beggar

minum, to drink; *minum ~ ,* to smoke; *air ~ ,* drinking water; *peminum,* drinker, drunkard; *minuman,* drink, beverage; *~ keras,* strong drink, liquor

minyak, oil; *~ cat,* linseed oil; *~ jarak,* castor oil; *~ kacang,* peanut oil; *~ salad,* salad oil; *~ kelapa,* coconut oil; *~ mawar,*

oil of roses; ~ *rambut*, hair oil;
~ *sapi*, beef fat; ~ *sawit*, palm
oil; ~ *tanah*, petroleum; ~
wangi, perfume; *meminyaki*, to
oil, to lubricate

miring, sloping, slanting, italic

misai, moustache

misal, example; ~*nya*, for example, for instance

misi, mission

miskin, poor; *rumah* ~ , poorhouse; *kemiskinan*, poverty

mistar, ruler

mitraliur, machine gun

mitralyur, → **mitraliur**

mobil, car, motorcar, automobile;
~ *baja*, armored car

mobilisasi, mobilization;
memobilisasi, to mobilize

modal, capital, fund; ~ *kerja*,
working capital; ~ *persekutuan*,
registered capital; *menanamkan*
~ , to invest (capital); *orang*
semodal, partner

model, [modél] model

modern, [modérn] modern;
memodernkan, to modernize

moga, *moga-moga, semoga*, may
it be, might it be, hopefully

mogok, to strike; *pemogok*,
striker; *pemogokan*, strike

mohon, to request, to ask, to beg;
~ *perhatian*, to ask (for)
attention; *si pemohon*, petitioner; *bermohon*, to make a
request; ~ *diri*, to take one's
leave; *permohonan*, request,
petition

molek, [molék] pretty, charming

molekul, molecule

momen, [momén] moment

momok, ghost

mondar-mandir, to go to and
fro; to patrol

monopoli, monopoly;
memonopoli, to monopolize

monsun, monsoon

montir, fitter

monyet, [monyét] monkey

moral, moral

moril, morale

mortir, mortar

mosi, ~ *tidak percaya*, vote of
nonconfidence

moster, mustard

motor, motor; motorcycle; ~
diesel, diesel engine; ~ *listrik*,
electromotor; *sepeda* ~ ,
motorcycle

moyang, great-grandfather; *nenek*
~ , ancestors

mua, *ikan* ~ , eel

muai, *memuai*, to expand;
pemuaian, expansion

muak, to loathe, to be disgusted by

muara, mouth (of a river)

muat, *memuat,* to contain; *memuati,* to load with; *muatan,* load, cargo; *bermuatan,* to be laden with

muda, young; *merah ~ ,* light red; *raja ~ ,* viceroy; *pemuda,* young man; *pemudi,* young woman

mudah, easy; *mempermudah,* to make easier

mudah-mudahan, hopefully

mudi, *juru ~ ,* coxswain, helmsman

mudik, to go upstream; *hilir ~ ,* to go downstream and upstream; up and down; *belum tentu hilir ~nya,* to make neither head nor tail of it; everything is still uncertain

mufakat, to agree; *~ !,* agreed!; *bermufakat,* to deliberate, to agree

mujarab, sovereign; efficacious

mujarad, abstract

mujur, straight on; lucky; *pemujur,* lucky dog

muka, face, front, surface; page; *~ air,* water level; *air ~* countenance, look, expression; *~ laut,* sea level; *di ~ ,* in front of, before; *hilang ~ ,* to lose face; *mengambil ~ ,* to flatter, to coax; *pembayaran di ~ ,* prepayment, payment in advance; *tebal ~ ,* impudent; *bermuka dua,* unreliable, untrustworthy; *pemuka,* leader, prominent person

mukadammat, mukadimmah, → **mukadimah**

mukadimah, preface

mukah, adultery; *bermukah,* to commit adultery

mukmin, religious, faithful

muktamar, congress, conference

mula, beginning, commencement; *~-~ ,* in the beginning, at first; *bermula dengan,* to start with; *permulaan,* beginning; *gaji ~ ,* commencing salary

mulai, *~ tanggal 23 Desember,* from December 23; *mulai bekerja,* commencement of one's duties

mulas, colic; *~ perut,* gripes, intestinal pain

mulia, honorable, noble, illustrious; *logam ~ ,* precious metal; *Paduka Yang ~ ,* His Excellency; *memuliakan, mempermuliakan,* to honor, to glorify; *kemuliaan,* honor, glory, distinction; splendor

Mulud, → **Maulud**

mulut, mouth; ~ *bocor,* blabber; ~ *kotor,* to talk smut; ~ *manis,* to flatter, to coax; *buah* ~ , talk of the town; *tutup* ~ , to hold one's tongue; *bermulut di* ~ *orang,* to parrot

mumi, mummy

mumin, → **mukmin**

munafik, hypocrite

muncul, to appear, to turn up

mundar, ~ *mandir,* → **mondar-mandir**

mundur, to go backwards, to retreat, to decline; *kemunduran,* deterioration, decline

mungkin, possible; *tidak* ~ , impossible; *sedapat* ~ , if possible; *selekas* ~ , as soon as possible; *memungkinkan,* to enable; *kemungkinan,* possibility

mungkir, to deny

munisi, munition

muntah, to vomit

murah, cheap; abundant; ~ *hati,* generous; ~ *tangan,* open-handed; *kemurahan,* cheap; abundance; openhandedness, generosity

murai, magpie

muram, somber, mournful, gloomy

murid, pupil, disciple

murka, wrathful

murni, pure; *kemurnian,* purity

murung, gloomy

Musa, *Nabi* ~ , Moses

musafir, traveler

musang, civet cat

museum, [muséum] museum

musik, music; *korps* ~ , band; *sekolah* ~ , school of music

musim, season; ~ *bunga,* ~ *semi,* spring; ~ *dingin,* winter; ~ *panas,* summer; ~ *gugur,* autumn, fall

musium, → **museum**

muskil, thorny, ticklish

muslihat, trick; means; *tipu* ~ , dirty trick

Muslim, Muslim, Moslem

muslin, *kain* ~ , muslin

musnah, destroyed; *memusnahkan,* to destroy; *pemusnahan,* destruction

muson, monsoon; ~ *barat,* southwest monsoon, rainy season, wet season; ~ *kemarau,* ~ *panas,* ~ *kering,* northeast monsoon, dry monsoon, dry

season
mustahil, impossible; incredible
mustajab, efficacious; sovereign
musti, → **mesti**
musuh, enemy; *bermusuh,* at enmity; *permusuhan,* enmity, animosity, hostility; *penghentian ~ ,* suspension of hostilities
musyawarah, *bermusyawarah,* to deliberate, to confer; *permusyawaratan,* deliber-

ation, conference, meeting
musykil, → **muskil**
mutakhir, modern, latest
mutasi, changes, mutation
mutia, → **mutiara**
mutiara, pearl
mutlak, absolute, unconditional
mutu, *~ manikam,* pearls
mutu, speechless, mute
mutu, quality; *bermutu rendah,* of low quality

N

naas, misfortune
nabati, vegetable
nabi, prophet
nada, sound, note; *tangga ~ ,* scale
nadi, pulse; *denyut ~ ,* pulsation; *pembuluh ~ ,* artery
nafakah, → **nafkah**
nafas, → **napas**
nafkah, means of livelihood
nafsi, *~-~ ,* individually
nafsu, desire; *~ makan,* appetite; *hawa ~ ,* passion, lust
naga, dragon
nah, well, well then

nahas, → **naas**
nahu, *ilmu ~ ,* syntax
naib, *~ raja,* viceroy
naik, to ascend, to climb; to rise; *~ darahnya,* he flew into a rage (passion); *~ darat,* to go ashore; *~ haji,* to go on a pilgrimage to Mecca; *~ kapal,* to board, to embark; *~ kelas,* to be removed; *~ raja,* to ascend the throne; *~ saksi,* to give evidence, to bear witness; *pasang ~ ,* high tide; *menaiki,* to ascend, to mount; *menaikkan,* to heighten, to

raise, to hoist; *kenaikan,* rise; ~ *gaji,* salary increase; ~ *harga,* price increase; *kuda* ~ , riding horse

najis, dirt, filth; excrement; *menajiskan,* to defile

nakal, mischievous, naughty

nakhoda, captain (of a ship)

nakoda, → **nakhoda**

nam, → **enam**

nama, name, title; ~ *ejekan,* nickname; ~ *kecil,* first name, Christian name; ~ *keluarga,* ~ *turunan,* surname; *atas* ~ , in the name of; *senama,* of the same name; *bernama,* named; *menamai, menamakan,* to call, to name; *ternama, kenamaan,* famous, celebrated

nampak, → **tampak**

nan, who, which

nanah, matter; pus; *bernanah,* to suppurate, to discharge pus

nanas, pineapple; ~ *seberang,* agave

nanti, *menanti,* to wait; ~ *malam,* tonight; ~ *pukul enam saya datang,* I'll come at six o'clock

napas, breath; *sesak* ~ , short-winded; asthmatic; *tarik* ~ *panjang,* to sigh; *bernapas,* to breathe; *pernapasan,* breathing, respiration

napsu, → **nafsu**

naraka, → **neraka**

nasi, cooked rice, boiled rice

nasib, fate, lot, destiny; *perbaikan* ~ , improvement of one's lot; *senasib,* fellow sufferer

nasihat, advice; *menasihati, menasihatkan,* to advise; *penasihat,* adviser

nasional, national

nasionalis, nationalist

naskah, manuscript, original (text); ~ *peringatan,* charter, document

Nasrani, *orang* ~ , Christian

Natal, *hari* ~ , Christmas Day

naung, *bernaung,* to take shelter; *naungan,* shade; shelter

negara, state; ~ *tetangga,* neighboring state; *antar* ~ , international; *kawula* ~ , subject; *lambang* ~ , national symbol; *warga* ~ , citizen; *kenegaraan,* political; politics; state

negeri, country, land; *bahasa* ~ , vernacular language; *ibu* ~ , capital; *orang senegeri,* countryman

nekad, [nékat] → **nekat**

nekat, [nékat] reckless, bold;

stubborn
nekel, [nékel] → **nikel**
nelayan, fisherman
nenas, → **nanas**
nenek, [nénék] grandmother
nengok, [néngok] → **tengok**
neraca, scales, balance
neraka, hell
nesan, [nésan] → **nisan**
netral, [nétral] neutral;
    menetralkan, to neutralize;
    kenetralan, neutrality
ngah-ngah, → **engah-engah**
nganga, *menganga,* to gape
ngarai, ravine
ngawur, to talk nonsense; to
    answer incorrectly
ngengat, moth
ngeong, [ngéong] *mengeong,* to
    mew
ngeram, → **eram, geram**
ngeri, dreadful, fearful
ngikngik, to languish, to be
    ailing; to suffer from asthma
ngiler, → **iler**
ngilu, on edge (of the teeth);
    smarting
ngobrol, → **obrol**
ngukngik, ailing, sickly
ngutngit, to worry; to tease
niaga, commerce; commercial;
    berniaga, to commerce, to

trade; *perniagaan,* trade,
    business, commerce
niat, intention, wish, desire;
    berniat, to intend
nifas, childbed; *perempuan ~ ,*
    condition of a woman in
    childbirth
nikah, marriage; *menikahi,* to
    marry; *pernikahan,* wedding
nikel, nickel
nikmat, delicious; pleasant,
    comfortable; *kenikmatan,*
    pleasure, comfort
nila, indigo
nilai, value, rate of exchange,
    market value; *menilai,* to
    appraise, to value, to evaluate;
    tidak ternilai (harganya),
    priceless, invaluable; *nilaian,*
    appraisement
nilam, *batu ~ ,* sapphire
ningrat, *kaum ~ ,* aristocracy
nipah, marsh palm
nipis, → **tipis**
niru, → **unyir**
nisan, gravestone
nisbah, relationship
nisbi, relative(lv), compara-
    tive(ly)
niscaya, surely, undoubtedly
nista, insult, abuse; *menistai,* to
    insult, to abuse

nobat, big drum; *menobatkan,* to install

noda, stain; *menodai,* to stain, to ravish; ~ *matahari,* solar spot, sunspot

noktah, point, dot

nol, naught, zero

nomer, → **nomor**

nominal, nominal; *harga ~ ,* nominal value, face value

nomor, number; ~ *acuan,* reference number; ~ *berikut,* next number; ~ *seri,* serial number; ~ *perkenalan,* ~ *percobaan,* specimen copy

nona, miss

nonaktif, not in active service

nonton, → **tonton**

Nopember, [nopémber] November

normal, normal; *sekolah ~ ,* normal school

normalisasi, normalization; *menormalisasi,* to normalize

normalisir, → **normalisasi**

Norwegia, Norway

not, note (music)

nota, bill, account; note; memorial

notaris, notary

notes, *buku ~ ,* notebook

November, [novémber]
November

Nuh, *Nabi ~ ,* Noah

nujum, star; constellation; astrological table; *nujuman,* forecast

nuri, parrot

nusa, island; land

nusantara, archipelago (Indonesia)

nyah, → **enyah**

nyai, mistress

nyala, flame, blaze; *bernyala, menyala,* to burn, to flame, to blaze

nyaman, healthy, fit; delicious, pleasant

nyamuk, mosquito

nyanyi, *bernyanyi, menyanyi,* to sing; *nyanyian,* song; *buku ~ ,* songbook

nyaring, clear; loud

nyaris, nearly, almost

nyata, plain, clear, obvious; *menyatakan,* to declare, to express, to state; to point out; to prove, to certify; ~ *perang,* to declare war (on); *pernyataan,* statement, declaration, expression; manifestation; *kenyataan,* fact

nyawa, soul, life; *membuang ~ ,* to risk one's life; *senyawa,*

compound
nyenyak, sound (of sleep)
nyiru, winnow
nyiur, *buah ~* , coconut; *pohon ~* , coconut tree

nyolong, → **colong**
nyonya, married woman, madam; *~ rumah,* the lady (mistress) of the house; *~ A.,* Mrs. A.

O

obah, → **ubah**
obat, medicine, remedy; *~ gosok gigi,* toothpaste; *~ peledak,* explosive; *ahli ~* , chemist; *rumah ~* , chemist's (shop), drugstore, dispensary; *mengobati,* to cure; *pengobatan,* cure, healing; *balai ~* , clinic
obeng, [obéng] screwdriver
objek, [berojek] → **obyek**
obligasi, bond
obor, torch
obrak-abrik, *mengobrak-abrik,* to upset, to overthrow
obral, sell-off, clearance sale
obrol, *mengobrol,* to chat; *obrolan,* chat
obrus, lieutenant colonel
odoh, ugly
oksid, oxide; *pengoksidan, oksidasi,* oxidation

oksidasi, oxidation
oktaf, octave
oktan, octane
Oktober, October
olah, *mengolah,* to process; to treat
olah raga, *lapangan ~* , sports ground, athletic field; *keolahragaan,* sport(s)
oleh, [oléh] by, by means of; *~* because of; *beroleh,* to receive; *memperoleh,* to obtain, to get; *perolehan,* acquisition; achievement
oleh-oleh, [oléh-oléh] gift(s) brought from a journey, souvenirs
oleng, [oléng] *mengoleng-oleng,* to roll (of a ship)
olok, *gambar ~-~* , caricature; *mengolok-olok,* to tease, to joke
ombak, wave, billow;

mengombak, wavy

ombang-ambing, *terombang-ambing,* to bob (up and down), to float; to fluctuate (between hope and fear)

omel, [omél] *mengomel,* to grumble

omong, to chat; to gossip; ~ *kosong,* nonsense; *omongan,* chat; gossip

ompol, *mengompol,* to wet the bed

ompong, toothless

on, ounce

onar, *keonaran,* disturbance

ongah-angih, to stagger, to waddle

onggok, heap

ongkos, expenses, charges, cost; ~ *perusahaan,* working expenses; *mengongkosi,* to pay the expenses of

onyak-anyik, to dawdle, to linger

opak, *mengopak,* to poke up

opas, watchman, attendant, keeper; peon

oper, *mengoper,* to make over to, to transfer, to hand over

operasi, operation

opisiil, → **resmi**

oplag, → **oplah**

oplah, impression, print run; circulation

opor, → **oper**

oposisi, opposition

opseter, [opséter] overseer, supervisor

opsir, officer

optik, optics

orang, human being, person; ~ *asing,* foreigner; ~ *banyak,* public, people; ~ *baru,* newcomer; ~ *berkuda,* horseman; ~ *bertapa,* hermit; ~ *besar,* authority; ~ *buangan,* exile; ~ *dagang,* merchant; ~ *durhaka,* rebel, mutineer; ~ *Eropa,* European; ~ *gila,* lunatic, madman; ~ *Indonesia,* Indonesian; ~ *Inggris,* Englishman; ~ *Islam,* Islamite, Muslim; ~ *jahat,* ~ *durjana,* wretch, villain; ~ *kapal,* crew member (of a ship); ~ *laki-laki,* man; ~ *minta-minta,* beggar; ~ *Nasrani,* ~ *Serani,* Christian; ~ *perempuan,* woman; ~ *preman,* civilian; ~ *rakus,* glutton; ~ *rantai,* chained convict; ~ *tani,* farmer; ~ *tawanan,* internee; ~ *Tionghoa,* Chinese; ~ *tua,* parents; ~ *upahan,* worker, workman; *kata* ~ , it is said, people say; *sebarang* ~ ,

anybody; *seorang,* one (man);
~ *diri,* alone, single-handed;
seseorang, somebody;
perseorangan, individual(ly)
ordonansi, order, decree
organisasi, organization;
mengorganisasi, to organize
organisator, organizer
originil, → **orisinal**
orisinal, original
orok, newborn child
osmosa, → **osmose**

osmose, osmosis
otak, brain(s); ~ *besar,* cerebrum;
~ *kecil,* cerebellum; *~nya
tajam,* he has quick wits; *gegar
~ ,* (brain) concussion
otentik, [otèntik] → **autentik**
oto, car, automobile, motorcar
otobis, → **otobus**
otobus, bus
otonom, autonomous
otonomi, autonomy
otot, muscle; *berotot,* muscular

P

paal, → **faal**
pabean, [pabèan] customhouse
paberik, → **pabrik**
pabrik, factory; *bikinan ~ ,*
manufacture, make
pacat, leech
pacek, *memacek,* to cover; *kuda
pemacek,* studhorse
pacet, → **pacat**
pacol, → **pacul**
pacu, spur; *memacu,* to spur on;
pacuan kuda, horserace
pacul, mattock, hoe
pada, in; at; by; near; according
to; ~ *akhirnya,* finally; ~

awalnya, at first; *tak ada uang
~nya,* he has no money on him
pada, enough, sufficient;
memadai, to fulfill, to answer;
memadakan, to satisfy
padahal, whereas
padam, put out, extinguished;
memadamkan, to put out, to
extinguish; to appease, to
soothe; *pemadam,* fire ex-
tinguisher; *pasukan ~ api,* fire
brigade
padam, → **padma**
padan, matching, fitting;
berpadanan, to match, to fit, to

harmonize; *tarif* ~ , proportional rates (tariffs); *sepadan dengan*, in accordance with; *kesepadanan*, proportion

padang, field, plain; ~ *gurun*, desert

padat, crushing, cramming

paderi, priest

padi, paddy; rice (unhusked)

padma, lotus; *merah* ~ , as red as fire, fire-red

padu, *bersatu* ~ , in unity; *berpadu-padan*, consolidated; *memadu*, to weld together

paduka, honorable; *kepada ~ yang Mulia*, to His Excellency

paedah, [paédah] → **faedah**

pagar, hedge, fence; ~ *kawat duri*, barbed-wire entanglement; *memagari*, to hedge, to fence

pagi, morning; ~-~ , early in the morning

pagut, *memagut*, to peck; to bite

paha, thigh; *lipat* ~ , groin; *pangkal* ~ , hip

pahala, profit, advantage

paham, to understand, to know; *pada ~ saya*, in my opinion; *perbedaan* ~ , difference of opinion, divergence of opinion; *sepaham*, of the same opinion;

memahami, to understand; *memahamkan*, to study

pahat, chisel; *seni* ~ , sculpture; *ahli seni* ~ , *pemahat*, sculptor; *memahat*, to chisel; to sculpture, to sculpt

pahit, bitter; *memahitkan*, to embitter; *kepahitan*, bitterness

pahlawan, hero, champion; *kepahlawanan*, heroism

pailit, bankrupt; *kepailitan*, bankruptcy

pait, → **pahit**

pajak, tax(es), rent; ~ *bumi*, land revenue, land tax; ~ *kekayaan*, property tax; ~ *pendapatan*, ~ *penghasilan*, income tax; ~ *perang*, war tax; ~ *rumah tangga*, tax on one's house; property tax; *memungut* ~ , to collect taxes; *surat ketetapan* ~ , notice of assessment

pajek, → **pajak**

pak, package, parcel

pak, rent; ~ *temurun*, long lease; hereditary tenure

pak, bapak, father

pakai, *memakai*, to wear, to put on; to use, to employ; *petunjuk* ~ , directions for use; *terpakai*, used, in use; *pemakai*, user; *pemakaian*, use; *pakaian*, clothes; harness (of a horse); ~ *kebesaran*, full dress, full uniform, ceremonial dress; ~ *dalam*, underwear; *berpakaian*, to dress; ~ *preman*, in mufti, in civilian clothes

pakansi, school holidays, vacation

pakat, → **sepakat**

pake, [paké] → **pakai**

pakis, fern

paksa, force, compulsion; *kerja* ~ , compulsory labor, forced labor; *memaksa*, to force, to compel; *terpaksa*, forced; *keadaan* ~ , state of emergency; *pendaratan* ~ , forced landing; *pinjaman* ~ , forced loan; *paksaan*, compulsion

paksi, bird

paksi, axis; ~ *utama*, principal axis

paksina, north

pakt, → **pakto**

pakto, pact

paku, nail; ~ *jamur*, drawing pin, thumbtack; ~ *sumbat*, rivet; *memaku*, to nail

paku, fern

pala, *buah* ~ , nutmeg; *bunga* ~ , mace

palam, palem, palm

palang, crossbeam, crossbar; ~ *Merah*, Red Cross; *memalangi*, to cross, to thwart

palem, palm

paling, *memalingkan*, to turn

paling, ~ *baik*, the best; ~ *besar*, the greatest, the biggest

palit, → **pailit**

palit, ointment; *memalit*, to smear

palsu, false, forged; *sumpah* ~ , perjury; *uang* ~ , false money; *memalsukan*, to falsify; *pemalsuan*, falsification; ~ *surat*, forgery

palu, hammer, gavel; ~ *pimpinan*, chairman's gavel; *memalu*, to strike

palung, bed (of a river), riverbed; trough

palut, *memalut*, to wrap around

paman, uncle; ~ *Sam*, Uncle Sam

pamehan, [paméhan] archives, records

pamit, *pamitan*, to take leave

pamong, provider; ~ *praja*, civil service

pamor, damascene; luster

pamur, → **pamor**

panah, bow; *anak* ~ , arrow; *memanah*, to shoot with a bow; *pemanah*, archer

panas, warm, hot; ~ *hati*, quick-tempered; to fly into a passion; ~ *kuku*, lukewarm; ~ *terik*, suffocatingly hot; *derajat* ~ , temperature; *naiknya (derajat)* ~ , rise of temperature; *memanasi*, to heat; *kepanasan*, heated

panca, five

pancaindera, the five senses

pancang, pile, pole, stake

pancar, *memancar*, to flow out, to pour out; *memancarkan radio*, to broadcast; *pemancar*, broadcaster; ~ *radio*, transmitter; *gelombang* ~ , wavelength; *pancaran*, emission, radiation; ~ *air*, fountain

pancaroba, change of the monsoon, turn(ing) of the tide; *usia* ~ , puberty

Pancasila, five fundamental principles of the Republic of Indonesia

pancawarna, five-colored

panci, pan

pancing, fishhook; *memancing*, to angle, to fish, to fish with hook and line

pancung, *memancung*, to cut off; to mutilate; to behead

pancur, to flow out of a conduit; *pancuran*, conduit

pandai, clever; ~ *besi*, smith; ~ *emas*, goldsmith; *kaum cerdik* ~ , the intellectuals; *kepandaian*, cleverness

pandak, short

pandang, *memandang*, to see, to behold, to look at, to gaze, to observe; *sayup-sayup mata* ~ , as fas as the eye can see; *dengan tak* ~ *bulu*, without discrimination; *pemandangan*, contemplation; view, observation, opinion; consideration; *singkat* ~ , nearsighted, shortsighted; *pandangan*, view, sight; *hilang dari* ~ , to disappear from sight; *lantang* ~ , field of vision, field of view; *laporan* ~ *mata*, eyewitness account

pandeta, [pendéta] → **pendeta**

pandir, foolish

pandita, → **pendeta**

pandu, guide, pilot; scout; *memandu*, to pilot; *kepanduan*, scouting

panekuk, pancake

panembrama, Javanese welcoming song

panen, [panén] *panenan*, harvest

pangeran, [pangéran] prince

panggal, → **penggal**

panggang, roasted, toasted; *roti ~ ,* toast; *memanggang,* to roast, to toast; *pemanggang,* spit, broach

panggil, *memanggil,* to call, to send for; to convoke; *panggilan,* call; convocation

panggung, platform; stage

pangkal, beginning, base; *~ paha,* hip; *pangkalan,* pier, quay

pangkat, stage; rank, degree; form, class; *~ dua,* square; *naik ~ ,* to be promoted; to move up to a higher form or position

pangku, *memangku,* to take on the lap; *~ jabatan,* to occupy a post; *pemangku,* occupant; guardian; *pangkuan,* lap

panglima, commander; *~ tertinggi,* commander in chief

pangreh, [pangréh] government; *~ praja,* civil service

panili, vanilla

panitera, secretary; *~ pengadilan,* clerk of the court; *kepaniteraan,* secretariat(e)

panitia, committee, board

panjang, long; *~ ,* length; *~ gelombang,* wavelength; *~ lebar,* ample, detailed; *~ lidah,* backbiter, slanderer; *~ tangan,* thievish; *bulat ~ ,* oval; *persegi empat ~ ,* rectangle; *sepanjang,* as long as; *~ jalan,* all along the road; *memanjangkan,* to make longer, to lengthen; *memperpanjang,* to extend, to lengthen

panjar, *uang ~ ,* earnest money

panjat, *memanjat,* to climb; to appeal

panji, flag, banner, standard

pantai, beach, strand

pantang, forbidden, prohibited; *~ berubah,* unchangeable, constant; *berpantang,* to abstain from; *~ kalah,* unconquerable, invincible; *makan ~ ,* to be on a diet; *pemantang daging,* vegetarian

pantas, alert, swift, speedy

pantas, proper, decent

pantat, buttock

Pantekosta, [pantékosta] Pentecost, Whitsun(tide)

pantes, → **pantas,** proper

panti, building; *~ derma,* charitable institution

pantik, *memantik darah,* to bleed

pantul, *memantul,* to rebound; to reflect; *pantulan,* reflection

pantun, poem (of four lines)

papa, poor; *kepapaan,* poverty

papan, plank, board; ~ *catur,* chessboard; ~ *menyambung,* switchboard; ~ *tulis,* blackboard

papar, flat, smooth; *memaparkan,* to flatten; to explain, to set forth, to state

para, ~ *pembaca,* all readers; ~ *pendengar,* all listeners

para, *getah* ~ , rubber

parabol, → **parabola**

parabola, parabola

parade, parade, review

paraf, signature, initials; *memaraf,* to sign, to initial

parah, *luka* ~ , mortally wounded, fatally wounded

param, ointment

paramasastra, grammar

parang, chopper; *memarang,* to chop

parap, → **paraf**

para-para, rack

paras, countenance, face

parasit, parasite; *ilmu* ~ , parasitology

parau, hoarse

pari, *ikan* ~ , thornback, ray; *bintang* ~ , Southern Cross

parit, ditch, trench

parkir, *tempat* ~ , parking place; *memarkir,* to park

parlemen, [parlemén] parliament

paro, *separo,* a half

paron, anvil

Parsi, Persia; *orang* ~ , Persian

partai, party; ~ *politik,* political party; *politik* ~ , party politics

partikelir, private

partikulir, → **partikelir**

paru, lung; *penyakit paru-paru,* tuberculosis

parud, → **parut**

paruh, → **paro**

paruh, bill, beak

parut, rasp, grater; *memarut,* to rasp, to grate

pas, passport; permit

pas, *mengepas,* to fit (clothes)

pasak, wedge; nail

pasal, chapter

pasang, pair, couple; *sepasang,* a pair of; *pasangan,* pair; *pasang-pasangan,* lineup (of a team); *berpasang-pasangan,* in pairs

pasang, ~ *naik,* rising tide; flood; ~ *purnama,* springtide

pasang, *memasang,* to fix; ~ *bendera,* to hoist the flag; ~ *iklan,* to insert an advertisement; ~ *lampu,* to light, to switch on a lamp; ~ *senjata,* to fire a gun

pasanggrahan, resthouse

pasar, market, bazaar; ~ *dunia,* world market; ~ *gelap,* black market; ~ *tenaga kerja,* labor market; ~ *uang,* money market, exchange; *memasarkan,* to market; *pemasar,* marketer; *pemasaran,* marketing; *pasaran,* outlet, market

pasasir, passenger

paselin, → **vaselin**

pasiar, → **pesiar**

pasien, [pasién] patient

pasif, passive

Pasifik, *Lautan ~ ,* Pacific (Ocean)

pasih, → **fasih**

pasik, evil, sinful

pasir, sand; *emas ~ ,* gold dust; *gula ~ ,* (white) sugar

pasisir, → **pasasir**

pasisir, → **pesisir**

paska, → **paskah**

Paskah, Easter

pasrah, to leave oneself to God's will; *memasrahkan,* to hand over, to delegate, to depute

pasti, sure(ly), certain(ly), decided(ly); *ilmu ~ ,* mathe-matics; *uang ~ ,* exact sum (money); *memastikan,* to assure; *pemastian,* assurance;

kepastian, certainty

pastor, priest

pasukan, troops; ~ *berkuda,* cavalry; ~ *jalan,* infantry; ~ *khusus,* elite troops, picked troops; ~ *meriam,* artillery; ~ *payung,* paratroops; ~ *sukarela,* volunteer troops

patah, broken, fractured; *sepatah kata,* single word; *mematahkan,* to break, to fracture

patek, [paték] yaws, framboesia

pateri, → **patri**

pati, starch, farina; essence, quintessence; ~ *arak,* spirits

patih, obedient; *mematih,* to obey orders; *kepatihan,* obedience

patihah, → **Fatihah, Al-Fatihah**

patik, I (in addressing a king)

patok, pole, picket; *patokan,* standard; ~ *duga,* hypothesis; ~ *harga,* price fixing

patri, solder; *tukang ~ ,* solderer

patroli, patrol; *berpatroli,* to patrol

patuk, *mematuk,* to peck; to bite

patung, statue; *pematung,* sculptor

patut, decent, reasonable, proper, suitable, fair; ~ *dihukum,* punishable, liable to punishment; ~ *dilihat*, worth seeing; *harga* ~ , moderate prices; *mematutkan*, to settle, to conciliate; *mematut-matutkan*, to smarten oneself up

pauh, (wild) mango

pauk, *lauk* ~ , various side dishes served with rice

Paus, *Sri* ~ , Pope

paus, whale

paut, *berpaut*, to cling; *bersangkut* ~ , to be connected with

pawai, procession

pawang, tamer; ~ *gajah*, elephant tamer

paya, marsh, fen, swamp, morass

payah, tired; difficult; serious; *sakit* ~ , mortally ill, sick unto death

payau, brackish, saltish, salty

payung, umbrella; ~ *udara*, parachute; *pasukan* ~ , para-troops

Pebruari, [pébruari] → **Februari**

pecah, broken; outbreak (of war); curdled (of milk); *barang* ~ *belah*, earthenware; *memecahkan*, to break; ~ *soal*, to solve a problem; *pemecahan soal*, problem solving; *pecahan*, fraction

pecat, *memecat*, to dismiss; *pemecatan*, dismissal

peci, [péci] cap

pedal, pedal

pedalaman, → **dalam**

pedang, sword

pedas, pungent, hot

pedati, bull cart

pedes, → **pedas**

pedih, smarting

pedis, → **pedas**

pedoman, compass; leader; manual; directive, guide; *mata* ~ , point of the compass; *berpedoman*, based on; to have as a guideline

pedot, broken off, cut off

peduli, to care, to meddle with; *saya tidak* ~ , I don't care; *tidak* ~ , irrespective of

pegal, peevish

pegang, *berpegang*, to hold fast; *memegang*, to hold, to grasp; *pemegang kas*, cashier; *pegangan*, handle, hold; ~ *pedang*, hilt; *dalam* ~ *nya*, in his hand, resting with him

pegas, spring; *gaya* ~ , spring, elasticity; *neraca* ~ , spring balance

pegawai, official, employee; ~ *negeri*, public servant; ~ *tinggi*,

higher official; *para* ~ , staff,
personnel
pegel, → **pegal**
pegi, → **pergi**
pejagalan, → **jagal**
pejal, firm, solid
pejam, *memejamkan mata,* to
close one's eyes
pejara, → **pejera**
pejera, bead; foresight
pekak, deaf; ~ *batu,* stone-deaf
pekan, market; *sepekan,* week;
ikhtisar ~ , weekly synopsis
pekarangan, → **karang**
pekat, thick; strong, concen-
trated; *kepekatan,* concentra-
tion
pekerti, *budi* ~ , character, nature
pekik, *memekik,* to scream, to
shriek; *pekikan,* scream, shriek
pekung, cancerous tumor
pekur, *memekur,* to muse upon
pel, [pél] *mengepel,* to mop (up),
to swab; *kain* ~ , mop, swab
pelabur, → **labur,** ration
pelahap, → **lahap**
pelajar, → **ajar**
pelamin, → **lamin**
pelana, saddle
pelanduk, kanchil; ~ *jenaka,*
(Indonesian) Reynard the Fox
pelanel, [pelanél] → **flanel**

pelangi, rainbow; *selaput* ~ , iris
pelan-pelan, *perlahan-lahan,*
slowly; careful
pelat, sheet; ~ *hitam,* (phono-
graph) record
pelatuk, belatuk, woodpecker
pelayan, → **layan**
pelbagai, all kinds of, all sorts of
pelebaya, hangman, executioner
peleceh, → [pelécéh] **leceh**
pelecok, [pelécok] *terpelecok,*
sprained
pelek, [pélek] rim
pelekat, striped sarong
pelepah, palm-leaf rib
peles, [pelés] bottle
peleset, [pelését] *terpeleset,*
slipped
pelihara, *memelihara,* to take
care of, to maintain, to protect;
to breed, to educate, to cul-
tivate; *pemeliharaan,* care,
breeding, education; main-
tenance, protection
pelik, remarkable, curious;
complicated
pelikan, mineral; *ilmu* ~ , min-
eralogy
pelikan, *burung* ~ , pelican
pelipis, temple; *tulang* ~ ,
temporal bone
pelipisan, → **pelipis**

pelir, penis; *buah ~* , testicles

pelita, lamp

pelitur, (French) polish

pelopor, forerunner, pioneer, leader; *pasukan ~* , *memelopori*, to precede, to pioneer, to lead

pelor, [pélor] bullet

pelosok, hamlet; remote place

pelotot, *mata melotot,* bulging eyes

pelples, [pélplés] water bottle

peluang, calm, leisure; opportunity

peluh, perspiration, sweat; *biring ~* , prickly heat; *berpeluh,* to perspire, to sweat

peluit, flute

peluk, *memeluk,* to embrace; *~ agama,* to profess a religion; *pemeluk,* follower; confessor; professor

pelupuk, *~ mata,* eyelid

peluru, cartridge, bullet; *~ kosong,* blank cartridges

pemali, forbidden

pematang, small dike (in a rice field)

pemeluk, → **peluk**

pemondokan, → **pondok**

pemuda, → **muda**

pemudi, → **mudi**

pena, [péna] pen; *buah ~* , piece of literary composition; *tangkai ~* , penholder; *perang ~* , paper war

penabur, → **tabur**

penanggalan, → **tanggal**

penat, tired; *memenatkan,* to tire

penatu, laundryman

pencar, *berpencaran,* to disperse; *terpencar,* dispersed

pencil, *terpencil,* isolated, remote

pendam, *terpendam,* concealed

pendar, *berpendar-pendar fluor,* to fluoresce; *berpendar-pendar fosfor,* to phosphoresce; *pendaran,* fluorescence

pendek, [péndék] short; *~ kata,* in short, to be brief; *~nya,* in a word, in short; *memendekkan,* to shorten; *kependekan,* abbreviation

pendekar, [pendékar] champion, advocate

pendeta, [pendéta] clergyman, preacher

peneker, [penékér] → **teker**

pengalaman, → **alam**

pengantin, bride; bridegroom

pengaruh, influence; *berpengaruh,* to have influence; influential; *mempengaruhi,* to influence, to affect

pengawasan, → **awas**

penggal, piece, part; *memenggal,* to cut off

penggledahan, [pengglédahan] → **geledah**

penghulu, → **hulu**

pengkar, [péngkar] bowlegged; ~ *ke dalam,* bandy legs; ~ *keluar,* knock-kneed

pengkol, [péngkol] *memengkol,* to turn off; *pengkolan,* turning

pengumuman, → **umum**

pening, dizzy

peniti, pin

penjahit, → **jahit**

penjara, prison, jail; *memenjarakan,* to put in prison

penjuru, corner; *ke segala* ~ , in all directions

pensil, [pénsil] pencil

pensiun, [pénsiun] pension; ~ *janda,* widow's pension; *memensiunkan,* to pension off; *pensiunan,* pensioner

pentang, *kain* ~ , banner

pentil, nipple (of the breast)

pentil, [péntil] valve

penting, important; *kepentingan,* importance; interest; *berkepentingan,* to have an interest in, to be concerned

about; *yang* ~ , party concerned

pentol, *pentolan,* boss, leader, big shot

pentung, cudgel, club; *mementung,* to cudgel, to club

penuh, full; ~ *sesak,* crowded, chock-full; *sepenuh-penuhnya,* as full as possible; *memenuhi,* to fill, to fulfill

penumpang, → **tumpang**

penutur, → **tutur**

penyakit, → **sakit**

penyek, [pényék] flattened out

penyengat, → **sengat**

penyerahan, → **serah**

penyerangan, → **serang**

penyingkir, → **singkir**

penyingkiran, → **singkir**

penyu, turtle

pepatah, proverb

per, [pér] spring

perabot, tools; ~ *dapur,* kitchen utensils; ~ *rumah,* furniture

perabotan, → **perabot**

perah, *memerah,* to squeeze; to milk

perahu, proa, vessel, boat

perak, [pérak] silver; *seratus* ~ , one hundred rupiah

peran, actor

peranan, role, part; *memainkan* ~ , to act (to play) a part

Perancis, ... French; *negeri ~* , France; *orang ~* , Frenchman

perang, war; *~ dunia,* world war; *~ gerilya,* guerrilla (warfare); *~ pena,* paper war; *~ saraf,* war of nerves; *medan ~* , battle-field; *perang-perangan,* maneuvers, war game; *berperang,* to wage war; *memerangi,* to fight, to make war on

perang, [pérang] russet, reddish brown

perangai, character, nature

perangkap, trap; *memerangkap,* to trap

perangko, → **prangko**

peranjat, *terperanjat,* startled

peras, *memeras,* to squeeze, to press, to extort; *pemerasan,* extortion, blackmail

perasat, → **firasat**

perat, sour; acrid

perawan, virgin

perawis, materials, ingredients

perbahasa, → **peribahasa**

perban, bandage, dressing

perbani, *air ~* , slack water, neap tide

perca, rag; *getah ~* , rubber; *Pulau ~* , Sumatra

percaya, to trust, to believe; *~*

akan, to believe in; *mempercayakan,* to entrust with; *kepercayaan,* trust, faith, confidence; *surat-surat ~* , credentials; *~ pada diri sendiri,* self-confidence

percik, *memerciki,* to sprinkle with (water)

percuma, in vain; free, gratis

perdana, inaugural, first; *~ menteri,* prime minister

perdata, *hukum ~* , civil law

perduli, → **peduli**

perekat, → **rekat**

pereman, [peréman] → **preman**

perempuan, woman; female

peres, → **peras**

pergam, green pigeon

pergi, to go, to leave; *bepergian,* to travel; *kepergian,* departure

pergok, *kepergok, tepergok,* caught in the act, caught red-handed

peri, manner, way, style; *~ kemanusiaan,* humanity; *tidak terperikan,* indescribable

peri, fairy

peribahasa, proverb

peridi, fertile, prolific

perigi, well, spring

perih, smarting

perihal, subject (of a letter);

circumstances, matters

periksa, inquiry, investigation, research; ~ *ulang,* review (of a lawsuit); *memeriksa,* to inquire, to examine, to investigate; to control; *pemeriksa,* examiner, inspector, investigator; research worker; *pemeriksaan,* examination, investigation

perinci, → **rinci**

perintah, order, command, commission; ~ *harian,* order of the day; ~ *keras,* strict orders; *memberi* ~ , to order, to command; *menjalankan* ~ , to execute orders; *memerintah,* to reign, to rule, to govern; *pemerintah,* government; *pemerintahan sendiri,* self-government

perintis, → **rintis**

perisai, shield

periskop, [périskop] periscope

peristiwa, event, occurrence; *sekali* ~ , once upon a time

periuk, cooking pot; ~ *api,* mine; *kapal* ~ *api,* minelayer; *kapal penyapu* ~ *api,* minesweeper

perkakas, tool, instrument; material; ~ *rumah,* furniture; ~ *dapur,* kitchen utensils

perkara, matter, case, affair; lawsuit; ~ *kecil, mengangkat* ~ , to go to court

perkasa, brave, gallant, courageous

perkosa, *memperkosa,* to oppress; to violate, to rape; *perkosaan,* violation, rape

perlahan-lahan, slowly, quietly

perlente, [perlénté] *orang* ~ , dandy

perlintih, → **perlente**

perlop, furlough, leave; ~ *sakit,* (on) sick leave

perlu, necessary, compulsory; *memerlukan,* to want, to need; *keperluan,* want, need; ~ *hidup,* necessities of life

permadani, carpet

permai, beautiful, lovely

permaisuri, queen

permana, *tidak tepermanai,* countless, innumerable

permata, jewel

permili, → **famili**

permisi, permission, permit; *minta* ~ , to take leave; to ask permission

pernah, ever; *tidak* ~ , never

perniagaan, → **niaga**

pernis, varnish

perop, → **prop**

perosok, *terperosok,* to fall

through, to sink in

persegi, square; *empat ~*, square; *empat ~ panjang*, rectangle; *meter ~*, square meter

persekot, advanced money

persen, [persén] tip, gift; percent; *uang ~*, *persenan*, tip

perseneleng, [persenéleng] → **persneling**

Persia, [pérsia] Persia

persil, plot (of ground)

persis, exactly; *pukul lima ~*, at five sharp

perslah, account, report

persneling, [persnéling] gear, accelerator

personel, [personél] personnel, staff

personil, → **personel**

pertahanan, → **tahan**

pertalan, translation

pertama, first(ly); *pertama-tama*, especially, above all things

pertanian, → **tani**

pertelan, [pertélan] → **tela**

pertepel, [pertepél] → **portepel**

pertiwi, earth; *ibu ~*, native country, mother country

perut, stomach, belly; *isi ~*, bowels; *sakit ~*, stomachache, tummy ache

perwira, courageous, gallant; officer; *keperwiraan*, courage

pes, [pés] *penyakit ~*, plague; *pemberantasan penyakit ~*, battle against plague

pesan, message; errand; instruction; *memesan*, to order; *pesanan*, order

pesawat, tool, machine; *ilmu ~*, mechanics; *~ isap*, inhaler; *~ radio*, radio, wireless set; *~ terbang*, airplane

pesek, [pésék] *hidung ~*, flat nose

peser, [pésér] *sepeser*, half cent

pesiar, *kapal ~*, pleasure steamer, excursion steamer; *berpesiar*, to drive about, to tour

pesing, stinking (urine)

pesisir, coast

pesona, bewitchment; *terpesona*, bewitched

pesta, [pésta] feast, festival; *~ dansa*, ball; *~ gila*, masked ball

pesti, → **pasti**

peta, picture; map; chart; *~ dunia*, world map; *~ ikhtisar*, survey map; *buku ~*, atlas; *memetakan*, to map out; to picture, to paint

petak, [pétak] compartment,

division

petang, afternoon; evening

petasan, fireworks

peti, chest, case, box; ~ *es,* icebox; ~ *mati,* coffin

petik, *memetik,* to pick, to gather, to extract; *pemetik,* picker, gatherer; *petikan,* extract, quotation

petir, peal of thunder, thunderclap

petua, → **petuah**

petuah, advice, counsel

petunjuk, → **tunjuk**

piagam, *surat ~ ,* charter

pial, wattle (of a cock)

piala, cup; ~ *bergilir,* challenge cup

piano, piano

piara, *memiara,* to take care of, to raise, to rear, to keep, to maintain; *piaraan,* mistress; pet; *anak ~ ,* foster child

piatu, orphan; *rumah ~ ,* orphanage

picik, narrow; narrow-minded; limited; *kepicikan,* narrow-mindedness; narrowness; to be in a scrape

picis, *sepicis,* one-tenth rupiah

picu, trigger

pidana, *hukum ~ ,* civil law

pidato, speech, address; ~ *radio,* broadcast speech; ~ *raja,* ~ *mahkota,* royal speech; ~ *pembukaan,* opening speech; ~ *upacara,* speech of the day; *berpidato,* to give an address, to make a speech

pigi, → **pergi**

pigmen, [pigmén] pigment

pigura, picture frame

pihak, side, party; ~ *sana,* opponent, other party, other side; *di ~ lain,* on the other hand; *di satu ~ ,* on the one side; *tidak memihak,* impartial(ly)

pijak, *memijak,* to tread on; *pijakan sepeda,* pedal; *pijakan kaki,* stirrup

pijar, *lampu ~ ,* (electric) bulb; *berpijar,* to glow

pijat, *tukang ~ ,* masseur; *memijat,* to massage

pijat, pijat-pijat, bug

pikat, horsefly

pikat, *memikat,* to lure (birds); to attract, to entice; *pemikat,* birdcall; bird catcher, fowler; decoy; *pikatan,* allurement

piket, [pikét] picket

pikir, *berpikir,* to think; *memikirkan,* to think about;

pemikir, thinker; *pikiran*, idea, thought

pikmen, [pikmén] → **pigmen**

pikul, weight of 62½ kilograms

pikul, *memikul*, to carry (on the shoulder)

pil, pill; *minum* ~ , to take pills

pileg, → **pilek**

pilek, to have a cold

pilem, → **film**

pilih, *hak* ~ , suffrage; *memilih*, to choose, to select, to elect; to vote; *pemilih*, voter, elector; *pemilihan*, election; *perjuangan pemilihan*, election fight; *pilihan*, choice, selection; ~ *yang sulit*, dilemma; *orang* ~ , selected person; distinguished person

pilin, *memilin*, to twist, to twine

pilot, pilot

pilu, moved; *memilukan hati*, moving, affecting, touching

pimpin, *memimpin*, to conduct, to lead, to guide, to direct; *pemimpin*, leader, guide, conductor; *pimpinan*, leadership, guidance, direction, management

pinang, pinang, areca nut; *seperti* ~ *dibelah dua*, almost identical, symmetrical

pinang, *meminang*, to propose to a girl; *peminangan*, proposal (of marriage)

pincang, crippled; *kepincangan*, imbalance

pindah, ~ *tuang darah*, blood transfusion; *berpindah*, to move; to emigrate; *memindahkan*, to move, to remove, to displace, to transfer; *pemindahan*, movement, removal, displacement, transfer; *pindahan*, *kartu* ~ , notice of departure

pinggan, bowl, plate

pinggang, waist; *buah* ~ , kidneys; *ikat* ~ , waistband, girdle; *sengal* ~ , lumbago

pinggir, border, brim, edge

pingsan, unconscious, fainted; *jatuh* ~ , to faint (away)

pinjam, *meminjam*, to borrow; *meminjamkan*, to lend; *yang* ~ , lender; *peminjam*, borrower; *pinjaman*, loan

pinset, [pinsét] tweezers

pinsil, → **pensil**

pinta, *berpinta*, to request; *peminta*, petitioner, applicant

pintal, *memintal*, to spin; *pemintal*, spinning wheel

pintar, clever; *kepintaran*,

cleverness

pintas, *sepintas lalu,* in passing, hasty; *memintas,* to cut short

pinter, → **pintar**

pintu, door; ~ *air,* sluice; ~ *angin,* swing door, draught door

pipa, pipe; ~ *karet,* rubber tube; *saluran* ~ , pipeline

pipet, [pipét] pipette

pipi, cheek

pipih, flat

pipit, sparrow

pirai, *penyakit* ~ , gout

pirasah, → **firasat**

piring, plate; ~ *ceper,* dinner plate; ~ *dalam,* dinner plate; *piringan hitam,* (phonograph) record

pisah, *ilmu* ~ , chemistry; *berpisah,* to part; *perpisahan,* parting, leave, farewell; *resepsi* ~ , farewell reception; *memisahkan,* to separate, to isolate; *pemisahan,* separation, isolation

pisang, banana

pisau, knife; ~ *cukur,* razor; ~ *lipat,* clasp knife, pocketknife

pistol, pistol

pita, ribbon; ~ *suara,* vocal cords; *cacing* ~ , tapeworm

pitam, giddiness; dizziness; *naik* ~ , to be angry; *penyakit* ~ , apoplexy

pitamin, → **vitamin**

pitenah, → **fitnah**

piutang, claims, credit; *utang* ~ , debit and credit; *yang berpiutang,* the creditor

piyama, pajamas, pyjamas

plakat, placard, poster

planel, [planél] → **flanel**

plasma, plasma

plastik, plastic

platina, platinum

plebisit, [plébisit] plebiscite

pleno, [pléno] plenary; *sidang* ~ , full session

plester, [pléster] plaster

podeng, → **puding**

pohon, tree

pohon, *bermohon diri,* to take one's leave; *permohonan,* request, petition; *memohon,* to beg, to request, to petition; *pemohon,* petitioner

pojok, corner

pokok, plant, tree; capital; ~ *kalimat,* subject of a sentence; ~ *pikiran,* gist; ~ *surat,* subject of a letter; ~ *utama,* main point, essential; *harga* ~ , cost price; *pada* ~*nya,* fundamentally, on

principle; *tambahan ~ pajak,*
additional percentage on taxes
pokrol, lawyer, solicitor; ~
jenderal, attorney general
polan, *si ~ ,* Mr. So-and-So
Polandia, Poland
polip, polyp
polisi, police; *~ militer,* military
police; *agen ~ ,* policeman;
kantor ~ , police station
politik, politics
politur, → **pelitur**
Polonia, → **Polandia**
pompa, pump; *~ angin,* air pump;
~ bensin, gasoline pump; *~
jarum,* injection syringe; *~
kebakaran,* fire engine; *~
sepeda,* inflator; *memompa,* to
pump
pondamen, [pondamén] →
fundamen
pondok, cottage, hut; *pondokan,
pemondokan,* lodging, accom-
modation
pongah, arrogant, proud
pontang-panting, scattered about
ponten, [pontén] fountain
popi, (little) doll
popok, (baby's) napkin, diaper
porak-parik, topsy-turvy, in a
mess
pordeo, [pordéo] → **prodeo**

pori, pore; *berpori,* porous
pormulir, → **formulir**
porok, fork
poros, axis; *~ utama,* principal
axis
portepel, [portepél] portfolio
portret, [portrét] → **potret**
Portugal, Portugal
Portugis, Portuguese
pos, post; *cap ~ ,* postmark;
dengan ~ udara, by airmail;
kantor ~ , post office; *pegawai
~ ,* post-office employee; *bank
tabungan ~ ,* post-office
savings account; *tukang ~ ,*
postman
positif, positive(ly)
poswesel, [poswésel] money
order; postal money order
pot, pot; *~ bunga,* flowerpot
potensi, [poténsi] potency
potlot, pencil
potong, piece; *ternak ~ ,* beef
cattle; *memotong,* to cut (off);
to deduct from (wages); to
slaughter; to amputate;
potongan, deduction, cut,
reduction; fashion
potret, [potrét] portrait; photo
(graph); *perkakas ~ ,* camera;
tukang ~ , photographer;
memotret, to photograph

prabawa, induction; influence; *kumparan ~ ,* induction coil

Praha, Prague

prahoto, truck

praja, *pamong ~ ,* civil service

prajurit, soldier

praktek, [prakték] → **praktik**

praktik, practice; *memraktikkan,* to put into practice

praktis, practical

prangko, stamp, postage

prasangka, prejudice

pratelan, [pratélan] → **tela,** *pertelaan*

preman, [préman] civil; *orang ~ ,* civilian; *penerbangan ~ ,* civil aviation

premi, [prémi] premium

presiden, [présidén] president

prestasi, [préstasi] performance, achievement

priai, → **priayi**

priayi, the upper classes

pribadi, self, independent, individual

prihatin, apprehensive, concerned

primitif, primitive(ly)

primitip, → **primitif**

prinsip, principle

prinsipiil, fundamental; on principle

prinsipil, → **prinsipiil**

prisma, prism; *teropong ~ ,* prism binoculars

priwil, freewheel

prodeo, [prodéo] *in forma pauperis,* without paying court costs; gratis

produksi, production; *memroduksi,* to produce

profesor, [profésor] professor

profil, profile; section

prognosis, prognosis

program(a), program

proklamasi, proclamation; *memroklamasikan,* to proclaim

proklamir, → **proklamasi**

promosi, promotion

prop, stop, cork (of a bottle)

propaganda, propaganda; *memropagandakan,* to propagate

propil, → **profil**

propinsi, → **provinsi**

proporsi, proportion

prosedur, procedure; lawsuit

prosedure, → **prosedur**

prosen, [prosén] → **persen**

proses, [prosés] lawsuit, trial; process

prospektus, [prospéktus] prospectus

protes, [protés] protest;

memrotes, to protest, to make a
protest

Protestan, [protéstan] Protestant

protokol, protocol

provinsi, province

provokasi, provocation

provokatif, provocative

proyek, [proyék] project, scheme

proyeksi, [proyéksi] projection

pual, *kain ~ ,* voile

pualam, *batu ~ ,* marble

puas, satisfied, content; *~ diri,*
self-complacent; *memuaskan,*
to satisfy, to content

puasa, fasting; *bulan ~ ,* fasting
month; *berpuasa,* to fast

pucat, pale; *~ lesi, ~ manai,*
deathly pale

pucuk, sprout, offshoot; *~
pimpinan,* general manage-
ment; *mati ~ ,* impotent;
sepucuk surat, one letter

puding, pudding

puja, *memuja,* to worship, to
pray; *pemuja,* worshipper,
adorer; *pujaan,* worship;
worshipped

pujangga, man of letters; poet

puji, *memuji,* to praise; *pemuji,*
flatterer, coaxer; *pujian,* praise;
lagu ~ , hymn

pukang, *lintang ~ ,* head over
heels, helter-skelter

pukat, dragnet

puki, female genitals

pukul, *~ berapa?,* what time is
it?; *~ tiga,* three o'clock;
~ rata, on an average; *pukul-
memukul, berpukul-pukulan,*
to beat each other; *memukul,*
to beat, to strike; *pemukul,*
hammer, striker; *pukulan,*
beat, strike

pula, also, again; *lagi ~ ,* more-
over

pulang, to go home, to return; *~
balik,* to and fro ; *~ ke rahmat
Allah, ~ ke rahmatullah,
berpulang,* to pass away, to
die; *memulangkan,* to give
back; to restore; to send back,
to repatriate; *pemulangan,*
repatriation; *~ kehormatan,*
rehabilitation

pulas, *memulas,* to twist, to
wring; to paint

pulau, island; *~ karang,* coral
island; *kepulauan,* archipelago

pulih, recovered; *memulihkan,* to
restore; *pemulihan,* recovery,
restoration; *~ nama baik,*
rehabilitation

pulkanisir, → **vulkanisasi**

pulpen, [pulpén] fountain pen;

tinta ~ , fountain-pen ink

puluh, *sepuluh,* ten

pulut, sticky, glutinous

pun, emphasizing particle; too, also; yet, even

punah, destroyed, extinct

punai, green pigeon

puncak, top, summit; ~ *pimpinan,* general management; headquarters; *memuncak,* to culminate

pundak, shoulder

pundi, ~-~ , purse, bag

punggah, *memunggah,* to unload, to discharge; *punggahan,* port of discharge

punggung, back, seat back

pungkir, → **mungkir**

pungsi, puncture

pungut, *memungut,* to pick up; to collect; *pemungutan suara,* voting, ballot, plebiscite

puntal, *memuntal,* to wring, to coil; *puntalan kawat,* coil

puntung, stump

punya, *yang* ~ *mobil,* car owner; *mempunyai,* to possess; *harta kepunyaan,* possession, belongings

pupu, ancestor; *saudara sepupu,* first cousin

pupuk, manure, dung; *memupuki,* to manure, to spread manure

pupur, face powder

pupus, blurred out; blighted; young leaves

puput, *berpuput,* to blow

pura-pura, pretended, quasi

purbakala, olden times

puri, palace (fort)

purnama, *bulan* ~ , full moon

puru, pustule; ~ *sembilik,* hemorrhoids; *sakit* ~ , yaws, framboesia

pusaka, inheritance; *barang* ~ , heirloom

pusar, navel

pusar, *berpusar,* to turn round, to whirl; *pusaran,* whirl; ~ *air,* whirlpool; ~ *angin,* whirlwind

pusat, navel, center; central; ~ *berat,* center of gravity; *kantor* ~ , head office; *memusatkan,* to concentrate; *pemusatan,* concentration; centralization

puser, → **pusar**

pusing, ~ *kepala,* dizzy; *berpusing,* to rotate, to revolve; *itu memusingkan kepalanya,* this gave him a headache, he had to cudgel his brains

puspa, flower; ~ *warna,* multicolored

pustaka, book; *taman* ~ , library;

perpustakaan, library; *kepustakaan*, literature; *pustakawan*, librarian

putar, *perputaran*, rotation; *memutar*, to rotate; to wind up; ~ *balik*, to prevaricate, to equivocate; to shuffle; *putaran*, round, rotation, revolution

putera, → **putra**

puteri, → **putri**

putih, white; ~ *metah*, snow-white; ~ *telur*, egg white; *zat* ~ *telur*, albumen; *memutihkan*, to whiten, to bleach

putik, bud; *berputik*, in bud

putra, son; ~ *mahkota*, crown prince; *bumi* ~ , native people

putri, daughter; ~ *malu*, touch-me-not

putus, broken off; ~ *asa*, hopeless, despairing, desperate; ~ *bicara*, to be at one's wits' end; ~ *nyawa*, dead; *tak* ~~*nya*, *tak berkeputusan*, continuously, nonstop; *memutuskan*, to break; to terminate; to decide, to conclude; *pemutusan*, termination; breaking; *keputusan*, decision, sentence, judgment, decree

puyu, → **puyuh,**

puyuh, *angin* ~ , whirlwind

puyuh, *burung* ~ , quail

Q

qari, male Koran reciter

qariah, female Koran reciter

qiraat, recital

Quran, Koran

R

raba, *meraba*, to grope, to fumble

rabit, torn, rent, gashed

Rabu, Wednesday

rabuk, touchwood, tinder, punk

rabuk, dung, manure; ~ *toko,* artificial manure, chemical fertilizer

rabun, fumigation

rabung, *perabungan,* ridge (of a roof)

racun, poison; *meracuni,* to poison; *peracun,* poisoner; *peracunan,* poisoning; *keracunan,* poisoned

rada, somewhat, rather, fairly

radak, *meradak,* to stab, to spear

radang, ~ *paru-paru,* pneumonia; *meradang,* to become angry; *peradang,* hothead

radio, radio; ~ *resmi,* official radio; *kumparan* ~ , radio coil; *lampu* ~ , valve; *pemancar* ~ , radio station, broadcasting station; *pengeras suara* ~ , loudspeaker; *penyiar* ~ , announcer; *penyiaran* ~ , broadcast(ing)

rafal, text, comment

raga, basket; ball (made of rattan)

raga, body; *mati* ~ , to fast; *olah* ~ , bodily exercise; sports; *lapangan olah* ~ , sports ground, athletic field

ragam, manner, way; tune; color; *puspa* ~ , multicolored; *seragam,* uniform; *pakaian* ~ , uniform

ragi, yeast

ragu, ~-~ , doubtful; confused; *beragu-ragu,* to doubt; *keragu-raguan,* doubt

rahang, jaw; ~ *atas,* upper jaw; ~ *bawah,* lower jaw; *tulang* ~ , jawbone

rahasia, secret, mystery; ~ *jabatan,* official secret; *membuka* ~ , to reveal a secret; *merahasiakan,* to keep secret; *kerahasiaan,* secrecy

rahib, monk

rahim, compassionate, merciful

rahim, uterus, womb

rahman, compassionate, merciful

rahmat, mercy, grace

rahsia, → **rahasia**

raib, disappeared

raja, king; ~ *muda,* viceroy; *permaisuri* ~ , queen; *kerajaan,* kingdom; *merajakan,* to crown

rajalela, [rajaléla] *merajalela,* to rage; to tyrannize

rajah, *merajah,* to tattoo

rajam, *merajam,* to stone

rajawali, eagle

rajin, industrious, diligent; *kerajinan,* industry, diligence;

~ *tangan,* handicraft

rajuk, *merajuk,* to grumble

rajut, *merajut,* to knit, to darn

rak, ~ *piring,* dishrack

rakit, raft

rakit, *merakit,* to assemble; *rakitan, perakitan,* assembly, assembling

raksa, *air* ~ , quicksilver, mercury

raksasa, giant

rakus, gluttonous, greedy

rakyat, people; ~ *jelata,* ~ *murba,* mob; populace; *gerakan* ~ , popular movement; *kesehatan* ~ , public health; *perwakilan* ~ , representation of the people; *Dewan Perwakilan* ~ , House of Representatives, Parliament; *kerakyatan,* democratic; democracy

ralat, mistake; rectification; errata

Ramadan, Islamic fasting month

ramah, familiar, cordial, friendly; ~ *tamah,* extremely familiar, intimate; informal meeting

ramai, busy, lively; populous, crowded; joyous; *di hadapan khalayak* ~ , in public;

keramaian, stir; liveliness, merriment; festivity, amusements

ramal, *tukang* ~ , predictor, prophet; *meramalkan,* to foretell, to predict, to prophesy; *ramalan,* prediction, prophecy, forecast

rama-rama, butterfly

rambat, *cepat* ~ , *laju* ~ , transmission speed; *merambat,* to spread, to transmit

rambut, hair; ~ *kejur,* straight, limp hair; ~ *keriting,* curly hair; *berambut,* hairy

rambutan, rambutan, fruit of litchi family

rame, [ramé] → **ramai**

rame, [ramé] → **rami**

rami, hemp

rampai, miscellaneous, varied; *bunga* ~ , medley, potpourri; anthology

rampas, *merampas,* to take by force, to plunder; *perampas,* plunderer; *perampasan,* plunder; *rampasan,* booty, plunder

ramping, slender

rampok, *merampok,* to rob, to plunder; *perampok,* robber; *perampokan,* robbery

rampung, finished; completed;

merampungkan, to finish, to complete

rampung, → **rampong,** → **rompong**

ramsum, → **ransum**

ramu, *meramu,* to gather, to collect materials; *ramuan,* materials, ingredients; mixture

rana, *merana,* to languish, to pine away

rancang, stake, stick; *merancang,* to project, to plan, to prepare; *perancang,* projector, planner; designer; *rancangan,* project, plan, program; *masih dalam ~ ,* still in preparation

rancap, onanism

rancu, confused; *kalimat ~ ,* poorly written sentence

randa, widow; divorcée; divorced woman; *~ tua,* old maid, spinster

rangka, skeleton, framework

rangkai, bunch, cluster; *(orang) tiga serangkai,* triumvirate; *merangkai,* to bind together, to combine; *rangkaian, perangkaian,* combination

rangkak, *merangkak,* to crawl

rangkap, *~ dua,* twofold, in duplicate; *berangkap-*

rangkapan, in twos; *merangkap,* to fill a place temporarily

rangkap, → **perangkap**

rang-rangan, sketch, outline

rangsang, *merangsang,* to tickle, to stimulate, to excite; to irritate; *perangsang,* stimulant; *barang ~ ,* luxuries

rangsoman, → **ransum**

ranjang, bed

ranjau, mine; *~ darat,* land mine; *~ laut,* sea mine; *kapal penyapu ~ ,* minesweeper; *kapal penyebar ~ ,* minelayer

ransum, ration

rantai, chain; *orang ~ ,* chained convict; *merantaikan,* to enchain, to chain, to fetter

rantau, bight, creek; *merantau,* to sail along the bights, to sail along the coastline; to settle overseas; *perantau,* settlers (in foreign countries), expatriates

ranting, twig

ranum, overripe

rapat, close to; tight; density; *persahabatan ~ ,* close friendship; *~ bertalian,* closely connected; *merapatkan,* to fit together; *kerapatan,* density

rapat, meeting, session; *~ kilat,*

emergency meeting; ~ *pleno*, full session; *berapat*, to hold a meeting; *merapati*, to approach; *merapatkan*, to discuss

rapi, neat, tidy

rapih, crumb; crumbly; *merapih*, to crumble

rapor, account, report

rapot, → **rapor**

rapuh, brittle

rasa, feeling, sense; taste; opinion; ~ *malu*, sense of shame; ~*nya*, it appears, it would seem; ~-~*nya*, probably, most likely; ~ *rendah diri*, inferiority complex; *merasa*, to feel; *merasai*, to taste; to experience; to suffer; *perasaan*, feeling, opinion; *masalah ~ hati*, question of conscience; *menurut ~ saya*, in my opinion

rasa, → **raksa**

rasmi, → **resmi**

rasul, apostle; *kerasulan*, apostolate, apostleship

rata, flat, even, level; *rata-rata*, equally, on average; *pukul ~*, average; *meratakan*, to smooth, to level; to equalize

ratap, mourning song; lament; *meratap*, to lament, to wail;

ratapan, lamentation

ratna, jewel

ratu, queen

ratus, hundred; *seratus*, one hundred; *beratus-ratus*, hundreds of

raung, *meraung*, to roar; to yelp; to cry out

raut, ~ *muka*, countenance; features

rawa, morass, marsh, swamp

rawan, *merawan*, to be uneasy about; *merawan-rawan*, to lament

rawan, *tulang ~*, cartilage, gristle

rawat, *juru ~*, nurse; *merawat*, to nurse; to keep in repair, to maintain; *perawatan*, nursing, maintenance, upkeep; *biaya ~*, nursing fees; maintenance cost

raya, great, large; *jalan ~*, highway, main road, boulevard; *hari ~*, feast day, holiday; *kaya ~*, wealthy; *rimba ~*, forest, jungle; *merayakan*, to celebrate; *perayaan*, celebration

rayap, white ant

rayap, *merayap*, to crawl; to creep

rayu, sad, melancholy; *merayu*,

to feel sad

rayu, *merayu,* to flatter; *rayuan,* flattery

reaksi, [réaksi] reaction

reaksioner, [réaksionér] reactionary

Reba, → **Rabu**

rebah, to fall down; to lie down; *merebahkan,* to fell, to cut down; *rebahan,* place to lie down

rebana, tambourine

Rebo, → **Rabu**

rebung, young bamboo shoot

rebus, boiled; *merebus,* to boil in water

rebut, *merebut,* to tear away, to snatch away; to conquer, to capture; *~ kembali,* to reconquer, to recapture

receh, [récéh] *uang ~ ,* small change

recik, *merecik,* to sprinkle, to splash

reda, calm, quiet; abating

redaksi, editors, editorial staff

redaktur, editor

reduksi, [réduksi] reduction

redup, overcast, dimmed

refleks, [réfléks] reflex

regang, taut, tight; *meregang,* in erection; *meregangkan,* to stretch out

regen, [regén] regent

regu, group, team

rejan, *batuk ~ ,* whooping cough

rekacipta, [rékacipta] invention; *merekacipta,* to invent

rekah, *merekah,* to split, to crack

rekan, partner; colleague

rekat, *merekat,* to stick, to glue; *perekat,* glue; cement; mortar

reken, [réken] *mereken,* to calculate, to count, to cipher

rekening, [rékening] bill, account

rekes, [rekés] petition

reklame, [réklame] advertising, publicity

rekrut, recruit; *merekrut,* to recruit

rel, [rél] rail

rela, [réla] consent, willingness, readiness; pleasure; *dengan ~ ,* readily, willingly, kindly; *dengan ~ hati,* with pleasure; *kerelaan,* kindness, benevolence, agreement, approval

relatif, [rélatif] relative(ly)

rem, [rém] brake; *~ tidak makan,* the brake doesn't work

remah, [rémah] crumb; *meremah-remah,* to crumble

remaja, adolescent; *masa ~ ,* puberty

rembang, zenith; ~ *matahari,* meridian

rembuk, *berembuk,* to confer; *merembuk,* to discuss, to deliberate, to confer; *perembukan,* discussion, deliberation, conference

remis, half cent

rempah, spice; balm; *merempah-rempahi,* to embalm

rempak, *serempak,* simultaneous(ly)

remuk, crushed; *meremuk,* to crush; *remukan,* crumb

renang, swimming; ~ *kodok,* breast stroke; *kolam* ~ , swimming pool; *berenang,* to swim

rencana, narrative, story; account; project, program; ~ *lima tahun,* five-year plan; ~ *undang-undang,* draft act; *merencanakan,* to draft, to project

rencong, [réncong] Acheenese dagger

rencik, → **recik**

renda, [rénda] lace

rendah, low, humble; *sekolah* ~ , elementary school; *merendahkan,* to lower; to humiliate; ~ *diri,* to humble

oneself; ~ *upah,* to lower wages; *kerendahan,* humility, humbleness; *serendah-rendahnya,* as low as possible; *terendah,* minimal, minimum, lowest

rendam, *merendam,* to soak; to inundate; *terendam,* soaked; inundated; immersed

rendang, *sago* ~ , pearl sago; *merendang,* to fry meat with coconut milk

rengek, [réngék] *merengek,* to tease; to worry; *perengek,* worrying; bore

renggang, wide, distant, spacious; *merenggangkan,* to widen; to loosen; to depress

renggut, *merenggut,* to tear away, to snatch

reng-rengan, [réngréngan] outline; concept

rengus, gruff, surly

rengut, *merengut, merengut-rengut,* to grumble; to murmur

renik, microscopic; *liang* ~ , pore; *berliang* ~ , porous

renjis, *merenjis,* to sprinkle

renta, *tua* ~ , worn with age

rentak, *merentakkan kaki,* to stamp one's foot

rentak, *serentak,* all at once,

simultaneous, at the same time

rentang, *merentang,* to spread out, to stretch out

renteng, [rénténg] *serenteng,* a string of

renung, *merenung,* to gaze at, to stare at; *merenungkan,* to meditate on

renyai, *hujan ~ ,* drizzling rain, drizzle

renyuk, *merenyuk,* to crumple (up), to rumple

reorganisasi, [réorganisasi] reorganization

reparasi, repair(s)

repek, [répék] *merepek,* to babble, to twaddle

repet, [répét] *merepet,* to chatter

repolper, → revolver

repot, [répot] to be very busy; to be in trouble

reproduksi, [réproduksi] reproduction

republik, [républik] republic

republikan, [républikan] republican

repuh, *repuh-repuh,* padlock

resam, habit, custom; constitution

resap, *meresap,* to absorb; to disappear

resep, [resép] recipe

resepsi, [resépsi] reception

resi, receipt

residen, [résidén] resident

residif, [résidif] relapse into crime

residivis, [résidivis] previous offender

residu, [résidu] residue

resimen, [résimén] regiment

resmi, official, formal; *dengan ~ ,* officially, formally; *kunjungan ~ ,* state visit; *meresmikan,* to legalize, to install

resolusi, [résolusi] resolution

restan, [réstan] remainder

restoran, [réstoran] restaurant

retak, cracked; *meretak,* to crack; *retakan,* crack

retas, *meretas jalan,* to clear a way; *peretas jalan,* pioneer

retor, retort

revolusi, [révolusi] revolution

revolver, revolver

rewel, [réwél] troublesome; *tukang ~ ,* troublemaker; *kerewelan,* nuisance

rezeki, livelihood; means of livelihood; food

ria, merry, gay, cheerful; *keriaan,* merriment, gaiety, cheerfulness

riak, ripples of water; ~

gelombang, wavelength; *meriak,* to ripple

riak, phlegm

rial, real; a Portuguese coin

riam, (river) rapids

riang, gay, cheerful

riang-riang, cricket

rias, *kamar ~ ,* dressing room; lavatory

riba, *meriba,* to have on one's lap; *ribaan,* lap

riba, usury, moneylending; *makan ~ ,* to practice usury

ribu, thousand; *seribu,* one thousand; *beribu-ribu,* thousands of

ribut, noise; noisy; *angin ~ ,* storm; *keributan,* disturbances

riil, real

rim, *kertas serim,* one ream of paper

rim, → **rem**

rimau, → **harimau**

rimba, forest, wood; jungle

rimbu, → **rimba**

rinci, *merinci,* to specify; *perincian,* specification

rindang, shady

rindu, longing; *~ akan,* to long for, to crave, to hanker after; *kerinduan,* longing, craving, hankering

ringan, light, easy; *~ kepala,* intelligent; *meringankan,* to lighten, to ease, to relieve

ringgit, 2½ guilder; Malaysian currency

ringkas, brief, short; *dengan ~ ,* brief; briefly; *ulangan ~,* recapitulation; *meringkas,* to shorten, to summarize, to abridge; *ringkasan,* summary, synopsis, abridgment

ringkik, *meringkik,* to neigh

rintang, *merintangi,* to thwart, to hinder; *rintangan,* barricade, hindrance, obstacle; *~ kawat berduri,* barbed-wire entanglement

rintas, *merintas,* to take the shortest way

rintik, *hujan ~-~,* drizzling rain, drizzle

rintis, *merintis,* to trace; to pioneer; *perintis jalan,* pioneer; *perintisan,* pioneering

risalah, pamphlet, brochure

risalat, → **risalah**

risau, uneasy, anxious; *perisau,* vagabond, tramp

risiko, risk

riuh, *~ rendah,* noise, noisiness, uproar

riwayat, story, narrative; *~ hidup,*

biography; ~ *si mati,* necrology, obituary; *meriwayatkan* to tell, to narrate

robah, → **ubah**

robak-rabik, in tatters

robek, [robék] torn up; *merobek,* to tear up

roboh, to fall down, to cave in, to fall in (of a building), to collapse; *kerobohan,* falling down; collapse; *robohan,* ruins

roda, wheel; ~ *angin,* bicycle; ~ *gigi,* cogwheel; ~ *gila,* fly-wheel

rodi, order, command; forced labor

rodok, random; *spesimen* ~ , random specimen

rogol, *merogol,* to rape

roh, spirit, ghost

rohani, spiritual; mental, intellectual

rok, skirt

roki, → **rok**

rokok, cigarette; cigar; *minum* ~ , to smoke; *uang* ~ , tip; *merokok,* to smoke

rolet, [rolét] roulette

Roma, Rome

roma, *bulu* ~ , the down on the human skin

roman, appearance, looks

roman, *buku* ~ , novel

romantik, romantic

Romawi, Roman

rombak, *merombak,* to pull down, to demolish; to reorganize

rombengan, [rombéngan] lumber; rubbish, rags

rombong(an), group, party

romolan, rubbish

rompak, piracy; *merompak,* to pirate; *perompak,* pirate

rompi, waistcoat, vest

rompok, hut

rompong, mutilated; disfigured; mutilation

ronda, *meronda,* to patrol; *peronda,* patrol

rongga, hollow, hole, cavity; ~ *dada,* chest cavity; ~ *hidung,* nasal cavity

ronggeng, [ronggéng] dancing girl

rongkong, → **kerongkongan**

rongkongan, → **kerongkongan**

rongseng, [rongséng] discontented, peevish; *merongseng,* to be discontented; to grumble

rontoh, → **runtuh**

rontak, → **berontak**

rontok, to fall down; *musim* ~ , autumn, fall

ros, *bunga* ~ , rose

roseng, [*roséng*] → **rongseng**

rosot, *merosot,* to decrease, to tumble

rotan, rattan

roti, bread, loaf; ~ *bola,* (French) roll; ~ *kismis,* currant loaf; ~ *panggang,* toast; *bubur* ~ , bread porridge; *pisau* ~ , breadknife; *remah* ~ , bread crumbs; *tempat* ~ , bread tin, bread pan; *tempat bakar* ~ , bakery; *tukang* ~ , baker

royal, spendthrift

royan, afterpains

royong, *gotong* ~ , mutual assistance

ruam, ~ *saraf,* shingles

ruang, space, cavity; hold (of a ship); ~ *santap,* dining room; ~ *terima tamu,* reception room; ~ *singgasana,* throne room; *ilmu ukur* ~ , solid geometry; *ruangan,* section (of a newspaper); column; room; hall

ruas, joint; phalanx; ~ *jari,* knuckle; ~ *tulang belakang,* vertebra

rubah, fox

rubiah, → **riba**

rubuh, collapse

rugi, to suffer a financial loss; loss; *merugi,* to sustain damage, to be damaged; *merugikan,* to do damage to, to inflict damage on, to hurt, to harm, to injure; *kerugian,* loss, damage; ~ *kebakaran,* damage by fire; *perang,* war damage; *pengganti* ~ , indemnification, compensation; *penanggung* ~ , insurer

ruh, spirit

ruhani, → **rohani**

ruji, lattice, trellis

rukun, pillar, principle; in harmony; *hidup* ~ , to live in harmony; *kerukunan,* harmony

Rum, → **Roma**

rumah, house; ~ *jabatan,* official residence; ~ *jaga,* ~ *monyet,* sentry box; ~ *gadai,* pawnshop; ~ *gila,* mental institution, insane asylum; ~ *hantu,* haunted house; ~ *kediaman,* dwelling; ~ *makan,* restaurant; ~ *miskin,* almshouse; ~ *obat,* chemist's (shop), drugstore, pharmacy; ~ *panjang,* brothel; ~ *piatu,* orphanage; ~ *sakit,* hospital; ~ *sembahyang,* chapel; ~ *sewa,* rented house; ~ *tangga,* housekeeping, household, family; ~ *turutan*, outbuilding; *di* ~ , at home; *induk* ~ , main building; *isi* ~ , household, family; *perkakas* ~ , furniture; *tuan* ~ , master of the house; *perumahan*, lodging, accommodation, housing; *rumah-rumahan*, model of a house

Rumania, Romania; ... *Roumania*, Romanian

rumbia, sago palm

rumpang, with a hiatus, with a gap

rumpun, stool (of bamboo)

rumput, grass; ~ *kering*, hay; ~ *kejut-kejut*, ~ *putri malu*, touch-me-not; *lapangan* ~ , grassy field, lawn; *rumput-rumputan*, weeds; *merumput*, to grass; *merumputi*, to weed; to grass

rumus, formula; *merumuskan*, to formulate; *perumusan*, formulation

runcing, sharp, pointed; *meruncingkan*, to sharpen

runding, *berunding*, to discuss, to deliberate; *merundingkan*, to deliberate upon; *perundingan*, discussion, deliberation

rungut, *merungut*, to grumble, to murmur

runtuh, to fall down; *meruntuhkan*, to overthrow; *keruntuhan*, fall, crash; *runtuhan*, ruins

runut, trace, track; *merunut*, to trace, to track

rupa, appearance, looks; shape; ~~ , all kinds of; *rupa-rupanya*, it would seem; it appears; *berupa*, in the shape of, in the form of; *merupakan*, to shape, to model, to constitute; *rupawan*, handsome, beautiful

rupiah, Indonesian currency

Rus, → Rusia

rusa, deer; ~ *betina*, hind; ~ *jantan*, buck

rusak, damaged, destroyed, spoiled; defective, out-of-order; *merusak*, to damage, to spoil; *perusak*, destroyer; *kapal* ~ , torpedo boat, destroyer; *kerusakan*, damage, defect

Rusia, Russia; Russian

rusuh, *kerusuhan*, tumult, row, disturbances

rusuk, flank, side; *tulang* ~ , rib

ruwet, complicated

S

sa, → esa

saat, moment, time; ~ *ini*, at this moment; *antropologi* ~ *ini*, current anthropology; *tidur beberapa* ~ , to sleep in snatches

saban, every, each; ~ *hari*, every day; ~ *orang*, everyone; ~-~, every time; often

sabar, patient; *menaruh* ~ , to have patience; *tidak* ~ *lagi*, to lose patience; *menyabari*, to be patient (with); *menyabarkan*, to calm, to soothe, to appease; *penyabar*, patient; *kesabaran*, patience; *batas* ~ , limit of one's patience

sabda, word; *bersabda*, to say, to speak; *menyabdakan*, to speak, to pronounce

saben, → saban

sabil, path, way; *perang* ~ , holy war

sabit, sickle; *mesin* ~ , mower; *menyabit*, to cut with a sickle; ~ *rumput*, to mow, to cut grass with a sickle

sabot, sabotage; *menyabot*, to sabotage; *penyabot*, saboteur

sabotase, sabotage

sabotir, → sabot

Sabtu, Saturday

sabun, soap; ~ *cuci*, washing soap; ~ *mandi*, bathsoap; ~ *wangi*, perfumed soap; *menyabun*, to soap, to lather

sabung, *ayam* ~ , fighting cock; *menyabung*, to fight cocks; *penyabung*, cockfighter; *sabungan*, cockfighting

sabur, ~ *limbur*, dusky, dim; vague; diffused

sabut, ~ *kelapa*, coconut fiber

sadai, *menyadaikan*, to ferment

sadap, *pisau* ~ , knife (for tapping rubber); *menyadap*, to tap (rubber)

sadar, conscious; ~ *akan dirinya*, to regain consciousness, to revive, to come around; *tidak* ~ , to be unconscious; *kesadaran*, consciousness; *penyakit* ~ , psychosis; *ilmu penyakit* ~ , psychiatry

sadur, plating, coating; ~ *emas,* gilding, gilt; *bersadur,* plated; ~ *emas,* gold-plated; *menyadur emas,* to gild; *saduran,* plated article

sadur, *menyadur,* to rewrite; *penyadur,* rewriter; *saduran,* rewriting

saf, line, row; *bersaf-saf,* in rows

saf, rank, file

saf, → **sap**

safran, saffron

saga, sage

sagu, sago

sah, legal, legitimate; valid; *anak* ~ , legitimate child; *tidak* ~ , not valid, illegal; *mensahkan, mengesahkan,* to legitimize, to legalize, to validate, to authorize, to ratify; *pengesahan,* validation, legitimation, legalization, authorization

sahabat, friend; ~ *karib,* ~ *keras,* ~ *kental,* close friend, bosom friend, best friend; ~ *pena,* pen friend, pen pal; *bersahabat,* to be friends; *persahabatan,* friendship

sahaja, *bersahaja,* simple, plain, natural; *dengan* ~ *saja,* without ceremony; *kesahajaan,* simplicity, naturalness

sahaja, → **saja**

saham, share

sahaya, servant; I; me; my

sahib, master, owner

sahibulhikayat, narrator; author

sahid, *mati* ~ , to die a martyr

sahut, *menyahut,* to answer, to reply; *sahutan,* answer, reply

Sailan, Ceylon

saing, *bersaing,* to compete; *harga* ~ , competitive price; *menyaingi,* to compete with; *persaingan,* competition

sair, → **syair**

sais, coachman, cart driver

saja, only, but, nothing but

sajak, rhyme; poem; *bersajak,* to rhyme; ~ *dengan,* to rhyme with, to rhyme to

saji, *menyajikan,* to serve up, to dish up, to offer; *penyajian,* presentation; *sajian,* dish

sakal, blow; *angin* ~ , head wind, contrary wind

sakar, sugar; ~ *anggur,* glucose; ~ *susu,* lactose; ~ *tebu,* cane sugar

sakit, sick, ill, painful; ache, pain; ~ *gigi,* toothache; ~ *hati,* grief, sorrow; offended, hurt; ~ *kepala,* headache; ~ *payah,* mortally ill, sick unto death; ~

perut, stomachache, bellyache; *perlop* ~ , sick leave; *rumah* ~ , hospital; *si* ~ , patient, sick person; *menyakiti, mempersakiti,* to ache, to hurt; to treat ill, to maltreat; *menyakitkan,* to vex, to trouble; ~ *hati,* to offend, to injure, to hurt one's feelings; *penyakit,* disease; complaint; ~ *anjing gila,* rabies; ~ *jiwa,* derangement; ~ *gula,* diabetes; ~ *kotor,* venereal disease; *gejala* ~ , symptoms (of a disease); *hama* ~ , germs; *ilmu* ~ , pathology; *pesakitan,* the accused; prisoner, convict; *kesakitan,* to have a pain, to be in pain; illness

sakratulmaut, death agony

saksama, accurate, correct

saksi, witness; ~ *palsu,* false witness; *naik* ~ , to give evidence of; *menyaksikan,* to witness; to testify; ~ *sendiri,* to witness personally; *penyaksian,* witnessing; *kesaksian,* testimony; *memberi* ~ , to give evidence to, to bear witness; *surat* ~ , testimonial, recommendation

sakti, magic power, supernatural power

saku, pocket; *uang* ~ , pocket money

salah, mistaken, faulty, erroneous; ~ *cerna,* indigestion; ~ *cetak,* misprint; ~ *mengerti,* to misunderstand; ~ *paham,* misunderstanding; ~ *satu,* one or the other (thing), one of; ~ *seorang,* one or the other (person); ~ *urat,* strained (of a tendon); *apa ~nya?,* what is wrong?; *kalau saya tidak* ~ , if I am not mistaken; *bersalah,* to be wrong, to be guilty; *yang* ~ , the guilty; *menyalahi,* to contradict, to be in conflict with; *menyalahkan, mempersalahkan,* to blame; *dapat dipersalahkan,* blamable; *kesalahan,* offense, infringement, breach; trespass, transgression

salak, *menyalak,* to bark

salak, *buah* ~ , a kind of fruit

salam, peace; *memberi* ~ , to salute; *bersalam-salaman,* to shake hands

salam, *daun* ~ , laurel leaf

salam, → **salem**

salat, divine service; ~ *syukur,* prayer of thanks

saldo, balance; ~ *minus*, deficit; ~ *plus*, credit balance, balance in hand

saleh, [saléh] devout, pious; *kesalehan*, devotion, piety

salem, [salém] *ikan* ~ , salmon

salep, ointment

salib, cross; *mati di* ~ , dead on the cross; *tanda* ~ , sign of the cross; *menyalibkan*, to crucify

salin, *menyalin*, to copy; to translate; *salinan*, copy; translation; ~ *pertama*, duplicate; ~ *kedua*, triplicate; *membuat* ~ , to make a copy of

salin, *bersalin*, to bear a child; to be confined; *persalinan*, childbirth

salin, *bersalin*, to change clothes; *persalinan*, groom's gift of clothes to the bride

saling, mutual; each other; ~ *cinta*, mutual love; to love each other

salju, snow

salur, *saluran*, gutter; channel; tube; ~ *air*, waterworks; waterpipe; ~ *isi perut*, intestinal canal; ~ *pipa*, pipeline

salut, insulator, coating; *bersalut*, insulated; *kawat* ~ , insulated wire

sama, same, identical, equal; together; with; ~ *rasa*, ~ *rata*, what is good for the goose is good for the gander; ~ *sekali*, completely; *sesama*, fellow; ~ *guru*, fellow teacher; ~ *manusia*, fellow man; *bersama*, together; collective, joint; *kepentingan* ~ , joint interest, common interest; *menyamai*, to be like, to equal; *menyamakan*, *mempersamakan*, to equalize, to assimilate; *persamaan*, likeness, resemblance; equation

samak, tannin; *asam* ~ , tannic acid; *menyamak*, to tan; *penyamak*, tanner; *penyamakan*, tanning; *tempat* ~ , tannery

samak, sad

samar, concealed, disguised; *waktu* ~ *muka*, at twilight; *menyamar*, in cognito; *menyamarkan diri*, to conceal oneself, to disguise oneself; *samaran*, mask; *nama* ~ , pseudonym

sama rata, equal in treatment; leveled, averaged; *menyamaratakan*, to treat all alike, to generalize

sambal, condiment prepared with

red pepper

sambang, watch, guard; round; *bersambang,* to keep watch, to patrol

sambar, *menyambar,* to pounce on, to swoop down (on); *disambar kilat,* struck by lightning

samben, [sambén] *sebagai ~ ,* as a pastime; as a second job

sambil, at the same time, while; *sambilan,* accessory matter, secondary matter

sambung, *menyambung,* to join; to continue, to lengthen; *~ surat kami,* referring to our letter; *menyambungkan,* to connect for; *akan disambung,* to be continued; *penyambungan,* connection; lengthening, prolongation; *sambungan,* lengthening piece; continuation; *~ jarak jauh,* long-distance connection; *papan ~ ,* junction board, switchboard

sambur, *~ limbur,* dim, dusky

sambut, *menyambut,* to receive, to welcome; *~ dengan terima kasih,* to accept gratefully; *sambutan,* reception, welcome

sampah, rubbish; dirt

sampai, to arrive, to reach; till, until; *~ jumpa!,* so long!; *~ dengan,* as far as, inclusive of; *~ ke akar,* radical; *~ umur,* of age; *menyampaikan,* to deliver; to hand, to convey; *sampaikanlah salam saya kepada ayahmu!,* remember me to your father!

sampai, *menyampaikan,* to hang out (clothes); *sampaian,* coat stand, coat rack, drying rack

sampan, boat

sampanye, champagne

sampar, *penyakit ~ ,* plague; pest

sampi, cow

samping, side; *dari ~ ke ~ ,* from side to side; *di ~ ,* next (to); beside; *samping-menyamping,* side by side; *disampingi,* flanked

sampinyon, mushroom

sampir, *menyampirkan,* to hang over; *sampiran,* hat-and-coat stand

sampul, cover; envelope; *~ tebal,* hardcover; *~ tipis,* paperback; *bersampul,* put in an envelope; *diberi ~* to be jacketed (for a book); *menyampul,* to cover, to upholster

sampurna, → **sempurna**

samudera, ocean; ~ *Atlantik,* Atlantic Ocean; ~ *Hindia,* Indian Ocean

samun, *menyamun,* to rob, to plunder; *penyamun,* robber, highwayman

sana, yonder; *di* ~ , there; *di* ~ *sini,* here and there; *pihak* ~ , other party, opponent

sanak, relative; ~ *saudara,* relatives, blood relation, family

sanat, year

sanatorium, sanatorium

sanatulhijriah, Islamic year

sandang, shoulder strap, bandoleer; *menyandangkan,* to wear a strap over the shoulder

sandar, *bersandar,* to lean; *sandaran,* support, prop; ~ *kursi,* chair back; ~ *lukisan,* easel; ~ *tangan,* armrest

sandera, hostage; prisoner for debt; *menyandera,* to seize and to hold as a hostage; to imprison for debt; *penyanderaan,* seizure and confinement; imprisonment for debt

sanding, *bersanding,* next to; *duduk* ~ , to sit side by side, to sit next to

sandiwara, drama, play; stage; *anak* ~ , actor

sandung, *tersandung, kesandung,* to stumble; *sandungan, batu* ~ , stumbling block

sang, an honorific prefix; ~ *Merah Putih,* the Indonesian flag

sangat, very, extremely; *kesangatan,* intensity

sangga, *menyangga,* to sustain, to hold up

sanggah, *menyanggah,* to object; *sanggahan,* objection

sanggup, to be able; to be willing; *menyanggupi,* to promise to do; *kesanggupan,* ability; promise; *sanggupan,* what is promised; *modal* ~ , promised capital

sanggurdi, stirrup

sangka, supposition, suspicion, presumption; *saya* ~ , I suspect; *pada* ~ *saya,* in my opinion; *menyangka,* to suspect, to suppose, to presume; *disangka,* expected; *tersangka,* suspected; *(yang) tersangka,* suspect; *tak tersangka-sangka,* unexpectedly

sangkal, *menyangkal,* to deny, to abnegate; *penyangkalan, sangkalan,* denial, abnegation

sangkar, cage

sangkur, bayonet

sangkut, ~ *paut,* connection, implication; *bersangkut,* to stick; ~ *paut dengan,* to be connected with, to be mixed up with; *bersangkutan,* concerned, involved; *orang yang* ~ , person concerned, person involved; *tersangkut,* involved; *sangkutan,* hindrance; connection; peg, hook

sangsi, doubtful; *menyangsikan,* to doubt; *kesangsian,* doubt

Sanskerta, Sanskrit

santan, coconut milk

santap, to eat (respectful term); *ruang* ~ , dining room; *persantapan,* repast; *santapan,* dishes, food (respectful term)

santen, → **santan**

santir, equal, peer, match; *santiran,* (reflected) image

santun, modest, polite; dignified; *sopan* ~ , well-mannered

sanubari, *hati* ~ , heart, awareness, feelings, conscience

saos, → **saus**

sap, → **saf,** line, row

sap, *kertas* ~ , blotting paper

sapa, *baik tegur ~nya,* well-mannered

sapi, cow; ~ *jantan,* bull; ~

kebiri, ox; *anak* ~ , calf; *telur mata* ~ , fried egg

sapu, broom; ~ *tangan,* handkerchief; *tukang* ~ , sweeper; *menyapu,* to sweep, to wipe; *penyapu,* sweeper, wiper; *kapal* ~ *periuk api,* minesweeper

sara, ~ *bara,* in a mess, topsy-turvy

saraf, *ilmu* ~ , Arabic morphology

saraf, nerve; *ilmu penyakit* ~ , neurology; *penyakit* ~ , nervous disorder, neurosis; *perang (urat)* ~ , war of nerves; *ruam* ~ , shingles; *serabut* ~ , nerves; nerve endings; *susunan* ~ , nervous system

saran, suggestion; *menyarani,* to suggest (something); *menyarankan,* to suggest (something to somebody); to publicize; *penyaran,* one who suggests; propagandist; *saranan,* suggestion; propaganda

sarang, nest; ~ *labah-labah,* spider web; ~ *lebah,* bees' nest; ~ *madu,* honeycomb; *bersarang,* to nest

sarap, ~ *sampah,* rubbish, trash

sarap, → **saraf**

sarat, heavily laden, overloaded

sarat, → **syarat**

sardin, *ikan ~ ,* sardine

sari, essence, extract; *~ pidato,* essence of a speech; *timah ~ ,* zinc; *menyarikan,* to extract; to summarize

sari, flower; *taman ~ ,* flower garden

saring, *menyaring,* to filter, to sieve; *saringan,* filter, sieve

sarjana, scholar, learned man, learned person; *~ bahasa,* linguist, philologist; *~ hukum,* jurist

sarong, → **sarung**

sarung, sheath, cover, case, wrapper; sarong; *~ bantal,* pillowcase, pillowslip; *~ kacamata,* spectacles case, glass case; *~ keris,* kris sheath; *~ pistol,* pistol case, holster; *menyarungkan,* to sheathe

sasar, foolish, dazed

sasar, *menyasar,* to stray; *kesasar,* lost; to have lost one's way

sasar, *menyasar,* to aim at; *sasaran,* target

sastera, → **sastra**

sasterawan, → **sastrawan**

sastra, *Fakultas ~ ,* faculty of letters; *sastrawan,* literary man, man of letters

satai, roasted pieces of meat on a skewer

sate, → **satai**

satu, one; *~ sama lain,* each other; *satu-satu, ~ per ~ ,* one by one, separately, individually; *salah ~ ,* one or the other; *~-~nya,* the sole, the only; *bersatu,* united; *~ padu,* firmly united, integrated; *persatuan,* unity, union, association; *menyatukan, mempersatukan,* to unite; *pemersatu,* unifying; *kesatu,* first(ly); *kesatuan,* unity, uniformity; *satuan,* unit

saudagar, merchant, businessman, trader, dealer; *kota ~ ,* commercial town, trading town

saudara, brother, sister; *~ sepupu,* cousin; *bersaudara,* to be related; *persaudaraan,* brotherhood, fraternity

sauh, anchor; *membongkar ~ ,* to weigh anchor, *membuang (melabuhkan) ~ ,* to drop anchor, to cast anchor

saus, gravy, sauce; *tempat ~ ,* sauceboat, tureen

sawah, irrigated rice field

sawan, epilepsy, convulsions

sawi, mustard plant

sawit, *kelapa ~* , oil palm; *minyak ~* , palm oil

sawo, sapodilla; *warna ~* , brown; *warna ~ matang,* dark brown

saya, I, me; my

sayambara, → **sayembara**

sayang, pity, regret; *~ betul!,* it's a great pity!; *menyayangi,* to love; *menyayangkan,* to have pity on; *kesayangan,* pity, compassion; *anak ~* , pet (child)

sayap, wing; *~ kiri,* left wing; the (parliamentary) Left; *~ roda,* mudguard; *kemudi ~* , aileron

sayarat, *bintang ~* , planet

sayat, *menyayat,* to slice off

sayembara, contest; question

sayup, faintly; *~-~ kedengaran,* faintly audible; *~-~ mata memandang,* as far as the eye can see

sayur, vegetable(s); *~ mayur,* mixed vegetables; *~ daunan,* greens

seakan-akan, as if, as though

seandainya, suppose, supposing that

sebab, reason, cause; because; *~ kahar,* superior power; *~*

musabab, original reason; *oleh ~ itu,* therefore; *menyebabkan,* to cause

sebagai, like, as

sebaliknya, on the other hand; on the contrary

sebar, *menyebarkan,* to spread, to distribute; *penyebar,* spreader; *kapal ~ ranjau,* minelayer; *sebaran,* distribution; *surat ~* , pamphlet, brochure, handbill

sebarang, common, everyday; any

sebar luas, *menyebarluaskan,* to disseminate, to propagate; *penyebarluasan,* dissemination, propagation

sebelah, next to; *di ~ kanan,* on the right, on the right side; *di ~ kiri,* on the left, on the left side; *di sebelah-menyebelah,* on both sides; on either side

sebelas, eleven; *kesebelasan,* eleven-member football team

sebelum, before; *~ itu, ~nya,* before that; *~ Nabi Isa,* before Christ; *~ waktu(nya),* premature(ly)

sebentar, a moment, a while; *~ ini,* just now; a minute ago; *~ lagi,* presently, by and by; *~-~,* again and again, every time; *~*

sore, this afternoon; *tunggu ~* , wait a minute!

seberang, other side, opposite; across; *~ lautan*, over the ocean; *~-menyeberang*, on both sides; *berseberangan*, opposite, over the way; *menyeberang*, to cross; *~ ke pihak lawan*, to go over to the other side, to join the opposition; *menyeberangkan*, to take across, to ferry over

sebut, *menyebut*, to mention, to name, to enumerate, to utter; *disebut, tersebut*, mentioned; *~ di atas*, above mentioned; *penyebut*, denominator; *~ pecahan*, divisor, denominator (of a fraction); *sebutan*, mention, citation; nickname; appellation, title; *~ (kalimat)*, predicate (of a sentence)

sedak, *tersedak, kesedak, kesedakan*, to choke (on something)

sedan, sob; *tersedan-sedan*, sobbing

sedan, [sédan] *mobil ~* , sedan

sedang, moderate, medium; tolerable; sufficient

sedang, while; *ia ~ tidur*, he is sleeping; *sedangkan*, whereas

sedap, tasteful, delicious; pleasant, agreeable; savory, *sedapan*, delicacy; *kesedapan*, agreeableness

sedar, → **sadar**

sedari, since

sedekah, alms, charity, handout; *bersedekah*, to give alms; *menyedekahi*, to give alms to; *menyedekahkan*, to give something as an alm

sedekala, → **sediakala**

sedekap, *bersedekap*, with arms crossed

sedelinggam, red lead, minium

sederhana, simple; *dengan kata-kata ~* , in plain words; *untuk ~nya*, for the sake of simplicity; *menyederhanakan*, to simplify; *penyederhanaan*, simplification; *kesederhanaan*, simplicity, plainness, modesty

sedia, ready, prepared; *bersedia*, to be prepared, to stand ready, to stand by; *persediaan*, stock, supply; *menyediakan*, to prepare, to get ready; *~ (barang)*, to make something available; to keep something in stock; *~ diri*, to put oneself at the disposal of; *tersedia*, ready, prepared, available; *penyedia,* supplier; *kesediaan,* readiness, willingness

sediakala, in olden times

sedih, sad; *menyedihkan,* to sadden; mournful; *penyedih,* melancholic person, melancholic character; *kesedihan,* sadness

sedikit, a little, a few; ~ *hari lagi,* before long; *banyak-~nya,* more or less; *paling ~ ,* at least; *~-~nya,* at least; ~ *demi ~ ,* bit by bit, gradually; *menyedikiti,* to diminish, to decrease; *menyedikitkan,* to reduce; *tersedikit,* the least; *kesedikitan,* too little; paucity, scarcity

sedu, sob; ~ *sedan,* to sniffle; *tersedu-sedu,* to sob, to sniffle; *seraya ~ ,* sobbingly

segala, all, every; ~ *sesuatunya,* all, the whole of; *pemakan ~ ,* omnivorous; *segala-galanya,* everything

segan, reluctant, averse

segar, fresh, healthy; ~ *bugar,* quite fit; *menyegarkan,* to refresh, to comfort; refreshing; *penyegar,* refresher, refreshment; *obat ~ ,* tonic, stimu-

lating remedy

segara, sea, ocean

segel, [ségel] seal, stamp; ~ *tempel,* receipt stamp; *kertas ~ ,* stamped paper; *undang-undang ~ ,* stamp act

segera, immediate, direct; soon, immediately, directly; *dengan ~ ,* with all speed; *bersegera,* to make haste; *menyegerakan,* to speed up, to hasten, to expedite, to hurry up; *penyegeraan,* speeding up, hastening

segi, side, angle; facet; ~ *tiga,* triangle

sehat, [séhat] healthy; *menyehatkan,* to restore to health, to cure; *kesehatan,* health; *Dinas ~ Rakyat,* Public Health Service; *ilmu ~ ,* hygiene

sehingga, till; so that

seia, ~ *sekata,* unanimous

sejahtera, prosperous; *kesejahteraan,* prosperity, welfare

sejak, since

sejarah, history, pedigree; *bersejarah,* historic

sejati, original, genuine, real

sejuk, cold, cool; *menyejukkan,*

to ice (drinks), to cool

seka, [séka] *menyeka,* to wipe off, to rub off

sekakar, miserly, closefisted, tightfisted, stingy

sekaker, → sekakar

sekali, once; *~ peristiwa,* once upon a time

sekali, very; *indah ~ ,* very beautiful

sekalian, all, altogether; *kamu ~ ,* all of you

sekaligus, all at once, at one time; *menyekaliguskan,* to include everything at one time

sekam, rice husk, rice chaff

sekarang, now, at present, presently; *~ ini,* just now; nowadays; *~ juga,* immediately; *situasi ~ ini,* the present situation

sekat, bar, block, partition; *~ rongga dada,* midriff, diaphragm; *menyekat,* to partition off, to isolate, to insulate

sekertaris, → sekretaris

sekerup, → sekrup

sekesel, [sekésel] screen

sekian, so much; *~lah perkataan saya,* I have had my say

sekin, dagger

sekoci, sloop, boat; bobbin (of sewing machine)

sekolah, school; *~ gadis,* girls' school; *~ guru,* teachers' college; *~ kejuruan,* vocational school; *~ khusus,* denominational school, special school; *~ menengah,* secondary school; *~ paroki,* parochial school; *~ rakyat,* public elementary school; *~ teknik menengah,* senior technical high school; *~ tinggi,* university; *alat-alat ~ ,* school supplies; *buku ~ ,* schoolbook; *dokter ~ ,* school doctor; *kebun ~ ,* school garden; *kepala ~ ,* headmaster, principal; *komisi ~ ,* education committee; *menamatkan ~ ,* to pass through school; *pengawasan ~ ,* school inspection; *perkakas ~ ,* school furniture; *pesta ~ , perayaan ~ ,* school function; *rapat ~ ,* masters' meeting; *tamasya ~,* school outing, school picnic; *uang ~ ,* school fee, tuition; *ujian masuk ~ ,* entrance examination; *waktu ~ ,* school time; *bersekolah,* to go to school; *waktu ia masih ~,* when he was still at school;

buruh yang tidak ~ , unskilled laborer; *menyekolahkan,* to send to school; *sekolahan,* school building

sekon, second

sekongkol, accomplice; *bersekongkol,* to conspire, to plot, to scheme, to be in league with

sekonyar, → **sekunar**

sekop, spade; *menyekop,* to spade

sekopang, → **sekop**

sekotah, *~nya sudah tahu,* all the world knows

sekretariat, secretariat

sekretaris, secretary

seksi, [séksi] section

sektor, [séktor] sector

sekunar, schooner

sekutu, partner, ally, confederate; *negeri* ~ , allied countries; *pasukan* ~ , allied forces; *bersekutu,* to ally; *persekutuan,* partnership, alliance; *pembagi* ~ *terbesar,* greatest common denominator; *kelipatan* ~ *terkecil,* lowest common multiple

sel, [sél] cell; *jaringan* ~ , cellular tissue

sela, gap; intervening space; *tidak bersela,* continuously; *menyela,*

to interrupt, to intervene; *disela-sela (oleh),* repeatedly broken off (by); *tersela,* incidentally interrupted (by)

sela, [séla] saddle

selada, salad; lettuce

seladeri, → **seledri**

selagi, as long as, while

selain, except, besides

selaku, in the capacity as; just like

selalu, always

Selam, *orang* ~ , Islamite

selam, *kapal* ~ , submarine; *menyelam,* to dive; *menyelami,* to dive into; to study, to scrutinize; *penyelam,* diver

selamanya, always

selamat, safe, safe and sound; ~ *!,* congratulations!; ~ *bergembira,* have a good time!; ~ *datang!,* welcome!; ~ *jalan!,* have a pleasant journey!; goodbye, bye-bye; ~ *malam,* good evening; ~ *menempuh ujian,* best of luck on your exam; ~ *pagi,* good morning; ~ *tidur,* good night; ~ *tinggal,* goodbye; ~ *ulang tahun!,* happy birthday!; happy anniversary!; *Juru* ~ , the Savior; *memberi* ~ , to congratulate;

mengucapkan ~ jalan, to say good-bye, to bid farewell; *mengucapkan ~ kepada,* to congratulate; *pulang dengan ~ ,* to return safe and sound; *menyelamati,* to congratulate; *menyelamatkan,* to save, to rescue; *keselamatan,* safety; *Bala ~ ,* Salvation Army; *selamatan,* meal with religious ceremonies, thanksgiving feast

Selan, [sélan] → **Sri**

selang, interval, time in between; *~ sehari,* every other day; *~ beberapa hari,* interval of several days; *~ beberapa lama, belum berapa lama berselang,* lately, recently; *berselang,* alternately; *berselang-seling,* alternating; *menyelang,* to alternate

selang, hose

selangka, *tulang ~ ,* collarbone

selaput, film; *~ bening,* cornea; *~ jala,* retina; *~ mata,* tunic of the eye, white of the eye; *~ pelangi,* iris; *~ perut,* peritoneum; *berselaput,* filmy

selaras, harmonious, in harmony

Selasa, Tuesday

selasih, *mabuk ~ ,* stupefied; drunk

selat, strait

selatan, south

sele, [selé] jam

seledri, [selédri] celery

selekeh, [selékéh] stain, blot; *cakaran ~ ,* rough copy; *menyelekeh,* to stain, to blot

seleksi, [séléksi] selection

selempang, [selémpang] sash; shoulder strap, bandoleer; *menyelempangkan,* to wear crosswise

selendang, [seléndang] shawl worn over the shoulders

selenggara, *menyelenggarakan,* to take care of, to hold, to manage; *penyelenggara,* manager, organizer; *penyelenggaraan,* care, management; *uang ~ ,* cost of upkeep, maintenance cost

seleo, [seléo] → **keseleo**

selera, [seléra] appetite

selesai, finished, terminated, settled; *menyelesaikan,* to finish, to terminate, to settle; *~ kewajiban,* to acquit oneself of one's duty; *~ kesulitan-kesulitan,* to surmount difficulties; *penyelesaian,* solution, settlement, completion

selesma, having a cold; cold

seleweng, [seléwéng]
menyeleweng, to deviate, to
digress; *orang selewengan,*
busybody

selidik, *menyelidiki,* to
investigate, to scrutinize, to
delve into; *penyelidik,* inves-
tigator, examiner, inspector;
penyelidikan, investigation,
inspection, scrutiny

selimut, blanket; *menyelimuti,* to
blanket, to wrap up in a
blanket, to cover up

seling, *selang ~ , berselang-
seling,* alternately; *menyeling,*
to alternate, to vary; *selingan,*
variation, change

selip, *terselip,* slipped into

selisih, difference; *berselisih,* to
differ in opinion, to quarrel;
perselisihan, dispute, discord,
disagreement, quarrel, conflict;
pokok ~ , bone of contention

selo, [sélo] cello

selokan, ditch, gutter

selompret, [selomprét] trumpet

selop, slipper

selopkaos, gaiter

selot, lock; *~ gantung,* padlock

seluar, trousers, breeches

selubung, covering, veil;
berselubung, veiled

seluk beluk, details, specifics; ins
and outs

selundup, *menyelundup,* to sneak
into a country illegally, to
infiltrate; *menyelundupkan,* to
smuggle, to smuggle in;
penyelundup, smuggler;
pesawat pembom ~ , dive-
bomber

seluruh, entire, whole

semadi, concentration, medi-
tation

semai, *persemaian,* seedbed;
semaian, seedling

semak, shrubs, bushes

semang, *anak ~ ,* boarder;
employee; *induk ~ ,* landlord,
landlady; employer

semangat, soul; zeal, spirit,
enthusiasm; *~ juang,* ag-
gressiveness, militancy; *~
masa,* the spirit of the age;
bersemangat, zealous,
enthusiastic; *~ perang,* militant,
hawkish

semangka, watermelon

semat, *menyematkan,* to fasten
with pins; *penyemat,* pin

semata, *semata-mata,* simply and
solely, utterly

semayam, *bersemayam,* to
reside; *persemayaman,*

residence

sembah, homage, tribute, respect, reverence; *berdatang ~* , to speak reverently; *menyembah,* to do (pay) homage to, to pay a tribute to; to worship; *mempersembahkan,* to convey, to offer, to present; *persembahan,* tribute, offering; worship; *penyembah,* worshipper

sembahyang, prayer; *~ pendek,* ejaculatory prayer; *bersembahyang,* to pray

sembarang, any, no matter which; *sembarangan,* arbitrary, random

sembelih, *ternak ~* , beef cattle; *menyembelih,* to slaughter

sembelit, constipation

sembilan, nine; *~ belas,* nineteen; *~ puluh,* ninety

sembilik, *puru ~* , hemorrhoids, piles

semboyan, watchword, motto, slogan

sembrono, thoughtless; frivolous

sembuh, recovered; *menyembuhkan,* to cure, to heal; *kesembuhan,* cure, recovery

sembunyi, hidden, concealed; *~-~,* secretly, in secret, clandestinely; *bersembunyi,* to hide oneself, to conceal oneself; *menyembunyikan,* to hide, to conceal; *persembunyian,* hiding place, place of concealment, hideout

sembur, *bersemburan,* to spout, to gush; *menyemburi,* to spit upon; *menyemburkan,* to spit out, to belch out; *pesawat penyembur api,* flamethrower; *semburan mata air panas,* geyser

semburit, pederasty

semedera, → **samudera**

semedi, [semédi] → **semadi**

semen, [semén] cement

semena, *dengan tidak semena-mena,* without reason

semenanjung, peninsula

semenda, *keluarga ~* , kinsman, kinswoman, relations, relatives

semenjak, since

sementara, during; temporary; *~ itu,* in the meantime, meanwhile; *~ orang,* some people, certain people; *alamat ~* , provisional address, temporary address; *buat (untuk) ~ waktu,* for the present, for the time being; temporary

semi, *musim ~* , spring(time); *bersemi,* to put forth buds, to bud

semir, *~ sepatu,* shoe polish; *uang ~* , bribe; tip; *menyemir,* to polish

sempat, *kalau ~* , when it is convenient for you; *kesempatan,* opportunity; *setiap kali ada ~* , at every turn; *berkesempatan,* to have an opportunity

sempit, narrow; *hidup ~* , to be in straitened circumstances, to be in dire straits; *waktunya ~ sekali,* he is very busy, he has no spare time

semprot, spout, squirt; enema syringe

sempurna, perfect, complete, faultless; *menyempurnakan,* to perfect, to complete

semua, all, the whole; *akhir baik, ~nya baik,* all's well that ends well

semudera, → **samudera**

semula, originally

semut, ant; *menyemut,* to swarm

sen, [sén] cent

senak, oppressed

senang, content, comfortable, agreeable, easy; *menyenangkan,* to make agreeable, to make pleasant, to content, to satisfy; satisfactory, satisfying; convenient; *kesenangan,* pleasure, comfort, amusement

senantiasa, always, continually

senapan, rifle, gun; *~ mesin,* machine gun

senapang, → **senapan**

senat, senate

senda, *~ gurau,* joke, jest; *bersenda ~* , to joke, to jest

sendawa, saltpeter, niter; gunpowder; *asam ~* , nitric acid

sendi, joint

sendiri, self, alone; *dengan sendirinya,* of itself, self-acting, automatic; *bersendiri,* solitary, self-contained; *menyendiri,* to seclude oneself, to retire; *tersendiri,* apart, separate(ly); *penyendiri,* solitary; *sendirian,* alone, singlehanded

sendok, [séndok] spoon; *~ besar,* tablespoon; *~ gula,* sugar spoon; *~ kecil,* dessert spoon; *~ saus,* gravy spoon; sauce ladle; *~ sepatu,* shoehorn; *~ sop,* soup spoon, soup ladle; *~ teh,* teaspoon; *~ telur,* egg spoon

senduk, → **sendok**

Senen, [senén] → **Senin**

seng, [séng] zinc

sengaja, *dengan* ~ , on purpose, intentionally, purposely; *tidak dengan* ~ , unintentionally

sengal, rheumatism; ~ *pinggang*, gout

sengat, sting; *menyengat*, to sting; *(tawon) penyengat*, wasp

sengau, nasal

sengketa, [sengkéta] lawsuit

sengsara, tortured, miserable; *menyengsarakan*, to torture, to cause suffering; *kesengsaraan*, torture, misery, suffering

seni, art; ~ *bangunan*, architecture; ~ *lukis*, art of painting; ~ *pahat*, sculpture; ~ *sandiwara*, dramatic art, stagecraft; ~ *suara*, art of singing; *ahli* ~ *pahat*, sculptor; *seniman*, *seniwati*, artist; *kesenian*, art

seni, *air* ~ , urine

seniawan, → **seni**

Senin, Monday

seniwati, (woman) artist

senja, ~ *kala*, twilight

senjata, weapon; ~ *api*, firearm; *alat-alat* ~ , arms; *gencatan* ~ , armistice; *bersenjata*, armed; *persenjataan*, armament;

mempersenjatai, to arm

senonoh, fitting, decent; *tidak* ~ , indecent, improper

sensasi, [sénsasi] sensation

sensor, [sénsor] censor; censorship; *menyensor*, to censor; *disensor*, censored

sentak, *menyentak*, to pull, to jerk

sentausa, → **sentosa**

senter, [sénter] *lampu* ~ , flashlight; *menyenteri*, to light

sentimen, [séntimén] sentiment

sentosa, safe; *kesentosaan*, peace; rest; safety

sentral, [séntral] central

sentuh, *menyentuh*, to bump up against, to touch

senyap, *sunyi* ~ , extremely lonely, still as death

senyawa, compound; *persenyawaan*, chemical compound

senyum, smile; *tersenyum*, to smile; smiling; ~ *simpul*, to simper; *senyuman*, smile

seolah-olah, as if

sep, chief, head, boss, leader

sepadan, proportional; *kesepadanan*, proportion

sepak, [sépak] spoke

sepak, [sépak],~ *bola*, to play

football; ~ *terjang,* activities, action, behavior; *menyepak,* to kick

sepakat, agreed, unanimous; ~ *!,* agreed!

Sepanyol, → **Spanyol**

sepat, sour; harsh

sepatbor, mudguard

sepatu, shoe; ~ *kuda,* horseshoe; ~ *tinggi,* boot; *kembang ~ ,* hibiscus; *senduk ~ ,* shoehorn; *telapak ~ ,* sole of a shoe; *tukang ~ ,* shoemaker, cobbler

sepeda, [sepéda] bicycle; ~ *motor,* motorbicycle, motor-bike

sepen, [sepén] pantry, larder

sepersi, [sepérsi] → **asparagus**

seperti, like, as corresponding, according; *dengan ~nya,* as it should be, properly, duly

sepesial, [sépesial] → **spesial**

sepet, → **sepat**

sepi, still, lonely, desolate; ~ *pengunjung,* unfrequented

sepiritus, → **spiritus**

sepit, tweezers; *menyepit,* to pinch; *tersepit,* pinched; to be in a scrape

sepoi, *angin ~-~,* zephyr

sepor, → **sepur**

sepot, hotchpotch

September, [séptémber] September

sepuh, *menyepuh,* to gild; *sepuhan,* gilt

sepur, train, railway

seput, speedy; *dikirim seput,* sent by express courier

serabut, fiber; *berserabut,* fibrous

seragam, *pakaian ~ ,* uniform

serah, *menyerah,* to surrender; ~ *kalah,* to capitulate; capitulation; ~ *tanpa syarat,* to surrender unconditionally; *menyerahkan,* to hand over, to transmit, to delegate; *penyerahan,* handing over, transmission, delegation; surrender

serai, citronella

serak, hoarse

serak, [sérak] *berserakan,* scattered in disorder; *menyerakkan,* to scatter in disorder, to disperse

seram, weird; ~ *kulitku,* it made my flesh crawl

serambi, veranda; ~ *muka,* front veranda

serampang, harpoon; *menyerampang,* to harpoon

serampangan, *ia orang ~ ,* he is

a nonentity; he is no good

serang, *menyerang,* to attack; ~ *dengan kata-kata,* to lash out; *penyerang,* attacker; *serangan,* attack, raid

serang, [*sérang*] boatswain

serangga, insect

Serani, *air* ~ , baptismal water; *masuk* ~ , christened; *orang* ~ , Christian; *menyeranikan,* to christen; *permandian* ~ , baptism

serap, *menyerap,* to absorb, to suck up; *serapan,* absorption

serap, [*sérap*] reserve; *menyerapkan,* to reserve

serasi, suitable, harmonious

serat, stiff; sluggish; difficult to swallow

serat, fiber; ~ *optis,* optical fiber

seraya, while, during; ~ *menyanyi,* (while) singing

serba, all kinds of, various; ~ *baru,* all new; ~ *mahal,* all expensive; ~ *nasib,* fatalism; ~ *sama,* homogenous

serban, turban

serbaneka, [*serbanéka*] all kinds of, sundry, miscellaneous

serba-serbi, all kinds of, sundry, miscellaneous

serbu, *menyerbu,* to attack, to

charge, to invade; *penyerbuan,* attack, charge, invasion

serbuk, powder, dust; ~ *besi,* iron filings; ~ *gergaji,* sawdust; *menyerbuk,* to pulverize

serdadu, soldier

serdawa, belch; *beserdawa,* to belch

sere, [*seré*] → **serai**

serempak, simultaneous, synchronous

serenta, → **serentak**

serentak, *dengan* ~ , immediately

serep, [*sérep*] → **serap,** reserve

serep, → **serap,** to absorb

seret, [*sérét*] *menyeret,* to drag; ~ *bunyi,* to elide

seret, stiff; sluggish; difficult to swallow

seri, [*séri*] splendor, gleam; *gigi* ~ incisor, cutting tooth; *hilang* ~ , to volatilize, to vaporize; *mukanya berseri,* his face is beaming

seri, → **Sri**

seri, quits, drawn

seri, [*séri*] series; *berseri,* in series, serial

serigala, wolf

serigunting, oriole

serikat, union; ~ *buruh,* labor union; *Amerika* ~ , the United

States of America; *berserikat,* united, federated; *perserikatan,* partnership, union, federation; ~ *Bangsa-bangsa,* the United Nations

serikaya, annona

serimpi, Javanese court dancer

sering, often; ~ *sakit,* sickly

sero, [séro] *untung* ~ , dividend; *pesero,* partner; *perseroan,* company partnership; ~ *terbatas,* limited liability company

sero, [séro] fish trap

serobot, *menyerobot,* to filch (from), to pilfer (from), to steal (from)

serok, [sérok] creek; bay

serokan, [sérokan] channel; ditch

serong, [sérong] oblique, askew; ~ *hati,* insincere; *keserongan,* insincerity

sersan, sergeant; ~ *mayor,* sergeant major

sersi, [sérsi] detective force; detective

serta, with, together with; ~ *merta,* immediately; *turut* ~ *dalam,* to take part in; *beserta,* along with, accompanied by; to be in accordance with; *menyertai,* to accompany

sertifikat, [sértifikat] certificate

sertipikat, [sértipikat] → **sertifikat**

seru, *berseru,* to shout, to cry; *menyerukan,* to cry out; to appeal; *seruan,* shout, cry, exclamation

seruit, harpoon

seruling, flute

serum, [sérum] serum

serunai, clarinet

serupa, similar; *menyerupai,* to be similar to; *keserupaan,* similarity

serupa, of the same form, similar; *menyerupai,* to resemble; *keserupaan,* similarity

serutu, cigar

sesak, closely pressed, crowded; ~ *dada,* ~ *napas,* asthmatic; *penuh* ~ , chock-full; *menyesakkan,* to oppress; *kesesakan,* oppression

sesal, *penuh* ~ , repentant; *pikir dahulu pendapatan,* ~ *kemudian tak berguna,* look before you leap; *menyesal,* to regret, to repent; ~ *akan dirinya,* self-reproach; *menyesalkan,* to feel sorry for, to repent of; *penyesalan,* repentance; reproach, blame; ~

yang dalam, remorse

sesat, to lose one's way; *menyesatkan,* to lead astray, to mislead; *sesatan,* aberration

sesuai, concordant, harmonizing, conformable; *menyesuaikan,* to bring into line; *persesuaian,* concord, harmony, adaptation

sesuatu, one or the other

sesudah, after; ~ *itu, sesudahnya,* after that, thereafter

setan, [sétan] devil; *pergi setan!,* go to hell!

setangan, handkerchief

setangga, → **tetangga**

setanggi, incense

setani, [sétani] devilish, diabolical

setàp, → **staf**

setasiun, → **stasiun**

setater, starter

setel, [setél] set; *menyetel,* to set; ~ *radio,* to tune in; ~ *roda,* to adjust a wheel; ~ *mobil,* to tune up an engine; *penyetelan,* tuning; *setelan,* set, suit; *bahan* ~ , suiting; *pakaian* ~ , a suit of clothes

setelah, after; ~ *itu,* after that, thereafter

seteleng, [setéleng] exhibition, show; *menyetelengkan,* to exhibit, to show

seterika, → **setrika**

seteril, → **steril**

seterip, → **setrip**

seteru, enemy; *berseteru,* to be at enmity with; *perseteruan,* enmity, feud

seterup, → **setrup**

setia, faithful; ~ *usaha,* secretary; *kesetiaan,* allegiance, faithfulness; *setiawan,* loyal, faithful

setimbang, *dalam keadaan* ~ , in balance, in equilibrium; *kesetimbangan,* equilibrium

setip, india rubber

setir, handlebar, wheel; rudder; *menyetir,* to be at the wheel, to drive

setirman, steerman, mate

setop, → **stop**

setor, *menyetor,* to pay in, to deposit; to supply, to purvey; *penyetor,* supplier, purveyor; *penyetoran,* payment, deposit

setori, story, flimflam, poor excuse

setrika, iron; *menyetrika,* to iron

setrip, stripe

setrup, syrup

setuju, agreed; unanimous, in harmony; *bersetuju,* to agree;

to deliberate; *menyetujui*, to
agree, to approve, to ratify;
persetujuan, agreement,
ratification, approval; ~
dagang, commercial agree-
ment, trade agreement

seturi, → **setori**

sewa, [séwa] hire, rent; ~
angsuran, ~ *beli*, *beli* ~ , hire
purchase (system); ~ *rumah*,
house rent; ~ *tanah*, land
revenue; *rumah* ~ , rented
house; *harga* ~ , *nilai* ~ , rental
value; *kontrak* ~ , lease,
tenancy agreement; *uang* ~ ,
rental; *menyewa*, to hire, to
rent; *menyewakan*, to let, to
hire out, to lease; *yang* ~ ,
letter, lessor, landlord;
penyewa, renter, tenant; ~
kamar, roomer, occupant

sewenang-wenang, arbitrary

si, ~ *Anu*, Mr. So-and-So; ~
pengirim, the sender

sial, unlucky, ominous, ill-
omened

siamang, black monkey

siang, daylight, daytime; ~ *ini*,
this afternoon; ~ *malam*, day
and night; *di* ~ *bolong*, in broad
daylight; *hari pun* ~*lah*, day
was breaking

siang, *menyiangi*, to weed; to gut
(fish)

siap, ready; ~ *sedia*, ready at
hand, in readiness; ~ *siaga*,
prepare; *bersiap*, to stand by;
~ *!*, attention!; *persiapan*,
preparation; *menyiapkan*, to get
ready, to equip; *kesiapan*,
readiness

siapa, who; ~ *namanya?*, what's
his name?; ~ *punya?*, whose?;
~ *saja*, anybody; *barang* ~ ,
whoever

siar, *menyiarkan*, to spread; to
announce; *penyiar radio*,
announcer; *siaran*, broadcast;
publicity; publication

siar, *bersiar-siar*, to walk about;
pesiar, stroller

siarah, *bintang* ~ , planet

siasat, discipline, chastisement,
censure; *menyiasat*, to chastise,
to censure

siasat, tactics, strategy; ~ *perang*,
strategy, tactics; *ahli* ~ ,
tactician; *menyiasati*, to inves-
tigate; *penyiasat*, strategist

sia-sia, vain, useless, fruitless; in
vain, vainly, to no avail;
menyia-nyiakan, to frustrate; to
neglect; to waste; *kesia-siaan*,
uselessness; vanity

sibuk, busy, lively; *kesibukan*, fuss, bustle, liveliness; activity

sidang, session, meeting; ~ *pengarang*, editorial staff; *bersidang*, to assemble, to hold a meeting; *hak* ~ , the right of public assembly; *persidangan*, meeting, session, assembly

sidik, *menyidik*, to investigate, to search

sifat, quality, nature, character; ~ *perawakan*, bodily description; *menggelikan ~nya*, comic, humorous; *menyifatkan*, to consider, to describe; *tidak tersifatkan*, indescribable

sigaret, [sigarét] cigarette

sigera, → segera

sihir, magic; *ilmu* ~ , black magic; *tukang* ~ , black magician, sorcerer; witchcraft

sikap, attitude, posture; ~ *berdiri*, stance; *mengambil* ~ *keras*, to take a hard line; *bersikap*, to stand at attention; ~ *tengah-tengah*, to keep aloof

sikap, *tersikap*, confined, locked up

sikat, brush; ~ *gigi*, toothbrush; ~ *pakaian*, clothesbrush; ~ *rambut*, hairbrush; ~ *sepatu*, shoebrush; *menyikat*, to brush

sikat, *sesikat pisang*, bunch of bananas

siksa, *menyiksa*, to torture; to maltreat; *penyiksa*, torturer; *penyiksaan, siksaan*, torture; maltreatment

siku, elbow; T-square; ~ *keluang*, zigzag; *kurung* ~ , brackets; *sudut ~-~*, right angle; *menyiku*, angled, angular

siku saki, zigzag

sikut, elbow; *main* ~ , to elbow out; to practice deception; unfair(ly)

sila, *silakan*, please; ~ *masuk*, please come in; ~ *duduk*, please sit down; ~ *baca*, please read; *menyilakan, mempersilakan*, to invite

silam, dark; past, ago; *tahun* ~ , last year

silang, cross, crosswise; ~ *selisih*, discord; *jalan* ~ *empat*, crossway, crossroads; *teka-teki* ~ , crossword puzzle; *bersilang*, crossed

silap, delusion; optical illusion; *bersilap*, to conjure up; *menyilap*, to delude, to cheat; *penyilap*, conjurer, illusionist; *silap, kesilapan*, mistake, error

silap, angry; ~ *mata*, furious

silat, *bersilat,* to fence; ~ *kata,* to argue, to debate; *menyilat,* to ward off

silau, dazzled, blinded; *menyilaukan,* to dazzle, to blind; *penyilau mata,* eye flap, blinker; *kesilauan,* dazzling, blinding

silih, ~ *berganti,* in turns, reciprocal; *pedang* ~ , sword of honor, presentation sword; *menyilih,* to put right, to repair; ~ *kerugian,* to make good on damages, to compensate

silinder, cylinder

silsilah, genealogical register, pedigree, bloodline; *buku* ~ *satwa,* studbook

simbol, symbol

simpan, *menyimpan,* to keep, to put away, to save up; *menyimpankan,* to deposit, to entrust; *penyimpan,* saver, keeper; caretaker; *simpanan,* *uang* ~ , savings, deposit

simpang, ~ *empat,* crossway, crossroads; ~ *siur,* confusing; *jalan* ~ , *jalan simpangan,* sideway, sideroad, byway; *jalan* ~ *siur,* winding path; *bersimpang,* to branch; *menyimpang,* to digress; to turn onto a sideroad; to draw aside; to deviate; *penyimpangan,* aberration; *persimpangan,* crossing

simpul, knot, tie; ~ *mati,* a fast knot; ~ *tali perut,* twisting of the bowels; *tersenyum* ~ , to smile slightly; *menyimpulkan,* to knot, to tie; *kesimpulan,* conclusion; *menarik* ~ , to conclude, to draw a conclusion

sinar, ray, beam; ~ *cahaya,* ray (beam) of light; ~ *matahari,* sunray, sunbeam; ~ *X* , X-ray; *bersinar-sinar,* to gleam; *menyinarkan,* to beam forth; *menyinari,* to shine upon, to X-ray

sindap, dandruff

sindir, *menyindir,* to allude, to insinuate; *sindiran,* allusion, insinuation

singa, lion; ~ *betina,* lioness; *anak* ~ , whelp, cub; *raja* ~ , syphilis

singgah, to call at, to stay temporarily, to visit; to make a stopover; stopover

singgasana, throne

singgung, *garis* ~ , tangent; *menyinggung,* to touch on, to allude to; ~ *perasaan,* to offend the feelings; *tersinggung,* hurt one's feelings; *mudah ~ ,* touchy, too sensitive

singkat, short, concise, brief; condensed; *~ kata, dengan ~ ,* in brief, briefly, in a few words; *menyingkat,* to cut short, to shorten, to abridge

singkir, *menyingkir,* to step aside; to evacuate; *menyingkirkan,* to remove, to keep aside; *penyingkir,* evacuee; *penyingkiran,* evacuation; removal

singkong, cassava

singsing, *fajar menyingsing,* the day is breaking

sini, *dari pihak ~ ,* on this side; *dari ~ ,* from here; *di ~ ,* here; *ke ~ ,* here, this way; *ke ~ !,* come here!

sintesis, [sintésis] synthesis

sinyalir, *mensinyalir,* to signal, to call attention to; to suspect

sipat, → **sifat**

sipi, *tembak ~ ,* grazing shot

sipil, civil; *hukum ~ ,* civil law

sipir, warden, jailer

sipit, *mata ~ ,* slit eyes

sipu, *malu kesipu-sipuan (tersipu-sipu),* extremely abashed

siput, snail; *rumah ~ , kulit ~ ,* snailshell

siram, *bersiram,* to bathe (of royalty); *menyiram,* to water; to pour

sirap, wooden tile, shingle

sirat, *menyirat,* to darn

sirena, [siréna] → **sirene**

sirene, [siréne] siren

sirih, betel; *makan ~ ,* to chew betel; *uang ~ ,* tip

sirip, fin

sirkol, sauerkraut

sirlak, shellac

sisa, rest, remainder

sisi, side, flank; *segi tiga sama ~ ,* equilateral triangle; *bersisi,* side by side; *menyisi,* to dodge

sisih, *menyisih,* to quarrel

sisih, *menyisihkan,* to set aside

sisik, scale (of fish), squama; *bersisik,* scaly, squamous; *menyisik ikan,* to scale a fish

sisip, *menyisip ke dalam,* to interpolate; *menyisipi,* to insert; *tersisip,* inserted; *penyisip,* *sisipan,* interpolation; *sisipan,* infix

sisir, comb; harrow; *~ kuda,* currycomb; *sesisir pisang,* bunch of bananas; *menyisir,* to comb; to harrow

sistem, [sistém] system
sistim, → sistem
siswa, pupil
sita, *juru* ~ , process server, bailiff; *surat* ~ , citation, summons; *menyita,* to confiscate; *penyitaan,* confiscation, seizure
situ, *dari* ~ , from there; *di* ~ , there; *pergi ke* ~ *!,* go there!
situasi, situation
siul, *bersiul,* to whistle
siur, *simpang* ~ , in a mess; zigzagging
s.k., *surat kabar; surat keputusan,* newspaper
skala, scale; *daftar* ~ *prioritas,* priority list
slokan, → selokan
soal, question, issue, problem; ~ *jawab,* debate, discussion; *bersoal jawab,* to debate, to discuss; *mempersoalkan,* to debate on, to discuss; to question; *persoalan,* problem; *memecahkan* ~ , to solve a problem
sobat, friend; ~ *betul,* ~ *kental,* ~ *keras,* ~ *karib,* close friends
sobek, [sobék] *menyobek,* to tear off
soda, soda

sodok, shovel; *menyodok,* to shovel
soek, [soék] → sobek
sogok, *menyogok,* to pierce; to bribe; *sogokan, uang* ~ , hush money, bribe
sohor, *kesohor, tersohor,* famous; ~ *di dunia,* world-renowned, world-famous
soklat, → cokelat
sokong, support; *menyokong,* to support, to bolster, shore up; to contribute; *penyokong,* helper, assistant; donor; *sokongan,* contribution, support
sol, sole
soldadu, → serdadu
Soleiman, → Sulaiman
solek, [solék] showy; *bersolek,* to make up; *pesolek,* dandy, fop
sombong, arrogant; *menyombong,* to boast, to brag; *menyombongkan diri,* to blow one's own horn; *penyombong,* braggart; *kesombongan,* arrogance
sop, soup
sopan, well-mannered; modest; honorable; ~ *santun,* correct, proper, decent; *kesopanan,* good manners, decency, modesty

sopi, gin; ~ *manis*, liqueur

sopir, chauffeur, driver

sorak, cheering, shouting; *bersorak*, to cheer, to shout

sore, [soré] afternoon

sorga, → **surga**

sorong, *menyorong*, to push; to propose; ~ *damai*, to make a peace proposal; *sorongan*, slide; damper; valve; ~ *kukus*, steam valve

sorot, beam of light; *lampu* ~ , flashlight; searchlight; flood-light; *menyoroti*, to floodlight; *disoroti*, to be in the limelight; floodlit; *menyorotkan*, to light

sosial, social, sociable

sosialis, socialist; socialistic

sosis, sausage

sositet, [sositét] club, society

sotong, cuttlefish

Spanyol, Spain, Spanish; *orang* ~ , Spaniard

spasi, space

spesial, [spésial] special

spiritus, spirit; *lampu* ~ , spirit lamp

spontan, spontaneous; *dengan* ~ , spontaneously

Sri, *Dewi* ~ , goddess of rice; ~ *Langka*, Ceylon, Sri Lanka; ~ *Maharaja*, His/Her Majesty; ~

Paduka, His/Her Highness; ~ *Paus*, His Excellency the Pope

stabilisasi, stabilization

Stambul, Istanbul; *komedi* ~ , native opera

stasiun, station

statistik, statistic

statit, → **statuta**

statuta, articles of association, regulations

steleng, → **steling**

steling, [stéling] exhibition

stensil, [sténsil] stencil

strip, → **setrip**

studen, [studén] student

sua, *bersua dengan*, to meet

suai, *sesuai*, corresponding, in accordance; in keeping with; *bersesuaian*, to correspond; *persesuaian*, agreement, accord; *menyesuaikan*, to adapt; ~ *diri dengan*, to adapt oneself to; *penyesuaian*, adaptation; *kesesuaian*, agreement

suam, lukewarm; ~~ *kuku*, tepid

suami, husband; ~ *isteri*, married couple; *bersuami*, married; *bersuamikan*, to be married to; *mempersuamikan*, to marry off

suap, *makan* ~ , to be bribed; *sesuap*, mouthful; *suapan*, bribery

suar, *mercu* ~ , lighthouse

suara, voice; vote, ballot; ~ *memberi nasihat,* advisory voice; *dengan* ~ *bulat,* unanimously; *dipilih dengan* ~ *terbanyak,* elected by a majority; *kotak* ~ , ballot box; *memberikan* ~ , to cast a ballot, to cast a vote; *memungut* ~ , to collect votes; *menghitung* ~ , to count votes; *pengeras* ~ , loudspeaker; *pemungutan* ~ , referendum, plebiscite; *pita* ~ , vocal chords; *seni* ~ , art of singing; *bersuara,* to sound; *menyuarakan,* to voice

suasa, alloy of gold and copper

suasana, atmosphere; circumstances, situation; ~ *politik,* political situation

suatu, a; *barang* ~ , anything, something; *sesuatu,* something

subang, earring

subhana, *Allah Subhana wa Taala,* Allah (God), the Most Holy and the Most High

sublimat, sublimate

subsidi, subsidy

subuh, dawn

subur, fertile, healthy

subyek, [subyék] subject

suci, pure, clean, holy; ~ *hama,* sterile; *air* ~ , holy water; *kitab* ~ , the Holy Bible; *pelanggaran terhadap barang-barang* ~ , sacrilege; profanation; *menyucikan,* to purify, to clean, to sanctify; *penyuci,* cleanser; *penyucian,* purification, cleaning, cleansing, sanctification; *kesucian,* sanctity

sudah, finished, done, ready; already; ~ *besar,* full-grown; ~ *bosan,* sick of, fed up with; ~ *jatuh,* bankrupt; *bulan yang* ~ *lalu,* last month; ~ *lewat,* expired; ~ *selayaknya,* rightly, justly; *menyudahi,* to end; *menyudahkan,* to finish, to complete; *kesudahan,* end, result, consequence; *tidak berkesudahan,* endless, infinite

sudi, inclined, disposed, willing; *kesudian,* inclination, willingness

sudu, spoon, ladle; beak

sudut, corner, angle; point of view; ~ *lurus,* straight angle; ~ *mulut,* corner of the mouth; *ilmu ukur* ~ , goniometry; *garis* ~-*menyudut,* diagonal; *pengisi* ~ , fill-up

suh, temperature
suhad, sleeplessness, insomnia
suhu, temperature; *pengukur* ~ , clinical thermometer
suji, *menyuji*, to embroider; *sujian*, embroidery
sujud, to bow down during the *sembahyang* (prayer); to prostrate oneself
suka, pleasure, liking; ~ *damai*, peaceable; ~ *hati*, glad, joyful; ~ *menolong*, helpful; *bersuka-sukaan*, to enjoy oneself; *menyukai*, to like; *menyukakan*, to gladden; *kesukaan*, joy, enjoyment, pleasure, gladness
sukacita, glad, joyful; joy, gladness
sukar, difficult; *menyukarkan*, to make difficult; *kesukaran*, difficulty
sukarela, [sukaréla] voluntary; *barisan* ~ , volunteer troops; *sukarelawan*, volunteer
sukses, [suksés] success
suku, quarter; ~ *jam*, quarter of an hour; ~ *bangsa*, tribe; ~ *tahun*, quarter of a year
sula, *menyula*, to impale (a criminal)
Sulaiman, Solomon
sulam, *menyulam*, to embroider; *sulaman*, embroidery

sulap, *main* ~ , to juggle; *tukang* ~ , *penyulap*, juggler; *sulapan*, juggling, jugglery
Sulawesi, Sulawesi, Celebes
suling, *seruling*, flute
suling, *menyuling*, to distill
sulit, difficult, complicated; hidden; *menyulitkan*, to make difficult, to complicate; *kesulitan*, difficulty, complication
suluh, torch; *penyuluh*, scout; *dinas penyuluhan*, information service
sulung, eldest; *gigi* ~ , milktooth
sulur, tendril; *tangga* ~ *batang*, winding staircase
Sumatera, → Sumatra
Sumatra, Sumatra
sumbang, false, insincere
sumbang, *menyumbang*, to contribute, to support; *sumbangan*, contribution, support, subsidy
sumbat, cork; tampon; plug; stopper; *menyumbat*, to cork, to plug, to stopper, to stop up
sumber, source; ~ *minyak*, oil well; *air* ~ , springwater
sumbing, *bibir* ~ , harelip
sumbu, slow; match; fuse

sumbu, axle

sumpah, oath, curse; ~ *jabatan,* oath of office; *atas* ~ , *dengan* ~ , on oath; *mengambil* ~ , to take an oath to, to swear in; *mengangkat* ~ , to take an oath; *pengangkatan* ~ , taking an oath; *bersumpah,* to swear; *persumpahan,* administration of an oath; *mempersumpahkan,* to take an oath to, to swear in; *penyumpahan,* swearing in

sumpitan, blowpipe

sumsum, bone marrow

sumur, well

sunat, circumcision; *menyunatkan,* to circumcise

sundal, *perempuan* ~ , prostitute; *persundalan,* prostitution

sungai, river; *anak* ~ , tributary (river); *induk* ~ , principal river

sungging, *menyungging,* to enamel

sungguh, real(ly), true, truly; ~-~ , serious; *sesungguhnya,* indeed, in truth; *bersungguh-sungguh, bersungguh hati,* to do one's utmost; *menyungguhkan,* to affirm, to confirm; *penyungguhan,* affirmation, confirmation; *kesungguhan,* earnest

sungguhpun, although

sunglap, → **sulap**

sungsang, upside down, reversed

sungsum, marrow

sungut, whisker; moustache; *bersungut,* to grumble

sunsum, sumsum, marrow

suntik, *menyuntik,* to vaccinate; to inject; *suntikan, penyuntikan,* vaccination, injection

suntuk, *sehari* ~ , daylong

sunyi, lonely, solitary; still, quiet; ~ *senyap,* still as death, deserted; *kesunyian,* loneliness, stillness

supaya, in order that, in order to

surah, chapter of the Koran

suram, clouded, gloomy; *menyuram,* to dim; to get covered over; to become gloomy

surat, letter; writing; ~ *berkala,* periodical; ~ *bukti diri,* identity card; ~ *edaran,* circular (letter); ~ *gadai,* pawn ticket; ~ *ijazah,* diploma, certificate; ~ *isian,* form, blank; ~ *kawat,* telegram; ~ *kawin,* marriage certificate; ~ *kelahiran,* birth certificate; ~ *keterangan,* written statement; ~ *kuasa,* written power of

attorney, written proxy; ~
lepas, discharge certificate;
surat-menyurat, to correspond;
correspondence; ~ *pabean,*
customs declaration, bill of
entry; ~ *pajak,* notice of
assessment; ~ *pengakuan,*
identity card; ~ *penghargaan,*
letter of appreciation; ~
rekomendasi, letter of
recommendation; ~ *perjanjian,*
contract; ~ *perintah,* warrant; ~
perkenan, license; ~
permintaan, ~ *permohonan,*
petition; ~ *pujian,* testimonial;
~ *sewa,* lease; ~ *tercatat,*
registered letter; ~ *undi,* ballot;
~ *utang,* debenture; ~ *wakil,*
power of attorney; ~ *wasiat,*
(last) will; *kursus dengan* ~ ,
correspondence course;
memberi kabar dengan ~ , to
inform (report) in writing, to
inform by letter; *menyaring* ~ ,
to censor letters; *bersurat,* with
inscription; *batu* ~ inscribed
stone; *menyurat,* to write;
menyurati, to write a letter to;
to inscribe; *menyuratkan,* to
write down, to set down, to
record; *tersurat,* written
surat kabar, newspaper; ~ *pagi,*

morning paper;
persuratkabaran, the press
surau, house of worship, little
mosque
surga, heaven; *naik ke* ~ ,
Ascension
suri, *mati* ~ , apparently dead
suria, → **surya**
suruh, *menyuruh,* to command,
to order; to have someone do;
penyuruh, principal; *pesuruh,*
messenger, errand boy; ~
kantor, office boy; *suruhan,*
messenger; commissioner;
order, message, command
surut, *air* ~ , *pasang* ~ , ebbtide;
~ *berat,* loss of weight;
menyurutkan hati, to calm, to
soothe, to appease
surya, sun
susah, trouble, difficulty; sorrow;
troublesome, difficult; sorrow-
ful; *bersusah payah,* to drudge,
to work oneself to the bone;
menyusahkan, to make
difficult; to hinder; *kesusahan,*
trouble, difficulty, incon-
venience
susastera, → **susastra**
susastra, *kesusastraan,* literature
susila, modest, demure;
kesusilaan, modesty, demure-

ness

susu, *(air)* ~ , milk; *kepala* ~ , cream; *menyusui,* to suckle; *binatang menyusui,* mammals; *penyusu,* wet nurse

susul, *menyusul,* to follow, to go after; to take over; *susulan,* postscript

susun, heap, pile; *menyusun,* to heap, to pile; to arrange, to organize, to compose, to compile; *penyusun,* organizer; composer; compiler; author; *tersusun,* compiled; *susunan,* arrangement, organization, system, composition; compilation; ~ *kalimat,* sentence structure; ~ *negara,* political structure; political system; ~ *saraf,* nervous system

susup, *menyusup,* to penetrate, to infiltrate; *penyusupan,* infiltration

susur, ~ *galur,* pedigree; *menyusur,* to skirt; *susuran,* ~ *tangga,* banister

susut, to shrink; *menyusutkan,* to reduce; *penyusutan,* reduction

sutan, title

sutera, silk; ~ *buatan,* artificial silk

sutra, → **sutera**

swapraja, self-government

Swedia, [swédia] Sweden

Swis, *negeri* ~ , Switzerland; *orang* ~ , Swiss

syah, king

syahbandar, harbor master

syahid, → **sahid**

syair, poem; *penyair* poet

syaitan, → **setan,** devil

syak, ~ *wasangka,* suspicion; prejudice; *menaruh* ~ , to have one's doubts (about); to be of two minds (about)

syal, shawl

Syam, Syria

syarat, condition(s); term(s); ~ *kawin,* marriage requirements; ~ *penghidupan,* conditions of life; ~ *perburuhan,* working (labor) conditions; ~ *perjanjian,* terms of agreement; ~ *ujian,* examination requirements; *dengan* ~ , on condition; *mencukupi* ~ , to meet the requirements; *menyerah tanpa* ~ , to surrender unconditionally; *tanpa* ~ , without condition, unconditional; *bersyarat,* conditional; *hukuman* ~ , suspended sentence

syukur, thanks, thanksgiving; ~ *!*, *syukurlah!*, thank God!, thank heaven!; *mensyukuri,* to give thanks, to render thanks

syurga, → **surga**

T

taajub, → **takjub**

taala, high, exalted, sublime; *Allah ~* , Allah the Most High, God the Most High

taat, obedient; *ketaatan,* obedience

tabah, ~ *hati,* resolute, firm; *ketabahan,* resoluteness, firmness

tabal, *menabalkan,* to install, to enthrone

tabe, [tabé] → **tabik**

tabiat, character, nature, temperament

tabib, doctor, physician, traditional physician; *ketabiban,* medical; medicine

tabik, greeting, salute, salutation; *memberi ~* , to greet, to salute; *sampaikan ~ saya kepada ayahmu!*, remember me to your father!

tabir, curtain

tabrak, *menabrak,* to collide

tabuh, drum, large drum, mosque drum; *menabuh,* to drum

tabuhan, wasp

tabung, savings box; ~ *surat,* letterbox; *menabung,* to save, to deposit money; *tabungan,* savings; ~ *pos,* postal savings account; *uang ~* , savings; ~ *uang jasa,* pension fund; *bank ~* , savings bank

tabur, *bertaburan,* scattered over; *menabur,* to scatter; *penabur,* sower, seeder; *taburan,* seeds sown

tadah, receptacle; *tukang ~* , receiver or purchaser of stolen or smuggled goods; *menandah,* to receive or purchase stolen or smuggled goods; *menadahkan,* ~ *tangan*, to extend one's arms with the palms up

tadi, just now; ~ *pagi*, this morning

tafakur, meditation; *bertafakur,*

to meditate, to muse upon

tafsir, interpretation, comment, commentary; *juru ~ ,* interpreter; *menafsirkan,* to interpret; *tafsiran,* interpretation, comment

tagih, *tukang ~ ,* collector; *menagih,* to collect; to ask for payment, to press for payment; to dun; *penagih,* creditor, collector; *ketagihan,* addicted to, craving; *tagihan,* dun; demand

tahadi, → **tadi**

tahan, *~ air,* waterproof; *~ besi,* invulnerable; *~ lama,* durable, lasting; *menahan,* to bear, to endure, to sustain; to detain; *~ hati,* to control oneself, to hold one's temper; *penahanan,* detention, arrest; *mempertahankan,* to defend, to maintain, to keep under control; *tertahan,* hindered, kept, prevented; *tertahankan,* bearable, resistible; *tak ~ ,* unbearable, irresistible, beyond endurance; *pertahanan,* defense; *~ sipil,* civil defense (force); *departmen ~ dan keamanan,* department of defense and security; *tahanan,*

custody, detention; *orang ~ ,* arrested person, captive

tahi, dirt, filth; feces; *~ besi,* rust; *~ gergaji,* sawdust; *~ ketam,* woodshaving; *~ lalat,* mole; *~ minyak,* refuse oil

tahu, to know; *~ adat,* well-mannered; *~ bahasa,* courteous; *~ balas budi,* thankful, grateful; *tahu-tahu,* suddenly, unexpectedly; *setahu ... ,* to one's knowledge; *~ saya,* to my knowledge, as far as I know; *dengan ~ ... ,* with the knowledge of, with the privity of, with the connivance of; *mengetahui,* to know; *pengetahuan,* knowledge; *ketahuan,* to be detected

tahun, year; *~ almanak,* calendar year; *~ anggaran,* financial year; *~ baru,* New Year; *~ buku, ~ pembukuan,* fiscal year; *~ kabisat,* leap year; *bertahun-tahun,* for years and years; *menahun,* chronic; *penyakit ~ ,* chronic disease; *tahunan,* years; yearly, annual; *buku ~ ,* yearbook; *laporan ~ ,* annual report

tajam, sharp; *berotak ~ ,* sharp, sharp-witted; *menajamkan,* *mempertajam,* to sharpen

taji, spur (of a cock)

tajuk, crown, diadem; ~ *karangan,* ~ *rencana,* editorial

tak, no, not; ~ *berhingga,* ~ *terhingga,* endless, infinite; ~ *usah,* needless; it's not necessary

takal, block, pulley

takar, cubic measure; *gelas* ~ , measuring glass; *menakar,* to measure; *takaran,* measuring pot

tak cakap, incapable, unable; *ketakcakapan,* incapability, inability

takdir, predestination, will (of God); *menakdirkan,* to pre-ordain, to predestine

tak hadir, absent; *ketakhadiran,* absence

takik, notch; *menakik,* to cut a notch, to notch; ~ *getah,* to tap rubber

takjub, awestruck, astonished, surprised; *menakjubkan,* to surprise, to astonish, to amaze; wonderful, astonishing, amazing, surprising

takluk, won, subdued; subordinate, dependent; *menaklukkan,* to overcome, to win, to subdue, to subordinate, to bring into submission, to conquer; *penaklukan,* subjection, conquest

takrim, respect, honor, reverence

taksir, *menaksir,* to estimate, to appraise, to value; *taksiran,* estimate, appraisement, appraisal

taktik, tactic

takuk, deep notch; *menakuk,* to cut a deep notch; ~ *janji,* to make an arrangement; to make a promise

takut, afraid, fearful; *menakut-nakuti,* to frighten; *menakutkan,* to make afraid, to frighten, to scare; frightening; *penakut,* coward; *ketakutan,* frightened, terrified, scared, in fear; fright

takwim, calendar

tala, *garpu* ~ , tuning fork; *menala,* to tune

talak, repudiation; divorce; *menalak,* to repudiate; to divorce

talam, tray

talang, rain gutter

talen, [talén] *setalen,* 25-rupiah coin

talenan, cutting board

tali, rope, cord; ~ *kail,* fishing line; ~ *keluarga,* family ties; ~ *pengikat,* string; ~ *perut,* bellyband; drawstring; bowels, entrails; ~ *pinggang,* belt; ~ *rami,* ~ *sisal,* hemp rope; ~ *sepatu,* shoelace; *bertalian,* to be connected; in connection; allied; *pertalian,* connection

taligrap, → **telegraf**

talu, *bertalu-talu,* continuous, unceasing

tama, → **tamak**

tamah, → **ramah**

tamak, greedy; *ketamakan,* greed

taman, garden; ~ *bacaan,* ~ *pustaka,* reading room, library; ~ *budaya,* cultural center; ~ *kanak-kanak,* kindergarten

tamasya, scene, spectacle, showplace; excursion; ~ *alam,* scene of natural beauty; *pergi* ~ , to go on a picnic; *bertamasya,* to go sightseeing, to sightsee

tamat, ended, finished; end; *menamatkan,* to end, to finish

tambah, *bertambah,* to increase; *pertambahan,* increase; *menambah,* to add, to increase; *penambahan,* addition;

tambahan, addition, increase, supplement; ~ *jiwa,* population increase; ~ *penghasilan,* additional income, supplemental income, extra income; ~ *pokok pajak,* additional percentage on taxes; ~ *pula,* moreover, besides; *anggaran* ~ , supplementary estimate; *lampiran* ~ , addition, appendix, supplement

tambak, dike, dam, embankment; *menambak,* to dam up, to dike

tambal, patch

tambang, rope, tow; *cacing* ~ , hookworm; *perahu* ~ , ferryboat; *uang* ~ , fare; *menambang,* to ferry over, to take across; *penambang,* ferryman

tambang, mine; ~ *batu bara,* coal mine, colliery; ~ *besi,* iron ore; ~ *emas,* gold mine; *barang* ~ , mineral; *menambang,* to dig, to mine; *penambang,* miner; *pertambangan,* mining

tambat, *menambat,* to fasten, to tie up; *pertambatan,* tie; *tertambat,* moored; *tambatan,* mooring pole, moorage

tambo, chronicle, annals

tambun, stout, corpulent, fat;

menambunkan, to fatten

tambung, impertinent, insolent

tambur, drum; *menabuh ~ ,* to drum; *penambur,* drummer

tammat, → tamat

tampa, *salah ~ ,* misunderstanding; to misunderstand

tampak, visible

tampal, patch; plaster; *menampal,* to patch; to plaster

tampan, handsome, elegant, smart; sturdy; *ketampanan,* elegance, smartness, good appearance

tampang, *~ muka,* profile

tampar, slap, strike; *~ nyamuk,* shoulder blade; *menampar,* to slap

tampi, *menampi,* to winnow; *penampi,* winnow

tampil, to appear, to come up, to show up, to come forward

tampon, tampon; plug

tampuk, cover, top; *~ kerajaan, ~ kekuasaan,* scepter; *~ lampu listrik,* bulb socket

tampung, *menampung,* to accommodate; to collect; to contain; *penampung,* container; *~ getah,* rubber cup

tamsil, parable; metaphor; comparison

tamu, guest, visitor; *~ agung,* distinguished guest; *bertamu,* to pay a visit

tanah, earth, ground, land, soil; country; *~ air, ~ tumpah darah,* native country, native soil, fatherland; *~ hutan,* woodland; *~ liat, ~ pekat,* clay; *~ pegunungan,* mountainous country; *~ seberang,* outlying provinces; *minyak ~ ,* petroleum

tanak, well-cooked (of rice); *menanak (nasi),* to cook (rice)

tanam, *menanam,* to grow, to plant; *~ modal,* to invest capital; *menanami,* to plant (something); *penanaman,* growing, planting; *~ modal,* investment; *tanaman,* plant

tanda, sign, mark, symbol, signal, emblem, token; foreboding, omen; *~ bahaya,* warning, warning signal; *~ bahaya udara,* air-raid alarm; *~ bayar,* receipt; *~ baca,* punctuation mark; *~ kehormatan,* mark (badge) of honor; *~ mata,* keepsake, souvenir; *~ pembayaran,* receipt; *~ peringatan,* monument, memorial; *~ salib,* sign

of the cross; *menandai*, to mark
tandak, Javanese female dancer;
bertandak, menandak, to dance
tandan, bunch, cluster; *setandan,*
bunch of (bananas)
tandang, visit; *bertandang,* to
pay a visit; *menandangi,* to
visit
tanda sah, legalization;
menandasahi, to legalize
tanda tangan, signature; *peserta*
~ , signatory; *bertanda tangan,*
signed; *yang ~ di bawah ini,*
the undersigned; *tak ~ ,*
unsigned; *menandatangani,* to
sign; *penandatanganan,*
signing
tanding, *bertanding,* to match, to
compete; *tak ~ ,* matchless,
unequaled; *pertandingan,*
contest, match, competition;
tandingan, equal, match,
comparison
tandu, litter, palanquin
tanduk, horn; *bertanduk,* horned;
menanduk, to butt
tandun, *zaman ~ ,* time im-
memorial
tangan, hand; forearm; sleeve; ~
dingin, successful; ~ *pertama,*
first hand; *bawah ~ ,* privately;
by private contract; *buah ~ ,*

gift (brought from a journey),
souvenir; *kaki ~ ,* accomplice;
panjang ~ , thievish; *pekerjaan*
~ , manual labor; *sapu ~ ,*
handkerchief; *sarung ~ ,* glove;
tapak ~ , palm; *tertangkap ~ ,*
taken in the very act
tangas, vaporization; *menangas,*
to vaporize
tangga, ladder, staircase,
stairway; ~ *sulur batang,*
winding staircase; *rumah ~ ,*
housekeeping, household,
family; *bertangga-tangga,*
terraced
tanggal, detached; to fall off;
menanggalkan, to detach, to
take off, to strip off, to remove;
~ *pakaian,* to take off one's
clothes, to disrobe
tanggal, date; ~ *permulaan,* first
day of the month; ~ *tua,* last
week of the month; *mulai ~ 1
Mei,* as from May 1;
bertanggal, dated; *tak ~ ,*
undated, dateless; *menanggali,*
to date; *tertanggal,* dated;
penanggalan, dating; calendar;
tanggalan, calendar
tangguh, *menangguhkan,* to
delay, to postpone, to adjourn;
penangguhan, delay, respite,

postponement, adjournment

tanggung, medium-sized; of medium quality; of unsuitable size; *pekerja ~ ,* semiskilled worker, semiskilled hand

tanggung, *menanggung,* to guarantee, to warrant, to be responsible; *~ beban,* to bear the burden; *mempertanggungkan,* to insure; *penanggung,* surety; *~ kerugian,* insurer; *pertanggungan,* insurance; *~ hari tua,* old-age insurance, retirement insurance; *~ jiwa,* life insurance; *tanggungan,* obligation, duty, responsibility; *atas ~ saya,* at my expense; under my responsibility

tanggung jawab, responsibility; *rasa ~ ,* sense of responsibility; *bertanggung jawab atas,* to be responsible for; *mempertanggungjawabkan,* to account for (something); to be accountable to (somebody); *pertanggungjawaban,* account

tangis, cry; *menangis,* to weep, to cry; *menangisi,* to weep over, to mourn; *penangis,* crybaby; *tangisan,* weeping, crying

tangkai, stem, stalk; *~ hati,* darling, sweetheart

tangkal, *menangkal,* to avert, to ward off; *penangkal,* preventive for, defense against; prophylactic

tangkap, *menangkap,* to seize, to catch, to capture, to arrest; *tertangkap,* caught; *~ basah,* caught in the act, nabbed; *penangkapan,* seizure, capture, arrest, apprehension; *ketangkap,* caught; *ketangkapan,* seized by apoplexy; *tangkapan,* catch, capture

tangkas, agile, adroit, deft, dexterous, swift

tangki, tank

tangkis, *menangkis,* to keep off; to parry, to rebutt; *meriam ~ ,* antiaircraft gun; *obat ~ ,* prophylactic remedy; *tangkisan,* parry, defense

tangkup, cupped handful

tangsi, barracks

tani, *kaum ~ ,* peasantry; *orang ~ ,* farmer, peasant; *petani,* farmer; *pertanian,* agriculture; *ahli ~ ,* agriculturist; *sekolah ~ ,* agricultural college

tanjung, cape

tantang, *menantang,* to challenge; *tantangan,* challenge

tanya, ~ *jawab,* questions and answers, interview, discussion; *bertanya,* to ask (about); *bertanya-tanya,* to wonder; *pertanyaan,* question; *mengajukan* ~ , to ask questions; *menanyai,* to question, to examine; *menanyakan,* to ask about; *penanya,* questioner; *mempertanyakan,* to question

tanya jawab, questions and answers, interview; *bertanya jawab,* to have an interview

tapa, penitential exercise; ascetism; *bertapa,* to do penance; to seclude oneself; *petapa,* ascetic, hermit, recluse; *pertapaan,* hermitage

tapak, ~ *kaki,* sole; footprint; ~ *tangan,* palm

tapal, poultice; ~ *gigi,* toothpaste

tapal batas, border, frontier; *daerah* ~ , borderland

tapi, → **tetapi**

tapir, tapir

tapis, *menapis,* to filter, to sieve; *penapis,* filter, percolator, sieve; *tapisan,* filtrate

tar, tart, cake

tara, equal, even; match; peer; rival; *tiada* ~ , unequaled, peerless, matchless, unrivaled; *setara,* equal, equivalent

taraf, stage, phase

tarbantin, → **terpentin**

tari, dance; *menari,* to dance; *penari,* dancer

tarif, tariff, fare, rate; ~ *bertingkat,* graduated tariff; ~ *berpadanan,* proportional tariff

tarik, *gaya* ~ , gravitation; *menarik,* to interest, to attract, to pull, to draw, to tug; interesting, attractive; ~ *hati,* interesting, attractive, fascinating; ~ *kesimpulan,* to conclude, to draw a conclusion; ~ *lagu,* to strike up a song; ~ *langkah seribu,* to take to one's heels, to run away; ~ *napas,* to inhale

tarikh, date; era; ~ *Hijriah,* Islamic era; ~ *Masehi,* Christian era

taring, tusk; fang

tarpin, → **terpentin**

taruh, *menaruh,* to place, to set, to put; ~ *dendam,* to bear a grudge; ~ *minat,* to take an interest in; ~ *sabar,* to have patience; ~ *uang di bank,* to deposit money in the bank, to place money in one's account

taruh, *bertaruh,* to bet, to stake;

mempertaruhkan, to wager on, to stake, to risk; ~ *nyawa,* to stake one's life; *pertaruhan,* bet; *petaruh,* security, guarantee, pledge; *taruhan,* bet, wager, stake

tarum, indigo plant

tas, bag

tasik, lake

tata bahasa, grammar; ~ *baku,* standard grammar; *ketatabahasaan,* grammatical

tata negara, state administration; *ketatanegaraan,* related to state administration

tata usaha, administration

tatkala, at the time when; ~ *itu,* at that time

taubat, → **tobat**

taufan, → **topan**

taufik, aid, help; Allah's help

taula, towel

tauladan, → **teladan**

taulan, → **tolan**

tawa, → **tertawa, ketawa**

tawan, *menawan,* to detain, to capture, to take as a prisoner of war, to intern; *penawanan,* internment; *tawanan,* prisoner of war, internee; *tempat* ~ , prisoner-of-war camp

tawar, tasteless; ~ *hati,* dejected, downhearted; *air* ~ , fresh water; *penawar,* antidote

tawar, *menawar,* to bargain, to make a bid for; *penawaran,* offer, bid

tawas, alum

tebak, *menebak,* to guess

tebal, thick; ~ *hati,* hardhearted; ~ *muka,* ~ *telinga,* thick-skinned; *kertas* ~ , cardboard

tebang, *menebang,* to fell

tebar, [tébar] *bertebaran,* scattered; *menebar,* to scatter; to cast (a net)

tebat, pond; ~ *ikan,* fish pond; *menebat,* to dam

tebing, steep bank; steep riverbank

tebu, sugarcane

tebus, *menebus,* to redeem, to ransom; ~ *dosa,* to expiate; *penebus,* redeemer; ransom; *penebusan,* redemption; *tebusan,* ransom

teduh, still, quiet; shady; *Lautan* ~ , Pacific Ocean; *berteduh,* to take shelter

tegah, *menegahkan,* to prohibit; to fight against; *penegahan,* prohibition, prevention

tegak, upright, erect; ~ *lurus,* vertical; perpendicular;

bertegak, to stand upright; ~ *sendiri,* to be independent; *menegakkan,* to erect; to maintain

tegang, taut, tense, strained; *gaya* ~ , tension; *menegangkan,* to stretch, to make tense, to strain

tegap, upright, erect

tegas, clear and distinct; resolute, determined; *menegaskan,* to make clear, to point out distinctly; to affirm; *ketegasan,* resoluteness, determination

teguh, firm, fast, strong, solid; *berteguh-teguhan,* to agree on, to affirm mutually; *meneguhkan, memperteguh,* to strengthen, to confirm, to consolidate; ~ *janji,* to fulfill a promise

teguk, draft, swallow, gulp; *meneguk,* to gulp, to swallow, to guzzle

tegur, ~ *sapa,* friendliness (as expressed in words); *menegur,* to address kindly; to warn, to admonish, to reprove; *teguran,* warning, admonition, reproof

teh, [téh] tea

tekak, throat; *anak* ~ , uvula

tekan, *menekan,* to press, to squeeze; to oppress; *tekanan,* pressure; emphasis; accent, stress; ~ *bunyi,* accent

tekat, embroidery; *menekat,* to embroider

teka-teki, riddle, puzzle; ~ *silang,* crossword puzzle

teken, [téken] signature, initial; *meneken,* to sign, to initial

teker, *batu* ~ , flintstone

teket, [téket] → **tiket**

teki, sedge

teknik, [téknik] technique, technical; *ahli* ~ , technician

teknis, [téknis] technical; *bantuan* ~ , technical assistance

teko, [téko] teapot

teks, [téks] text

tekstil, [tékstil] textile

tekuk, *bertekuk,* bent; ~ *lutut,* to surrender, to be subdued

tekukur, ring-necked dove

tekun, persevering, persistent; *bertekun,* to persevere, to persist, to stick to

tela, [téla] *pertelaan,* specification

teladan, example, model

telaga, lake

telah, already

telah, *menelah,* to predict; *penelah,* predictor; *penelahan,* prediction

telan, *menelan,* to swallow

telanjang, nude, naked, bare; ~ *bugil,* ~ *bulat,* stark-naked; ~ *kaki,* barefooted; *menelanjangi, menelanjangkan,* to undress, to strip off the clothes of, to disrobe, to denude

telanjur, already happened; gone too far

telantar, neglected

telapak, sole

teledor, [telédor] careless, nonchalant; *meneledorkan,* to neglect, to disregard; *keteledoran,* carelessness, nonchalance

telefon, [téléfon] telephone

telegraf, [télégraf] telegraph

telegram, [télégram] telegram

telegrap, [télégrap] → **telegraf**

telempap, palm's breadth

telepon, [télépon] telephone; *penjaga* ~ , telephone operator; *petunjuk* ~ , telephone directory; *menelepon,* to phone, to ring up, to call

telinga, ear; ~ *telepon,* headphone; *cuping* ~ , earlobe

teliti, accurate, careful, meticulous

telor, [télor] *berkata dengan* ~ , to lisp

telor, → **telur**

teluk, bay, bight

telunjuk, index finger, forefinger

telur, egg; ~ *ayam,* hen's egg; ~ *ikan,* spawn, roe; ~ *mata sapi,* fried egg; *kuning* ~ , yolk; *putih* ~ , albumen

temali, *tali* ~ , cordage

teman, friend, fellow, comrade; ~ *sejawat,* ~ *sekerja,* colleague; *berteman,* to have as a friend; on friendly terms with; friendly; *menemani,* to accompany, to attend

tembaga, copper, brass; ~ *putih,* nickel

tembak, [témbak] *menembak,* to shoot, to fire; ~ *sipi,* to graze (as a bullet); *menembaki,* to fire at; *menembakkan,* to discharge, to fire off; *penembak,* shooter, rifleman; ~ *intai,* sniper; *tembakan,* shot; *melepaskan* ~ , to fire a shot

tembakau, tobacco

tembel, [témbél] sty

tembikar, potsherd; pottery, crockery; ceramics

tembilang, spade

tembok, [témbok] wall

tembolok, crop (of a bird)

tembuni, placenta

tembus, penetrated, perforated; *tembusan,* tunnel; carbon copy

tempa, *besi ~ ,* wrought iron; *menempa,* to forge; *penempa,* smith; *tempaan,* smith's work

tempat, place; *~ abu,* ashtray; *~ berhenti, ~ perhentian,* stop, stopping place; *~ beristirahat, ~ berlibur,* holiday resort; *~ kediaman,* dwelling; *~ kedudukan,* post, station; *~ kelahiran,* birthplace; *~ kotoran,* dustbin; *~ mentega,* butter dish; *~ rokok,* cigarette case; *~ sabun,* soap dish; *~ tidur,* bed; *~ tinta,* inkstand, inkwell; *mengambil ~ ,* to take a seat; *pada ~nya,* proper; *setempat,* local; *menempati,* to occupy; *menempatkan,* to place, to position; *~ mobil,* to park a car

tempayan, water cask

tempel, [témpél] *meterai ~ , segel ~ ,* receipt stamp; *menempel,* to stick to; *menempelkan,* to stick, to paste

tempeleng, [témpéléng] slap, a box on the ear

tempik sorak, cheering, shouting

tempo, [témpo] time, extension of time; *~ dulu,* in former days

(times); *~ hari,* the other day, recently; *~-~,* now and then, once in a while; *jatuh ~ ,* due, mature (of a draft)

tempoh, [témpoh] tempo

tempua, *burung ~ ,* weaverbird

tempuh, *menempuh,* to attack, to charge; *~ jalan,* to cover (a road); *~ ujian,* to sit for an exam

tempur, *kapal ~ ,* battleship; *bertempur,* to fight; *pertempuran,* fight, battle

tempurung, half a coconut shell; *~ kepala,* upper part of the skull; *~ lutut,* kneecap

temu, *bertemu,* to meet; *sampai ~ lagi,* till we meet again, so long; *pertemuan,* meeting; *menemui,* to see, to meet with, to encounter; *~ ajalnya,* to meet one's death (fate, doom)

temurun, → turun-temurun

tenaga, energy, capacity, strength, power; *~ atom,* atomic energy; *~ listrik,* electrical energy; *bertenaga,* powerful

tenang, calm, still, tranquil; *menenangkan,* to calm (down)

tenda, [ténda] tent

tendang, *menendang,* to kick;

tendangan, kick; ~ *pertama,* kickoff; *melakukan* ~ , to kick off

tendensi, [téndénsi] tendency

tengadah, face upward; *menengadah,* to look upward

tengah, middle, midst, half; ~ *dua,* one and a half; ~ *hari,* midday, noon, noontime; ~ *makan,* to be eating; ~ *malam,* midnight; ~ *garis,* diameter; *setengah,* half; ~ *tua,* middle-aged; *me-nengah,* intermediate; *kaum* ~ , middle class; *sekolah* ~ , secondary school; *menengahi,* to mediate; *penengah,* intermediary, mediator; *pertengahan,* middle; ~ *tahun,* middle of the year; *Abad* ~ , the Middle Ages

tenggala, plough; *menenggala,* to plough

tenggara, southeast

tenggelam, to sink; sunken; *menenggelamkan,* to sink; to drown

tengger, [ténggér] *bertengger,* to perch, to alight

tenggiling, anteater

tenggulung, millipede

tengik, rancid

tengkar, *bertengkar,* to quarrel;

pertengkaran, quarrel

tengkorak, skull

tengku, Mr.

tengkuk, nape of the neck; ~ *kaku,* stiff neck

tengkulak, commission agent

tengok, [téngok] *menengok,* to look at, to see

tentang, opposite; about, concerning; *bertentangan,* contradictory, contrary, opposed to; *menentang,* to oppose, to resist; to face; to stare; *pertentangan,* controversy, conflict

tentara, soldier; ~ *nasional,* national army; ~ *payung,* paratroops; ~ *pendudukan,* occupation army; *bala* ~ , army, troops, forces; *pengadilan* ~ , court-martial; *polisi* ~ , military police; *ketentaraan,* military

tentera, → **tentara**

tenteram, safe, peaceful; *menenteramkan,* to appease, to pacify; *ketenteraman,* peace

tentu, certain, sure, definite; certainly, surely, definitely; *mententukan,* to decide, to determine; to stipulate; *tertentu,* definite, fixed, certain; *ketentuan,* stipulation, proviso

tenuk, tapir

tenun, *pabrik* ~ , textile work; textile factory; *menenun,* to weave; *pertenunan,* textile industry; *tenunan,* fabric; tissue; *barang* ~ , textiles

teori, [téori] theory

tepat, precise, exact; precisely, exactly; ~ *guna,* efficacious, effective; *bertepatan,* to coincide with; in coincidence with; *pertepatan,* coincidence; *menepati,* to fulfill; ~ *janji,* to keep a promise

tepekur, → **tafakur**

tepi, border, edge, brim, brink, margin; ~ *jalan,* side of the road, shoulder, roadside; *menepi,* to go to the shoulder, to go to the side of the road

tepuk, ~ *tangan,* clapping, applause; *bertepuk (tangan),* to applaud; *menepuk,* to pat, to slap

tepung, flour; powder; ~ *terigu,* wheat flour

ter, [tér] tar

tera, stamp, seal; gauge; *menera,* to stamp, to seal; to gauge, to calibrate; to impress, to imprint, to print; *tertera,* printed, written; *teraan,* print, imprint, stamp

terajang, → **terjang**

teral, *meneral,* to work up; to stimulate

terang, clear, plain, evident; *terus* ~ , *terang-terangan,* frank, outspoken; ~ *terus,* transparent; *menerangi,* to light, to illuminate; *menerangkan,* to declare; to explain; *penerangan,* lighting, illumination, enlightenment; information; *layanan* ~ , information service; *keterangan,* explanation; declaration; information

terapi, [térapi] therapy; *ilmu* ~ , therapeutics

teras, heart (of wood); core; ~ *bumi,* earth's core

terasi, fish paste

teratai, lotus

teratak, temporary hut or stage

terbang, to fly; *juru* ~ , pilot, aviator; *kapal* ~ , airplane; *lapangan* ~ , airfield; *pesawat* ~ , airplane, plane; *pesawat* ~ *air,* hydroplane; *beterbangan,* to fly about; *menerbangkan,* to fly (a plane); to fly away (with something); *penerbang,* pilot, aviator; *penerbangan,* flight, aviation; *perusahaan ~* , airliner, aviation company

terbis, *tanah ~* , landslide

terbit, to rise, to come out, to appear, to issue; *matahari ~* , rising sun; *menerbitkan,* to publish, to issue; *diterbitkan oleh,* published by; *penerbit,* publisher, issuer; *terbitan,* publication, edition, issue, emission

terbus, fez

terhal, → **hal**

teriak, scream, shout, yell; *berteriak,* to scream, to shout

terigu, wheat; *tepung ~* , wheat flour

terik, *panas ~* , burning hot

terima, *tanda ~* , receipt; *menerima,* to receive, to accept, to admit; *penerimaan,* receipt, acceptance

terima kasih, *~* , thank you, thanks; *~ banyak,* thanks a lot; *mengucapkan banyak ~* , to say thanks; *tak tahu ~* , ungrateful; *berterima kasih,* to be thankful, to be grateful

teripang, sea cucumber

terjal, extremely steep

terjang, *menerjang,* to kick, to attack, to charge, to intrude, to encroach; *penerjang,* charger; *barisan ~* , shock troops; *penerjangan,* attack, charge

terjemah, *seni ~* , art of translation; *menerjemahkan,* to translate; *penerjemah,* translator; *kantor ~* , translation office; *penerjemahan,* translation; *~ dekat,* close translation; *terjemahan,* translation

terjun, to dive, to jump down; *air ~* , waterfall

terka, *menerka,* to guess; *penerka,* guesser; *penerkaan,* guessing; *terkaan,* guess, surmise, conjecture; riddle, puzzle

terkadang, sometimes, now and then

terkam, *menerkam,* to leap upon

terlalu, too, badly; *keterlaluan,* too much

terlantar, → **telantar**

termometer, [térmométer] thermometer; *~ suhu,* clinical thermometer

ternak, cattle, livestock; *~ perah,* dairy cattle; *~ sembelih,* beef cattle; *makanan ~* , fodder, cattle feed; *beternak,* to raise cattle; *menernakkan,* to breed; *peternak,* cattle raiser, cattle breeder

terobos, *menerobos,* to break through

teromol, tin, case

terompah, wooden clogs, rubber sandals

terompet, [terompét] trumpet

terongko, terungku, prison, jail

teropong, ~ *kuman,* microscope; *meneropong,* to see through a telescope; to scrutinize

terowongan, tunnel, shaft

terpentin, [térpentin] turpentine

tertawa, to laugh; laugh; ~ *kecil,* to giggle; giggle; *menertawai,* to laugh at; *menertawakan,* to laugh at, to ridicule; ridiculous

tertib, good order; in good order, orderly; ~ *acara,* program, agenda; ~ *hukum,* legal order; ~ *lalu lintas,* traffic discipline; *tata* ~ , order, discipline; *dengan* ~ , orderly, regularly

terubuk, *telur* ~ , type of caviar

teruna, young; youth; marriageable

terus, straight on; continuous, lasting, constant; ~-*menerus,* at a stretch, continual, incessant; ~ *terang,* plain-spoken; *terang* ~ , transparent; *seterusnya,* further, henceforth;

meneruskan, to continue; to convey, to pass; *terusan,* continuation; canal

terusi, vitriol

terwelu, [terwélu] rabbit

tetak, *menetak,* to hack, to hew

tetamu, guest

tetangga, neighbor; *negara* ~ , neighboring country, neighboring state

tetap, fast, definite, regular, constant, fixed; *buruh* ~ , regular workman; *pajak harta* ~ , ground tax; *pendukung* ~ , donor; *menetap,* to stay; *menetapkan,* to appoint, to decide, to fix, to establish; to stipulate; *penetapan,* appointment, decision, resolution; *ketetapan,* firmness, constancy; stipulation; ~ *hati,* perseverance; *tetapan,* ~ *harga,* nominal value, face value

tetapi, akan tetapi, but, however

tetas, *menetas,* to hatch

tetek, [téték] breast; *meneteki,* to breastfeed

tetes, [tétés] drip, drop, droplet; *botol* ~ , dropper; *menetesi,* to give a drop of

tewas, [téwas] to get killed; killed in action; to lose, to be defeated

tiada, no, not existing; *tak dapat ~ ,* can't help but; willy-nilly; positively, absolutely; *meniadakan,* to undo, to cancel; *ketiadaan,* lack, absence, nothingness

tiang, mast, post, pillar

tiap, tiap-tiap, each, every

tiarap, *bertiarap,* to lie face downward, to prostrate oneself

tiba, to come, to arrive; *tiba-tiba,* unexpectedly, suddenly

tidak, no, not; *~ beralasan,* ungrounded, unfounded; *~ sah,* illegal, unlawful, illegitimate; *belanja yang ~ disangka,* incidental expenses; *setidak-tidaknya,* at least

tidak hadir, absent; *ketidakhadiran,* absence

tidak pasti, uncertain; *ketidakpastian,* uncertainty

tidur, to sleep; *kamar ~ ,* bedroom; *obat ~ ,* sleeping draft, sleeping potion; *tempat ~ ,* bed; *meniduri,* to sleep upon; to have intercourse with; *menidurkan,* to put to sleep; *penidur,* sleepyhead

tiga, three; *~ belas,* thirteen; *~ puluh,* thirty; *~ kali,* thrice;

kembar ~ , triplets; *ketiga,* third; *~nya,* all the three; *pertiga,* (one) third; *sepertiga,* one-third

tikai, *bertikai,* to quarrel, to dispute; *pertikaian,* quarrel, dispute

tikam, *luka ~ ,* stab wound; *menikam,* to stab

tikar, mat

tikus, mouse; *~ besar,* rat

tilam, mattress

tilgram, → telegram

tilik, *menilik,* to observe, to inspect, to examine; to judge; *penilik,* observer, inspector; *penilikan,* observation, inspection, examination; judgment

tilpon, → telefon, telepon

timah, *~ daun,* tinfoil; *~ hitam,* lead; *~ putih,* tin; *~ sari,* zinc

timang, *menimang,* to toss (a child) in the air; to pet; *timangan, nama ~ ,* pet name

timba, bucket; *menimba,* to draw water, to bail

timbal, *~ balik,* mutual, reciprocal; *setimbal,* equivalent, proportional, evenly balanced; *bertimbalan, menimbal(i),* to counterbalance, to match; *timbalan,* compensation

timbang, ~ *terima,* transfer of authority; *menimbang,* to weigh, to consider, to think over; *menimbang-nimbang,* to ponder, to weigh the pros and cons; *mempertimbangkan,* to consider; *timbangan,* scales; consideration, judgment; ~ *buku,* book review; *batu* ~ , measure of weight

timbul, to come to the surface; *batu* ~ , pumice; *bulan* ~ , new moon; *peta* ~ , relief map; *menimbulkan,* to give rise, to bring to the surface

timbun, pile, heap; *bertimbun-timbun,* in heaps; *menimbun,* to pile up, to heap up, to accumulate, to stockpile; to hoard; ~ *makanan,* to hoard food; *penimbunan,* accumulation; *timbunan,* pile, heap

timpa, *menimpa,* to fall upon; to befall

timpang, lame, crippled

timun, → **mentimun**

timur, east; ~ *laut,* northeast; ~ *Tengah,* Middle East; *bintang* ~, morning star; *ketimuran,* eastern, oriental

tindak, action, deed; *bertindak,* to act, to take action, to take measures, to take steps; *tindakan,* action, measures, steps; ~ *tepat,* effective measures; ~ *pencegahan* preventive measures; *mengambil* ~ , to act, to take action, to take measures

tindih, *bertindih,* ~ *tepat,* to coincide; *menindih,* to press, to oppress; to put some weight on; *penindihan,* oppression; *ketindihan,* pressed, oppressed; to have a cramp while asleep; *tindihan,* pressure, oppression

tindis, *menindis,* to press, to oppress; *tindisan,* oppression

tinggal, to stay, to remain; to live; *rumah* ~ , dwelling; *meninggal,* ~ *dunia,* to die; *meninggali,* to live in, to dwell in; *meninggalkan,* to leave (behind), to abandon; *peninggal, sepeninggal ...* , after one's departure, after one's death; *ketinggalan,* left behind

tinggi, high, tall; height; *pegawai* ~ , high official, superior; *sekolah* ~ , college; *menjunjung* ~ , to respect, to defer to; *setinggi,* as high as; *tingginya,* as high as possible; at most;

meninggikan, to heighten, to increase; *mempertinggi,* to make higher; ~ *produksi,* to step up production

tingkah, whim, caprice; freak ~ *laku,* behavior, doings

tingkap, tingkapan, window; porthole

tingkat, floor, story, deck; level, rank, grade; phase; *setingkat,* of the same level; *meningkat,* to rise, to keep rising, to increase, to improve; *tingkatan,* grade, degree, level; *menurut* ~ , according to the degree

tinjau, *meninjau,* to look out, to observe; to consider; ~ *kembali,* to reconsider, to review; *peninjau,* observer; *peninjauan,* observation, review; *tinjauan,* review

tinju, fist; *bertinju,* to box; *petinju,* boxer, pugilist

tinta, ink; ~ *cetak,* printing ink; ~ *vulpen,* fountain-pen ink; *tempat* ~ , inkstand, inkwell

Tionghoa, Chinese

Tiongkok, China

tipis, thin; ~ *telinga,* touchy; *laba* ~ , *untung* ~ , slight profit

tipu, deceit, cheat; ~ *daya,* intrigue; ~ *mata,* optical illusion; *kena* ~ , to be deceived; *menipu,* to deceive, to cheat; *penipu,* deceiver, cheat

tirai, curtain; drape; ~ *besi,* iron curtain

tiram, oyster

tiri, *bapa* ~ , stepfather

tiris, to ooze through, to leak out; *tirisan,* leakage, leak

tiru, *meniru,* to imitate, to copy; *tiruan,* imitation

tisik, *menisik,* to darn

titah, order, command; *atas* ~ *raja,* by royal command; *bertitah,* to command, to speak (of a king)

titi, *titian,* footbridge

titik, dot, point; full stop; drop; ~ *berat,* center of gravity; ~ *didih,* boiling point; ~ *koma,* semicolon; *bertitik,* dotted; *menitik,* to drop; to dot

titis, *menitis,* to incarnate

tituler, [titulér] titular

tiup, *bertiup,* to blow

tiwas, → tewas

tobat, repentance; *bertobat,* to repent, to regret

tohor, *kapur* ~ , quicklime

toke, [toké] → tokek

tokek, [tokék] gecko

toko, shop, store; *tokowan,* shopkeeper

tokoh, shape; type

tokok, *menokok,* to knock

tolak, ~ *bara,* ballast; *bertolak,* to leave, to depart; *menolak,* to refuse, to reject; to ward off, to keep off, to push away, to repel; *penolak,* rejecter; ~ *bisa,* antitoxin

tolan, comrade, friend

toleh, [toléh] *menoleh,* to look back

tolol, very stupid

tolong, *menolong,* to help, to aid, to assist; *tertolong,* saved; *tidak* ~ , not to be saved; *penolong,* helper; rescuer; *pertolongan,* help, a helping hand, aid, assistance, rescue; ~ *pertama,* first aid

tombak, spear

tombok, to pay extra

tombol, knob

tombong, ~ *parit,* land mine

tombong, → **tumbung**

tomong, *meriam* ~ , mortar (artillery piece)

tong, cask, barrel, drum

tonggok, heap

tongkang, barge, lighter

tongkat, stick, club

tongkrong, squatting

tongtong, sounding block

tonil, stage; *main* ~ , to act, to play; *pertunjukan* ~ , theatrical performance

tonton, *menonton,* to look at, to look on, to watch; *penonton,* onlooker, spectator, audience; *mempertontonkan,* to show, to display; *tontonan,* spectacle, display, exhibition, performance

topan, typhoon, hurricane

topeng, [topéng] mask

topi, hat; ~ *tikar,* straw hat

totok, full-blooded

tradisi, tradition

transformator, transformer

trapesium, [trapésium] trapezium

trasi, → **terasi**

trem, [trém] tram, streetcar

tribulan, → **triwulan**

triko, tricot

trisula, trident

triwulan, quarter of a year; quarterly

trombosa, → **trombosis**

trombosis, thrombosis

tsb., *tersebut,* mentioned

tua, old; ripe; dark (of colors); ~ *bangka,* ~ *renta,* very old; decrepit, senile; *orang* ~ , old man, old woman, parents; *ketua*, chief, chairman

tuah, luck; magic power; *bertuah*, lucky; having magic power

tuai, harvesting knife; *menuai*, to reap (the paddy), to harvest; *penuai*, reaper; cutter; *penuaian*, cropping

tuak, palm wine; toddy

tuala, → **taula**

tuan, gentleman, master; sir; Mr.; ~ *rumah*, host

tuang, *pindah* ~ *darah*, blood transfusion; *menuang*, to pour, to cast; *tuangan*, casting mold

tubi, *bertubi-tubi*, repeatedly, without stopping; unceasing

tubruk, *kopi* ~ , black coffee; *menubruk*, to collide, to hit; *tubrukan*, collision

tubuh, body; *kesehatan* ~ , state of the body, physical condition; bodily health; *resam* ~ , bodily constitution; *setubuh*, one body; coitus; *bersetubuh*, to copulate

tuduh, *menuduh*, to accuse; *tertuduh*, the accused; *penuduh*, accuser; *penuduhan*, accusation; *tuduhan*, charge

tudung, veil

tugas, task, function; ~ *kewajiban*, duty

tugu, pillar, column, monument; ~ *peringatan*, commemorative column, monument, memorial

Tuhan, God

tuil, lever, jack, jackscrew

tuju, *menuju*, to go in a certain direction, to be headed for; *tujuan*, direction, course; intention, aim; tendency; *bertujuan*, purporting to

tujuh, seven; ~ *belas*, seventeen; ~ *puluh*, seventy

tukang, artisan, skilled workman, handyman; ~ *batu*, bricklayer; ~ *besi*, blacksmith; ~ *cat*, painter; ~ *cukur*, barber; ~ *gigi*, dentist; ~ *kayu*, carpenter; ~ *roti*, baker; ~ *sepatu*, shoemaker, cobbler; *pertukangan*, handicraft; *sekolah* ~ , technical school

tukar, *perdagangan tukarmenukar barang*, barter; *bertukar*, to change; *pertukaran*, exchange; ~ *pikiran*, exchange of thoughts, interchange of views; ~ *udara*, ventilation; *menukar*, to change; *menukarkan*, to exchange; ~ *uang*, to change

money; *penukar*, changer; *alat
~* , means of exchange, medium
of exchange; *uang ~* , small
change

tukul, hammer; *menukul*, to
hammer

tulang, bone; *~ belakang*,
backbone, spine; *~ belikat*,
shoulder blade; *~ dada*,
breastbone; *membanting ~* , to
drudge; *tinggal ~ dan kulit*, to
be nothing but skin and bones;
menulang, bony, to the bone

tular, *menular*, contagious,
infectious; *penyakit ~* , con-
tagious disease; *menulari*, to
infect; *penularan*, contagion,
infection; *ketularan*, infected

tulen, [tulén] pure, genuine

tuli, deaf; *bisu ~* , deaf and dumb,
deaf-mute

tulis, *batu ~* , slate; *anak batu ~* ,
slate pencil; *juru ~* , clerk; *meja
~* , writing table; *mesin ~* ,
typewriter; *papan ~* , black-
board; *menulis*, to write; *~
indah*, to write in calligraphy;
menulisi, to write upon;
menuliskan, to write down, to
note (down); *tertulis*, written;
ujian ~ , written examination;
penulis, writer, author; *~*

sandiwara, playwright; *tulisan*,
writing, script; *~ cepat*, *~
ringkas*, stenography

tulus, *~ hati*, sincere, heartfelt;
ketulusan, *~ hati*, sincerity

tumbang, to fall;
menumbangkan, to fell

tumbuh, to grow; *menumbuhkan*,
to grow; to make something
grow; *ditumbuhi*, grown over
with, overgrown with;
ketumbuhan, smallpox;
berparut ~ , pockmarked;
tumbuhan, growth; plant;
tumbuh-tumbuhan, plants; *ilmu
~* , botany

tumbuk, *bertumbuk dengan*, to
collide with; *menumbuk*, to
pound (rice), to pestle; to
collide, to hit; to fight, to box;
penumbuk, pounder; *tumbukan*,
collision

tumbuk, ketumbukan, troop;
company

tumbung, *~ nyiur*, seedbud of a
coconut

tumit, heel

tumor, tumor

tumpah, *tanah ~ darah*, native
country, birthplace;
menumpahkan, to spill, to pour
out; *~ darah*, to shed blood;

tertumpah, spilled

tumpang, *menumpang,* to lodge, to stay with; ~ *kapal,* to go by boat; ~ *oto,* to get a lift; *penumpang,* passenger; lodger; *kapal* ~ , passenger steamer; *tumpangan,* lodging; cargo

tumpat, filled up; stopped up

tumpu, *titik* ~ , fulcrum; *bertumpu,* to rest on; *penumpu,* prop; ~ *kaki,* footstool

tumpuk, heap, pile; *bertumpuk-tumpuk,* in piles

tumpul, blunt

tunai, cash; *harga* ~ , cash price; *uang* ~ , cash, ready money; *menunaikan,* to pay cash; to fulfill; ~ *kewajiban,* to do one's duty, to carry out one's duty

tunang, *tunangan,* fiancé(e); betrothed; *bertunangan,* to be engaged; *pertunangan,* engagement, betrothal

tunas, shoot, sprout, bud; *masa* ~ , incubation period; *bertunas,* to bud, to sprout

tunda, *kapal* ~ , tugboat; *menunda,* to tow

tunda, *menunda,* to put off, to postpone; *tertunda,* delayed, postponed; *penundaan,* postponement

tunduk, to bow to; to submit, to obey, to comply with; subject to; ~ *pada aturan,* to comply with the rules; *menundukkan,* to bow, to bend; to subject; to defeat; *penundukan,* subjection

tunggak, stump, stub; *menunggak,* to be in arrears, to be behind in one's payments; *tunggakan,* arrears; ~ *sewa,* back rent; ~ *utang,* outstanding debts

tunggal, single, sole; *pembukuan* ~ , single-entry bookkeeping, line-item bookkeeping

tunggang, *menunggang,* to ride; ~ *kuda,* to ride a horse

tunggang langgang, head over heels, topsy-turvy; headlong

tunggu, *uang* ~ , half-pay; watch fee, supervision fee; *bertunggu,* to watch; *penunggu,* watchman, guard

tunggul, stump (of a tree)

tunggul, banner, standard

tunjang, *menunjang,* to support, to aid; *tunjangan,* allowance; ~ *kemahalan,* cost-of-living allowance

tunjuk, *menunjuk,* to indicate, to point out; referring to (your letter); *menunjukkan,* to point

out, to show; *petunjuk,* indi-
cation; instruction, directive; ~
pemakaian, directions for use;
penunjuk, guide, indicator;
mempertunjukkan, to show, to
put on the stage, to perform;
pertunjukan, show, perform-
ance

tunjung, water lily

tuntun, *menuntun,* to guide, to
conduct; *penuntun,* guide,
manual; *tuntunan,* guidance,
conduct

tuntut, *menuntut,* to claim, to
demand; *penuntut,* claimant,
plaintiff, prosecutor; *tuntutan,*
petition, claim; demand,
requirement

tunu, *menunukan,* to burn, to set
on fire; ~ *hati,* to annoy;
penunu, incendiary, fire-raiser,
arsonist

tupai, tree shrew

turbin, turbine

Turki, Turkey, Turkish; *orang
~ ,* Turk

turun, to descend, to come down;
~ *harga,* discounted price;
harga ~ , the price dropped;
menurun, to decline, to
descend; to be passed down;
menurunkan, to lower, to

reduce; to drop; to haul down;
turunan, derivation; derivative

turun, *menurun,* to copy;
turunan, copy

turun-temurun, from generation
to generation, hereditary;
penyakit ~ , hereditary disease

turut, to take part, to join; ~
berbunyi, to resound; ~
berbuat, to be an accessory to;
yang ~ berbuat, accessory;
berturut-turut, consecutive,
successive; successively;
menu-rut, according to; ~
dasarnya, fundamentally, on
principle; ~ *pendapat saya,* in
my opinion; *menuruti,* to
follow, to comply with;
penurut, obedient, meek;
follower; *turutan,* carried
along; model, exemplary;
angin ~ , following wind;
rumah ~ , outbuilding

tusuk, skewer; *menusuk,* to stab,
to prick, to pierce; *tusukan,*
stabbing

tutuh, *menutuh,* to lop (a tree)

tutup, lid, cover; closed, shut; ~
mulut, to keep silent; to close
one's mouth; close-mouthed; ~
mulut!, hold your tongue!,
silence!; *menutup,* to close, to

shut; *~ ongkos*, to cover the cost; *menutupi*, to cover, to cover up; *tertutup*, closed, secluded; *penutup*, lid; shutter; lock; end, conclusion; *perhitungan ~*, final accounts; *sidang ~*, closing (concluding) session; *tutupan*, jail; closed

tutur, *~ kata*, expression, saying; *buah ~*, topic; *bertutur*, to speak, to talk; *menuturkan*, to pronounce, to tell; *penutur*, speaker; *penuturan*, expression; pronunciation; *tuturan*, discourse

U

uang, money; *~ bantuan*, subsidy; *~ jasa*, honorarium; *~ saku*, pocket money; *~ kertas*, banknote; *~ kontan*, cash, ready money; *~ meja*, legal charges; *~ muka*, advance money; *~ persenan*, tip; *~ pensiun*, pension; *~ sekolah*, school fee, tuition; *~ tunggu*, half-pay; *juru ~*, cashier; *gedung ~*, banking house; *mata ~*, coin; *setali tiga ~*, it is six of one and half a dozen of the other; *tabungan ~ pos*, postal savings account; *nilai ~*, cash value; *keuangan*, finances; *Menteri ~*, minister of finance; chancellor of the exchequer (di Inggris)

uap, vapor, steam; *~ air*, vapor;

kapal ~, steamship, steamer; *menguap*, to steam; to evaporate; *penguapan*, evaporation

ubah, *berubah*, to change, to be altered; *berubah-ubah*, changeable, variable; *perubahan*, change, alteration, mutation; *mengubah*, to change, to alter, to transform; *tidak dapat diubah*, irrevocable; *pengubah*, *~ tegangan dan arus listrik*, transformer

uban, gray hair; *ia sudah beruban*, he is already grayhaired

ubi, sweet potato; *~ kayu*, *~ pohon*, cassava, manioc

ubin, (floor) tile

ubun-ubun, fontanel

ubur-ubur, jellyfish

ucap, *mengucap,* to say, to utter; *mengucapkan, ~ terima kasih,* to give thanks, to thank, to say thanks; *~ selamat,* to congratulate; *ucapan,* pronunciation; *~ selamat,* congratulation

ucus, → **usus**

udang, shrimp; *~ karang,* lobster

udara, air, atmosphere; *angkatan ~ ,* air force; *benteng ~ ,* flying fortress; *hampa ~ ,* vacuum; *kapal ~ , pesawat ~ ,* airplane; *perhubungan ~ ,* air route; *pos ~ ,* airmail; *serangan ~ ,* air raid; *tekanan ~ ,* atmospheric pressure; *perjalanan lewat ~ ,* voyage by air; *pertukaran ~ ,* ventilation

udet, girdle

udik, *orang ~ ,* countryman

ugahari, moderate, sober

ugama, → **agama**

ujar, to speak, to say; *~nya,* he said

uji, *menguji,* to examine, to test; *yang diuji,* examinee; *penguji,* examiner; *ujian,* examination, exam, test; *~ lisan,* oral exam; *~ masuk,* entrance exam; *~ penghabisan,* final exam; *~ tertulis,* written exam; *ikut ~ ,*

menempuh ~ , to sit for an exam; *lulus ~ ,* to pass an exam; *tidak lulus ~ ,* to fail

ujud, → **wujud**

ujung, end, point; *~ jari,* fingertip; *~ tanah,* peninsula, spit, cape

ukir, *mengukir,* to engrave; *pengukir,* engraver; *ukiran,* carved work, carving

ukup, incense; *mengukupi,* to incense; *ukupan,* incense burner, censer

ukur, *mengukur,* to measure; *ilmu ~ ,* geometry; *pengukuran,* measurement; *ukuran,* measure, measurement, size

ulang, repeated; *~ kejahatan,* relapse into crime; *~ periksa,* review of a lawsuit (sentence); *~ tahun,* anniversary; *berulang, berulang-ulang,* again and again, repeatedly, frequently; *pecahan ~ ,* repeating fraction; *mengulang,* to repeat; *pengulang,* repeater; *~ kejahatan,* recidivist; *ulangan,* repetition, refrain, chorus; *~ ringkas,* recapitulation

ular, snake; *ularan, ~ karet,* rubber tube

ulas, *juru ~ ,* commentator; *juru ~*

tonil, juru ~ sandiwara, drama critic; *mengulas,* to cover; to comment; *ulasan,* cover; comment, review

ulat, worm, caterpillar; *~ bulu,* hairy caterpillar; *~ sutra,* silkworm; *berulat,* worm-eaten

ulir, screw thread

ulung, excellent, first-rate, masterly; *buah karangan ~ ,* masterpiece (of an author); *penjahat ~ ,* archvillain; *keulungan,* superiority

ulur, *mengulur,* to veer out; *mengulurkan,* to stretch out; *~ tangan,* to lend a helping hand

umat, common people; *~ manusia,* mankind

umbai, dangling; *~ cacing,* appendix

umbi, *akar ~ ,* main root

umbut, palm cabbage

umpama, example, instance; *seumpama,* like; *umpamanya, seumpamanya,* for instance; *perumpamaan,* likeness

umpan, bait; *mengumpani,* to bait

umpat, slander; *mengumpat,* to slander, to backbite; *pengumpat,* slanderer, backbiter; *umpatan,* slanderous talk, scandal, backbiting

umpil, *mengumpil,* to lever up; *pengumpil,* lever

umum, public, common; *anggapan ~ , pendapat ~ ,* public opinion; *kepentingan ~ ,* the public benefit, the common (public) interest; *pada ~nya,* generally, in general, commonly; *penuntut ~ ,* public prosecutor; *mengumumkan,* to publish; to proclaim, to announce, to declare; *pengumuman,* publication, notice, announcement; *~ perang,* declaration of war

umur, age; *~ lanjut,* advancing age; *di bawah ~ ,* underage; *sampai ~ ,* of age; *seumur hidup,* for life, lifelong

undan, *burung ~ ,* pelican

undang, *mengundang,* to invite; *undangan,* invitation; *atas ~ ,* at the invitation of

undang, *mengundangkan,* to proclaim

undang-undang, law, act; *~ anggaran,* appropriation act; *~ dasar,* constitution; *~ hukuman,* criminal law, penal law; *kitab ~ ,* code; *Kitab ~ Warga Negara,* civil code;

perundang-undangan, legislation

undi, lot, die; *membuang ~ ,* to draw lots; *surat ~ ,* voting paper, ballot; *pengundian,* voting; *undian,* lottery; vote; *~ uang,* cash lottery

undur, *mengundurkan,* to postpone; *pengunduran,* retreat; postponement

unggas, bird

unggat-unggit, to seesaw; to bob

unggul, superior; *keunggulan,* superiority

unggun, wood fire, log fire

ungkang-ungkit, to bob up and down; *kursi ~ ,* rocking chair

ungkap, *mengungkap,* to uncover; *mengungkapkan,* to express; *ungkapan,* expression

ungkil, *mengungkil,* to lever up; *pengungkil,* lever

ungkit, *mengungkit,* to lever; *mengungkit-ungkit,* to bob up and down; *pengungkit,* lever

ungsi, *mengungsi(kan),* to evacuate; *pengungsi,* evacuee; refugee; *pengungsian,* evacuation

ungu, purple; *~ tua,* violet

uni, union

universitas, [univérsitas]
university

universiter, [univérsitér] *pendidikan ~ ,* university education

universitet, [université̩t] → **universitas**

unjuk, *mengunjukkan,* to offer, to hand in

unsur, element

unta, camel; *burung ~ ,* ostrich

untai, string; *menguntai,* to string

untal, pill; *menguntal,* to swallow (a pill)

unting, *unting-unting,* plumb, water level, leveling instrument; *garis unting-unting,* plumb line

untuk, for, for the benefit of; *~ kepentingan,* for the sake of; *~ kepentingan umum,* for the public good; *menguntukkan,* to destine for; to allocate, to assign; *teruntuk,* on behalf of

untung, advantage, gain, profit; fortune, destiny; *~ pegawai,* bonus; *~ sero,* dividend; *beruntung,* to be lucky, to be in luck; to win, to gain; *menguntungkan,* to yield profit; *keuntungan,* advantange, profit; *demi ~ , untuk~ ,* in favor of, for the benefit of

upa, ~ *guru besar,* lector

upacara, ceremony; *pidato* ~ , speech of the day; official speech

upah, wages; ~ *bulanan,* monthly wages, monthly pay; ~ *jam-jaman,* hourly wage; *pajak* ~ , P.A.Y.E. (pay-as-you-earn income tax); *peraturan* ~ , wage scale; *mengupahi,* to employ, to hire; *upahan,* wage earner, salaried worker

upam, *mengupam,* to polish

upama, → **umpama**

upas, poison

upaya, *daya* ~ , means, resources

upeti, tribute

urai, loose; ~ *sendi,* dislocation; *ilmu* ~ *tubuh,* anatomy; *menguraikan,* to unloosen; to dislocate, to disjoint; to analyze, to anatomize, to explain; *uraian,* explanation, analysis; ~ *satu per satu,* specification; ~ *tuntutan,* requisitory

urat, vein; muscle; sinew; fiber; ~ *saraf,* nerve; *kuat* ~ , muscular strength; *perang* ~ *saraf,* war of nerves

ure, [uré] → **hure**

uri, placenta

urus, *mengurus,* to arrange, to organize, to manage, to settle; *pengurus,* manager, organizer, director, administrator, superintendent; ~ *besar,* managing committee; *urusan,* arrangement, settlement, management, administration; dealings, affairs; *itu bukan* ~ *saya,* that's none of my business; *berurusan,* to have dealings with, to deal with, to have to do with

urut, *mengurut,* to massage

urut, *berurut(-urutan),* successive, consecutive, sequential; *urutan,* order (of succession), sequence

usah, *tak* ~ , it is not necessary; *usahkan,* let alone ...; instead of

usaha, effort, industry, diligence; initiative; *atas* ~ , at the initiative of; *daftar* ~ , work program; *dunia* ~ , business world; business life; commerce and industry; *juru* ~ , clerk; *tata* ~ , administration; *berusaha,* to try, to make efforts, to exert oneself; *perusahaan,* enterprise, business, industry; exertion; *modal* ~ , working capital; *mengusahakan,* to take the trouble to; to practice; to cultivate; *pengusaha*, undertaker; *pengusahaan*, exploitation

usai, over, finished; *seusai perang,* after the war

usia, ~ *pancaroba,* puberty; *batas* ~ , age limit; *ia berusia 20 tahun,* he is twenty years old

usik, *mengusik,* to tease; to molest

usir, *mengusir,* to drive away, to chase away, to expel

uskup, bishop

usul, *asal* ~ , descent, parentage, origin

usul, proposal, suggestion, motion; *atas* ~ , at the proposal of, on the motion of, at the suggestion of; *mengusulkan,* to propose, to move, to suggest

usung, *berusung,* to be carried in a litter; *mengusung,* to carry in a litter; *usungan,* litter

usus, intestines; ~ *besar,* large intestine; ~ *halus,* small intestine; *mulas* ~ , gripes, intestinal cramps

usut, *mengusut,* to investigate

utama, excellent, first-rate; *mengutamakan,* to give preference to, to pay special attention to, to emphasize; *terutama,* especially, principally, mainly

utang, debt; ~ *piutang,* debit and credit; ~ *tiap helai bulu,* up to one's ears in debt; *surat* ~ , IOU (I owe you); *berutang,* to owe; ~ *budi,* to be under great obligations; *yang* ~ , debtor

utara, north

utas, *orang* ~ , manual worker

utas, string (of beads); cord

utus, *mengutus,* to delegate, to depute; *utusan,* delegate, deputy; envoy, mission; *perutusan,* delegation, deputation

uzur, aged; sickly, ailing; invalid (of age); hindrance

V

vak, subject; trade, profession, line; *ini bukan ~ saya,* this is not my line of work

vakansi, vacation; *bervakansi,* to be on holiday

vaksin, vaccine; *memvaksin,* to vaccinate

vaksinasi, vaccination

vakum, vacuum; empty

valid, valid

validitas, validity

vampir, vampire, vampire bat

vandal(isme), vandal(ism)

vandel, flag, standard, ensign, colors; *dengan ~ berkibar,* with colors flying

varia, miscellaneous

variabel, variable

varian, variant

variasi, variation; *bervariasi,* to vary

varises, varicose veins

vas, vase

vasektomi, [vaséktomi] vasectomy

vaselin, vaseline

Vatikan, Vatican; *Kota ~ ,*

Vatican City; *Konsili ~ ,* Vatican Council

vegetasi, [végétasi] vegetation

velodrom, velodrome, cycling track

ventilasi, ventilation

verifikasi, verification; *rapat ~ ,* first meeting of creditors

verkoper, salesperson

vermak, *memvermak,* to remodel, to alter

vernis, *memvernis,* to varnish

vertebrata, [vértebrata] vertebrate

vertikal, [vértikal] vertical

veter, [véter] bootlace, shoelace

vetsin, [vétsin] monosodium glutamate, MSG

viaduk, viaduct

video, [vidéo] video; *~ kamera,* video camera

vikariat, vicariate

vikaris, vicar; *~ apostolik,* apostolic vicar

vila, villa

vinyet, vignette

viol, violin

virus, virus
visi, insight, outlook, vision
visiun, vision
visual, visual
visualisasi, visualization; *memvisualisasikan,* to visualize
vital, vital; *sangat ~ ,* vitally important
vitamin, vitamin; *menambah ~ ,* to vitaminize, to fortify with

vitamins
vokal, vocal; vowel
volt, volt
voltase, voltage
volume, volume, size, bulk
vonis, sentence, judgment; *memberi ~ ,* to give a verdict
vulkanisasi, vulcanization; *memvulkanisasikan,* to vulcanize

W

wabah, plague; epidemic; *~ kolera,* cholera epidemic
waduk, reservoir; rumen; *~ air,* water reservoir; *~ listrik,* condenser
wafat, to depart this life, to die
wahai, oh!, ah!
wahid, one, single; *nomor ~ ,* number one
wahyu, revelation, vision, inspiration; *mewahyukan,* to reveal, to inspire
waja, → **baja**
wajah, countenance
wajar, natural; *sewajarnya,* naturally
wajib, obliged, liable; *~ tentara,*

liable to military service; *berwajib, pembesar yang ~ ,* competent authorities; *mewajibkan,* to oblige; *kewajiban,* obligation, duty; *belajar, ~ sekolah,* compulsory education; *menjalankan ~, menyelesaikan ~ ,* to do one's duty; *kelalaian ~ ,* neglect of duty
wakaf, devoutly religious
wakil, representative, proxy, substitute; attorney; vice; *~ presiden,* vice-president; *mewakili,* to represent; *mewakilkan,* to authorize; *perwakilan,* representation,

delegation; ~ *rakyat*, represen-
tation of the people; *dewan ~
rakyat*, parliament

waktu, time, term; ~ *dinas*, term
of office, period of service; ~
angsuran, ~ *cicilan*, terms of
payment; *membuang-buang ~* ,
to waste time; *pada ~nya*, in
due time; *pengisi ~* , pastime;
sampai pada ~nya, it is time to;
sebelum ~ , premature(ly);
sewaktu-waktu, at any moment

walau, walaupun, although

wali, guardian; tutor; saint; ~
kota, mayor, burgomaster;
pembantu ~ kota, alderman;
perwalian, guardianship,
tutorship, tutelage

wandu, hermaphrodite

wang, → **uang**

wangi, sweet-smelling, fragrant;
perfumed; *minyak ~* , perfume

wanita, woman, feminine; *kaum
~* , the fair sex

wanti-wanti, serious instruction;
emphatic directions; *mewanti-
wanti*, to give specific
directions

warangan, arsenic

waras, healthy

warga, member; ~ *negara*,
citizen, subject (of a state);

kewarganegaraan, citizenship

waris, heir, heiress; *ahli ~* , joint
heirs; *mewarisi*, to inherit;
warisan, pewarisan, inheri-
tance

warkat, letter

warna, color; *warna-warni*,
multicolored

warta, tidings, news; ~ *berita*,
news items; *mewartakan*, to
inform, to report, to let know;
wartawan, journalist, reporter

warung, little shop, booth, stall

wasangka, *syak ~* , mistrust,
suspicion

wasiat, last will; ~ *istimewa*,
legacy; *mewasiatkan*, to
bequeath to

wasit, arbiter, referee

waspada, on guard

waswas, suspicion, worry,
anxiety, doubt; suspicious,
worried, doubtful, anxious

watak, nature, character; ~
bangsa, national character

watas, → **batas**

wayang, ~ *kulit*, Javanese
shadow play

wazir, vizier, minister

wedana, chief of a district

wejang, *mewejang*, to give oral
advice; *wejangan*, oral advice

welirang, → **belerang**
wenang, *sewenang-wenang,*
 tyrannical; *kekuasaan*
 sewenang-wenang, tyranny
wesel, [wésel] bill, draft
wetan, [wétan] → **timur**
wijen, [wijén] sesame

wilayah, area, territory
wujud, existence; concrete
 object; *dengan ~ , berwujud,*
 concrete; *perwujudan,* reali-
 zation, actualization;
 mewujudkan, to realize, to
 actualize

X

x, *sinar ~ ,* X-ray
xenofobia, [xénofobia]
 xenophobia

xilofon, xylophone
xilograf, xylograph

Y

ya, yes; *~ Allah,* my God!
yad., *yang akan datang,* next,
 forthcoming
Yahudi, Jew; Jewish
Yahya, St. John
yaitu, namely
yakin, convinced, confident;
 meyakinkan, to convince;
 keyakinan, conviction
yakni, namely
Yaman, Yemen
yang, who, which, that

yatim, orphan; *rumah ~ ,*
 orphanage
yaum, day
yaumudin, day of judgment
yayasan, institute, foundation
ybl., *yang baru lalu,* last
yl., *yang lalu,* last
yogia, *seyogianya,* properly, as is
 fitting
yu, → **hiu**
Yunani, *negeri ~ ,* Greece; *orang*
 ~ , Greek; *bahasa ~ ,* Greek

Yunus, Jonah
yuran, → **iuran**

yuris, jurist, barrister, lawyer
Yusuf, Joseph

Z

zabur, psalm; *kitab ~* , psalm-
  book
zadah, *haramzadah,* bastard
zafaran, → **safran**
zahid, hermit, ascetic
zakar, penis; *lemah ~* , impotent
zakat, alms (on Lebaran)
zaman, time, period; *~ beralih
  musim bertukar,* other times,
  other manners
zamrud, jamrud, emerald
zarafah, giraffe
zat, substance; *~ air,* hydrogen; *~
  arang,* carbon; *~ asam, ~
  pembakar,* oxygen; *~ cair,*

  liquid; *~ lemas,* nitrogen
ziarah, pilgrimage, visit to a holy
  place or cemetery; *berziarah,*
  to make a pilgrimage, to visit a
  holy place or cemetery
zikir, Koran recitation
zina, adultery; *berbuat ~ ,
  berzina,* to commit adultery
zinah, → **zina**
zirafah, → **zarafah**
zirah, *baju ~* , coat of mail
zohal, Saturn
zohrah, Zohrat, Venus
Zulkarnain, Alexander the Great
zurafah, → **zarafah**